Viagens Pedagógicas

CORTEZ EDITORA

Dados Internacionais de Catalogação na Publicação (CIP)
(Câmara Brasileira do Livro, SP, Brasil)

Viagens pedagógicas / Ana Chrystina Venancio Mignot, José Gonçalves Gondra (orgs.) . — São Paulo : Cortez, 2007.

Vários autores.
ISBN 978-85-249-1316-7

1. Avaliação educacional 2. Educação 3. Educação - Finalidades e objetivos 4. Política educacional I. Mignot, Ana Chrystina Venancio. II. Gondra, José Gonçalves.

07-6320 CDD-370.7830

Índices para catálogo sistemático:

1. Modelos pedagógicos : Educação 370.7830

Ana Chrystina Venancio Mignot
José Gonçalves Gondra (Org.)

Viagens Pedagógicas

VIAGENS PEDAGÓGICAS
Ana Chrystina Venancio Mignot e José Gonçalves Gondra (Organizadores)

Capa: aeroestúdio
Preparação de originais: Jaci Dantas
Revisão: Maria de Lourdes de Almeida
Composição: Dany Editora Ltda.
Coordenação editorial: Danilo A. Q. Morales

Direitos para esta edição
CORTEZ EDITORA
Rua Monte Alegre, 1074 — Perdizes
05014-001 — São Paulo-SP
Tel.: (11) 3864-0111 Fax: (11) 3864-4290
e-mail: cortez@cortezeditora.com.br
www.cortezeditora.com.br

Impresso no Brasil — novembro de 2007

Sumário

Viagens de educadores e circulação de modelos pedagógicos

O processo de afirmação da escola moderna supõe observar seu aparecimento e legitimação para além das fronteiras nacionais, na medida em que discursos, livros e materiais, produzidos em um determinado local, foram difundidos de modos variados, dentro e fora dos limites nacionais.

No Brasil, evidências nesta direção nos obrigam a recuar à Colônia, período no qual é possível evidenciar a circulação de determinados autores e modelos educativos nesta América que se pretendeu aportuguesar. O Estado Imperial enfrentou um desafio tão grande como o seu território, o de mantê-lo unificado após a independência. O desafio da unidade supôs a criação de dispositivos os mais variados, recobrindo os aparatos jurídico-policial, médico, religioso, militar e também o escolar.

No movimento de constituição do Estado Nacional é possível evidenciar empréstimos e diálogos com modelos internacionais nos mais diversos domínios. No campo da instrução, este fenômeno também é observável na produção das instituições educativas, na legislação educacional, nos livros estrangeiros, nas traduções, no modelo de imprensa, materiais pedagógicos, métodos de ensino e até no vocabulário empregado. A questão que se coloca é saber como os modelos viajaram. Que estratégias foram adotadas? Quem participou desse jogo de empréstimos e desvios? Em que termos esse diálogo transnacional pode ser percebido? Que tipo de efeito produziu e vem produzindo na definição de um modelo de educação escolar no Brasil?

Estas questões podem ser empregadas para se pensar o tempo do Império, sendo igualmente válidas para se pensar o que se processa na mudança de regime.

No Brasil, no período republicano e, particularmente, por ocasião das reformas de inspiração escolanovista, nos anos 20 e 30 do século XX, houve uma busca por operar mudanças na educação nacional, tomando como parâmetro experiências realizadas no estrangeiro. Educadores de um modo geral e reformadores, em especial, lançaram mão de uma série de estratégias para se aproximarem do que havia de mais moderno em termos de educação.

A Associação Brasileira de Educação, por exemplo, criada em 1924, com a finalidade de dar visibilidade à grande causa da educação nacional, promoveu conferências, palestras e cursos, editou revista, manteve correspondência com educadores de diferentes nacionalidades. Prédios escolares, mobiliários, livros, bibliotecas, métodos de ensino, cinema, diapositivos e rádio povoavam estas iniciativas e não escaparam das atenções de todos aqueles que buscavam saída para romper com o atraso no qual julgavam se encontrar o país, cujo sistema educacional estava, nesta representação, em completa desestruturação.

Os reformadores também não foram indiferentes ao que era realizado fora do país e também atuaram no sentido de estimular o conhecimento de experiências pedagógicas estrangeiras. Dentre outras ações, deram espaço à divulgação de obras publicadas no exterior, como pode ser visto na lista de compras de livros para a biblioteca de escolas, no envio de missões de professores ao exterior para observar escolas e sistemas de ensino, ou dar visibilidade às iniciativas dos reformadores brasileiros. No bojo desta tentativa de aproximação com o que era descrito como novo, diferente, avançado, trouxeram também inúmeros educadores ao Brasil.

Com a intenção de disseminar o que havia de novo no cenário mundial, educadores também criaram editoras, coleções de livros, cursos. Assumiram páginas e colunas nos jornais tratando de educação, nas quais denunciavam, criticavam, duvidavam, reclamavam, apontavam alternativas. O discurso produzido acerca dos descaminhos da educação brasileira procurou realçar o que vinha sendo discutido e realizado, internacionalmente, pela infância e, em particular, a escolarização das novas gerações.

De uma forma geral, estas estratégias de aproximação com modelos pedagógicos vêm sendo examinadas em estudos específicos. Dissertações e teses, nos últimos anos, têm contemplado parte destas iniciativas que visavam chamar a atenção do poder público para a importância da educação, interferir no debate educacional, mudar os rumos da educação brasileira.

Esta coletânea reúne estudos sobre uma determinada estratégia: as viagens de caráter oficial ou particular realizadas por educadores com a intenção de se aproximar de políticas educacionais e práticas pedagógicas inovadoras, questão esta ainda pouco estudada na historiografia da educação brasileira. Nos últimos anos, com o intercâmbio crescente entre historiadores da educação, tem sido possível observar que esta estratégia não foi utilizada apenas em nosso país. Na Espanha, em Portugal, na França, e em muitos outros países, não foram poucos os educadores que empreenderam viagens para lugares próximos ou distantes com a mesma finalidade.

Em torno deste tema comum estão articulados os textos que tratam de viagens realizadas por educadores, tanto no século XIX quanto no século XX. Uns focalizam educadores renomados. Outros se voltam para educadores anônimos. As fontes também são diversificadas: cartas, cartões-postais, diários, agendas, relatórios oficiais, registros autobiográficos, artigos publicados na imprensa e em livros. São relatos de espanto, admiração, respeito e esperança. Olhares de familiaridade e estranhamento que tentaram inspirar e legitimar mudanças nas realidades educacionais.

Antonio Viñao, em "Viajes que educan", procura distinguir os tipos de viagens que predominam em cada um dos períodos, as diferentes modalidades de viagens e viajantes (viagens oficiais ou com subvenção pública, particulares, viagens forçadas por exílios políticos etc.), bem como diferenças de países de destino, instituições visitadas, objetivos, resultados e conseqüências das mesmas. O autor se preocupa em classificar e analisar as viagens e viajantes em função dos aspectos indicados.

"A educação como problema, a América como destino: a experiência de Maria Guilhermina", de Carla Simone Chamon e Luciano Mendes de Faria Filho, trata da viagem de estudos da professora Maria Guilhermina Loureiro de Andrade para os Estados Unidos, entre os anos de 1883 e 1887, com o objetivo de estudar os métodos froebelianos e os processos intuitivos de ensino. Além de procurar compreender os motivos da sua viagem, a apropriação e circulação que ela realizou, no Brasil oitocentista, dos modernos métodos pedagógicos experimentados pelos norte-americanos, os autores também procuraram analisar o significado dessa viagem na trajetória profissional e na constituição de sua identidade como intelectual e educadora.

José Gonçalves Gondra em "Exercício de comparação: um normalista da Corte na Europa" testa a hipótese de que as viagens funcionam como um exercício de comparação, base para se extrair lições do mundo descrito como moderno e civilizado. Neste texto, é a viagem de um professor da Escola Normal da Corte que se constitui em experiência posta em exame, como forma de demonstrar o poder que as viagens desempenham na configuração e legitimação de um conjunto de políticas voltadas para a formação do bom professor.

Em "A longa peregrinação de um *professor da roça* na Europa", Alessandra Frota Martinez de Schueler examina a viagem de um professor público primário da cidade do Rio de Janeiro, em missão oficial, em 1892, ocasião em que visitou escolas e instituições educacionais, além de ter participado de Conferências Pedagógicas na Itália, Suíça, Inglaterra, Bélgica e França. O seu texto interpreta os sentidos da viagem pedagógica no contexto de implantação da República; a difusão e a circulação de idéias, de práticas e modelos pedagógicos internacionais; as apropriações e as representações construídas pelo *professor da roça* a respeito das escolas e das práticas pedagógicas observadas nos países estrangeiros; e, ainda, os efeitos comparativos que produz em relação à sua própria experiência e atuação profissional como professor primário na cidade do Rio de Janeiro oitocentista.

"Por las escuelas de Europa: los viajes de Félix Martí Alpera (1900-1911)" é o título do capítulo escrito por Pedro L. Moreno, que focaliza as viagens empreendidas à França, Bélgica, Alemanha, Suíça, Itália, Holanda, Dinamarca e Noruega por um educador espanhol que publicou 36 livros e participou de inúmeras publicações em revistas especializadas de seu tempo, como *La Escuela Moderna. Revista pedagógica hispano-americana* (1891-1934) e a *Revista de Pedagogía* (1922-1936). O autor chama a atenção para o fato de que estas viagens permitiram um conhecimento direto das reformas educacionais européias e efetua uma análise de tais viagens e sua influência no processo de modernização da educação espanhola.

Em "Anísio Teixeira na América (1927-1929): democracia, diversidade cultural e políticas públicas de educação", Clarice Nunes examina duas viagens de Anísio Teixeira aos Estados Unidos na década de 1920. A primeira, em 1927, permitiu-lhe visitar alguns estados americanos. Seu relatório de viagem acabou sendo publicado no ano seguinte sob o título de *Aspectos Americanos da Educação*. A segunda, realizada entre meados de 1928 e 1929, levou-o para o Teachers College, em New York, e foi decisiva para a transformação pessoal que o tornaria um dos intelectuais e líderes do campo educacional mais polêmicos e destacados em nosso país. O objetivo do texto é apreender o movimento do educador na apropriação da cultura americana, a comparação que efetua com a cultura européia, a reflexão crítica e a elaboração pessoal da experiência de viagem e a metabolização das experiências pedagógicas, à luz da cultura brasileira, em políticas públicas de educação para o país.

"Um rastro de deslumbramento: Cecília Meireles em Portugal" é o tema tratado por Jussara Santos Pimenta. O texto tem como objetivo apresentar alguns aspectos da interlocução estabelecida entre a educadora, poeta e jornalista Cecília Meireles com educadores e intelectuais portugueses durante a década de 30 quando de sua viagem a Portugal. Para tanto, privilegia como fontes documentais básicas cartas escritas antes, durante e depois da viagem e artigos de jornais que deram notícias da mesma. A autora destaca que, diferentemente de muitos educadores que empreenderam visitas a outros países para estudar os sistemas e métodos de ensino, a ida de Cecília ao país de seu primeiro marido e de sua família teve a intenção de dar visibilidade às reformas da educação brasileira.

"Imagens e leituras da Educação Nova. Os relatórios de bolseiros portugueses em visita a instituições educativas europeias" é o título do artigo de Joaquim Pintassilgo que aborda um conjunto de viagens de bolsistas portugueses a instituições educativas de países europeus considerados mais desenvolvidos nas primeiras décadas do século XX. A idéia, já antiga, era que esses educadores, contatando com as inovações aí introduzidas, contribuiriam depois para a sua difusão em Portugal e, conseqüentemente, para a modernização do seu sistema educativo. Esses bolsistas produziram relatórios que dão bem conta das imagens que construíram sobre o movimento de renovação pedagógica que percorria a Europa de então, que vão do encantamento a um certo distanciamento crítico, bem como das leituras que faziam sobre a possibilidade de introduzir tais idéias e práticas no Portugal de então.

Rogério Fernandes, por sua vez, em "Irene Lisboa e Áurea Judite Amaral: dois olhares sobre a escola a partir da 'Escola Nova'" analisa as viagens empreendidas por duas educadoras portuguesas que tiveram como destino privilegiado o Instituto Jean-Jacques Rousseau, em Genebra. Sua análise permite compreender como esta instituição que congregou cientistas e educadores de todo o mundo, exerceu um importante papel disseminador de novas teorias e práticas educativas, inspiradas no ideário escolanovista. Duas diferentes apropriações marcadas por posicionamentos políticos diversos, permitem ao autor concluir que "Ferrière pretendeu imprimir à ideologia da Escola Nova um apoliticismo que, numa base democrática, fosse susceptível de se ajustar a situações pedagógicas independentes de contextos sociais. Miragem de um teorizador que, por muito brilhante que fosse, esquecia a impossibilidade de a escola existir graças a si própria. Transformemos a escola: o seu pregão convocava-nos a um esforço de renovação das instâncias de formação infantil. Mas transformar a escola exige a transformação da sociedade, o que, por sua vez, põe o problema de uma opção política anterior à pedagogia e à educação".

A viagem de Antonia Ribeiro de Castro Lopes, educadora campista, em 1930, ao Instituto Jean-Jacques Rousseau — destino obrigatório dos educadores da época, dado ao prestígio alcançado pelas pesquisas que vinham sendo desenvolvidas naquela instituição por Edouard Claparéde, Adolphe Ferrière, Jean Piaget e Pierre Bovet, entre outros — para participar de um curso e visitar escolas européias é examinado por Ana Chrystina Venancio Mignot. Em "Entre cartas e cartões postais: uma inspiradora travessia", a autora examina as motivações da viagem, a escolha do itinerário e os desdobramentos da mesma: a criação do Instituto Fluminense de Ciências da Educação e de uma escola ao ar livre, destinada à educação infantil, cujo nome sintetizou uma homenagem ao educador suíço que acolheu a professora — Instituto Claparède.

Marta Chagas de Carvalho faz um caminho diferente de outros textos aqui reunidos. Em "A bordo do navio, lendo notícias do Brasil: o relato de Adolphe Ferrière", analisa a viagem empreendida pelo dirigente da Liga

Internacional pela Escola Nova à América Latina, com o objetivo de difundir os ideais da Liga e dar a conhecer internacionalmente a difusão que as novas idéias pedagógicas iam alcançando no continente sul-americano. As impressões de viagem são publicadas na forma de artigos na revista *Pour l'Ere Nouvelle*. A autora destaca que a Revolução de 1930 acabara de eclodir e Ferrière não pôde desembarcar. Não lhe tendo sido possível entrar no Rio de Janeiro, pôde ler, a bordo do navio ancorado no porto, inúmeras revistas brasileiras, tendo sido a partir dessa leitura que elaborou suas impressões de viagem. Este texto pretende analisar o artigo "L'Éducation nouvelle au Brésil", analisando as impressões sobre o movimento educacional brasileiro nele registradas à luz do material bibliográfico em que Ferrière se apoiou para escrevê-lo, comparando com as que foram fixadas nos demais artigos em que Ferrière fala da educação nos outros países sul-americanos visitados.

Encerrando a coletânea, "Pedagogias: importação-exportação" é a temática para a qual se volta Jean Houssaye, em cujo texto explora a circulação entre pedagogos e pedagogias. Tomando como eixo de sua análise uma questão — Como se opera o movimento entre os pedagogos e as pedagogias? — o autor aborda o problema sob diferentes ângulos para, num segundo tempo, ir à procura de um quadro de referências e, num terceiro tempo, analisar, na perspectiva em questão, as atas de um colóquio sobre Educação Nova. Na conclusão, o autor procura traçar um conjunto organizado de proposições capazes de servir de trama provisória à compreensão desta abordagem peculiar da história das idéias pedagógicas.

Em meio a estas páginas, um convite para conhecer a aventura intelectual dos educadores que se lançaram por caminhos diversos em busca de mudanças. Cada capítulo possibilita observar que as viagens os legitimaram ainda mais no debate educacional, pois estes viajantes partiram com a intenção de observar, analisar, divulgar, comparar, propor e prescrever.

São muitos viajantes. Muitas também são as viagens realizadas. Este livro é, neste sentido, um projeto incompleto. Ficaram de fora as viagens de preceptoras estrangeiras que estiveram no Brasil, as missões de intercâmbio empreendidas por diversos educadores pela América Latina e as viagens de missionários(as) de diferentes ordens religiosas, por exemplo. Isto sem abordar as viagens mais recentes, que proliferaram em quantidade e qualidade com o desenvolvimento da aviação e o encurtamento do tempo de deslocamento, mas também em virtude das novas necessidades impostas pela mundialização.

Ao enfrentar o problema das viagens, o livro traz importantes elementos para pensar a afirmação de determinados modelos (no plano das idéias), reformas (do ponto de vista do Estado) e carreiras (do ponto de vista dos sujeitos), com os inúmeros desdobramentos que esse amplo movimento produz, o que torna mais rico, multifacetado, descontínuo e irregular o que, durante muito tempo, e ainda hoje, se procura tornar compreensível por jogos de determinação que apenas vedam a inteligência da intensa (e delicada) complexidade que constrói a educação, a pedagogia, a escola e seus sujeitos.

Ana Chrystina Venancio Mignot

José Gonçalves Gondra

Viajes que educan

Antonio Viñao

Todos los viajes educan, aunque sólo sea por abrir al viajero a una realidad diferente a la suya. Sólo que unos educan más que otros, o de forma diferente a otros. El objeto de este artículo no es, sin embargo, el valor educativo de los viajes, sino aquellos viajes y viajeros que en la España del siglo XIX viajaron o residieron en otros países, con el ánimo, o no, de conocer sus sistemas e instituciones educativas, elaborando algún tipo de informe, libro o escrito en el que, como resultado de dichos viajes o estancias, daban cuenta del estado de la educación en el extranjero, ya fuera con intenciones puramente informativas o para contribuir, de este modo, a la mejora de la educación en España. Algo, por lo demás, bastante común tanto en Europa como en América durante dicho siglo.

Quedan fuera del mismo, por tanto, aquellos textos en los que el autor o autora lleva a cabo un análisis comparativo de la educación o de un aspecto educativo en varios países o informan sobre el estado de la educación en uno o más de ellos, cuando dicho texto no es el resultado de un viaje o estancia en el país o países sobre los que se escribe. No es ésta, pues, una historia de la educación comparada en España aunque reconozca lo mucho que debe este trabajo a los estudios históricos sobre la educación comparada en España en los que, como es obvio, se tratan los textos escritos como consecuencia de viajes o estancias en el extranjero (Pedró, 1987a y 1987b; Velloso, 1989; Velloso y Pedró, 1991).

Otra precisión previa parece necesaria: manejo un concepto amplio de viaje. De ahí que considere también aquellos casos en los que más que de un viaje de lo que se trata es de una estancia prolongada, incluso de varios años, en otro u otros países. En cuanto a los motivos y condiciones del viaje o estancia analizaré tanto aquellos realizados por iniciativa propia como los forzados por exilios políticos, tanto los costeados por quienes viajan al extranjero como los sufragados con fondos públicos, tanto los comisionados por el gobierno como los realizados con independencia del mismo.

Los antecedentes: viajes e Ilustración

En 1759 se publicaba en Valencia la traducción de la obra del benedictino Oliver Legipont titulada *Itinerario o methodo apodemico de viajar. Itinerario en que se contiene el modo de hacer con utilidad los viajes a las cortes extrangeras* e impresa en latín en 1747 en Nuremberg. En dicha obra, a la que acompañaban dos "disertaciones", una sobre el "modo de ordenar y componer" una biblioteca y otra sobre el "modo de poner en orden un archivo", su autor recomendaba (como después haría Jacobo F. Bielfeld en sus *Instituciones políticas*, asimismo traducidas e impresas en España entre 1767 y 1801) que estos viajes instructivos se reservaran para la edad adulta prohibiéndose incluso a los jóvenes (Vilanou, 1984). El viajero ilustrado era, o debía ser, un viajero culto, que viajaba con fines útiles. Uno de esos fines útiles, como indicó Gómez de la Serna (1974, p. 81), era el "reformismo pedagógico", un "doble propósito didáctico y reformador" nada vago sino instructivo y concreto. En palabras de Rousseau (1762, t. II, segunda parte, p. 182), incluidas en el capítulo del *Emilio* dedicado a los viajes, "Voyager pour voyager, c'est errer, être vagabond; voyager pour s'instruire, est encore un objet trop vague: l'instruction qui n'a pas un but determiné, n'est rien". Eso explica que en la tipología efectuada por Gómez de la Serna (1974, pp. 79-81) de los viajes al exterior o dentro del país, llevados a cabo por los ilustrados españoles por su cuenta o con el patrocinio o encargo del gobierno, éstos se clasifiquen, en función de su objeto, en viajes económicos, científico-naturalistas, artísticos, histórico-arqueológicos, y literario-sociológicos.

La no inclusión en la clasificación anterior de los viajes pedagógicos no es un olvido. No es que no se puedan poner algunos ejemplos y noticias de viajes efectuados en la segunda mitad del siglo XVIII o en los primeros años del XIX con la finalidad de conocer el estado de la educación en otros países o de determinados aspectos de ella, pero son muy escasos. Así, durante su mandato como Secretario de Estado (1792-1798), Godoy, según nos cuenta en sus memorias, mandó nombrar una "junta especial" encargada de elaborar un plan de estudios a partir, entre otros, de los informes realizados por "literatos" que viajaban a Europa por cuenta del gobierno (Príncipe de la Paz, 1965, t. I, p. 196; Viñao, 2003). Es más, uno de los probables componentes de dicha junta, el diplomático Juan Bautista Virio, secretario de las embajadas españolas en Viena desde 1774 a 1777 y en Londres desde 1783 a 1788, y viajero por Europa comisionado por el gobierno en diversas ocasiones desde 1790 a 1795, redactaría en 1796 por encargo de Godoy, a partir de la información obtenida en el extranjero, un "Plan de educación económico-político" (Díaz de la Guardia, 1989; Pradells Nadal, 1988-1990; Viñao, 2003). Por otra parte, desde su posición de Generalísimo (1801-1808), Godoy, con vistas a la implantación en España de un "nuevo sistema de educación primaria fundamental y uniforme para todas las clases del Estado", cuyo único fruto sería la creación en 1807 en Madrid del Instituto Militar Pestalozziano, encomendó a los embajadores "en las Cortes extranjeras, y a los sujetos que viajaban por cuenta del gobierno, que buscasen prolijamente y remitiesen cuantos métodos de enseñanza populares se encontrasen en boga y mereciesen más estima entre los sabios de Europa" (Príncipe de la Paz, 1965, t. I, p. 135; Viñao, 2003).

Con independencia de estos ejemplos o noticias sobre viajes y estancias de "literatos" o diplomáticos por encargo del gobierno, o de utilización de la red de embajadas para obtener información sobre la educación en otros países, también es posible hallar algún ejemplo, en la segunda mitad del siglo XVIII, de personajes que, gracias a su estancia en el extranjero, elaboraron escritos sobre el tema con la finalidad no sólo informativa sino también de promover en su país los adelantos o instituciones que habían conocido en el extranjero. Así, es posible encontrar entre los papeles manuscritos de José Vargas Ponce (1760-1821), autor de un plan para los seminarios de nobles (1787) y de otros escritos sobre educación, además de miembro de las juntas o comisiones de instrucción pública del gobierno de José Bonaparte (1810), de las Cortes de Cádiz (1813) y de las del trienio constitucional (1821), informes sobre diversos establecimientos educativos extranjeros, en especial de Italia, escritos sin duda a partir de la información obtenida como militar de Marina durante la guerra con Francia (1793-1795) (Durán López, 1997, pp. 89-105).[1] Pero, sin duda, el ejemplo más genuino fue el del literato y diplomático Ignacio de Luzán (1702-1754), educado en Italia y nombrado secretario de la embajada en París en 1747 y encargado de negocios de la misma entre 1749 y 1750. Fruto de su estancia en la capital francesa fueron su *Memorias literarias de París* publicadas en 1751 con el significativo subtítulo de *Actual estado y método de estudios*. Como ha indicado Francesc Pedró, la "pretensión" de Luzán fue la de "abrazar en una sola obra todos los escalones de la educación y la enseñanza en París, para explicar así su florecimiento cultural", dando cuenta tanto de las escuelas de enseñanza primaria como de los estudios en la Sorbona, de sus Academias, del Colegio Real e incluso de las obras salidas de sus imprentas (Pedró, 1997a, pp. 112-115).

Una peculiaridad española: los viajes y estancias de los exiliados durante el primer tercio del siglo XIX

La crisis económica, educativa y cultural provocada por la guerra de la Independencia (1808-1814) y el retorno al absolutismo bajo el reinado de Fernando VII (1808-1833), con la breve excepción del trienio constitucional (1820-1823), supuso la persecución y el exilio, cárcel o muerte tanto de quienes habían participado, como "afrancesados", en el gobierno de José Bonaparte (1808-1813) como de quienes se alineaban, desde posiciones moderadas o radicales, en el bando liberal. El exilio de los afrancesados en 1813 y el de los liberales en 1814 y 1823 (una peculiaridad española, en el contexto europeo, de viajes pedagógicos y estancias en el extranjero que propiciarán obras y escritos sobre temas educativos de otros países) sería el origen, en algunos casos, de prácticamente los únicos textos de este tipo publicados hasta casi mediados del siglo XIX. Un hecho cuya contrapartida sería la ruptura del inicio de esa política de comisionados y encargos del gobierno con el fin de obtener información sobre el estado de la enseñanza en otros países que, como hemos visto, había comenzado a desarrollarse,

1. Real Academia de la Historia. *Colección Vargas Ponce*, volumen 13.

como una práctica más o menos habitual, en los últimos años del siglo XVIII y en los primeros del siglo XIX.

Algunos de estos exiliados, en especial los llamados afrancesados, se refugiaron en Francia, otros cruzaron el Atlántico hacia la América hispana y otros, en número aproximado de mil familias, fijaron su residencia en Londres. Entre ellos había personalidades destacadas de la milicia, el clero, la abogacía, el comercio, la economía, la ciencia, la enseñanza, la medicina, la música, la literatura y la política. De ahí, en palabras de Vicente Llorens, que Londres se convirtiera, al menos desde 1824 a 1833, en el centro político e intelectual de la emigración liberal y que, durante dichos años, se imprimieran en la capital inglesa más publicaciones periódicas en español, y de mayor calidad y nivel cultural y científico, que en España (Llorens, 1968). Nada tiene de extraño que en algunas de ellas aparecieran informaciones o artículos sobre la educación en Inglaterra y en otros países. Así, Blanco White, exiliado desde 1810, publicaría en las páginas de *El Español* en 1814 unos *Ensayos sobre la educación en España* con una extensa "noticia" sobre el "sistema de Bell y Lancaster" abogando por su implantación en España para la educación de las "clases jornaleras", y en 1824, desde las páginas de *Variedades o el Mensagero de Londres*, una publicación editada por Ackermann para su difusión en la América hispana, dedicaba un artículo de índole informativa y propagandística a las escuelas dominicales y de adultos inglesas (Blanco White, 2003, pp. 205-226 y 261-264). Así mismo, en las páginas de *El Instructor ó Repertorio de Historia, Bellas Letras y Artes*, una revista cuyo "fin principal" era la "Educación",[2] dirigida por José Jiménez de Alcalá y editada también por la factoría Ackermann (Roldán Vera, 2003) desde 1834 a 1841, pueden encontrarse artículos sobre la educación en otros países, incluso desde una perspectiva comparativa, junto a una amplia información en el ámbito de las ciencias, de la economía, de la historia, de la geografía, del arte y de la política, entre otras materias.[3]

De entre los exiliados a Francia destaca la figura atípica del poeta, escritor, periodista y traductor José Marchena (1768-1821). Marchena había

2. "¿En qué consiste la educación?", *El Instructor*, t. I. , 1834, p. 47.

3. Valgan, a título de ejemplo, los siguientes artículos: "Sistema de instrucción pública en Prusia" y "Educación comparativa en otros países", *El Instructor*, t. I, 1834, pp. 118-120 y 182-184.

estado ya exiliado en el país vecino desde 1792 hasta 1808 participando de lleno en los sucesos revolucionarios franceses como miembro del partido girondino. En dicho exilio, y como continuación de su admiración y conocimiento de la obra de Rousseau (Viñao, 1984), había publicado en 1799 una traducción del *Contrato social*. Exiliado de nuevo a Francia en 1814, por su colaboración con el gobierno de José Bonaparte, publicaría en Burdeos en 1817 la primera traducción al español, después reimpresa en otras ocasiones, del *Emilio* de Rousseau.

La figura, sin embargo, más relevante del exilio en sus relaciones con la educación y la difusión en España de las ideas, métodos e instituciones educativas de otros países europeos, fue Pablo Montesino (1781-1849). Médico y diputado liberal en las Cortes del trienio liberal en 1822-1823, fue uno de los diputados que votaron a favor de la destitución de Fernando VII por su implicación en el derrocamiento militar, por fuerzas extranjeras, del régimen constitucional. Condenado a muerte huyó a Inglaterra donde permaneció hasta 1834, siendo a su vuelta cuando, como director de la Escuela Normal Central creada en 1839, director desde 1841 a 1843 y redactor del *Boletín Oficial de Instrucción Pública* (1841-1848), y miembro de diversas comisiones y organismos oficiales en el campo de la educación desde 1834, más contribuyó a la difusión de las ideas, innovaciones, métodos e instituciones educativas que había estudiado y conocido durante su exilio (algo que no hubiera podido hacer desde España).

Esa labor de difusión se hizo a través de varias vías o modos. Un modo sería el de sus escritos en forma de libros o artículos. De entre sus libros basta citar, para advertir la influencia inglesa en Montesino, el *Manual para los maestros de escuelas de párvulos* (1840) en cuyas primeras páginas se informaba sobre el "origen y carácter especial" de las mismas se informaba de la génesis de las "infant schools" inglesas, así como de la obra e ideas, en este punto, de Owen, Buchanan y Wilderspin, además de su difusión por otros países de este tipo de instituciones. Por si ello no fuera suficiente, Montesino incluía en esta obra dos capítulos sobre las "lecciones mentales" y "para la enseñanza del alfabeto" por el método de Wilderspin, así como una serie de grabados, al final de la misma, tomados en parte o que adaptaban, en lo que a la disposición material de la clase y los juegos infantiles se refiere, los que figuraban en *The Infant System* de Wilderspin, una obra publicada en 1832. Así, el "columpio girador" que constituye la figura 1 de la lámina primera del *Manual* de Montesino (he manejado la segunda edición de 1850, similar a la primera de 1840), es el mismo que figura en la página 86 de la séptima edición de 1840 de *The Infant System*: un aparato al parecer habitual en las "infant schools" inglesas como se aprecia en el grabado de la Drygate Infant School de Glasgow (McCann y Young, 1982). Por último, Montesino introducía en su *Manual* un capítulo titulado "Lecciones sobre objetos" en el que anunciaba la traducción al español, "bajo su inmediata inspección" de las *Lessons on Objets* de Charles Mayo, seguidor de Pestalozzi, aplicadas por el mismo Mayo en su escuela pestalozziana de Cheam (Surrey) (Montesino, 1850, p. 74) que serían publicadas en 1849 con el título de *Las lecciones sobre objetos para niños de cinco a ocho años*. Y en dicho capítulo, los dos ejemplos elegidos por Montesino para sus lecciones de objetos, el vidrio o cristal y el tacto, son una traducción de los capítulos correspondientes de las *Lessons on Objets* de Mayo, y el resto una síntesis de esta obra (la comparación se ha efectuado manejando la quinta edición inglesa de 1835).

Es evidente que Montesino al interesarse por las cuestiones educativas en su exilio inglés con el fin, como él mismo diría, de ocuparse de la educación de sus hijos, fue mucho más allá de la mera preocupación familiar ya que, para hacer frente a ella, tuvo que informarse sobre "los métodos, libros, maestros y todo cuanto tiene relación con la enseñanza elemental de los niños" (Sama, 1888, p. 154). Además, desde ese observatorio privilegiado que era la Inglaterra de principios del siglo XIX, obtuvo una amplia información sobre las ideas, los personajes, los métodos y las instituciones más destacadas de la educación europea de su época. De ahí que en los numerosos artículos que publicó desde 1841 a 1846 en el *Boletín Oficial de Instrucción Pública* (Sureda, 1984) y en su *Curso de educación. Métodos de enseñanza y pedagogía*, impartido en la Escuela Normal Central (Montesino, 1988), mostrara la influencia y el conocimiento que tenía de las ideas y métodos de Aikin, Pestalozzi, Mayo, Basedow, Fellenberg, Wilderspin, Owen, Oberlin, Lippe, Bell, Lancaster, Edgeworth y Jacotot, entre otros, así como sobre la educación en los países europeos. Este último aspecto se vería reflejado en sus *Ligeros apuntes y observaciones sobre la instrucción secundaria o media, y la superior o de universidad* publicados en 1836, una obra en la que

Montesino exponía el estado de estas enseñanzas en Francia, Alemania, Inglaterra, Lombardía y Suiza a la vez que aprovechaba para realizar una serie de observaciones y propuestas sobre el estado de ambos niveles educativos en la España de su tiempo con el ánimo, como decía en sus primeras páginas, de que fueran de "utilidad" y de que llamaran "la atención pública" (Montesino, 1836, p. 2).

Pero no sólo fueron ideas, métodos e instituciones lo que Montesino conoció e importó desde su exilio inglés, sino también formas de hacer, modos societarios de llevar a la práctica sus ideas desde la sociedad civil (ello sin considerar su papel como inspirador y redactor de buena parte de la legislación sobre enseñanza primaria de los primeros gobiernos liberales, en especial del Reglamento de la Escuelas Públicas de Instrucción Primaria Elemental de 1838). Montesino conocía, sin duda, la experiencia de la *British and Foreign School Society* creada en 1814 para promover la educación popular, frente a la anglicana y oficial *National Society for Promoting the Education of the Poor in the Principles of the Established Church throughout England and Wales*, fundada en 1811. A partir de este modelo organizativo, y con una mezcla de motivaciones filantrópicas, caritativas y reformistas, Montesino sería uno de los promotores y fundadores de la *Sociedad encargada de propagar y mejorar la educación del pueblo* creada en Madrid en 1838 para fomentar la creación de las escuelas de párvulos, por encargo de la cual redactaría el ya mencionado *Manual*.

Aunque pueden indicarse otros ejemplos de estancias o viajes motivados por el exilio que dieron origen a escritos en los que se informaba sobre la educación en otros países, con el fin, por lo general, de aprender de los mismos tomándolos como modelo a seguir (Pedró, 1987a, 119-124), sólo me referiré a dos de ellos. El primer caso es el de Juan de Olavarría, liberal exiliado a Francia en 1814 que volvió a España en 1820 para exiliarse de nuevo en 1823 y retornar ya definitivamente en 1833, tras la muerte de Fernando VII y haber permanecido y recorrido diversos países europeos como Portugal, Inglaterra, Francia y Bélgica. A su vuelta, en 1834, publicaría una *Memoria*, dirigida a la regente María Cristina, "para mejorar la condición física y moral del pueblo español", en la que basándose, entre otras, en las experiencias de Owen, Pestalozzi y Fellenberg, así como en una amplia diversidad de granjas agrícolas e instalaciones insdustriales europeas, proponía la creación de una serie de instituciones para la educación utilitaria de las clases populares (Olavarría, 1988).

El segundo caso difiere bastante de los anteriores. Entre otras razones, porque pertenece a una generación posterior de personajes de ideas liberales. Se trata de Pedro Felipe Monlau (1808-1871), originalmente médico y más tarde licenciado en filosofía, con servicios en la sanidad militar y civil y profesor en las enseñanzas secundaria y universitaria (Monlau Sala, 1858). Más conocido por ser un destacado introductor y difusor en España del movimiento higienista, se exilió por razones políticas a París desde 1837 a 1839 desde donde viajó a Londres. A su vuelta, y en esto difiere también de los exiliados anteriores, publicó en 1840 un "ensayo" sobre "el estado" de la "instrucción pública en Francia"; es decir, un libro, bastante completo, sobre la educación en un solo país al estilo de los que en aquellos años se publicarían en Europa (Monlau, 1840).[4] La obra sería redactada a partir de información obtenida en la capital francesa así como de visitas efectuadas a las ciudades de Lyon, Montpellier, Marsella y Burdeos. Aunque los materiales reunidos, según decía su autor en el prólogo, abarcaban también el mundo literario, el de la producción impresa, el de las bibliotecas y museos y el de los viajes científicos, además de concluir con unas "reflexiones sobre la organización que convendría dar a la Instrucción pública en España", el hecho es que el "ensayo" se limitó después a la administración del sistema educativo francés y a sus diferentes niveles de enseñanza: primaria, secundaria, y las que el autor llamaba enseñanzas "preparatoria" y "profesional" o universitaria.

La preocupación reformista: Ramón de la Sagra

La preocupación reformista, el interés de los reformadores sociales por la educación, sería uno de las motivaciones más usuales de quienes desde Francia, Inglaterra, Alemania o Estados Unidos, entre otros países, viajaron al extranjero con el objeto de conocer, estudiar e informar sobre sus siste-

4. Los famosos informes de Victor Cousin sobre algunos "paises" alemanes, y en particular sobre Prusia, son de 1832 y 1834, y el relativo a Holanda de 1837, y los tres volúmenes de Eugene Rendu sobre la educación popular en Alemania del norte de 1841-1843.

mas educativos, bien de modo exclusivo, bien junto a otros aspectos sociales, económicos o políticos. En el caso español éste sería un hecho excepcional, más no inexistente. Ramón de la Sagra (1798-1871) sería "nuestro" reformador social, preocupado tanto por la agricultura, el comercio, la industria o en general la economía, cuanto, sobre todo, por los sistemas de beneficencia y carcelario, la organización del trabajo, la prostitución, la regeneración social y moral y, cómo no, la educación.

Botánico de formación (no en balde ocuparía la cátedra de Botánica de La Habana desde 1824 a 1832) y de ideas en principio liberales, se identificaría más tarde con el socialismo emergente, en especial con Proudhon. Junto a su amplia producción escrita —sobre los 100 títulos entre libros, folletos y publicaciones periódicas (Nuñez de Árenas, 1924, pp. 518-526) — otra faceta a destacar serían los viajes: en 1835 a Estados Unidos, en 1838 a Bélgica y Holanda (tras fijar su residencia temporalmente en París), a Francia y Bélgica en 1841, a Francia, Bélgica y Alemania en 1843, y a Francia en 1848 de la que sería expulsado en 1849 por sus inclinaciones socialistas.

Aunque su labor como reformador de la educación en la España de su época, desde un punto de vista práctico, no parece que fuera más allá de colaborar, con Montesino, en la creación de las primeras escuelas de párvulos (Sanchidrián Blanco, 1983), el fruto escrito de sus viajes, en lo que a la educación se refiere, serían tres libros, si bien el tercero de ellos no sería más que una traducción y adaptación del segundo. El primero por orden cronológico de publicación, *Cinco meses en Estados-Unidos de la América del Norte desde el 20 de abril al 23 de septiembre de 1835. Diario de viaje*, sería editado en París en 1836 y traducido al francés en 1837. Como se indica en el título, y el autor se encarga de recalcar en la introducción, se trata de un diario de viaje escrito "en los momentos de descanso (...) entre una y otra jornada" que se decidió a publicar, ya en París, a requerimiento de "varios sujetos distinguidos por sus talentos", con la esperanza de que las "anotaciones" en su día efectuadas pudieran "ser de alguna utilidad en la época presente de la regeneración de España", es decir, en plena revolución liberal tras la muerte, tres años antes, de Fernando VII. Una regeneración que precisaba "educarla y reformarla" (Sagra, 1836, pp. X, XI, XXI). De ahí que, además de imprimirlas, depositara en la Biblioteca Real de Madrid 238 documentos (33 al menos de ellos sobre educación) y doce libros o publicaciones impresas como complemento de dichas "anotaciones" (Sagra, 1836, pp. XXVII-XL).

¿Por qué establecimientos, instituciones, lugares o cosas se interesó Ramón de la Sagra en Estados Unidos? Su campo de intereses era muy amplio: caminos, ferrocarriles, canales, acueductos, barcos de vapor, fábricas, cárceles, casas de corrección, hospitales, hospicios, asilos, manicomios, establecimientos benéficos, urbanismo, agricultura, comercio, industria, costumbres, modos de vida de las clases populares, y, por lo que a la educación y la cultura se refiere, escuelas de enseñanza primaria y secundaria, escuelas dominicales, de ciegos y de sordomudos, colegios femeninos, colegios universitarios, sociedades recreativas, culturales y científicas, museos, archivos y prensa diaria.

El segundo libro sería fruto de su viaje a Bélgica y Holanda en 1838. Fue publicado en francés y de nuevo en París en 1839 y traducido al holandés de inmediato. Su título, *Voyage en Hollande et en Belgique sous le rapport de l'instruction primaire, des établissements de bienfaisance et des prisons, dans le deux pays*, indicaba ya, a diferencia del anterior, los campos de interés: la instrucción primaria, los establecimientos de beneficencia (socorro o ayuda a domicilio, hospicios, hospitales, sociedades de maternidad, escuelas para los niños y adultos pobres, escuelas de trabajo o industriales, escuelas para sordomudos y ciegos, casas para "mujeres arrepentidas", talleres, colonias agrícolas, montes de piedad y cajas de ahorro) y los penitenciarios (cárceles civiles y militares y casas de corrección para jóvenes) en los que se dividía cada uno de los dos tomos (el primero sobre Holanda y el segundo sobre Bélgica) en los que se dividía la obra. En los capítulos relativos a la instrucción primaria, Ramón de la Sagra, tras ofrecer una extensa exposición de su evolución histórica y de la situación de la educación en ambos países, basada en los libros de Cousin y Cuvier en el caso de Holanda y de Ducpétieux en el de Bélgica, describía algunas escuelas de párvulos y de enseñanza primaria de diversas ciudades holandesas y belgas (Sagra, 1839, I, pp. 45-111, y II, pp. 1-81).

El tercero de los libros, *Relación de los viajes hechos en Europa bajo el punto de vista de la instrucción y beneficencia pública, la represión, el castigo y la reforma de los delincuentes; los progresos agrícolas e industriales y su influencia en la moralidad*, publicado en Madrid en 1844, sería una adaptación del anterior para el público español aunque estructurado de un modo diferente, alterando el orden de los países (el primer tomo se dedicaba a Bélgica y el segundo a Holanda) y prescindiendo del capítulo histórico-contextual sobre la educación en ambos países. El libro, en efecto, se configuraba como un diario de viaje a seis ciudades belgas y tres holandesas en el que, como ya sucedía en el viaje a Estados Unidos, se iba dando cuenta de los establecimientos visitados en cada ciudad.

Viajes pedagógicos en la segunda mitad del siglo XIX: comisionados gubernamentales, viajeros independientes y exposiciones universales

Con claro atraso temporal en relación con los países europeos más avanzados, los españoles fueron progresivamente incorporándose al "hábito" de los viajes pedagógicos en la segunda mitad del siglo XIX. Las causas, además de las facilidades proporcionadas por el transporte ferroviario (la red ferroviaria española enlazaría con la francesa en 1864 por Irún, al oeste de los Pirineos, y en 1878 al este por Port-Bou), deben buscarse en la relativa normalización de la vida política, en la débil pero ya existente promoción y ayuda de dichos viajes por los poderes públicos, en la asistencia a las exposiciones universales (en especial a las parisinas de 1867 y 1878), en la influencia e ideas de la Institución Libre de Enseñanza creada en 1876 y en la creación en 1882, por iniciativa de la misma, del Museo Pedagógico Nacional una de cuyas tareas era la recopilación y difusión de información y estudios sobre la situación de la enseñanza en otros países.

Francesc Pedró (1987a, pp. 127-141; 1987b), en su estudio sobre los precursores de la educación comparada en España, ha contabilizado en la segunda mitad del siglo XIX un total de 24 viajeros a diversos países europeos (ninguno a América) con la finalidad de conocer e informar sobre algún aspecto educativo de los mismos. En unos casos (13) comisionados por los poderes públicos (por el gobierno, por municipios como el de Barcelona, o por diputaciones provinciales como las de Barcelona, Gerona y Baleares), si bien no por iniciativa pública sino a solicitud de los interesados, y en otros (11) por cuenta propia. De la lectura de dichas páginas y de la relación de viajeros y obras escritas por los mismos se deducen, entre otros aspectos, los siguientes:

a) El papel desempeñado, como foco de atracción, por las exposiciones universales (Londres, 1862; París, 1867; Viena, 1873; París, 1878) y los congresos internacionales (el de Beneficencia Pública celebrado en París en 1889 y el de Educación que tendría lugar en Londres en 1884). En unos casos el viaje se redujo a la asistencia a la exposición o congreso y, en otros, dicha asistencia fue aprovechada para visitar establecimientos de enseñanza en el mismo o en otros países.

b) La diversidad de temas objeto de atención (internados de educación secundaria o de colegios privados, trabajos manuales, escuelas normales, enseñanza de la medicina, del comercio, la historia o el derecho, y arquitectura escolar, entre otros) y, dentro de dicha diversidad, el interés despertado por la educación de sordomudos y ciegos (Juan Manuel Ballesteros en 1856, Bernardo Quijano en 1861, Francisco Fernández Villabrille en 1862 y Antonio Rispa en 1862). Serían, por el contrario, menos usuales los estudios sobre la educación en un solo país, aunque también haya ejemplos de ello como los de Julio Kühn con su *Memoria sobre el estado de la instrucción primaria y secundaria en Prusia* de 1850 y Manuel B. Cossío y su *Situación de la instrucción pública en Bélgica* de 1886.

c) Los tres países que más atrajeron la atención de los viajeros fueron, en primer lugar, Francia, después Inglaterra y Alemania y, tras ellos, Bélgica. El papel desempeñado por Francia, sea a través del exilio o de la estancia en dicho país (piénsese, por ejemplo, en la posible influencia que tuviera el hecho de que Gil de Zárate, el primer director general de instrucción pública y el artífice del plan de estudios de 1845, realizara sus estudios en París), sea por razones geográficas (salvo que se utilizase la vía marítima, Francia era un lugar de paso obligado para cualquiera que quisiera viajar a otro país europeo), culturales (el francés era el idioma extranjero más conocido), educativas (por la influencia del sistema educativo francés en el español) o relativas al mundo de la imprenta (muchas obras en español eran impresas en París) tuvo un doble aspecto. Por un lado, como se ha dicho, el sistema educativo francés se convirtió en el modelo con el que compararse y tomar conciencia del atraso del país. Por otro, sería a través de los viajeros franceses, en especial de Cousin, Rendu, Hippeau y, ya a finales del siglo XIX, de Levasseur, como se conocieron en España los sistemas educativos y la situación de la enseñanza en otros países. Quizás más incluso (y esto se enuncia a título de hipótesis) que a través de los viajeros españoles.

d) La creación de la Institución Libre de Enseñanza en 1876 y, bajo su influencia, del Museo Pedagógico Nacional en 1882, al frente del cual estaría, hasta 1929, Manuel B. Cossío, significaron el inicio de una apertura mayor al exterior y la introducción y difusión en España de la idea de que los viajes al extranjero debían formar parte, como algo habitual, de la formación inicial y posterior de los maestros, profesores e inspectores. Estos dos aspectos, apertura al exterior y viajes formativos al extranjero, constituirían los dos ejes en los que se basaría ese período de renovación y reforma de la enseñanza en España que fue el primer tercio del siglo XX, que culminaría con la reforma educativa republicana de 1931-1933, y que sería abortado por el golpe de Estado de julio de 1936, la guerra civil subsiguiente (1936-1939) y la muerte o el exilio exterior o interior de sus más destacados protagonistas. Un exilio, por su duración, de consecuencias mucho más funestas que el protagonizado por los afrancesados y liberales de principios del siglo XIX.

Las anteriores consideraciones generales sobre el alcance y sentido de los viajes pedagógicos en la España de la segunda mitad del siglo XIX exigen, algún tipo de concreción o análisis más detallado. De ahí que, entre los diversos temas o aspectos susceptibles de análisis, hayamos entresacado, dos ejemplos significativos: a) el papel desempeñado por las exposiciones universales como escaparate o muestrario de lo más relevante de cada nación, como lugares de confrontación internacional y adquisición de información sobre lo que estaba sucediendo en otros países y, en definitiva, como focos de atracción de viajeros deseosos de conocer las últimas novedades y los avances de otros países; y b) la introducción en España, gracias en buena parte a las exposiciones universales, de los principios e ideas sobre la arquitectura escolar de los países más avanzados en este campo.

Las exposiciones universales y los viajes pedagógicos

En palabras de María del Mar del Pozo (1983, pp. 165-166), el "objetivo fundamental" de las exposiciones universales fue "la exhibición didáctica de los logros *técnicos* conseguidos en multitud de manifestaciones particulares: Economía, Ciencias Naturales, Etnología, Comercio, Comunicaciones, Industria, Educación y Artes Plásticas". Las exposiciones universales serían, en suma, una combinación de "espectáculo y tecnología" en "ciudades efímeras" (Canogar, 1992). Las dos primeras exposiciones celebradas en Londres en 1851 y París en 1855, añade, carecieron de secciones destinadas a la educación. Sería en la tercera exposición, la de Londres de 1862, donde ya se organizaría una clase bajo el título de "Métodos y material de enseñanza", y dos en la de París de 1867: una de "Métodos y material de enseñanza para niños" y otra de "Instituciones de cultura popular". Habría que esperar, en todo caso, a la quinta exposición universal, la de Viena de 1873, para que se reservara un grupo entero, el XVI, a "Educación, enseñanza e instrucción" de acuerdo con un esquema o división interna que se mantendría en sucesivas exposiciones: tipos y modelos de construcciones escolares; muebles y material para las escuelas primarias; obras y publicaciones periódicas sobre temas educativos; métodos y estrategias didácticas; historia, organización, reglamento y estadística estudiantil de instituciones elementales, secundarias y universidades; colegios de sordomudos, ciegos y retrasados; escuelas normales, industriales y profesionales, de artes y oficios y comerciales; y formación de adultos e instrucción popular.

Pero ésta no es la historia de las exposiciones universales, ni de la presencia española en las mismas, sino de quienes en la España del siglo XIX viajaron a ellas con el objeto de conocer esos logros y avances, en el campo de la educación, que mostraban los gobiernos, instituciones o particulares de cada país. Unos viajes, además, que dieran origen a algún tipo de informe o producción escrita.

El viajero más activo en este aspecto fue Mariano Cardedera (1816-1893), profesor y director de escuelas normales y después inspector de enseñanza primaria, jefe del negociado de la Dirección General de Instrucción Pública, secretario del Consejo de Instrucción Pública, autor de diversas obras pedagógicas, y buen conocedor de las publicaciones pedagógicas extranjeras, sobre todo de las francesas. En su primer viaje pedagógico al extranjero, en 1853, visitaría diversas escuelas de Francia, Bélgica, Alemania y Suiza. Más tarde, asistiría, como miembro de las comisiones nombradas para "promover la concurrencia de España", a las exposiciones de París de 1867, Viena de 1873 y Filadelfia de 1876, siendo nombrado así mismo jurado de las mencionadas exposiciones de París y Viena en las secciones de instrucción pública y, en especial, de las de "educación popular de adultos". Por último, durante su cesantía como jefe de negociado desde 1869 a 1875, recorrería además diversos países europeos visitando establecimientos docentes y recopilando, como en anteriores ocasiones, informes, documentos y datos sobre el estado de la educación en los mismos (Vicén Ferrando, 1999, pp. 95-107). Su relación con las exposiciones universales se inició con la de Londres de 1862, producto de lo cual sería un libro, publicado en ese mismo año sobre la "pedagogía" en dicha exposición. Como el mismo Cardedera decía en el prólogo o introducción del libro, este viaje, emprendido por su "cuenta", tenía en principio como objeto no escribir una memoria o informe sino enterarse "de la acogida y progresos de los jardines de la infancia" que ya había conocido en un viaje anterior a Alemania (Cardedera, 1863, pp. IX-X). Sin embargo, lo observado y visto en la exposición le llevaría a pensar en la utilidad de dar cuenta e informar, primero, sobre la exposición en general, la exposición específicamente pedagógica, las "naciones concurrentes, sus escuelas y cómo están representadas" y, después, sobre los distintos aspectos y objetos expuestos dedicando una atención especial a los jardines de la infancia y la enseñanza de la música en las escuelas. Así mismo, incluiría una relación de dichos objetos y, como colofón, un grabado sobre los distintos tipos de mobiliario escolar y la disposición del mismo en el aula.

La influencia extranjera en la obra pedagógica de Cardedera y su papel en la difusión en España de las ideas, métodos y corrientes más relevantes de la Europa de su tiempo puede observarse en las fuentes utilizadas para la redacción, entre otras obras, de los cuatro volúmenes de su *Diccionario de educación y métodos de enseñanza* publicado en 1854-1858, reeditado en otras dos ocasiones a lo largo del siglo XIX y claramente influido en su estructura y voces por la *Pädagogische Real-Encyclopädie oder Encyclopädisches Wörterbuch* publicada en 1843. Entre los autores extranjeros más citados o utilizados para la redaccción del *Diccionario* se hallaban, entre otros, Gerando, Niemeyer, Dupanloup, Schwarz, Gauthey, Rendu, Matter y Salmon, lo que indica una cierta influencia de la pedagogía católica en su obra, así como de los autores de libros de pedagogía y educación para la enseñanza de los futuros maestros en las escuelas normales (Vicén Ferrando, 1999, pp. 289-313).

La exposición con mayor número de viajeros españoles, que después dieran cuenta por escrito de su visita a la misma o utilizaran en sus escritos información obtenida en ella, fue, sin duda, la de París de 1867. A ella concurrieron, además del ya mencionado Cardedera, Miguel Fernández Villabrille, profesor de sordomudos y ciegos, autor de una memoria sobre la enseñanza de los sordomudos y ciegos de España en dicha exposición (Fernández Villabrille, 1873), Francisco Javier Cobos y Rodríguez, escritor, periodista y profesor de la Escuela Normal de Granada, vocal facultativo de la comisión española en dicha exposición y autor de una memoria sobre la "parte pedagógica" de la misma (Cobos y Rodríguez, 1869), Francisco Jareño y Alarcón (1818-1892), profesor de la Escuela Superior de Arquitectura y arquitecto del Ministerio de Fomento, cuya obra se comentará en el epígrafe siguiente, y Acisclo Fernández Vallín y Bustillo (¿?-1896), catedrático de matemáticas de segunda enseñanza y miembro del Consejo de Instrucción Pública, quien, para oponerse al mapa de J. Manier, publicado en su libro *L'instruction populaire en Europe*, presentado en la exposición parisina de 1867, donde aparecía "España, con injusticia notoria, como uno de los países más atrasados, al igual de Rusia y Turquía", escribiría, como respuesta y rectificación de las datos aportados por Manier, otro libro con un título similar donde se situaba a España entre los países de "segunda categoría" junto a nada más y nada menos que Bélgica, Noruega, Holanda, y Gran Bretaña (Fernández Vallín y Bustillo, 1878, pp. 7 y 13-15). Este libro, editado en español, francés e inglés se difundiría en el acto de clausura de la exposición de París de 1878. A esta última exposición además de Fernández Vallín y Bustillo concurrirían Norberto Carlos del Coral, profesor de primera y segunda enseñanza en Gerona, comisionado por la Diputación de dicha provincia para estudiar la segunda enseñanza especial en Francia, es decir, la segunda enseñanza "moderna" sin lenguas clásicas y con mayor énfasis en las materias científicas y técnicas (Coral, 1879-1880), y Enrique María Repullés y Vargas, arquitecto y autor de una obra sobre arquitectura escolar de la que hablaré seguidamente. Por último, a la exposición universal de París de 1889 asistiría Miguel Bleach y Burunat, maestro de la escuela municipal de niñas de Hostafranchs (Barcelona), quien a su vuelta redactaría una memoria cuya impresión sufragaría el Ayuntamiento de Barcelona (Bleach y Burunat, 1890).

Los viajes pedagógicos y la génesis de la arquitectura escolar en España

Los dos primeros libros publicados en España sobre arquitectura escolar fueron escritos por dos arquitectos, Francisco Jareño y Alarcón (1818-1892) y Enrique María Repullés y Vargas (1845-1922), fueron editados, respectivamente, en 1871 y 1878, y estuvieron precedidos de sendos viajes al extranjero con el fin de recabar información sobre el tema (Viñao, 2006). El retraso en relación con Inglaterra, Estados Unidos y Francia, donde los primeros libros de arquitectura y edificación escolar aparecerían entre 1811 y 1839, por tomar, respectivamente, las fechas de publicación de las obras de Joseph Lancaster y Horace Mann sobre este tema (Seaborne, 1972), era evidente. Mucho más si se tiene en cuenta que Francia y Bélgica contaban ya con una reglamentación específica desde 1850 y 1852, respectivamente, sobre el emplazamiento y construcción de los edificios escolares, algo que en España no sucedería hasta 1905.

Jareño y Alarcón había visitado ya algunos países europeos, en especial Alemania e Inglaterra, como pensionado por la administración, en los últimos años de la década de 1840 y los primeros años de la de 1850. Pero sería en la exposición universal de París de 1867 donde, según sus palabras, recogería "datos concernientes a Inglaterra, Francia, Bélgica, Sajonia, Baviera, Prusia y otros países acerca de sus escuelas" lo que le impulsaría, para adquirir una información más detallada al respecto, a viajar a Sajonia y Prusia por haberle parecido que estos dos países eran los que ofrecían, en este punto, "el más alto grado de perfección" (Jareño y Alarcón, 1871, p. 7). La oportunidad de utilizar los datos y la información obtenida se le presentaría en 1869 cuando, como profesor de la Escuela de Arquitectura, concurriera al concurso público abierto por Decreto de 22 de abril de 1869 para premiar y aprobar proyectos de edificios para escuelas (Viñao, 1992-1993). Jareño presentaría diez proyectos — de los que la comisión creada para resolver el concurso público aprobaría dos de ellos— junto con una *Memoria facultativa* sobre los mismos que sería impresa en 1871. Dicha memoria comenzaba con una "primera parte" dedicada a la "organización de la enseñanza en Sajonia y Prusia", a la que seguía una "segunda" sobre los "edificios de escuela en Alemania", que incluía así mismo amplias y detalladas referencias al mobiliario y enseres de las escuelas. Tras la "tercera parte", relativa a los diez proyectos presentados al concurso público, la obra finalizaba con seis láminas o grabados en los que se representaban aulas con su mobiliario, pupitres, mesas, y los planos de plata y fachada de un "edificio de escuela de Washington" obtenidos seguramente en la exposición parisina de 1867.

El mismo año en que asistía a la exposición universal de París de 1878, otro arquitecto, Enrique María Repullés y Vargas, publicaría un libro sobre la "disposición, construcción y mueblaje de las escuelas públicas de instrucción primaria" dedicado en su mayor parte a exponer sus criterios e ideas al respecto, así como a dar cuenta de algunos de los proyectos y edificios escolares existentes en España. Sin que resulte fácil saber hasta qué punto la información obtenida procedía de dicha exposición o del acceso que pudo tener a ella desde su puesto de arquitecto del Ministerio de Fomento, el hecho es que en dicho libro Repullés dedicaba un capítulo o apartado a la edificación escolar en Francia, Suiza, Bélgica, Inglaterra, Alemania y Estados Unidos y tres apéndices a "las más importantes disposiciones vigentes en Francia" sobre "construcción de escuelas", el "programa de 26-27 de junio de 1852, relativo al sistema de construcción y mueblaje de escuelas primarias en Bélgica" y "las disposiciones inglesas" sobre el particular (Repullés y Vargas, 1878, pp. 81-84 y 101-111) mostrando un buen conocimiento de la literatura existente y, lo que es más importante, de las diferencias entre el "sistema inglés" y el "sistema prusiano". Es decir, entre los dos sistemas antecesores de lo que después serían los grupos escolares o escuelas graduadas: el llamado en Inglaterra "pupil-teacher system" que reunía "cierto número de clases en una gran sala separándolas por medio de cerramientos movibles o cortinas, estando cada una a cargo de un pasante, el conjunto de las subdivisiones al de un segundo maestro y ejerciendo la vigilancia general de todas las clases un maestro jefe", y el adoptado en Prusia que consistía en la separación de las "clases por completo repartiéndolas en piezas separadas y reuniendo a todos los alumnos en una gran sala", donde recibían "en común la enseñanza general" o se dedicaban "a ciertos ejercicios que son los mismos para toda la escuela" (Repullés y Vargas, 1878, pp. 82-83).

A modo de conclusión

Una rápida síntesis sobre los viajes pedagógicos al extranjero durante el siglo XIX — y las estancias prolongadas en otros países que favorecieron el conocimiento y al difusión en España de los sistemas, ideas y situación de la educación en los mismos — muestra, en primer lugar, la negativa influencia de la crisis política, económica, educativa y cultural provocada por la guerra llamada de la Independencia (1808-1814) y el nefasto reinado de Fernando VII (1808-1833). Puede aducirse que el exilio de afrancesados y liberales sería el origen, en algunos casos, de viajes y estancias forzadas en el exterior que favorecieron el contacto con los sistemas educativos de otros países y su conocimiento posterior en la España de la época. Incluso puede afirmarse, en el caso de Montesino, que su exilio inglés fue el que le permitió, tras su retorno en 1834, difundir en España, a veces con escaso éxito, las ideas e instituciones educativas que había conocido durante el mismo. Pero también es cierto que la crisis abierta en 1808 interrumpió un proceso, normal en su tiempo, de apertura al exterior e interés del gobierno por enviar comisionados a otros países u obtener información a través de sus embajadas con el fin de conocer los avances y mejoras que se estaban produciendo en el campo de la educación en Europa. Como también lo es que sólo dicha crisis explica el evidente atraso y debilidad, salvo en el caso de Ramón de la Sagra, con la que España se incorporó, ya a mediados del siglo XIX, a esta política o hábito de viajar al extranjero con la doble finalidad de aprender del exterior y de comparar unos países con otros, así como la dependencia, al respecto, de la producción pedagógica francesa.

En la segunda mitad del siglo XIX, las mayores facilidades del transporte por ferrocarril, el fenómeno de las exposiciones universales, el incipiente interés gubernamental, y de unas pocas instituciones locales o provinciales, por apoyar los viajes pedagógicos, la creación en 1882 del Museo Pedagógico Nacional y la influencia en este punto de la Institución Libre de Enseñanza, creada en 1876, explican la mayor afluencia de viajeros al exterior y preparan esa efervescente ebullición de viajes, traducciones, intercambios e interés por la educación en otros países que caracteriza, entre otros aspectos, la educación en la España del primer tercio del siglo XX. Una efervescente ebullición —de la que da cuenta el trabajo de Pedro Luis Moreno incluido en este mismo libro— cuyos primeros síntomas legales serían la creación en 1901 de un servicio estatal para la concesión de pensiones al profesorado para viajar al extranjero por motivo de estudios, ampliado en 1903, que sería el precedente de la Junta para Ampliación de Estudios e Investigaciones Científicas fundada con tal fin, entre otros, en 1907. Una efervescente ebullición, por último, a la que pondrían fin la guerra civil y la dictadura franquista. Como ya había sucedido en el primer tercio del siglo XIX, un nuevo y más largo exilio exterior o interior de quienes más abiertos se habían mostrado a las ideas, tendencias y corrientes educativas del exterior, y un nuevo cierre de las mentes y del país a dichas ideas, tendencias y corrientes, supondría la restricción y el control de cualquier tipo de viaje o estancia en el exterior. Y es que si los viajes educan, nada mejor, para mantener en la ignorancia a las gentes y manipular sus mentes, que restringir el contacto y la apertura cultural a otras realidades y a otros contextos.

Referencias bibliográficas

BLANCO WHITE, José María. *Sobre educación*. Madrid: Biblioteca Nueva. Edición, estudio introductorio y notas de Antonio Viñao, 2003.

BLEACH Y BURUNAT, Miguel. *Memoria sobre la enseñanza en la Exposición universal de París (1890)*. Barcelona: Imp. Heinrich y Cia., 1890.

CANOGAR, Daniel. *Ciudades efímeras. Exposiciones universales: espectáculo y tecnología*. Madrid: Luis Ollero, 1992.

CARDEDERA, Mariano. La pedagogía en la exposición universal de Londres de 1862. Madrid: Imprenta de D. Victoriano Hernando, 1863.

COBOS Y RODRÍGUEZ, Francisco Javier. *La Exposición Universal de París de 1867. Estudios críticos, históricos y administrativos sobre la parte pedagógica de la Exposición universal celebrada en París en 1867*. Granada: Librería de D. Paulino Ventura y Sabatel, 1869.

CORAL, Norberto Carlos. *Memoria sobre la organización, métodos y programas de la segunda enseñanza secundaria (accesoria) especial en Francia*. Gerona: Imp. del Hospicio Provincial, 1879-1880.

DÍAZ DE LA GUARDIA, Emilio. "Pensamiento de un ilustrado español, Juan Bautista Virio". *Historia de la Educación*, 8, pp. 199-220, 1989.

DURÁN LÓPEZ, Fernando. *José Vargas Ponce (1760-1821). Ensayo de una bibliografía y crítica de sus obras*. Cádiz: Servicio de Publicaciones de la Universidad de Cádiz, 1997.

FERNÁNDEZ VALLÍN Y BUSTILLO, Acisclo. *La instrucción popular en Europa. Rectificación del mapa de Mr. J. Manier, publicado con motivo de la última Exposición Universal de París*. Madrid: Imprenta y Estenotipia de Aribau y Cía., 1878.

FERNÁNDEZ VILLABRILLE, Miguel. *La enseñanza de los sordomudos y ciegos de España en las Exposiciones de 1867 y 1868 (París y Zaragoza)*. Madrid: Imprenta de Hernando, 1873.

GÓMEZ DE LA SERNA, Gaspar. *Los viajeros de la Ilustración*. Madrid: Alianza Editorial, 1974.

JAREÑO Y ALARCÓN, Francisco. *Memoria facultativa sobre los proyectos de escuelas de instrucción primaria*. Madrid: Imprenta del Colegio Nacional de Sordo-mudos y de Ciegos, 1871.

LLORENS, Vicente. *Liberales y románticos. Una emigración española en Inglaterra, 1823-1834*. Madrid: Castalia, 2ª edición, 1968.

McCANN, Phillip y YOUNG, Francis A. *Samuel Wilderspin and the Infant School Movement*. London: Croom Helm, 1982.

MONLAU, Pedro Felipe. *De la instrucción pública en Francia. Ensayo sobre su estado en 1838 y 1839*. Barcelona: Imprenta de Don Antonio Bergnes y Compañía, 1840.

MONLAU SALA, José. *Relación de los estudios, grados, méritos, servicios y obras científicas y literarias del Dr. D. Pedro Felipe Monlau*. Madrid: Imprenta y Estenotipia de M. Rivadeneyra, 1858.

MONTESINO, Pablo. *Ligeros apuntes y observaciones sobre la instrucción secundaria o media, y la superior o de universidad*. Madrid: Librería de Sojo, 1836.

______. *Manual para los maestros de escuelas de párvulos*. Madrid: Imprenta del Colegio de Sordo-mudos y Ciegos, 2ª edición, 1850.

______. *Curso de educación. Métodos de enseñanza y pedagogía*. Madrid: Ministerio de Educación y Ciencia. Edición, estudio preliminar y notas de Anastasio Martínez Navarro, 1988.

NUÑEZ DE ARENAS, Manuel. "D. Ramón de la Sagra, reformador social". *Revue Hispanique*, LX, pp. 329-351, 1984.

OLAVARRÍA, Juan de. *Memoria dirigida a S. M. sobre el medio de mejorar la condición física y moral del pueblo español*. Madrid: Fundación Banco Exterior. Prólogo de Alberto Gil Novales, 1988.

PEDRÓ, Francesc. *Los precursores españoles de la educación comparada*. Madrid: Ministerio de Educación y Ciencia, 1987a.

______. *Los precursores españoles de la educación comparada. Antología de textos*. Madrid: UNED, 1987b.

POZO, María del Mar del. "Presencia de la pedagogía española en las exposiciones universales del XIX". *Historia de la Educación*, 2, pp. 165-172, 1983.

PRADELLS NADAL, J. "Juan Bautista Virio (1753-1837): experiencia europea y reformismo económico en la España ilustrada". *Revista de Historia Moderna. Anales de la Universidad de Alicante*, 8-9, pp. 233-271, 1988-1990.

PRÍNCIPE DE LA PAZ. *Memorias*. Madrid: Ediciones Atlas, 1965.

REPULLÉS Y VARGAS, Enrique María. *Disposición, construcción y mueblaje de las escuelas públicas de instrucción primaria*. Madrid: Imprenta de Fortanet, 1878.

ROLDÁN VERA, Eugenia. *The British Book Trade and Spanish American Independence. Education and Knowledge Transmission in Transcontinental Perspective*. Aldershot: Ashgate, 2003.

ROUSSEAU, Jean Jacques. *Émile ou de l'éducation*, s.l., 1762.

SAGRA, Ramón de la. *Cinco meses en Estados-Unidos de la América del Norte desde el 20 de abril al 23 de septiembre de 1835. Diario de viaje*. Paris: Imprenta de Pablo Renouard, 1836.

______. *Voyage en Hollande et en Belgique sous le rapport de l'instruction primaire, des établissements de bienfaisance et des prisons, dans les deux pays*. Paris: Arthus Bertrand, 1839.

SAMA, Joaquín. *Montesino y sus doctrinas pedagógicas*, Barcelona, Librería de Juan y Antonio Bastinos, 1888.

SANCHIDRIAN BLANCO, María del Carmen. "Las escuelas de párvulos de la Fábrica Nacional de Tabacos de Madrid (1841-1859)". *Historia de la Educación*, 1983, pp. 77-86.

SEABORNE, Malcolm. "Bibliography. Works on school architecture and building published between 1800 and 1880". In: ROBSON, Edward Robert. *School Architecture*. London: John Murray, 1874 (edición facsímil, Leicester University Press), pp. 27-30, 1972.

SUREDA, Bernat. *Pablo Montesino: liberalismo y educación en España*. Palma de Mallorca: Prensa Universitaria, 1984.

VELLOSO, Agustín. *La educación comparada en España (1900-1936)*. Madrid: UNED, 1989.

VELLOSO, Agustín e PEDRÓ, Francesc. *Manual de educación comparada, v. I. Conceptos básicos*, Barcelona, PPU, 1991.

VICÉN FERRANDO, María Jesús. *Mariano Cardedera y Potó. Orígenes y desarrollo de su pensamiento pedagógico*. Huesca: Instituto de Estudios Altoaragoneses, 1999.

VILANOU, Conrad. "A propósito del 'Metodo apodemico de viajar, o itinerario en que se contiene el modo de hacer con utilidad los viajes a las cortes extrangeras'". In: *Educación e Ilustración en España. III Coloquio de Historia de la Educación*. Barcelona: Universidad de Barcelona, pp. 203-211, 1984.

VIÑAO, Antonio. "Un texto inédito de Marchena sobre educación (1792). Notas sobre la difusión de Rousseau en España". *Historia de la Educación*, 3, pp. 261-280, 1984.

______. "Construcciones y edificios escolares durante el sexenio democrático (1868-1874)". *Historia de la Educación*, 12-13, pp. 493-533, 1993-1994.

______. "Godoy y la educación en la España de su tiempo. El Instituto pestalozziano". In: MELÓN, M. A., LA PARRA, E. y TOMÁS, F. (eds.). *Manuel Godoy y su tiempo. Congreso Internacional Manuel Godoy (1767-1851)*. Mérida: Editora Regional de Extremadura, t. II, pp. 85-110, 2003.

______. "Templos de la patria, templos del saber. Los espacios de la escuela y la arquitectura escolar". In: ESCOLANO, Agustín (dir.). *La invención de la escuela. Historia ilustrada de la escuela en España*. Madrid: Fundación Germán Sánchez Ruipérez, en prensa, 2006.

A educação como problema, a América como destino: a experiência de Maria Guilhermina*

Carla Simone Chamon
Luciano Mendes de Faria Filho

> Sempre há viajantes, viandantes, negociantes, traficantes, conquistadores, descobridores, turistas, missionários, peregrinos, pesquisadores ou fugitivos atravessando fronteiras, buscando o desconhecido, desvendando o exótico, inventando o outro, recriando o eu. (Ianni, 1996: 3)

A viagem é um movimento que atravessa a história. Mesmo com os riscos que corre o historiador ao fazer generalizações, é possível dizer que todos os povos conheceram alguma modalidade de deslocamento geográfico, seja em viagens turísticas, etnográficas, diplomáticas, missionárias, imaginárias, de negócios, de estudos e tantas outras.

---

* Este texto foi elaborado tendo por base a tese de doutoramento de Carla Simone Chamon, intitulada *Maria Guilhermina Loureiro de Andrade: a trajetória profissional de uma educadora (1869/1913)*, defendida no Programa de Pós-Graduação em Educação da UFMG, em 2005, sob orientação do prof. Luciano Mendes de Faria Filho.

Mas, se constantes são as viagens, é necessário acrescentar que seus sentidos não são unívocos, que muitas e múltiplas são as práticas e os significados do ato de viajar e o que confere sentido a esses deslocamentos também muda historicamente. A viagem turística moderna, por exemplo, é algo bastante diverso das viagens empreendidas por Heródoto no mundo antigo ou das viagens marítimas dos séculos XIV e XV, que levaram à descoberta do Novo Mundo. Mas não precisamos ir tão longe. Viajar no século XIX era também uma outra história, atravessada por diferentes temporalidades. E a diferença pode ser percebida não somente na velocidade e na materialidade das embarcações, nas distâncias percorridas, na bagagem, no tempo (e no dinheiro) gasto no percurso e na permanência, elementos de grande importância, mas também nas motivações para as viagens e nos sentidos e significados que as envolviam.

A percepção dessas diferenças nos permite definir o ato de viajar, ainda que de maneira precária, como algo que comporta não só a idéia de um deslocamento geográfico, às vezes imaginário, mas também um deslocamento no tempo, o qual não pode ser medido única e simplesmente pelo calendário, mas, principalmente, pelo fazer social dos homens. Nesse sentido, a viagem, assim como a história, é a busca da alteridade. Ao atravessar fronteiras, o viajante, como o historiador, não experimenta apenas a distância — geográfica ou cronológica — mas também a diferença, a alteridade constitutiva do outro, num movimento, como diria Octavio Ianni (1996), de "invenção do outro" e de "recriação do eu".

A experiência da viagem, deslocamento espaço/temporal que produz encontros, é, pois, constitutiva dos sujeitos e das sociedades. No campo educacional, que aqui nos interessa mais de perto, essa experiência foi importante na trajetória de muitos educadores, deixando marcas no fazer educacional de muitos deles. No século XIX, professores, diretores de escola, inspetores de ensino, autores de cartilhas e manuais e mesmo médicos e políticos envolvidos com projetos educacionais buscaram nas viagens os "códigos de civilização" e o aumento de seu capital intelectual. Para eles, conhecer de perto a realidade de lugares considerados como mais "civilizados", referências em matéria de difusão, métodos e organização do ensino, poderia significar a apropriação de idéias e instrumentos fundamentais para o enfrentamento das dificuldades que encontravam para realizar, aqui nos trópicos, a construção de uma grande nação, constituída de homens instruídos, cultos e civilizados. Dessas viagens, esses sujeitos deveriam voltar mais sábios e competentes, capazes de pensar e organizar de maneira eficaz a instrução no país.

E foi na busca do outro e de seus códigos de civilização, de seus métodos e padrões de ensino, que a professora Maria Guilhermina Loureiro de Andrade partiu para os Estados Unidos em 1883, onde permaneceu por quatro anos estudando os métodos froebelianos, retornando ao Brasil somente em 1887. Este texto trata da viagem dessa educadora, viagem que ela fez na geografia e na história como condição de possibilidade de pensar e projetar um outro futuro para a educação brasileira em fins do século XIX e início do XX.

Esboço biográfico

Maria Guilhermina Loureiro de Andrade nasceu em 1839, em Minas Gerais, na cidade de Ouro Preto. Mulher branca, solteira, sem filhos, sem grandes recursos financeiros, professora, tradutora, escritora e moradora da cidade do Rio de Janeiro,[1] converteu-se ao protestantismo, provavelmente no início da década de 1860 e morreu aos 90 anos de idade, em 1929.

Era filha de João Estanislau Pereira de Andrade e Leonor Augusta Loureiro de Andrade — ele, funcionário público, ela, professora pública de primeiras letras. Sua mãe teve esmerada educação, tendo sido aluna de Beatriz Brandão, considerada pela escritora Inês Sabino (1899: 110), como famosa professora em Ouro Preto. Teve 16 irmãos, dos quais temos muito poucas informações (Minas Gerais, 7 jun. 1907: 3). Sabemos apenas que um foi engenheiro, outro professor e cinco foram professoras.

A formação escolar de Maria Guilhermina é ainda pouco conhecida, mas podemos afirmar que esta se deu em um ambiente familiar aberto à instrução feminina, sendo bastante provável que ela e suas irmãs tenham seguido os mesmos passos da educação da mãe, assim como lhe seguiram no exercício da docência. Na verdade, D. Leonor e suas filhas faziam parte,

---

1. Dos seus 90 anos, Maria Guilhermina viveu 48 na cidade do Rio de Janeiro; aproximadamente 12 anos em Ouro Preto (MG) e 18 na vila de Nossa Senhora da Conceição, município de Vassouras; 4 anos em Nova York; 1 ano em São Paulo e 7 anos em Belo Horizonte.

naquele momento, de um grupo ainda pequeno de mulheres que tiveram acesso a uma certa educação intelectual e de um grupo ainda menor que se dedicou à docência.

Não há dúvida que um ambiente familiar em que a mãe era professora e as irmãs alfabetizadas (para não falar dos irmãos), indicia uma diferença marcante na escolarização elementar de Maria Guilhermina em relação às outras meninas do período. Também no que se refere à sua formação posterior, Maria Guilhermina percorreu uma trajetória singular. Em 1883, viajou para os Estados Unidos, onde permaneceu até 1887, estudando os métodos froebelianos na Academia Kraus Boelte, em Nova York. Essa experiência produziu uma inflexão na sua atuação no campo educacional, uma vez que, a partir dela, Maria Guilhermina Loureiro de Andrade ganhou maior visibilidade e reconhecimento no meio educacional.

Dos seus 90 anos de vida, Maria Guilhermina dedicou pelo menos 50 à tarefa de educar meninos e meninas. Em 1864, então com 25 anos de idade, abriu um colégio para educação de meninas, na vila de Nossa Senhora da Conceição em Vassouras, juntamente com sua mãe (Almanaque Laemmert, 1864: 174). Em 1869, Maria Guilhermina fundou o Colégio Andrade na cidade do Rio de Janeiro, estabelecimento que ela dirigiu, auxiliada por suas irmãs e com algumas pequenas interrupções, até 1905 (Almanaque Laemmert, 1869-1905).

A atuação profissional de Maria Guilhermina não se resumiu ao Colégio Andrade. Ela também trabalhou como professora primária no Colégio Aquino, provavelmente na década de 1870, na cidade do Rio de Janeiro (Revista Pedagógica, 1890/1891, pp. 322-323; Nina, 1944: 40; Venâncio Filho, 1946: 256), além de ter participado da Sessão de Instrução da *Exposição da Indústria Nacional*, realizada na Corte, em 1881. Nessa exposição, ela recebeu o diploma de progresso pela sua "aritmética da infância, apresentada em manuscrito", ao lado de sua irmã D. Francisca Loureiro de Andrade Franco, por sua gramática da infância, também manuscrita. Ainda nesse período, em 1883, Guilhermina escreveu um parecer sobre organização dos jardins de infância para o *Congresso da Instrução do Rio de Janeiro* (que não se realizou), ao lado do Dr. Menezes Vieira e do Dr. Joaquim Teixeira de Macedo.

Com a viagem aos Estados Unidos, Maria Guilhermina ganhou maior visibilidade e reconhecimento no campo educacional. Ao retornar, abriu um jardim da infância — ao qual ela denominou *Kindergarten Modelo* — e a primeira escola para formação de jardineiras* na Corte. Além disso, foi convidada a participar de duas importantes reformas de instrução: a "Reforma Caetano de Campos", em São Paulo, em 1890, onde trabalhou na sessão feminina da Escola-Modelo, anexa à Escola Normal, e a "Reforma João Pinheiro-Carvalho de Brito", ocorrida em Minas Gerais, em 1906, onde atuou como diretora de um grupo escolar da capital desse Estado entre 1907 e 1913, cargo no qual se aposentou em 1918. Essa maior visibilidade não se deu em razão apenas dessa sua atuação, mas também foi fruto da publicação de artigos e livros na área.

A sua produção no campo educacional foi significativa. Maria Guilhermina escreveu um livro sobre história do Brasil e alguns livros de leitura destinados ao ensino primário. Escreveu também um pequeno livro sobre jardim de infância, outro sobre o método de ensino de linguagem escrita e publicou alguns artigos em jornais do Rio de Janeiro e Minas Gerais. Além disso, traduziu algumas obras de autores norte-americanos: *Natural Series,* de Stoddard Felter, sobre aritmética elementar; *Kindergarten Culture,* de Willian Hailmann e *Sea-Side and Way-Side,* sobre história natural, de Júlia McNair Wright.

Trabalhando como diretora de escola particular, professora, tradutora e autora de livros didáticos, Maria Guilhermina Loureiro de Andrade atuou intensamente no campo educacional brasileiro. Ela experimentou aí uma inserção diferenciada, mesmo antes de sua viagem e de seu contato direto com as "novidades" norte-americanas em matéria de educação escolar. Na verdade, a prática de uma pedagogia orientada para os padrões escolares norte-americanos marcou sua trajetória profissional desde o início da década de 1870. Esse fato estava associado a sua opção pela fé reformada e ao seu convívio com missionários e educadores presbiterianos, oriundos do norte dos Estados Unidos e ligados à Junta de Missões Estrangeiras de Nova York (*Board of Foreign Mission*), que se instalaram no Brasil a partir da segunda metade do século XIX.

Essas missões norte-americanas que vieram para o Brasil tiveram papel importante no campo educacional, uma vez que adotaram em suas es-

* Jardineiras eram as professoras do jardim de infância.

colas e colégios aqui instalados — muitos deles influentes, como a Escola Americana de São Paulo — alguns dos padrões educacionais norte-americanos, tornando-se um veículo de circulação e visibilidade desses padrões. Esse contato com os missionários presbiterianos marcou sua trajetória pessoal e profissional, tendo em vista que foi com alguns dos agentes dessa nova religião que Maria Guilhermina conheceu e experimentou a nova fé e, com ela, uma outra sensibilidade e visão de mundo que marcaram a sua prática pedagógica. Além disso, foi por intermédio desses missionários que ela entrou em contato com os métodos pedagógicos praticados nos Estados Unidos, nos quais ela se especializou estudando em Nova York, na década de 1880.

A descoberta da América

De início, uma questão se coloca: por que Maria Guilhermina escolheu estudar nos Estados Unidos na penúltima década do oitocentos? Questão pertinente se levarmos em conta não apenas sua condição feminina,[2] o que implicava, por si só, um obstáculo à liberdade de movimentos, mas também pelo destino escolhido. As mulheres do Brasil oitocentista quase não viajavam e quando o faziam eram acompanhadas dos pais ou maridos, nunca sozinhas. Poucas se aventuraram a cruzar os mares por iniciativa própria, ainda mais para se profissionalizar.[3] Essa realidade foi experimentada não só pelas brasileiras, mas pelas européias e mesmo pelas norte-americanas. Segundo Mirian Leite (1997: 16), o reduzido número de mulheres viajantes em relação aos homens indica a inexistência de espaço para as mulheres em viagens longas e perigosas no início do século XIX. Espaço que, a partir da década de 1850, "foi conquistado muito lentamente, com a modernização dos transportes marítimos, mas conservou-se área predomi-

2. Impossível não pensar aqui na educação do homem e da mulher proposta por Rousseau, figura bem conhecida dos brasileiros e "amplamente discutido e apoiado em toda a América Latina" (Pallares-Burke, 1996: 173). Para ele, ambos deveriam ser educados, mas enquanto Emílio deveria viajar pelo mundo para completar sua formação, Sofia deveria ser "polida" no recolhimento do lar.

3. Em meados da década de 1870 e início da década de 1880, Josefa Águeda Felisbela Mercedes de Oliveira (1864-?) e Maria Augusta Generoso Estrela (1860-1946) cursaram medicina no *New York Medical College and Hospital for Women*, nos Estados Unidos, sendo consideradas as primeiras médicas brasileiras (Schumaher; Brazil, 2000: 296, 299, 366-368 respectivamente).

nantemente masculina". Em um século em que a maioria dos viajantes eram homens e os olhos que viam o mundo e as próprias mulheres eram quase todos masculinos, a viagem empreendida por uma mulher que assumiu o papel de ver o mundo com seus próprios olhos não é sem importância.

Além disso, a escolha de Maria Guilhermina de estudar em Nova York se distanciava do destino escolhido pelos brasileiros que, em geral, procuravam os países europeus, especialmente a França, quando se tratava de aperfeiçoar seus estudos e de buscar as "luzes da civilização". Sem dúvida, a Europa, principalmente a França, era o itinerário privilegiado, destino quase que natural da intelectualidade brasileira oitocentista, deslocamento considerado como peça-chave na formação da elite letrada que deveria dominar a linguagem e os "códigos da matriz cultural francesa" (Costa, 2003: 81). Fora do alcance da maior parte da população brasileira, as viagens aos países europeus eram freqüentes entre os membros da elite. Viagens a passeio, viagens de estudos, viagens para investigar as instituições e a organização política e sociocultural dos países do Velho Mundo.

No período oitocentista, muitos educadores se dirigiram para lá, em busca de conhecimentos, experiências, materiais e métodos utilizados nas instituições escolares, com vistas a transformar, ou reformar, a instrução no Brasil. Por meio das viagens e do encontro com o outro, as elites ligadas ao campo educacional buscavam paradigmas e referências que colaborassem no delineamento de um futuro para a educação brasileira. Buscavam a organização que tornasse o emprego dos tempos e dos espaços escolares mais eficientes, assim como os métodos que racionalizassem o processo educativo.

Na segunda metade do século XIX, Abílio César Borges (1824-1891), médico, professor, proprietário de estabelecimento de ensino e membro do Conselho de Instrução Pública da Corte entre 1872 e 1877, realizou três viagens à Europa — 1866, 1870 e 1879 — de onde afirmava buscar as práticas pedagógicas e modelos escolares para adotar em seu estabelecimento no Rio de Janeiro (Gondra, 2002: 36). Menezes Vieira (1848-1897), também médico, professor e diretor de um colégio de mesmo nome na Corte, diretor do Pedagogium entre 1890 e 1897, visitou duas vezes (1882, 1888-1889) vários países do velho continente — França, Itália, Bélgica, Alemanha e Suíça. De lá, trazia para o Brasil as inovações pedagógicas que anunciava praticar em seu estabelecimento de ensino (Bastos, 2002: 568-575).

As viagens para estudar as instituições escolares européias também foram de iniciativa do poder público. O inspetor-geral de Instrução Pública, Antonio Herculano de Souza Bandeira Filho, esteve na Europa, onde estudou, na França, Suíça, Áustria e Alemanha, instituições de educação infantil, publicando, em 1883, seu relatório de viagem (Kuhlmann Jr., 2001: 3). Em 1890, o Ministério da Instrução Correios e Telégrafos encarregou José Pereira Frazão e mais uma comissão de professores da Corte de observar o que se fazia nos países estrangeiros, neles incluídos não só os países europeus, mas também os Estados Unidos. Entretanto, apesar de prevista, a visita à nação norte-americana não se realizou, ficando a viagem circunscrita aos países europeus, destino primeiro da referida comissão (Frazão, 1893: 7-8). Já em 1902, Manoel Bonfim (1868-1932), nessa época diretor do Pedagogium, partiu para a Europa, nomeado pela prefeitura da cidade do Rio de Janeiro, para lá estudar psicologia com Alfred Binet e George Dumas (Franco; Gontijo, 2002: 755).

Entretanto, a partir da segunda metade do século XIX, o imaginário nacional começava a ser povoado com a idéia de que existia vida civilizada e moderna fora da Europa. Nesse momento, conforme aponta Warde (2000: 37)

> começaram a circular no Brasil, particularmente nos e a partir dos centros urbanos do sudeste (São Paulo em especial), teses segundo as quais as chances do Brasil trilhar o caminho do progresso estavam em se espelhar não mais no Velho Mundo, mas no Novo, ou seja, nos Estados Unidos.

A condição para tal, segundo a mesma autora, estaria na intervenção da educação e na maquinaria, parâmetros com os quais se media o progresso norte-americano. Por isso, a partir da década de 1860, de maneira especial, na década de 1870, os políticos e "intelectuais" de algumas das principais províncias brasileiras pareciam "descobrir" os progressos da educação norte-americana. Nesse momento, os Estados Unidos começaram a ser tomados como o país que possuía um dos sistemas de ensino mais sólidos e mais amplamente distribuídos pela população, razões pelas quais estava sendo apontado como uma das referências para a instrução no Brasil. Nesse movimento, ao lado do exemplo de países como a França, Alemanha, Inglaterra, Bélgica, Áustria, Holanda e Suíça, os Estados Unidos da América do Norte começavam a aparecer como modelo a ser perseguido. Paulatinamente, esse país constituía-se, para muitos, num paradigma para o campo educacional brasileiro, num processo que, pouco a pouco, provocaria um deslocamento (mas não um apagamento) da França de sua posição de prestígio perante parte da elite brasileira.

Assim, para muitos, a nação norte-americana passava a ser um referente, uma alternativa política e cultural ao velho mundo europeu. Para estes, o fato daquele país ter sido colonizado ao mesmo tempo em que o Brasil, de suas instituições serem também recentes, dele ter sido um país escravista até muito recentemente e, somado a isso tudo, de ser um país também de dimensões continentais, criava proximidades históricas, culturais, geográficas e políticas com o Brasil. Se para parte significativa dessa elite o exemplo do progresso da América do Norte era visto, ouvido e lido a partir de informações de outrem, Maria Guilhermina não se contentou com isso e fez dela o destino de sua viagem para ver de perto e para aperfeiçoar sua formação de educadora. Se a interlocução de boa parte da elite letrada brasileira com as novidades pedagógicas norte-americanas era feita, em grande medida, por intermédio dos escritores franceses, nem todos, como Maria Guilhermina, obedeceram a esse itinerário.

Esse pode ter sido o caso do maranhense Antônio Almeida de Oliveira (1843-1887), educador e político de tendência liberal, que viajou para os Estados Unidos no início dos anos 1870 e visitou as escolas de Boston, Massachusetts e Brooklin, escrevendo depois disso o livro *O Ensino Público no Brasil*, dedicado ao recém-criado Partido Republicano e no qual são abundantes as referências e elogios ao ensino na América do Norte (Vieira, 2003). Amaro Cavalcanti (1849-1922), advogado e professor de latim na província do Ceará, também visitou os Estados Unidos, em 1880/1881, com o objetivo de estudar a organização e os métodos do ensino elementar desse país. Ao retornar, escreveu um relatório descrevendo o ensino praticado nas escolas que visitou e fazendo proposições para as escolas de sua província (Cavalcanti, 1881). O educador paulista Oscar Thompson (1872-1935), por sua vez, foi ver de perto a *Exposição Universal de Saint Louis*, realizada na Louisiania, em 1904, onde conheceu os materiais didáticos produzidos pela norte-americana Sarah Arnold, os quais ele se encarregaria de divulgar aqui (Gonçalves e Warde, 2002). Esse educador, mesmo antes de viajar, já possuía uma mentalidade de tipo americana (Warde, 2003: 157).

Isso sem falar dos profissionais liberais, a maioria deles da província paulista,[4] que escolheram estudar ou se especializar nas faculdades norte-americanas, como os engenheiros André Rebouças, Paula Souza e Alberto Torres,[5] cujos textos jornalísticos foram marcados pela admiração aos valores culturais norte-americanos. Em meados da década de 1870 e início da década de 1880, a pernambucana Josefa Águeda Felisbela Mercedes de Oliveira (1864-?) e a carioca Maria Augusta Generoso Estrela (1860-1946) cursaram medicina no *New York Medical College and Hospital for Women*, nos Estados Unidos, sendo consideradas as primeiras médicas brasileiras (Schumaher; Brazil, 2000: 296-299, 366-368).

Essas viagens indicam não só que os Estados Unidos começavam ganhar espaço como referência em termos de civilização e progresso para os educadores brasileiros que para lá se dirigiam, mas também que a apropriação de seu repertório educacional não se fazia somente por intermédio dos franceses. É de novo Mirian Warde que aponta para o fato de que, no caso de São Paulo, cidade que já vinha gestando uma maior sensibilidade para o americanismo[6] desde a segunda metade do XIX, sendo capaz então de concretizar alguns dos ideais norte-americanos, foi com os próprios americanos que a elite política e intelectual dialogou, não sendo fundamental a interme-

4. O Relatório do Comissário da Educação em Washington, relativo ao ano de 1872 e transcrito no jornal *A Instrução Pública* (2 nov. 1873), apontava: "Nestes últimos anos, têm vindo vários jovens brasileiros adquirir instrução nas universidades dos Estados Unidos. Há atualmente uns 30 estudando e praticando em vários estabelecimentos [...]. A maior parte estuda engenharia na Universidade Cornell, em Ithaca, Estado de New York [...] Grande número de brasileiros que estudam nos Estados Unidos pertence à província de São Paulo. Há também alguns do Pará, entre eles cinco são pensionistas do respectivo governo provincial."

5. André Rebouças (1838-1898) fez sua primeira viagem à Europa em 1861/1862, onde estudou, e aos Estados Unidos em 1873, para se especializar (Carvalho, M. 1998: 75, 115, 180). Alberto Sales (1857-1904) e iniciou o curso de engenharia nos Estados Unidos na década de 1870, formou-se em direito pela Faculdade de São Paulo. O também engenheiro Antônio Francisco de Paula Souza partiu para os Estados Unidos em 1869, em busca de aperfeiçoamento profissional. Além desses, podemos também lembrar dos que defendiam o modelo norte-americano de república e de organização do ensino como os liberais radicais, republicanos Quintino Bocaiúva, que foi aos Estados Unidos em 1866-1867, como agente do governo imperial para contratar imigrantes; Salvador Marinho, radicado em Nova York, onde colaborou com José Carlos Rodrigues no jornal *Novo Mundo*, na década de 1870 (Alonso, 2002: 108-111).

6. Mirian Warde (2000) define americanismo, a partir de Gramsci, como a produção de um novo padrão de vida material e simbólica, um novo padrão cultural, gestado nos Estados Unidos da América a partir da incorporação de vários projetos, internos e externos, em disputa.

diação francesa, como no caso de Rui Barbosa. Os mediadores para os padrões de ensino norte-americano foram tanto os missionários protestantes e suas escolas aqui instaladas, quanto a literatura e os materiais pedagógicos daquele país, assim como o contato direto com norte-americanos e algumas viagens aos Estados Unidos. Ou seja, o conhecimento desses padrões pedagógicos foram "diretamente colhidos em fontes norte-americanas" (Warde, 2003: 158, nota 28). Essa era uma realidade mais presente para São Paulo, mas fez também adeptos entre a elite letrada que atuava na Corte.

Mesmo Rui Barbosa, para quem os franceses Ferdinand Buisson e Cèlestin Hippeau foram importantes mediadores, dialogou diretamente com os norte-americanos no que toca à experiência pedagógica daquele país. Segundo Lourenço Filho (1956: 54), o Colégio Progresso da norte-americana Miss Eleonor Leslie seguia o modelo educacional dos Estados Unidos e teria inspirado os pareceres de Rui Barbosa. "Manteve Rui longos entendimentos com a diretora do estabelecimento e foi por seu intermédio que entrou em contato com importantes autoridades do ensino público norte-americano" (Haidar, 1972: 241).

Nesse sentido, se a Europa era o destino e roteiro privilegiado da elite letrada (Costa, 2003), não faltaram viagens aos Estados Unidos. É verdade que em escala bem menor, mas significativas pra indicar o começo, lento e silencioso, de um outro movimento: o que dispensava a França como mediadora. Não que isso significasse maior "pureza" no processo de apropriação, mas sim que aprender dessa nova pedagogia mediante a leitura e o conhecimento direto da experiência norte-americana, como fez Maria Guilhermina e alguns de seus contemporâneos, significava não só aprender uma pedagogia renovada, que circulava internacionalmente, mas também os valores da cultura norte-americana que a ela se amalgamavam.

A viagem de Maria Guilhermina deve ser pensada, pois, dentro de um movimento mais amplo, a partir da década de 1870, no qual os padrões educacionais norte-americanos começavam a ganhar visibilidade e adeptos. Nesse momento, já começava a circular a idéia de modernidade pedagógica em diálogo com as idéias e práticas educativas norte-americanas, colocando em evidência a construção de uma hegemonia norte-americana da qual nos fala Warde (2000). É verdade que a presença francesa era ainda marcante nas práticas escolares e havia também o exemplo de outros países considerados mais avançados, como Alemanha, Suíça e Bélgica. Entretanto, as inovações pedagógicas norte-americanas passaram a ser muito valorizadas, e os Estados Unidos, como vimos, começavam a despontar como uma alternativa de peso para o campo educacional, disputando espaço com as antigas nações européias e colocando em cena uma nova forma escolar.

Uma formação americana

Em 1907, Júlia Lopes de Almeida escrevia para seu público carioca no jornal *O Paíz* sobre a viagem que Maria Guilhermina fizera, no início da década de 1880, aos Estados Unidos. Segundo a escritora, "com seus parcos recursos e a sua grande nunca desmentida energia", Guilhermina deixou o País e cruzou os mares, em direção a Nova York (Minas Gerais, 24 jul. 1907, p. 7). Enfrentou os aborrecimentos de uma longa viagem de navio, que durava em média três semanas (Agassiz, 1975),[7] quando não havia atrasos, e que contava com poucas mulheres em sua tripulação (Leite, 1997: 100).

Levou na bagagem suas crenças, sua visão de mundo, sua experiência como mulher e educadora. Levou também o desejo de transpor fronteiras e limites para conhecer de perto o progresso e as novidades pedagógicas experimentadas no país que começava a se tornar importante ponto de referência no campo educacional brasileiro. Mas não partiu em busca de um completo desconhecido, sem bússola e sem direção. Aqueles que viajam, partem na busca do desconhecido, daquilo que não se sabe, do que está distante. Mas partem também na busca do que lhe é próximo e conhecido, visto que a viagem nunca os atira num estranhamento profundo. Partiu de posse de um "mapa",[8] para aprofundar um diálogo que ela havia começado aqui, na década de 1870, com os missionários norte-americanos, intensificando, depois disso, a circulação de uma nova pedagogia (a "Educação

7. No início do século XX, essa viagem já podia ser feita em 15 ou 16 dias (Pimentel, 1998: 137 e 140).

8. O mapa permite àquele que viaja se situar no lugar visitado. Importante instrumento de localização, ele, entretanto, não descortina e não dá a ver por completo o outro. Numa viagem, por mais bem traçado que seja o roteiro, por mais minucioso que seja o mapa a guiar o visitante, por mais precisa que seja a bússola, existe sempre o imprevisível, o acaso e a surpresa diante do que não se esperava ver.

Nova") e o seu papel de mediadora entre dois universos culturais diferentes — Brasil/Estados Unidos.

Segundo o depoimento da escritora e amiga Júlia Lopes de Almeida (Minas Gerais, 24 jul. 1907: 7), o que a levou à América do Norte, "onde viveu anos de cuidadosa, carinhosa observação, fora o desejo de estudar, ponto por ponto, todo o funcionamento dos jardins de infância". O que a moveu foi o desejo de conhecer melhor, de experimentar, de comparar. Estratégia que, na própria avaliação de Maria Guilhermina, faria dela uma "professora competente" e lhe permitiria abrir "um verdadeiro *kindergarten*" e uma escola de formação de jardineiras na Corte (Andrade, *O Kindergarten ou Jardim da Infância*, 1888).

Pouco depois de retornar ao Brasil, em 1888, num livreto de 13 páginas, publicado no Rio de Janeiro pela Tipografia e Litografia Machado, ela já havia apresentado as razões da sua viagem aos Estados Unidos da América:

> Há 5 anos, tendo sido convidada pelo Governo Imperial para dar parecer sobre a fundação dos Jardins da Infância nesta capital, declarei que nenhum proveito disso poderia vir às nossas crianças pela falta de jardineiras completamente habilitadas para essa melindrosa tarefa, e também por pensar que seria um crime ensaiar métodos que talvez não fossem bons e úteis aos pequeninos, de quem o Divino Jesus, falando aos Apóstolos dizia: "Se não vos fizerdes puros como um destes, não haveis de entrar no Reino dos Céus".
>
> Resolvi, portanto, fazer uma viagem aos Estados Unidos, onde a instrução primária tem tido um progresso verdadeiramente admirável, e lá durante quatro anos não poupei esforços e sacrifícios a fim de preparar-me o quanto fosse possível para vir aqui estabelecer um *kindergarten* ou Jardim da Infância, onde nossos meninos gozassem das mesmas vantagens que os meninos americanos, que vivem vida mais completa e feliz sob as leis da Educação Nova [...] (Andrade, *O Kindergarten ou Jardim da Infância*, 1888: 3-4)

Elaborada na sua fala como um plano ("resolvi"), a sua viagem aparece motivada pelo desejo de se preparar para estabelecer na Corte um jardim da infância, suprindo a falta que havia no País de "jardineiras completamente habilitadas". A escolha dos Estados Unidos como destino se deu não só em virtude de seu "progresso verdadeiramente admirável" em matéria de instrução primária, mas também porque lá os *kindergartens* tiveram grande aceitação e rápida divulgação na segunda metade do século XIX. Além disso, a sua convivência com missionários norte-americanos certamente influenciou sua escolha, sendo possível que a norte-americana Miss Leslie, diretora do Colégio Progresso na Corte, tenha tido alguma implicação direta na sua viagem, conforme sugere Mesquida e Akkari (2004).

Foi, então, em busca de melhor compreensão das "leis" e "princípios naturais" que deveriam reger o desenvolvimento infantil e auxiliar os professores na sua missão, bem como na busca dos métodos que guiariam a "arte de ensinar", que Maria Guilhermina foi estudar nos Estados Unidos. Por acreditar na necessidade de uma preparação especial e para que "os nossos meninos gozassem das mesmas vantagens que os meninos americanos", ela foi estudar a filosofia e pedagogia de Froebel na Academia de Maria Kraus-Boelte, em Nova York.

Essa escolha não foi, obviamente, aleatória. Ela significava, como já se disse, a continuidade de um diálogo iniciado aqui com os missionários presbiterianos, cuja experiência pedagógica já vinha informando a sua prática na Corte carioca. Com eles, Maria Guilhermina aprendeu os métodos pedagógicos considerados modernos e se aproximou do pensamento pedagógico de Froebel, largamente aceito entre os protestantes norte-americanos. Por meio deles, os Estados Unidos se constituíram para ela uma referência em matéria de instrução escolar, nação cujo progresso era "verdadeiramente admirável", nas suas próprias palavras, servindo de exemplo a ser observado e base de comparação para o Brasil.

Quando partiu para os Estados Unidos, em 1883, Maria Guilhermina sabia o que queria, apesar de, certamente, não saber com certeza o que encontraria. De posse de algum conhecimento e prática com relação aos padrões pedagógicos norte-americanos, ela foi preparada para observar a moderna educação praticada em algumas escolas daquele país. Mais especificamente, ela foi estudar os princípios e os métodos da chamada "Educação Nova", baseados na pedagogia de Froebel, ensinados e praticados no *New York Seminary for Kindergartners with a Model Kindergarten*, dirigido por Maria Kraus-Boelte e seu marido, John Kraus.

Nesse campo de disputa, Guilhermina escolheu estudar e dialogar com aqueles que diziam buscar uma maior fidelidade aos ensinamentos de Froebel. Sua instituição de formação foi o *New York Normal Kindergarten* (Ross, 1976: 63), ou *New York Seminary for Kindergartners with a Model Kindergarten* (Harvey, 1924: 78), também chamado por Guilhermina de Academia Kraus-Boelte. Essa instituição foi aberta na cidade de Nova York, em 1873, e era dirigida por dois importantes expoentes da corrente froebeliana: Maria Kraus-Boelte, a cujo nome Maria Guilhermina fazia questão de se associar (Almanaque Laemmert, 1889: 1841) e seu marido John Kraus.[9]

Maria Kraus-Boelte, seguindo de perto a pedagogia froebeliana, ensinava às futuras professoras que o *kindergarten* não era uma escola, no sentido corrente do termo, mas funcionava como uma instituição que deveria anteceder a entrada da criança na escola propriamente dita, ao mesmo tempo em que buscava criar uma atmosfera favorável para desenvolver, respeitando as leis naturais do desenvolvimento infantil, o potencial individual e as aptidões naturais de cada criança, seja no aspecto físico, intelectual e moral.

Além de John Kraus, Maria Kraus-Boelte, Nicholas Murray, outro interlocutor de Maria Guilhermina nos Estados Unidos foi William Nicholas Hailmann, cujo livro *Kindergarten culture in the family and Kindergarten: a complete sketch of Froebel's system of early education, adapted to american institutions for the use of mothers an teachers* (1873) foi traduzido por ela.[10] Hailmann (1836-1920) foi um dos importantes defensores da "Educação

9. Maria Kraus-Boelte (1836-1918) estudou em Hamburgo com a viúva de Froebel, Louise Lewis Froebel, tendo se especializado na teoria e na prática do *kindergarten*, além de ter estudado pedagogia e psicologia. Depois de concluir seus estudos, trabalhou na Inglaterra, onde foi pioneira na exibição dos trabalhos de *kindergarten*, desenvolvidos por seus alunos, na *Exposição Internacional* de 1862, realizada naquela cidade. Em 1872, foi para os Estados Unidos, a convite de uma educadora norte-americana — Miss Henrietta B. Haines — para organizar e dirigir um *kindergarten* na sua escola em Nova York. No ano seguinte, ela se casou com o professor John Kraus, também um especialista em *kindergarten*, membro do Comitê de Educação dos Estados Unidos e um dos responsáveis pela difusão do *kindergarten* nos Estados Unidos, tendo sido discípulo e amigo de Froebel. Nesse mesmo ano, abriram juntos, na cidade de Nova York, uma instituição destinada a formar professoras de *kindergarten*, o chamado *New York Seminary for Kindergartners with a Model Kindergarten*. Escreveram também o livro *The Kindergarten Guide*, publicado em Nova York entre 1877 e 1891. Dedicado a professoras, mães e enfermeiras, nele os autores expunham minuciosamente, ao longo de 8 volumes e mais de 700 páginas, a teoria do *kindergarten* elaborada por Friederich Froebel (Ross, 1976: 13-14; Harvey, 1924: 75-83).

10. O livro de Hailmann, traduzido por Maria Guilhermina, *Kindergarten culture in the family and Kindergarten*, foi publicado na cidade de Nova York, em 1873. A obra contava com doze capítulos, distribuídos ao longo de 119 páginas escritas e 13 com ilustrações das ocupações de Froebel, nas quais o autor defendia a Educação Nova, discorria sobre suas finalidades e seus métodos, sobre os dons e ocupações de Froebel, as lições sobre objetos e a maneira de adaptar o *kindergarten* às instituições americanas.

Nova" nos Estados Unidos na segunda metade do século XIX, estando entre os membros da primeira associação nacional norte-americana organizada para divulgar a pedagogia do *kindergarten* (*American Froebel Union*). Foi também, durante algum tempo, diretor de uma escola germânica-americana (*german-american academie*), em Louisville e Milwaukee, e autor de vários livros e traduções sobre a teoria e a prática de Froebel (Ross, 1976: 10; Vandewalker, 1923: 14). Dentre as várias traduções que ele realizou está o livro considerado como o mais importante do conjunto da obra de Froebel, *Educação do Homem*, publicado em alemão em 1826 e traduzido para o inglês por Hailmann, em 1887, com comentários e notas explicativas.

A viagem como condição de mediação

É interessante notar que, na historiografia da educação, Maria Guilhermina já nasce sob o signo da viagem. Figurando em trabalhos de natureza temática e teórico-metodológica distintas, os autores que a ela se referem, em geral de maneira tangencial, são quase unânimes em associar sua trajetória profissional à viagem que ela fez para os Estados Unidos.[11] Não é raro encontrar nesses autores a transcrição de uma carta, certamente o ponto de partida da construção que a historiografia fez de Guilhermina, em que Caetano de Campos a descreve para Rangel Pestana, sublinhando que ela havia estudado nos Estados Unidos, experiência que fazia dela uma "avis rara".[12]

---

11. Dentre esse autores podemos citar Fernando de Azevedo (1976), Francisco Venâncio Filho (1946), Samuel Pfromn Netto et al. (1974), Terezinha Collichio (1976), Maria Lúcia Hilsdorf Barbanti (1977), Tizuco Kishimoto (1986), Casemiro dos Reis Filho (1995), Rosa Fátima de Souza (1998), Carlos Monarcha (1999), Luciano Mendes de Faria Filho (2000), Maria do Rosário Mortatti (2000), Heloísa Villela (2000), Moisés Kuhlmann Júnior (2000, 1996), Maria Helena Câmara Bastos (2001), Gisele Gonçalves e Mirian Warde (2002).

12. "Depois de uma luta que talvez lhe possa contar um dia, descobri por intermédio de Dr. Lane, da Escola Americana — a quem ficarei eternamente grato pelo muito que tem se interessado pelo êxito de nossa reforma — uma mulher que mora aí no Rio, adoentada, desconhecida, e que esteve quatro anos estudando nos Estados Unidos. É uma professora, diz Lane, como não há segunda no Brasil e como não há melhor na América do Norte. Estudou lá, sabe todos os segredos do método, escreve compêndios, sabe grego, latim, em suma é a *avis rara* que eu buscava. Escrevi-lhe. Mostrou-se boa alma, com grande família a sustentar e não podendo vir para cá senão com 500$000 mensais. No mais, muito entusiasmada pela reforma. Consegui do Prudente o contrato. Confesso que estou cativo dele. Como vê não é sem razão. A mulher do Rio (D. Maria Guilhermina Loureiro

Difícil se desvencilhar dessa construção, a partir da qual o nome e a trajetória profissional de Guilhermina se colam à sua experiência de viagem à América do Norte. Nossa pretensão não é a de desfazer essa imagem, mas de interrogá-la, explorando o papel de mediadora/tradutora que Maria Guilhermina vai exercer como fruto do seu diálogo com a pedagogia norte-americana. Opção que justifica, aqui, a elaboração da viagem aos Estados Unidos como ponto de inflexão na sua trajetória, que lhe conferiu, no campo educacional, um lugar de autoridade, competência e distinção — o lugar de quem sabe, porque viu com os próprios olhos.

Segundo Wilma Costa (2003), a viagem, entendida como uma estratégia de "conhecimento objetivo e científico do mundo", adquiria crescente importância para a elite letrada oitocentista, a ponto de a figura típica dos intelectuais desse período ser a do viajante.[13] Movimento capaz de "ampliar o conhecimento, de aprimorar o espírito ou de revelar os segredos do mundo", a viagem, por meio dos olhos e da escrita do viajante, coloca em contato dois mundos. É como se o ver fosse a origem do saber e a escrita, a sua transmissão, possibilidade de encurtar a distância entre dois mundos, de colocá-los em contato.

Sem dúvida, a viagem de Maria Guilhermina aumentou seu estoque de conhecimentos e seu capital simbólico, o que lhe permitiu uma ampliação de sua atuação profissional. Depois dessa experiência, a sua trajetória não seria mais a mesma. A partir desse momento, ela começou a publicar seus livros para a instrução elementar, fazendo circular os princípios da chamada "Educação Nova", base da moderna pedagogia, que ela viu praticada na cidade de Nova York. Por ter estudado nos Estados Unidos, em uma nação considerada como vanguarda do progresso, e conhecer bem os novos métodos de ensino ali praticados, foi também convidada para participar de duas importantes reformas de instrução, uma delas em São Paulo (1890) e outra em Minas Gerais (1906).

Maria Guilhermina experimentou o papel de viajante que percorre um outro mundo e conhece seus segredos. Partiu em 1883 e retornou para o Brasil em 1887. Da viagem que fez voltou não só com uma boa dose de

---

de Andrade) vem, pois, reger a aula de meninas da escola-modelo. Chegará antes do fim do mês". (Rodrigues, 1930: 192 — Grifo nosso).

13. Lembrar da imagem de Pedro II como amante da ciência e viajante.

encantamento pelo que observou nos Estados Unidos, mas também cheia de sonhos e projetos de colocar em prática, aqui nos trópicos, uma nova educação, cujos princípios teóricos e metodológicos ela estudou e viu praticar durante os quatro anos em que permaneceu nos Estados Unidos. Como tantos outros viajantes desse período (Pimentel, 1998), Maria Guilhermina, depois de ver e observar, veio divulgar e ensinar. Conforme nos lembra sua amiga Júlia Lopes de Almeida:

> Adquirido esse conhecimento, voltou ao Brasil com o cérebro cheio de projetos e o coração feliz, supondo poder iniciar em breves dias na terra amada da pátria o que seus olhos encantados tinham contemplado na América Inglesa (Minas Gerais, 24 jul. 1907: 7).

Por isso, não demorou a colocar em circulação, sob a forma de livros e artigos, o que havia aprendido nos Estados Unidos:

> Tenho, desde que voltei dos Estados Unidos, associado minhas irmãs ao meu projeto de estender às aulas primárias os magníficos métodos do *kindergarten*, e [...] espero em pouco tempo formar e publicar novos métodos para todos os ramos do ensino primário, que é o verdadeiro alicerce de toda a instrução (Andrade, *O Kindergarten ou Jardim da Infância*, 1888: 9).

Na trajetória de Maria Guilhermina, como em tantas outras de viajantes do século XIX, a escrita se mostrou inseparável da viagem, tanto uma como a outra, "exercícios privilegiados de alteridade" (Costa, 2003: 69). Fruto do deslocamento geográfico, elemento importante da formação e do "amadurecimento da sensibilidade" de uma elite letrada (ibidem: 62), a escrita, atitude reflexiva transposta para o papel, é o momento privilegiado de apresentar a seu país de origem o outro visitado. No caso de Guilhermina, mesmo não tendo encontrado um relato minucioso contando sua experiência de viagem propriamente dita — um diário — prática comum entre aqueles que cruzavam fronteiras, ela não se furtou ao compromisso de compartilhar com seus contemporâneos — por meio de seus livros e artigos — percepções, opiniões e conhecimentos sobre um outro. Desse modo, também para ela, a viagem só se completaria com o exercício da escrita, com a divulgação do que ela observou, ainda que aqui circunscrito à esfera educacional. A escrita da viagem transformava-se, também, num esforço de inscrição, ou de re-inscrição, de si mesma, pela escrita, no mundo a que retornava.

Assim, ela escreveu porque viu, sendo esta a marca da sua distinção e da sua legitimação entre seus contemporâneos. Ao se referir à Maria Guilhermina, a imprensa não poupava elogios. Ela era qualificada como "inteligente", "esclarecida", "ilustrada" (A instrução pública, 15 dez. 1887: 80; 31 dez. 1887: 91, 94), "exímia educadora" e "ilustre preceptora" (Minas Gerais, 24 ab. 1907: 7; 06 maio 1907: 2), "professora emérita" (Estado de São Paulo, *apud* Minas Gerais, 07 ago. 1907: 3), sendo a sua competência reafirmada na famosa carta de Caetano de Campos a Rangel Pestana: "É uma professora [...] como não há segunda no Brasil [...]. Estudou lá [nos Estados Unidos], sabe todos os segredos do método, escreve compêndios, sabe grego, latim, em suma é a *avis rara* que eu buscava" (Rodrigues, 1930: 192. Grifo nosso).

O contato direto com as novidades pedagógicas, decorrente da viagem, era aqui seu traço de distinção e o que demarcava seu lugar. O próprio Caetano de Campos traçava a linha que separava aqueles que apenas leram e ouviram falar, daqueles que viram com os próprios olhos e praticaram: "Não se pode ser mestre em tais assuntos sem ter visto fazer e sem ter feito [...] por mais hábil que se seja, que muito se tenha lido, é inútil pensar em adquirir sem ter visto praticar". Não foi por outro motivo que ele colocou a Escola-Modelo de São Paulo sob a direção de duas professoras formadas nos Estados Unidos — Maria Guilhermina Loureiro de Andrade e Márcia Brown — "que de lá trouxeram as mais honrosas referências" (Carta de Caetano de Campos ao jornal *Estado de São Paulo*, 30/12/1990, *Apud* Rodrigues, 1930: 198-201).

João Rodrigues, que teve oportunidade de assistir a uma aula de Maria Guilhermina na Escola Normal de São Paulo, em 1890, também confirmava o *status* que a viagem aos Estados Unidos lhe conferiu: "D. Maria Guilhermina vinha precedida de um belo renome. Era autora de um bom compêndio de História Pátria e, *tendo permanecido alguns anos nos Estados Unidos, passava por ser a última palavra em questões de didática*" (Rodrigues, 1930: 209. Grifo nosso). Não esquecendo também dos elogios tecidos pela amiga Júlia Lopes, por Sacramento Blake e Inês Sabino, citados anteriormente.

A própria Maria Guilhermina reivindicava para si a condição de conhecedora dos métodos e padrões pedagógicos norte-americanos.[14] Ela não

---

14. Segundo Marta Carvalho (2000: 241), essa era uma prática comum entre os educadores brasileiros: "Assíduos viajantes e ávidos leitores, esses mediadores do moderno muito freqüente

perdeu a oportunidade de legitimar a sua competência e criar para si um lugar de autoridade. Em certas ocasiões, fazia questão de demarcar a linha que separava aqueles que falavam de coisas que apenas leram ou ouviram dizer daqueles que viram de perto e praticaram, como por ocasião dos exames de fim de ano de seu estabelecimento:

> Como sabeis, adotamos em nossas escolas métodos ainda não muito conhecidos entre nós, na prática bem entendido, porque a este respeito já muitos falam e discutem, mas "falar" e "discutir" sobre métodos naturais e intuitivos não é o mesmo que pô-los em execução" (Andrade, Alocução, 1891/1892: 237)

O conhecimento *in loco* das modernas práticas pedagógicas norte-americanas, eram manejados como táticas de aceitação e penetração, argumento de prestígio que tinha em mira a legitimação do orador.[15]

Dessa forma, a viagem aqui é fator de distinção, de quem viu o que a maioria das pessoas não pode ver. Como afirma Francis Bacon (1999: 23), "aquele que viaja a um país estranho, em geral aprende mais através da vista que aquele que permanece em casa, fazendo-o através dos relatos dos viajantes". Quem fala e descreve é aquele que viu com seus próprios olhos. É esse olhar da testemunha que confere credibilidade, que faz crer no narrador e é freqüentemente por ele reivindicado. Na verdade, trata-se, aqui, de saber com exatidão, de saber "todos os segredos". Aquele que sabe por que viu tem mais crédito do aquele que sabe por ouvir dizer. Discurso que remete a uma prática observada e a uma experiência, Maria Guilhermina escreveu porque observou, ela viu o "original", o que lhe conferiu o adjetivo de avis *rara*, marca de sua singularização e de um lugar de autoridade. O que faz da viagem a condição para seu exercício de tradução/mediação entre dois mundos.

Certamente, sabemos que na escrita o olhar é chamado à ordem e que entre o que se vê e o que se escreve, entre o olho e a mão, o percurso não é

---

mente se legitimavam reivindincado a sua condição de conhecedores do que se passava no outro hemisfério. Dessas viagens colhiam geralmente certo deslumbre e uma alta dose de espanto pelas condições materiais vigentes nas instituições escolares estrangeiras [...]".

15. Além disso, segundo José Murilo de Carvalho (2000), o recurso a outros autores, especialmente os estrangeiros, era parte do estilo retórico brasileiro oitocentista. A tática discursiva que não citava autores estrangeiros era fatal no Brasil. O que não significava necessariamente, como o referido autor adverte, dependência intelectual ou colocação correta ou incorreta de idéias.

linear, não é direto. Ao contrário, o movimento que vai do visto ao enunciado é sempre perpassado de tensões. Por isso, a aliança entre o que se vê e o que se conta comporta, no mínimo, uma relação de adequação lingüística, na qual, muitas vezes, não é possível ao viajante que testemunha sobre o outro traduzir fielmente as conotações e denotações das expressões lingüísticas da realidade que se lhe apresenta. Sem falar dos obstáculos culturais que se colocam no percurso da tradução (Leite, 1997).

Neste trabalho de tradução/mediação, o que Maria Guilhermina buscava era inscrever o mundo que se contava no interior do mundo ao qual se dirigia. Ela buscava, como ensina François Hartog (1999: 240) "uma maneira de reunir o mundo que se conta e o mundo em que se conta, passando de um ao outro". Apontando os Estados Unidos como referência, ela estabelecia comparações e operava com a noção de aproximação/distanciamento entre esses dois mundos:

> Resolvi, portanto, fazer uma viagem aos Estados Unidos [...] a fim de preparar-me o quanto fosse possível para vir aqui estabelecer um *kindergarten* ou Jardim de Infância, onde nossos meninos gozassem das mesmas vantagens que os meninos americanos, que vivem vida mais completa e feliz sob as leis da Educação Nova (Andrade, *O Kindergarten ou Jardim da Infância*, 1888: 3-4).

Diferentemente das crianças brasileiras, as americanas levavam uma vida "completa e feliz". Aqui, ao traduzir o outro, Guilhermina operava um distanciamento, apontando um corte entre esses dois mundos — a civilização do outro e o atraso do nós. Mas ela operava também com uma sutura, uma aproximação: no *kindergarten*, os "nossos meninos" poderiam gozar das mesmas vantagens, experimentar o mesmo progresso que os meninos americanos: o mundo bárbaro poderia assimilar os códigos da civilização. Ao mesmo tempo em que traçava uma fronteira entre eles e nós, a sua retórica da alteridade possibilitava uma ultrapassagem (Certeau, 1982: 93).

Talvez por isso, no mesmo ano em que retornou ao Brasil, Maria Guilhermina se empenhou na tarefa de compartilhar o saber adquirido e de dar visibilidade aos métodos e princípios educacionais estudados na nação americana. Tarefa que desempenhou não só por meio de sua prática de professora e diretora, mas também como tradutora e escritora. Aqui, a produção da sua escrita aliava-se à produção de um lugar: o de especialista. Da viagem que fez, voltou, então, como especialista em matéria de métodos educacionais, o que a qualificava a intervir no debate público e propor caminhos para uma escolarização mais eficaz, o que ela fez por meio de seus textos.

Nesse sentido, enfrentando a diferença lingüística e cultural, atuou como mediadora entre esses dois mundos, diminuindo a distância entre eles. Ao se apropriar e colocar em circulação os modernos métodos pedagógicos, experimentados pelos norte-americanos, ela possibilitou a "travessia espacial e temporal de idéias", realizando o que Pallares-Burke (1996: 171) chamou de tradução cultural, movimento no qual o tradutor exerce o papel de intermediário, de um mediador que facilita o cruzamento de fronteiras espaciais, temporais e culturais.

O estudo da inserção de Maria Guilhermina no campo pedagógico brasileiro, atuando no Rio, em São Paulo e em Minas, revela o quanto a professora/autora/tradutora/reformadora, enfim, a intelectual Maria Guilhermina soube produzir e ocupar um lugar diferenciado no cenário educacional brasileiro do período, lugar este produzido e reconhecido também por seus pares. Desse modo, simbólica e praticamente, Maria Guilhermina soube, como poucas à sua época, fazer de suas viagens uma ponte para, em momento e lugares distintos, "divulgar, ensinar e civilizar" as boas novas da educação e da religião que abraçara.

Referências bibliográficas

A INSTRUÇÃO PÚBLICA, Rio de Janeiro, 1872-1875 e 1887-1888.

AGASSIZ, Jean L. R. e ELIZABETH, C. *Viagem ao Brasil: 1865-1866*. Belo Horizonte: Itatiaia/São Paulo: Edusp, 1975.

ALMANAQUE ADMINISTRATIVO, MERCANTIL E INDUSTRIAL DO RIO DE JANEIRO, Laemmert, 1844-1915.

ALONSO, Â. *Idéias em movimento*: a geração de 1870 na crise do Brasil-Império. São Paulo: Paz e Terra, 2002.

ANDRADE, Maria Guilhermina. Alocução proferida pela diretora do Externato Andrade, por ocasião dos exames das aulas elementares de seu estabelecimento, no dia 13 de dezembro de 1891. *Revista Pedagógica*, Rio de Janeiro, t. 3: 237-241, 1891/1892.

ANDRADE, Maria Guilhermina. *O Kindergarten ou Jardim da Infância*. Rio de Janeiro: Typ. e Lith. de Machado, 1888, 13p.

AZEVEDO, F. *A transmissão da cultura* (3. parte da 5. edição da obra *A cultura brasileira*). São Paulo: Melhoramentos/Brasília: INL, 1976.

ATAS e Pareceres do Congresso da Instrução do Rio de Janeiro. Rio de Janeiro: Tipografia Nacional, 1884.

BACON, Francis. *Nova Atlântida*. São Paulo: Nova Cultural, 1999 (col. Os Pensadores).

BARBANTI, Maria Lúcia S. Hilsdorf. *Escolas americanas de confissão protestante na província de São Paulo*: um estudo de suas origens. 1977. Dissertação (Mestrado) — Faculdade de Educação da Universidade de São Paulo, São Paulo, 1977.

BASTOS, Maria Helena Câmara. Joaquim José Menezes Vieira. In: FÁVERO, M. L. A. e BRITO, J. M. (orgs.). *Dicionário de educadores no Brasil*. Rio de Janeiro: Ed. UFRJ, 2002: 568-576.

BASTOS, Maria Helena Câmara. Jardim de Crianças: o pioneirismo do Dr. Menezes Vieira (1875-1887). In: MONARCHA, C. (org.). *Educação da infância brasileira: 1875-1983*. Campinas: Autores Associados, 2001: 31-80.

BLAKE, A. V. Sacramento. *Dicionário biobibliográfico brasileiro*. V. 6. Rio de Janeiro: Imprensa Nacional, 1900.

CARVALHO, José Murilo de. História Intelectual no Brasil. *Topoi*. Revista de História do Programa de Pós-Graduação em História Social da UFRJ. Rio de Janeiro, n. 1: 123-152, 2000.

CARVALHO, Maria Alice Rezende de. *O quinto século*: André Rebouças e a construção do Brasil. Rio de Janeiro: Revan/IUPERJ/UCAM, 1998.

CARVALHO, Marta M. C. Reformas da instrução pública. In: LOPES, Eliane M. T.; FARIA FILHO, L. M.; VEIGA, Cynthia G. (org.). *500 anos de educação no Brasil*. Belo Horizonte: Autêntica, 2000: 225-252.

CAVALCANTI, Amaro. *Relatório especial sobre educação elementar*. Apresentado ao Exmo. Sr. Presidente da Província do Ceará. Fortaleza: Typ. do Cearense, 1881.

CERTEAU, Michel de. *A escrita da história*. Rio de Janeiro: Forense Universitária, 1982.

CHAMON, Carla S. *Maria Guilhermina Loureiro de Andrade: a trajetória profissional de uma educadora*. Tese (doutorado). Faculdade de Educação da UFMG, Belo Horizonte, 2005.

______. Modernizando a escola: Minas Gerais e a influência norte-americana no final do século XIX e início do XX. In: ANAIS do II Congresso de Ensino e

Pesquisa em História da Educação em Minas Gerais. Uberlândia: EDUFU, 2004: 489-499.

COLLICHIO, Terezinha A. F. *A contribuição de Joaquim Teixeira de Macedo para o pensamento educacional brasileiro*. 1976. Dissertação (Mestrado) — Faculdade de Educação de Universidade de São Paulo, São Paulo, 1976.

COSTA, Wilma Peres. Viagens e peregrinações: a trajetória de intelectuais de dois mundos. In: BASTOS, E.; RIDENT, M. e ROLLAND, D. (org.). *Intelectuais*: sociedade e política. São Paulo: Cortez, 2003: 57-81.

EXPOSIÇÃO da Indústria Nacional de 1881 — Atas, Pareceres e Decisões do júri geral. Rio de Janeiro: Typografia Nacional, 1882.

FARIA FILHO, Luciano Mendes de. *Dos pardieiros aos palácios*: cultura escolar e cultura urbana em Belo Horizonte na primeira república. Passo Fundo: UPF, 2000.

FÁVERO, Maria de Lourdes e BRITO, Jader de Medeiros (org.). *Dicionário de educadores no Brasil*: da colônia aos dias atuais. Rio de Janeiro: UFRJ/MEC-INEP-Comped, 2002.

FRANCO, Maria C.; GONTIJO, Rebeca. Manoel Bonfim. In: FÁVERO, M. L. A. e BRITO, J. M. (orgs.). *Dicionário de educadores no Brasil*. Rio de Janeiro: Ed. UFRJ, 2002: 755-763.

FRAZÃO, José P. *O Ensino Público Primário na Itália, Suíça,Bélgica, Inglaterra e França*. Relatório apresentado à Inspetoria Geral da Instrução Primária da Capital Federal. Rio de Janeiro: Typ. da Gazeta de Notícias, 1893.

GONÇALVES, Gisele Nogueira e WARDE, Mirian Jorge. Oscar Thompson. In: FÁVERO, M. L. A. e BRITO, J. M. (orgs.) *Dicionário de educadores no Brasil*. Rio de Janeiro: Ed. UFRJ, 2002: 867-872.

GONDRA, José Gonçalves. ALMEIDA, José Ricardo Pires de. In: FÁVERO, M. L. A. e BRITO, J. M. (orgs.). *Dicionário de educadores no Brasil*. Rio de Janeiro: Ed. UFRJ, 2002: 35-44 e 643-650.

HAIDAR, Maria de Lourdes Mariotto. *O ensino secundário no império brasileiro*. São Paulo: Grijalbo, 1972.

HARTOG, François. *O espelho de Heródoto*: ensaios sobre a representação do outro. Belo Horizonte: UFMG, 1999.

HARVEY, Anna K. Maria Kraus-Boelte (1836-1918). In: *Pioneers of the kindergarten in America*. New York and London: The Century CO., 1924, pp. 75-93.

IANNI, Octavio. A metáfora da viagem. In: *Cultura Vozes*, n. 2, março-abril-1996.

KISHIMOTO, Tizuco M. *A pré-escola em São Paulo* (das origens a 1940). Tese (Doutorado) — Faculdade de Educação da Universidade de São Paulo, São Paulo, 1986.

KRAUS, J. and KRAUS-BOELTE, Maria. *The kindergarten guide, an illustrated hand-book designed for the self-instruction of kindergarterns, mothers and nurses.* New York: E. Steiger/London: George Philip, 1888/1891, v. 6-8: The occupations.

______. *The kindergarten guide, an illustrated hand-book designed for the self-instruction of kindergarterns, mothers and nurses.* New York: E. Steiger/London: George Philip, 1877/1880, v. 1-5: The gifts.

KUHLMANN JR., Moysés. O jardim-de-infância e a educação das crianças pobres. In: MONARCHA, C. (org.). *Educação da infância brasileira*: 1875-1983. Campinas: Autores Associados, 2001. p. 3-30.

______. Educando a infância brasileira. In: LOPES, Eliane M. T.; FARIA FILHO, L. M. e VEIGA, Cynthia G. (org.). *500 anos de educação no Brasil.* Belo Horizonte: Autêntica, 2000: 469-496.

______. *As grandes festas didáticas.* A educação brasileira e as exposições internacionais. Bragança Paulista: Ed. Univ. São Francisco, 1996.

LEITE, Francisco Eduardo de Aquino. O ensino da leitura. *Educação.* São Paulo, n. 12: 182-195, 1930.

LEITE, Mirian L. M. *Livros de viagem: 1803/1900.* Rio de Janeiro: Ed. UFRJ, 1997.

LOURENÇO FILHO, M. B. *A pedagogia de Rui Barbosa.* São Paulo: Melhoramentos, 1956.

MESQUIDA, Peri e AKKARI, Abdeljalil. Mulheres protestantes no sudeste do Brasil, no século XIX: educar a elite e civilizar o povo. In: *Anais do III Congresso Brasileiro de História da Educação.* Curitiba: PUC/PR, 2004.

MINAS GERAIS. Belo Horizonte, 1906-1919; 1929.

MONARCHA, C. *Escola* Normal *da Praça*: o lado noturno das luzes. Campinas: Editora da UNICAMP, 1999.

MORTATTI, Maria do R. *Os sentidos da alfabetização* (São Paulo/1876-1944). São Paulo: Editora da UNESP, 2000.

NINA, Celina A. Maria Guilhermina Loureiro de Andrade. *Educação.* Revista da ABE: 38-41, 1944.

OLIVEIRA, Antônio de A. *O ensino público.* Brasília: Edições do Senado Federal, 2003 (1. ed. 1873).

PALLARES-BURKE, Maria Lúcia. *Nísia Floresta*: o Carapuceiro e outros ensaios de tradução cultural. São Paulo: Hucitec, 1996.

PFROMM NETTO, Samuel e outros. *O livro na educação*. Rio de Janeiro: Primor/INL, 1974.

PIMENTEL, Thaís Veloso C. *De viagens e de narrativas*: viajantes brasileiros no além-mar (1913-1957). 1998. Tese (Doutorado) Universidade de São Paulo, São Paulo, 1998.

REIS FILHO, Casemiro dos. *A educação e a ilusão liberal*: origens do ensino público paulista. Campinas: Autores Associados, 1995.

REVISTA PEDAGÓGICA. Rio de Janeiro, 1890-1896.

RODRIGUES, João L. *Um retrospecto*: alguns subsídios para a história pragmática do ensino público em São Paulo. São Paulo: Instituto D. Anna Rosa, 1930.

ROSS, Elizabeth Dale. *The kindergarten crusade*: the establishment of preschool education in the United States. Athens: Ohio University Press, 1976.

SABINO, Ines. *Mulheres ilustres do Brasil*. Rio de Janeiro: Garnier, 1899.

SCHUMAHER, S. e BRAZIL, Érico V. *Dicionário mulheres do Brasil*: de 1500 até a atualidade. Rio de Janeiro: Zahar, 2000.

SOUZA, Rosa F. de. *Templos de civilização*: a implantação da escola primária graduada no estado de São Paulo (1890-1910). São Paulo: UNESP, 1998.

VANDEWALKER, Nina C. *The kindergarten in american education*. New York: The Macmillan Company, 1923.

VENÂNCIO FILHO, Francisco. Contribuição norte-americana à educação no Brasil. *Revista Brasileira de Estudos Pedagógicos*. Rio de Janeiro, v. IX, n. 25: 229-266, nov./dez. 1946.

VIEIRA, Amaro. *Relatório especial sobre a educação elementar*. Fortaleza: Typografia do Cearense, 1881.

VIEIRA, David Gueiros. Prefácio. In: OLIVEIRA, Antônio de Almeida. *O ensino público*. Brasília: Edições do Senado Federal, 2003.

VILLELA, Heloisa de O. S. O mestre escola e a professora. In: LOPES, Eliane M. T.; FARIA FILHO, L. M. e VEIGA, Cynthia G. (org.). *500 anos de educação no Brasil*. Belo Horizonte: Autêntica, 2000: 95-134.

WARDE, Mirian Jorge. Americanismo e educação: um ensaio no espelho. *São Paulo em Perspectiva*. São Paulo, v. 14, n. 2: 37-43, 2000.

______. O itinerário de formação de Lourenço Filho por descomparação. *Revista Brasileira de História da Educação*, n. 5: 125-167, jan./jun. 2003.

______. Oscar Thompson na Exposição de Saint-Louis (1904): a exhibit showing "machinery for making machines". In: FREITAS, M. C. e KUHLMANN JR., M. (orgs.). *Os intelectuais na história da infância*. São Paulo: Cortez, 2002: 409-458.

Exercício de Comparação: Um Normalista da Corte na Europa

José Gonçalves Gondra

Viajar é comparar

Ler e ver. Ações solidárias que há muito tempo vêm sendo convertidas em método de trabalho no campo dos estudos comparados. Solidariedade tecida no reconhecimento da insuficiência do gesto leitura, praticada, por sua vez, com base em relatos de outros viajantes, dados estatísticos, levantamentos, inquéritos, dentre outras formas de representação da realidade estrangeira com a qual se quer estabelecer a comparação. Como estratégia para complementar os limites impostos pelos registros escritos, a viagem comparece como recomendação metodológica, como complemento do esforço de se compreender o *estrangeiro* e, de modo particular, as soluções encontradas no campo da educação. De acordo com Bereday (1972), "da viagem brota a compreensão". É com este espírito que reforça a necessidade do conhecimento de línguas estrangeiras, da viagem e residência no exterior. Para este autor, surpreender uma cultura no contato diário e nas mil situações imprevistas é adquirir o senso de seu teor de vida, que de outro modo é difícil de se conseguir. Para ele, ver as escolas em seu funcionamento, ainda que seja no melhor momento das visitas, se constitui em possibilidade para sentir nuances de prestígio entre os homens e as instituições. Operando neste registro, afirma:

> "À viagem sempre foi reconhecido o papel de ampliar o horizonte. Na História da Educação há um fio comum que passa pelas andanças dos escolares itinerantes medievais, o *Grand Tour* dos jovens nobres ingleses do século XVIII, as missões japonesas da reforma Meiji e as atuais viagens de intercâmbio e ajuda externa dos norte-americanos". (p. 190)

Reconhecendo a tradição das viagens, adiciona aos benefícios já assinalados que, em muitos casos, a viagem pode ser muito mais do que um mero suplemento ao estudo acadêmico, pois ela pode desmanchar imagens mentais de culturas estrangeiras, formadas sob as marcas de outras fontes. Para ele, o contato direto faz com que todas as peças do quebra-cabeça caíam exatamente em seus lugares e as imagens distorcidas, de certo modo, endireitam. Uma coisa é estudar a aldeia medieval nos livros de Seebohn ou Vinogradoff, outra, muito diferente, é viajar à Macedônia e ver uma aldeia feudal intacta em funcionamento, acrescenta o professor da Universidade de Colúmbia, apoiado em Harold Temperley.[1] Para concluir a defesa que faz da viagem como condição para a boa comparação, o autor narra uma experiência pessoal, tomando por base a viagem que realizara à Colômbia. Apesar de reconhecer os limites da viagem de curta duração, afirma que a visita de uma semana valera como oportunidade para uma interessante experiência de natureza metodológica, pois ela lançou luz sobre a diferença importante que há entre *ler* às pressas algo sobre o país e *ver*[2] o país. Neste sentido, sua narrativa procura demonstrar como os autores locais falseiam as informações e como, por elas, o leitor estrangeiro é levado a formar falsos conceitos, tornando-se a combinação de ambos, *sem a força redentora da viagem*,[3] muitas vezes perniciosa para a pesquisa comparativa (Bereday, 1972: 193). O reconhecimento do limite das diferentes descrições de um país, a ser completada com as viagens, pode ser aproximado das preocupações compartilhadas pelos antropólogos que não renunciam ao trabalho de campo, como forma de apreender as particularidades de uma cultura. No entanto, não é apenas a duração da viagem, do ponto de vista da antropologia, o que dificulta ou mesmo impede de *ver* certos aspectos na "viagem de descoberta". Para Sahlins (2001), ainda que o contato

1. TEMPERLEY, H. *Research in Modern History*. Londres: Mcmillan, 1950, p. 10.
2. Grifos do autor.
3. Grifo meu.

direto com uma dada realidade faça parte de uma disposição empírica disciplinada, um método ou condição para se promover uma reflexão sistemática e imaginativa sobre a experiência do Outro, sobre as propriedades e relações das coisas, apesar de tudo isso, o que daí se obtém não constitui a experiência do mesmo modo, em toda parte, devido à "películas míticas" postas diante dos olhos dos viajantes, aspecto que vou procurar considerar neste estudo. Este outro norte-americano problematiza, nestes termos, *a força redentora da viagem* e sua capacidade de *desmanchar imagens mentais* previamente construídas acerca do Outro.

Um outro aspecto da literatura de viagem remete a um gênero literário que se popularizou no século XIX, deixando, inclusive de ser uma exclusividade das rodas dos homens de ciência ou negócios para se tornar um dos assuntos prediletos das conversas femininas, como assinala Turazzi (2003). Para esta autora, o Rio de Janeiro foi objeto de muitos "estudos de viagem", como de centena de outros artigos e livros de viajantes publicados na França. Nesse sentido, estava se constituindo um gênero literário que institui determinadas regras para sua redação, sendo uma delas a observação cuidadosa do público a que se dirige, o que, em parte, supunha uma negociação com as lógicas do mundo e mercado editorial. Em outras palavras, a narrativa sobre viagens deve considerar este triplo lugar de produção, a posição social de quem redige, as de seus destinatários e as mediações que se estabelecem entre um e outro.

Desde os antigos, as viagens têm proliferado e esta prática pode ser compreendida com base em alguns vetores: motivações, itinerário, duração, produtos e efeitos.[4] Nesta direção, tomando a viagem como dispositivo comparativo, um gesto da razão e uma forma de se pensar e tornar o outro pensável, analiso aqui a viagem de um professor da Escola Normal da Corte ao velho continente, como forma de testar essas hipóteses.[5]

---

4. Uma reflexão a respeito de viajantes estrangeiros no Brasil pode ser conferida no artigo de Leite (1997). Filho (1961) demonstra a larga tradição das viagens e seu impacto no desenvolvimento dos estudos comparados. Para ele, o interesse pela comparação vai se intensificar com as exposições internacionais, especialmente após a de Viena, realizada em 1873. A respeito da educação nas exposições internacionais, cf. Kuhlmann Júnior (2001).

5. Outros professores brasileiros relataram suas viagens ao exterior. Cf., por exemplo, os relatos de Costa, Frazão, Macedo, Porto-Carrero e Reis, dentre outros. Um outro relatório do professor Frazão foi publicado na "Revista Pedagógica", v. 9, 1891. A profa. Costa também publica relatórios

A respeito dos relatórios de viagens, me aproximo dos cuidados assinalados por Leite (1997). No esforço de caracterização desse tipo de fonte, essa autora assinala que os livros de viagem apareceram sob diversas formas que variavam de acordo com o público a que se destinavam, com um conteúdo mais ou menos aprofundado, mais ou menos espontâneo ou autocensurados, sendo a maioria constituída de relatórios administrativos ou científicos. Ainda para ela, um perigo constante dos textos de viajantes consiste no procedimento de que os mesmos baseavam-se no lado pequenino do fato, da ação do homem, da obra que aparece, num relance, a seu olhar fugidio. E ela completa "por um gesto, julga um caráter, por um caráter, avalia um povo". Neste sentido, segundo ela, alguns críticos consideram que a literatura de viagem porta os pecados e vícios do jornalismo, caracterizável como "uma massa espumante de juízos ligeiros, sem estudo, nem documentação, sem certeza alguma" (1997: 21). Um outro aspecto também lembrado por esta autora comparece no modo como procurei lidar com os relatórios do professor da Corte e diz respeito à tese de que as atividades exercidas, posição social e política são indicadores preciosos da percepção e da escrita do viajante. Começo, pois, com a tentativa de lançar alguma luz sobre o homem que escreve.

Um Normalista na Europa

Antônio Herculano de Souza Bandeira Filho, filho de Antônio Herculano de Souza Bandeira, nasceu na província de Pernambuco, em cuja Faculdade recebeu o grau de bacharel e depois o de doutor. Foi diretor da segunda seção da Secretaria de Estado dos Negócios da Justiça, sendo também nomeado *professor de filosofia e direito natural e público e constitucional da Escola Normal*. Concorreu em 1880 a uma cadeira de Economia Política da Escola

neste periódico, nos v. 8, 9, 13, 14 e 15, a partir de 1891. Sobre este periódico, cf. os trabalhos de Gondra (1997) e Fernandes (2004). Sobre a viagem de outras mulheres, cf. Binzer (1994), Toussaint-Samson (1883) e Ritzkat (2000). Para o caso dos viajantes que fixam residência no Brasil, os imigrantes, cf. o trabalho de Kreutz (2000). Há também outro tipo de viagem: as que se desenvolvem dentro do país, mas que obedecem ao princípio assemelhado de procurar referências externas para orientar/legitimar mudanças no plano local. A esse respeito, cf., por exemplo, a viagem de Cavalcanti, inspetor de instrução pública da Província de Pernambuco, publicada em 1879.

Politécnica e, partindo para a Europa com licença do governo para tratar de sua saúde, foi encarregado pelo mesmo governo de visitar os jardins de infância, e mais tarde de estudar as escolas normais primárias, sendo em sua volta nomeado diretor da Instrução Pública do Município Neutro. Como um letrado de seu tempo, escreveu sobre matérias diversas, como o casamento de pessoas que não professam a religião do Estado; a legislação brasileira, abordando natureza e limites deste poder, dos efeitos do perdão etc. Também escreveu sobre administração dos trabalhos e serviços de engenharia civil, minas, artes e manufaturas; a questão penitenciária no Brasil, por meio de uma série de artigos impressos na "Revista Brasileira",[6] em que trata dos esclarecimentos indispensáveis a respeito das idéias de criminalidade e penalidade; fundamentos do direito de punir; em que consiste a questão penitenciária; esboço histórico do desenvolvimento da questão penitenciária; sistemas apresentados; resultados obtidos; penalidade do código brasileiro; execução das penas e estado das prisões; embaraços que encontra a reforma penitenciária; opiniões emitidas por estadistas brasileiros; medidas empregadas, exame dos trabalhos mais importantes escritos sobre a matéria, produzindo, inclusive o esboço de um plano de reforma do sistema penal. No que se refere à educação em um sentido mais preciso, abordou o tema do jardim infantil, sua natureza, seu fim e seus meios de ação em um relatório apresentado ao governo. Do mesmo modo, na forma de relatórios, descreveu as escolas normais primárias em França e as escolas normais primárias na Áustria e Alemanha.[7] Esses dois últimos são a base documental[8] a partir da qual analiso as viagens do professor da Corte

6. A revista teve freqüência trimestral nas duas primeiras fases (1857 a 1881) e, a partir de 1898, passou a ser mensal. Foi dirigida por Candido Baptista de Oliveira e publicada pela Typ. Universal de Laemmert. Abordava mais regularmente temas ligados às ciências, artes e literatura. Na segunda fase há artigos voltados para a questão a educação, como os do Dr. Gama Rosa, "A educação intelectual"; Dr. Joaquim Teixeira de Macedo, "Pestalozzi e a educação humana" e do Dr. José B. Leão "Reforma da ortografia portuguesa".

7. Dados biobiliográficos extraídos de Blake, 1883. Posteriormente, ele também publica um artigo sobre as escolas normais no n. 15 da "Revista Pedagógica".

8. Trabalhei com a versão manuscrita dos dois relatórios. O da França, com 39 páginas, e o da Áustria e Alemanha, com 43 páginas, ambos sob a guarda do Arquivo Nacional (IE 5—30 — Instrução Pública — Ensino Primário/ 1883-84). Nos dois documentos, em sua capa, há uma recomendação para a publicação dos mesmos no Diário Oficial e para a tiragem de 160 cópias do relatório da França e 200 do da Áustria e Alemanha, ambas assinadas por Netto Machado. Ainda não foi possí-

como dispositivo de comparação, trabalhando com a hipótese que, dos "escritos em viagem" emergem determinadas questões associadas à formação de professores, então postas como problema, e se delineia uma fórmula para equacioná-las. Para isto, é necessário observar em que condições este homem viaja e escreve.

A Viagem em Papel e Tinta

Adoentado, sob recomendação médica, o bacharel em ciências jurídicas e professor da Escola Normal da Corte embarca para Paris para cuidar da saúde, com a recomendação de evitar trabalhos intelectuais prolongados, como assinala no seu relatório. Esta condição não lhe impede de receber, por aviso de 2 de março de 1882, do Ministro dos Negócios do Império, a incumbência de visitar os jardins de infância e que, com brevidade, comunicasse os resultados das observações e estudos a respeito das escolas normais, conforme aviso anterior.[9]

Ao agradecer a "nova prova de confiança" do Ministério dos Negócios do Império se compromete a "empregar todos os esforços para colher as melhores informações sobre os jardins de infância para satisfazer as expectativas" do Ministro Rodolpho Epiphânio de Souza Dantas.[10] Quanto ao relato sobre as escolas normais, assume que, por ora, seus estudos se limitavam ao que havia observado na França.[11] A doença é ao mesmo tem-

---

vel localizar os impressos, nem consultar o Diário Oficial. Do mesmo modo, o relatório sobre os jardins de infância a que o autor se refere no corpo desses dois documentos não foi encontrado. Contraí com Marina Natsume Uekane uma dívida impagável, já que foi ela a responsável pela localização, fotografia e reprodução em meio magnético deste material. A ela deixo consignado meu agradecimento afetuoso por mais este gesto de generosidade, próprio dos melhores espíritos.

9. Trata-se de aviso de 2 de agosto de 1881.

10. Bacharel em ciências jurídicas pela Faculdade de Recife e homem da política, filho do Conselheiro Dantas, atuou no Partido Liberal, integrou a câmara dos deputados, tendo sido ministro no Gabinete de Martinho de Campos (1882). Dentre outras atividades, atuou como jornalista, fundando inclusive, em 1891, o "Jornal do Brasil", juntamente com Joaquim Nabuco.

11. Seu trabalho havia sido facilitado pelo "mais favorável acolhimento por parte dos diretores e professores" e "às obsequiosas recomendações de M. Gréard". Trata-se de Octave Gréard, à época vice-reitor da Academia de Paris, ex-aluno da Escola Normal e ex-diretor do ensino primário do Departamento do Senna. Autor de *L'Enseignement secondaire des Filles*, *L'Éducation des Femmes par*

po posta como razão da viagem e também da espécie de atraso de seu relato e, só quando se acha em melhores condições de saúde e pressionado, provavelmente, pelo segundo aviso ministerial, é que redige o seu relatório com o objetivo de fazer a *comparação* das escolas normais francesas com as que existiam no Império brasileiro, sem ter em vista "apresentar trabalho definitivo", possível apenas com o *exame comparado* do que se passava nos demais países, condição para que pudesse emitir o *juízo completo* a respeito da matéria. No entanto, antecipa um receio, a ser confirmado no relatório que redige sobre as escolas normais na Áustria e Alemanha: "nutro o receio de ser posteriormente forçado a alterar minha opinião, depois que conhecer mais de perto as escolas normais alemães, *com justiça consideradas as modelos do gênero*". Eis aqui o sinal de uma *película mítica* do professor da Corte que, em alguma medida, organiza o que lê, ouve, vê e escreve.

No que se refere às escolas normais primárias da França, assinala que as mesmas estavam passando por uma recente reforma,[12] o que lhe impedia de perceber claramente seus efeitos. Destaca, contudo, a razão do Estado, que prescrevia a proliferação das escolas voltadas à formação de professores em todos os Departamentos, detalhando inclusive os aspectos orçamentários envolvidos nesta questão. Ainda que reconhecendo a curta experiência do novo modelo francês, ele destaca três *condições* que diferenciavam o modelo francês do que se praticava no Brasil, especialmente no Rio de Janeiro. É, pois, operando nos estratos que distinguiam as duas experiências que o professor da Escola Normal da Corte se fixa. Que *condições* seriam estas? O que faz com que adquiram visibilidade no relato?

---

les Femmes, *Étude sur les Lettres d'Abélard et d'Héloïse* e *Education et instruction*. Esta referência pode ser um testemunho da oficialização da viagem e, provavelmente, de um roteiro que permitiu ver o que havia de melhor.

12. Trata-se da reforma de 9 de agosto de 1879. Para se ter uma idéia da "cultura da reforma" também evidenciável na França, de acordo do Durkhein (1995), apoiado em compilação realizada por Gréard, de 1802 a 1887 houve 75 modificações nos liceus e colégios, considerando-se decretos, circulares e portarias relativas ao ensino secundário. Destas, 64 foram anteriores a 1870. Provavelmente, este clima de reformas também se fez presente no ensino primário e nas escolas normais. Um outro sinal a ser reconhecido remete às viagens de franceses empenhados em conhecer outras realidades. Um caso conhecido no Brasil oitocentista é o de Hippeau. Em linha um pouco distinta, a disposição francesa em conhecer o estrangeiro pode ser percebida no livro de Laveleye (1872), este também de circulação na Corte. Para saber mais sobre o primeiro, cf. Gondra (2002).

As *condições* destacadas apontam para o *caráter profissional, o regime de funcionamento e a questão de gênero*, cabendo observar cada uma separadamente, embora estejam combinadas e ajudem a forjar um modelo de formação docente que desejava ver implantado no Brasil. Ao mesmo tempo, veremos que estas *condições* funcionam como elemento que estrutura a própria narrativa e a *comparação* estabelecida pelo bacharel-professor, especialmente quando as mesmas *condições* são recuperadas e destacadas na descrição que o brasileiro faz das escolas austríacas e alemãs.

Escola Normal Profissional — De acordo com este "escrito em viagem", a escola normal francesa tinha por fim exclusivo formar professores públicos.[13] Nesse sentido, era considerada uma escola profissional com todo o "vigor da expressão", o que se vê afirmado no grau superior que é concedido aos formados, o que fazia com que estes não fossem submetidos a concurso de acesso à carreira.[14] Mas também nas políticas de acesso, momento em que se recrutava rigorosamente os candidatos ao magistério. O acesso era definido por um conjunto de medidas associadas, articulando o número de vagas com os saberes exigidos (caligrafia, ortografia, composição francesa e princípios gerais de aritmética e sistema métrico, sistema e geografia da França), por meio de provas orais e escritas, durante uma semana. Ao mesmo tempo, dos candidatos se exigia idade entre 15-18 anos, certificado de estudos primários, escola freqüentada desde os 12 anos, declaração de compromisso de servir por 10 anos, no mínimo, ao ensino público, acompanhada de declaração do pai/tutor de que aceitava que o candidato assumisse o compromisso anterior, acrescentando que reconhecia a obrigação de ressarcir o Estado das despesas com os estudos do filho/pupilo, caso este abandonasse voluntariamente a escola ou deixasse as funções escolares antes do cumprimento da cláusula da barreira de 10 anos prestados ao serviço público. No entanto, o cumprimento desse conjunto

13. O "Instituto" austríaco previa que os alunos, sempre que possível, fossem instruídos sobre a organização e direção dos jardins e asilos da infância. Este é um aspecto a que Dr. Bandeira se compromete voltar, mas não tive acesso a este relatório, como já me referi.

14. O relator assinala, em vários momentos, os "azares de um concurso" de acesso, problema eliminado com a profissionalização do magistério em nível superior, com conseqüente acesso direto à carreira pelos aí formados. No entanto, os "azares do concurso", neste sistema, são deslocados para o acesso. Para saber mais sobre as polêmicas dos concursos na Corte Imperial, cf. o trabalho de Garcia, 2005.

de exigências não se constituía em garantia da entrada no concurso. Havia também um exame prévio. Concluídas as inscrições, os inspetores da Academia e inspetores primários abriam um inquérito acerca dos antecedentes e conduta de cada candidato, sendo aceitos apenas aqueles sobre os quais se obtivesse informação que abonasse sua moralidade.

Podemos observar a política de acesso como parte inseparável de um programa de formação, tanto no modo como ela é definida para o caso francês, como no austríaco e alemão. Neste último, alçado à *exempla* pelo Dr. Bandeira, os candidatos aos Seminários deveriam ter entre 17 e 24 anos, com escolarização anterior comprovada e o pedido de admissão supunha o atendimento a uma quádrupla exigência:

1. Certidão de idade.
2. Atestados de vacina e saúde, assinado pelo médico oficialmente incumbido deste serviço.
3. Para os transferidos de Institutos idênticos, o guia da direção, e para os outros, um atestado de conduta passado na forma legal.
4. Declaração do pai ou tutor, obrigando-se a fornecer os meios necessários para o pagamento da pensão e atestado da autoridade local, assegurando que pais/tutores tinham para isso os meios necessários.

Atendidas essas exigências, os alunos seriam admitidos ao exame oral e escrito sobre religião, língua alemã, matemáticas, ciências naturais, história e música, ou seja, todas as disciplinas do curso de formação de mestres, com exceção da pedagogia. Do mesmo modo que o caso austríaco, também havia a previsão dos cursos preparatórios, com duas diferenças: não ser obrigatório, nem gratuito.

Não bastasse a disciplina no acesso às escolas normais, uma vigilância contínua também era exercida sobre os que ingressavam, de modo a efetuar um processo de depuração sucessiva, como afirma o próprio professor brasileiro. Em que termos essa depuração se processava? Um dos filtros da permanência era fixado no regime de passagem de ano, sendo que a repetição estava condicionada a um parecer do Conselho de Professores e a dupla reprovação impedia a continuidade dos estudos. Fixava-se, com isso, um filtro de camada menos porosa. Com esse sistema, esperava-se que só concluísse o curso os alunos com inteligência e moralidade reconhecidas. Deste modo, o Departamento não mais teria dificuldade na escolha de mestres para suas escolas, nem de "recorrer as tristes experiências dos concursos, tantas vezes desmoralizados".

A depuração progressiva também pode ser evidenciada no regime das penalidades, explicitado nas três experiências. Neste caso, a modulação das penas também está associada à hierarquia institucional. No caso austríaco, por exemplo, competia à Congregação dos Lentes exercer rigorosa vigilância sobre a conduta dos alunos, dentro e fora do estabelecimento e, para isto, dispunha dos seguintes meios disciplinares: admoestação pelo lente, censura pelo chefe da classe, repreensão pelo diretor, repreensão por ocasião da Conferência semanal, diminuição dos estipêndios, perda dos estipêndios, expulsão do Instituto e, por fim, a expulsão de todos os Institutos do gênero. Como se vê, a relação ortogonal e proporcional entre infração e poder disciplinar, de larguíssima tradição, se vê apropriada e aplicada como política no ambiente de formação. Regra que, atualizada neste espaço, pretende ser mantida e capilarizada no tecido social, via malha escolar.

Ainda neste ponto, merece destaque uma particularidade na estrutura do sistema de formação austríaco. Trata-se da existência de cursos de formação de *mestras de costura* e de *mestras para as escolas infantis*. Previsão que assinala a existência de um mercado para ambas e a disposição do Estado em fornecer profissionais formados nestes dois domínios. O curso de *mestra de costura* durava um ano, objetivando capacitar teoricamente nos trabalhos manuais e aperfeiçoar o estudo iniciado nas escolas primárias, sendo o corpo docente o mesmo do Instituto principal. As candidatas deveriam ter idade mínima de 17 anos completos, idoneidade física e moral, atestado de conclusão da escola primária e alguma prática de trabalhos manuais.[15] Já o curso de *mestras para as escolas infantis* também durava um ano e tinha por fim dar às alunas os meios de "dirigirem com vantagem um jardim infantil". Das candidatas se exigia a mesma capacidade para ingresso no Instituto principal, idade de 17 anos, ouvido musical e boa voz para o canto.

15. O plano de estudos era constituído de: Pedagogia escolar (o essencial), língua alemã, desenho, matemática, economia doméstica, trabalhos manuais e exercícios práticos.

Para concluir a defesa da profissionalização das escolas normais como se passava na França, o relator reconhece a necessidade das despesas avultadas, cuja recompensa decorreria da aquisição de bons professores. No exercício de *comparação* que desenvolve, assinala que a Escola Normal do Rio de Janeiro e as que em geral se tinha criado no Brasil estavam "longe de corresponder ao serviço que presta os estabelecimentos congêneres" na França, já que lá as escolas normais eram destinadas a formar professor para as escolas públicas e o aluno matriculava-se com tal intenção e seus estudos eram encaminhados para este fim. Note-se aqui uma espécie de agenda para o Estado no sentido de assumir a profissionalização da docência e, lateralmente, uma crítica ao chamado "ensino livre", sem controle do Estado.

O regime de funcionamento — A tensão posta aqui diz respeito à adoção do tipo de instituição, se total[16] ou parcial. No caso da França, o modelo adotado é o do internato, representado como conseqüência do caráter "inteiramente profissional das escolas normais francesas". Aqui, cabe acompanhar os argumentos, nos termos em que é registrado no relatório da viagem:

> "A vocação dos professores não se forma na aula durante uma ou duas horas de lição. Aí quando muito se poderá pôr em jogo a inteligência dos alunos, mas o caráter fica fora da influência que a escola é chamada a exercer sobre ele. É, entretanto, o caráter o que principalmente prevalece quando se procura o bom professor (...) O externato não se presta a semelhante regime. Não há tempo para todos os exercícios, a vocação do aluno não pode ser desenvolvida vantajosamente".

Como se vê, ao polarizar os dois regimes, Dr. Bandeira Filho focaliza a dimensão moral ou o caráter do professor como argumento de defesa do internato. Este, isolando o futuro professor do mundo, poderia funcionar como forja eficiente no sentido de moldar o caráter dos mestres, qualidade primeira atribuída ao "bom professor".

Um outro aspecto relevante se refere à gratuidade, prevista no caso francês e austríaco. Neste último, há inclusive a previsão de que os estudantes "indigentes" que revelassem "dotes intelectuais e aproveitamento"

---

16. A esse respeito dessa categorização, cf. Gofmman, 1999.

poderiam vir a receber subsídio dos cofres públicos, com o compromisso de servir nas escolas públicas durante seis anos.[17] A presença desta regra dá sinais da origem social de parcela dos que buscavam se profissionalizar no ofício da docência. Para estes, o ofício seria, provavelmente, uma possibilidade de ascensão social.

A questão de gênero e os saberes de formação — Ao registrar que as escolas francesas são separadas em relação aos sexos, por contraste ou comparação, assinala que entre nós, no Brasil, prevalecia o princípio das escolas mistas, em que o ensino era distribuído conjuntamente aos alunos de ambos os sexos. No caso francês, a criação de estabelecimentos distintos para os ambos os sexos aparece neste discurso como uma espécie de derivação forçada do princípio do internato. Ao admitir e reconhecer uma espécie de popularização do princípio da co-educação nas escolas primárias chama atenção para as particularidades das escolas normais, lembrando que os argumentos invocados no primeiro caso produzem, no segundo, efeitos negativos. Quais seriam estes? Como aparecem representados no discurso do professor Bandeira Filho? O primeiro a ser levantado consiste no argumento das idades, pois para ele, os alunos e alunas das escolas normais já passavam o limite da idade em que os dois sexos poderiam estar unidos diariamente nas escolas "sem grande receio para as famílias quanto aos abusos possíveis". Outro aspecto diz respeito aos conteúdos de ensino, já que a presença das alunas restringiria o professor, pois este trabalharia sobre o "fundado receio de incorrer em censura ou de ferir as suscetibilidades femininas", o que prejudicaria o aproveitamento de ambos os sexos. Para ilustrar, cita o exemplo da fecundação nos vegetais e animais na cadeira de biologia, interrogando sobre as dificuldades de abordar este assunto de modo equivalente para os dois sexos.

Ao articular essas três condições, o professor delineia um modelo de formação de professores, realçando o cuidado com a profissionalização desta prática, que não se encontra despregada do regime misto e de internato das escolas normais.

---

17. Tal subsídio seria integralmente restituído no caso de o aluno deixar voluntariamente o Instituto antes do cumprimento das condições por ele assumidas. A concessão deste subsídio foi constituída como competência da Congregação, sendo o pedido do candidato dirigido ao diretor do Instituto.

Ao lado disto, prosseguindo em seu estudo comparado, o professor também se dedica a pensar a forma de administração dessa parte da malha escolar, destacando a centralização como um benefício.[18] Deste modo, o poder partia da existência de um Ministério específico para a Instrução Pública, responsável por todos os estabelecimentos de instrução superior e secundária do País, incluindo algumas escolas especiais. No caso das escolas normais, integradas à universidade, se achavam na dependência do reitor da Academia a que pertenciam e, na extremidade da malha do poder se encontrava o diretor da escola,[19] cabendo a cada um, isolada ou solidariamente, definir um conjunto de aspectos associados ao funcionamento ordinário da escola, tais como o número de vagas, aceitação de alunos externos ou meio-pensionistas, indenização de penas, exclusão dos alunos, calendário, férias, direção material e moral e conferências pedagógicas, por exemplo.

No que se refere ao plano de estudos do professor primário, para forçar o contraste e tornar perceptível os estratos homólogos e os distintos, de acordo com os relatórios do brasileiro, ele se desenvolve do seguinte modo nos três países visitados:

---

18. Sinais do governo centralizado são encontrados em algumas das competências atribuídas ao Ministro da Instrução como, por exemplo, a definição dos programas das matérias e tempo para o desenvolvimento de cada uma. Outro ponto diz respeito ao Regimento Interno. Cada Escola Normal deveria ter um, redigido pela Comissão de Sindicância. No entanto, as bases gerais para os mesmos foram definidas no decreto de 29/7/1881 e nas Instruções de 3/8/1881. Tais instrumentos definiam o papel do diretor, do ecônomo, professores e mestres, exercícios religiosos, dias de passeio, férias, uniformes, regime das penalidades e emprego diário do tempo. No caso das penalidades, elas devem ser aplicadas segundo a gravidade da infração, de acordo com uma palheta disciplinar que tem início com a privação da saída, seguida de repreensão perante os alunos reunidos, exclusão temporária até a exclusão definitiva. Esta seria imposta pelo Ministro, sobre proposta do Reitor. No caso do uso do tempo, a prescrição é de que 8 horas fossem consagradas ao sono, 6 destinadas ao asseio, alimentação, recreio e exercícios corporais e 10 horas ao trabalho, sendo 5 delas reservadas ao trabalho pessoal, leituras e ao estudo das lições. O grau de centralização também pode ser medido pela normalização do detalhe, como a previsão de que nos domingos e quartas-feiras, depois do meio dia, não houvesse aulas, competindo ao diretor regular o emprego do tempo nesses dias. A respeito das relações dessa tradição com as doutrinas médica e religiosa, cf. Gondra, 2004.

19. Afirma que entre o diretor e o reitor havia duas autoridades voltadas para a fiscalização. A primeira era o inspetor da Academia que, ao menos duas vezes por ano, fazia a inspeção das escolas. A segunda consistia na Comissão de Sindicância, a quem competia o regime de receitas e despesas das escolas.

FRANÇA[20]	ÁUSTRIA[21]	ALEMANHA
Ensino Moral e Religioso	Religião (2, 2, 1, 1)[22]	Religião (4, 4, 2)
Instrução Moral e Cívica		
Leitura		
Escrita	Caligrafia (1, 0, 0, 0)	Caligrafia (2, 1, 0)
Língua e Elementos da literatura francesa (7, 5, 4)	Língua Alemã (4, 4, 5, 4)	Língua Alemã (5, 5, 2)
História geral e particularmente da França até nossos dias (4, 3, 3)	História (2, 2, 2, 2)	História (2, 2, 2)
Cálculo, aritmética aplicada às operações práticas, noções de cálculo algébrico e de escrituração mercantil (2, 3, 3)	Matemáticas (5, 4, 3, 2)	Aritmética (3, 3, 1)
Geometria, agrimensura[23]		Geometria (2, 2, 0)
Elementos de Ciências Físicas com suas principais aplicações	Física e Química (2, 2, 3, 2)	Ciências Naturais, Física e Química (4, 4, 2)
Elementos de Ciências Naturais com suas principais aplicações	História Natural (2, 2, 2, 1)	
Agricultura,[24] Economia Doméstica[25] e Horticultura	Agricultura (0, 0, 2, 2)	
Desenho (4, 4, 4)	Desenho (2, 2, 2, 1)	Desenho (2, 2, 1)
Canto (2, 2, 2)	Música (4, 4, 3, 3)	Música
Ginástica e Exercícios Militares[26] (3, 3, 3)	Ginástica (2, 2, 1, 1)	Ginástica

20. O autor afirma que uma ou duas horas semanais eram dedicadas ao desenvolvimento das demais disciplinas, variando conforme o ano, sem oferecer mais detalhes a esse respeito. Para ele, o fundamental é tornar perceptível a hierarquia dos saberes de formação nas Escolas Normais francesas.

21. Para os Institutos de Mestras, o plano de estudos austríaco sofre uma pequena alteração quanto ao ensino de história, matemática, física e química, sendo o programa menos desenvolvido. Em compensação há o ensino especial de trabalhos manuais. O ensino da língua estrangeira não é obrigatório, conquanto houvesse em todos os Institutos uma cadeira de francês. (...)

22. Os números indicam a carga horária semanal destinada ao ensino das diferentes matérias, ao longo dos 3 ou 4 anos do curso, conforme o caso.

23. Para os alunos-mestres.

24. Para os alunos-mestres.

25. Para as alunas-mestras.

26. Para os alunos mestres.

FRANÇA[20]	ÁUSTRIA[21]	ALEMANHA
Trabalhos Manuais (para alunos) e Trabalhos de Agulha (4, 4, 4 — para alunas)		
Pedagogia	Pedagogia (0, 3, 4, 9)	Pedagogia (2, 2, 3)
Inglês ou Alemão (facultativo)		Línguas estrangeiras (latim, francês ou inglês) – facultativo
	Geografia (2, 2, 2, 1)	Geografia (2, 2, 1)

O quadro mostra o conjunto de saberes que estão sendo escolarizados e tornados necessário à formação dos professores primários na França, Áustria e Alemanha e, ao mesmo tempo, a atribuição de importância dada a cada um. Serve, igualmente, para reforçar a tese da escolarização distinta em virtude do gênero, flagrável da repartição de determinados saberes. No entanto, este quadro mascara o modo como tais componentes são efetivamente desenvolvidos e perspectivados. Nesse sentido, cabe observar a maneira como o brasileiro descreve os procedimentos metodológicos empregados no velho mundo, com base no que leu, escutou e pôde ver.

Métodos de ensino e de formação — Aqui, há pelo menos, três aspectos a serem considerados. Um deles se refere à institucionalização da formação de mestres e mestras para as escolas primárias. A designação distinta indicia políticas igualmente particulares nas formas das escolas de professores. Com isso, temos "Escolas Normais", "Institutos de Formação" ou "Seminários", respectivamente na França, Áustria e Alemanha.

Na França, as Escolas Normais oferecem um curso de três anos, sob as condições administrativas assinaladas, a que o Dr. Bandeira acrescenta dois outros elementos. Um pedagógico e outro estrutural. No que se refere ao pedagógico, ele reforça o caráter prático do ensino, inexistência de compêndios e proibição do professor "ditar apostilas", as "preleções acadêmicas foram completamente banidas". Para sustentar essa "impressão", recorda as visitas feitas às duas escolas de Paris e a de Versailles, onde verificou o cumprimento religioso de cada programa, ressaltado que o que o professor aspira é, sobretudo, a possibilidade de se fazer acompanhar pelos alunos e, ao mesmo tempo, lhes ensinar como deveriam transmitir às crianças o que lhes estava sendo fornecido. Narra episódios que testemunhara e descreve exercícios práticos que estavam sendo disseminados nas Escolas

Normais e também em cursos superiores. Um único exemplo para ilustrar a técnica de ensino que tanto impressionou o professor brasileiro. Segundo ele, um desses exercícios práticos consistia em fazer com que alunos do 2º ou 3º ano ficassem encarregados de falar perante uma classe escolhida de antemão, sobre matéria que lhe havia sido ensinada algumas horas antes, podendo versar sobre gramática, história, geografia ou aritmética. Esta lição era assistida pelo diretor e professores da Escola Normal, bem como pelos colegas do aluno sorteado. Iniciada a sessão, o aluno tomava conta da classe como se fosse o professor durante meia hora, procurando interessar as crianças o mais possível. Concluída a lição, as crianças eram retiradas e os alunos-mestres eram chamados a apresentarem suas críticas ao trabalho do colega. A propósito de cada censura, o diretor declarava se ela era ou não procedente e terminava emitindo seu juízo, convidando os demais professores a manifestarem suas impressões. O autor da lição, contudo, tinha o direito de se defender das censuras e, ao final, a um dos professores cabia a tarefa de organizar uma ata, contendo o resumo dos debates, a fim de que fosse lida na sessão seguinte.

Deste modo, o professor participa do combate ao ensino baseado nas preleções, ditados, livros e apostilas, apostando no ensino prático,[27] sinal de que a Escola Normal guardava, com este recurso, alguma herança da formação clássica dos diferentes ofícios, em que o ensino mútuo,[28] transmutado em política de formação docente por meio da chamada classe dos *adjuntos*,[29] se constitui em um bom exemplo. Sinal que também fica evidenciado na prescrição dos exercícios nos "Institutos" da Áustria. Estes seriam de dois tipos: a) três vezes por semana cada aluno deveria assistir aos trabalhos escolares de uma classe e, para este fim, os alunos eram divididos em turmas que se revezavam, de modo que um aluno, no correr do curso, tivesse estado em todas as classes da escola primária; b) o outro exercício é

27. No caso austríaco, o modo como o regime é descrito funciona como reforço a uma política de formação pela prática: "Sobre o método de ensino são as seguintes regras particularmente recomendadas. Todo professor terá o mais assíduo cuidado na exata exposição metódica do seu assunto e atenderá particularmente as relações internas nas matérias. Devem ser evitadas as preleções puramente didáticas, as apostilas, bem como os exercícios de memória".

28. A esse respeito, cf. Bastos e Faria Filho (1999).

29. Dentre outros, cf. Garcia (2005), Uekane (2005) e Villela (2002).

muito semelhante ao da Escola Normal francesa, destacando a antecedência de uma semana para a preparação da lição e a garantia de que todos os alunos se exercitariam em todas as classes.

O terceiro aspecto, com impacto na formação docente, remete a uma formação *dos mestres dos futuros mestres*. Afinal, quem poderia ensinar nas Escolas Normais? Explorando esta questão, Dr. Bandeira remete à experiência francesa da criação das "Escolas Normais Primárias Superiores", chamando atenção para a "Escola Normal Primária Superior de Professoras", que já se encontrava em funcionamento no Departamento de Fontanay-aux-Roses. A novidade da experiência não o impediu de assinalar sua "influência decisiva" na profissionalização. Tal estabelecimento era mantido sob a direção de "pessoas declaradas aptas" depois de serem submetidas a um exame especial, perante uma comissão de cinco membros nomeados pelo Ministro da Instrução, com provas escrita, oral e prática. A admissão ao exame de direção estava condicionada à idade mínima de 25 anos, exercício da docência, posse de diploma de bacharel em letras ou ciências, ou título de capacidade para o ensino secundário especial ou, ainda, o título completo da instrução primária. Além disso, as certidões de residência e de atividades realizadas na última década funcionavam como base para um inquérito a respeito da moralidade e reputação do candidato. O regime de nomeação de professores(as) para estas Escolas, com ligeiras modificações, seguia o protocolo fixado para a nomeação dos diretores.

Na Áustria, em seus "Institutos de Formação", a descrição incide sobre o tempo de duração da formação dos(as) mestres(as) e o método empregado nas mesmas. Sobre este último ponto, doutor Bandeira faz sobressair a camada homóloga ao que vira na França, isto é, a preocupação com o caráter prático da formação. No que se refere à duração do curso, o caso austríaco apresenta especificidades que são objeto de restrição da parte de nosso relator. Ao lado dos quatro anos exigidos para conclusão do curso no Instituto Pedagógico, o acesso ao mesmo era condicionado ao curso de um ano nas chamadas "escolas preparatórias", tendo a nomeação definitiva como mestre primário, a exigência adicional de, após ter obtido aprovação no exame de capacidade, os alunos serem obrigados a exercer o ofício pelo espaço de dois anos em alguma escola pública. Em suma, exclama o brasileiro, sete anos para se chegar a ser mestre-escola! Em menos tempo, anota, se fazia um doutor nas academias brasileiras. Não fosse sua admiração expressa pelo modelo alemão, poder-se-ia imaginar que estivesse fazendo uma crítica à curta duração de nossos cursos superiores, ele mesmo egresso de um deles. No entanto, seu encanto pelo "seminário alemão", faz crer que dirige uma crítica à longa duração da formação nos "Institutos" austríacos o que, em alguma medida, pode estar associado ao caráter de externato dos mesmos.

Duração e método não são tratados em seu isolamento. No caso alemão, em que o curso dos "Seminários" durava três anos,[30] sua eficácia era associada ao método. De acordo com o doutor Bandeira, nos três anos do curso Normal, o aluno só não tinha exercícios práticos no primeiro ano. Já no segundo, dirigia várias vezes na semana, por uma hora, algumas classes e, no terceiro, ocupava-se diariamente com tal serviço, reservando-se menos tempo para os estudos teóricos. Assim, ele aproveitava o dia inteiro para combinar as duas partes da instrução normal, de modo que o aluno-mestre, ao deixar o Instituto, podia ser nomeado para dirigir uma escola. Em suas palavras:

> Vê-se, pois que, na Áustria, procura-se suprir com demorado aprendizado teórico e por longos exercícios posteriores ao curso normal o que, na Alemanha, se obtém melhor e com menos tempo. Os resultados são conhecidos. (...) O mestre alemão é o que passa pelo melhor preparo na Europa, segundo o juízo dos próprios franceses. O que acabo de dizer não redunda em desabono dos Institutos austríacos, e principalmente dos de Viena, que tive ocasião de visitar muitas vezes, mas, em todo o caso, são eles inferiores aos alemães.

Ao acenar para o estrato que distingue e desiguala o programa de formação nos três países comparados, isto é, a duração, o método e a estrutura do sistema de formação, doutor Bandeira dedica uma parte significativa para descrever o estrato das semelhanças, ou, em suas palavras, "os muitos pontos de contato" entre os estabelecimentos austríacos e alemães que, a rigor, são quatro: o regime de internato das escolas de mestras, a liberdade de ensino, a inexistência dos concursos e o compromisso com o ensino de pedagogia e teoria do ensino, por parte dos diretores.

---

30. Poderia totalizar cinco anos, no caso dos alunos que tivessem cursado as "escolas preparatórias". Sobre este aspecto, o relatório não apresenta mais informações.

No programa de formação de professores, uma instituição se vê destacada e caracteriza uma ação junto aos professores que já se encontravam no exercício profissional. Trata-se do *Pedagogium* e merece algum comentário.

Pedagogium — Caracterizado como *sui generis*, o estabelecimento da capital austríaca merece um capítulo no relatório do bacharel-professor. Gratuito, o *Pedagogium* se destinava ao aperfeiçoamento da educação e instrução dos professores primários. A eles eram admitidos os indivíduos que obtiveram atestado de habilitação no exame de capacidade ou mesmo no de maturidade. Seu programa compreendia todas as matérias ensinadas nas escolas normais, dando-lhes porém mais desenvolvimento. O aluno poderia se matricular no curso completo de três classes ou simplesmente fazer uma disciplina isolada. Sem exigir freqüência obrigatória, o brasileiro ainda assim reconhecia "as vantagens que nele podem colher os nossos professores", acompanhando os progressos das ciências e se atualizando no que se refere aos meios pedagógicos. As aulas ocorriam das 17 às 21 horas e, nas quintas-feiras, duravam o dia inteiro, precisamente no horário em que as escolas primárias não estavam funcionando, de modo a facilitar a frequência dos mestres.

O *Pedagogium* possuía gabinete de química, física e história natural, perfeitamente montados, e a parte pedagógica dispunha de uma escola pública para os exercícios da instrução primária. Outro aspecto destacado se refere ao fato de que este Instituto não dependia do Ministério, sendo uma iniciativa da municipalidade de Viena "para melhorar a condição intelectual dos mestres públicos e fornecer-lhes novos e seguros meios de se instruírem". Ainda que descrito nestes termos, o doutor Bandeira incorpora em seu relatório a dúvida posta por alguns professores vienenses que lhe disseram que semelhante iniciativa não tinha mais razão de ser, pois as escolas normais do modo como estavam montadas atendiam perfeitamente sua finalidade. Deste modo, poder-se-ia dispensar o que se tornara "inútil e dispendioso". Se o quadro da formação docente, segundo os informantes do doutor Bandeira, tornara obsoleto o *Pedagogium*, o bacharel-professor assume posição cautelosa assinalando não estar habilitado para apoiar ou combater a posição de seus colegas de Viena, porque não havia tido tempo para conhecer, de forma aprofundada, as condições intelectuais do magistério primário vienense. No entanto, lhe parecia que os brasileiros poderiam utilizar a idéia de semelhante Instituto, com grande vantagem em benefícios de nossos professores primários, ao menos no Rio de Janeiro,[31] sublinha, ainda mais prudente.[32]

Como se pode ver, o poder público dilata ao máximo sua vontade de forjar bons mestres. O caso austríaco é exemplar, na medida em que a formação do professor primário assume caráter mais alongado, com ações que antecedem e sucedem as do Instituto Pedagógico. Dilatação que visa prolongar seu alcance, quando consideramos o recurso às Conferências Pedagógicas e também a criação, em nível local, desse tipo de estabelecimento voltado para uma ação permanente junto ao professorado. Tais protocolos de formação atestam uma vontade de poder que atribui ao professor um lugar de falta ou de atraso, especialmente nas ações de formação que recobrem e se prolongam por todo o tempo do exercício profissional. Neste sentido, as críticas dos professores vienenses ao *Pedagogium* podem ser consideradas uma demonstração importante de como os próprios mestres estavam reagindo à força do Estado.

Alemanha: fim de viagem e princípio da reforma

A viagem do doutor Bandeira se encerra na Alemanha, elevada à condição de experiência exemplar a ser seguida, disseminada. Especialmente a da Prússia, instituída como modelo para os demais Estados do Império germânico:

> Aí não se poupam esforços, nem despesas para elevar tais estabelecimentos à altura do fim a que são destinados. Os prussianos compreendem perfeitamente que é vão o esforço para desenvolver a Instrução Pública quando não se dispõe de bons professores. De nada serve más escolas por toda parte (...) É melhor nada saber do que freqüentar tais escolas.

Ao combater a disseminação de qualquer escola, o doutor Bandeira, apoiado no modelo prussiano, vai construindo as condições de adesão a

31. Para saber mais a respeito do *Pedagogium* no Rio de Janeiro, cf. Barbosa (1983), Fernandes (2004) e Gondra (1997).

32. Fica de retornar a esse tema, o que não é feito neste relatório.

um determinado modelo de escola de formação de professores: os Seminários alemães. Segundo ele, só na Prússia havia 96 Seminários, considerando os estabelecimentos para os dois sexos, internatos para homens e externatos para senhoras. Todos esses Institutos eram do Estado, havendo além deles, um grande número de escolas livres que trabalhavam com a mesma finalidade das oficiais, animadas e inspecionadas pelo Governo.

Ao assinalar que a legislação específica sobre os Seminários não estava codificada, o bacharel registra, curiosamente, dada sua formação inicial, que o segredo da boa organização dos Seminários não se encontrava nos regulamentos, mais ou menos suntuosamente escritos, atribuindo tal sucesso às qualidades de seus dirigentes e à centralização do poder decisório. Em sua percepção, a autoridade do Reitor era imensa, responsável pela regularização de quase todos os assuntos da escola. Sua responsabilidade não era repartida. Se não havia codificação, em que se baseou o brasileiro para descrever o funcionamento dos Seminários alemães? No que viu, ouviu e leu. Neste último caso, não os códigos formais, mas dois "trabalhos particulares": "Ensino popular na Prússia" e "Ensino popular na Prússia e suas relações internas, conforme a legislação em vigor". O primeiro de autoria do Conselheiro Schneider[33] e, o segundo, do professor Klaunig. Ao atribuir às pessoas a responsabilidade pela qualidade do trabalho, o doutor Bandeira tece considerações sobre o rigor do processo de seleção e nomeação de professores e diretores, focando na experiência de dois Seminários berlinenses, cinqüentenários à época, como modelos do ensino normal e das idéias dos cuidados que presidia a nomeação dos reitores e professores.

No que se refere aos saberes, ao lado do que já se encontra no quadro 1, o doutor Bandeira dá relevo ao modo como os alemães lidavam com o ensino religioso. Cumpre notar, destaca, que o ensino de religião ocupava lugar proeminente na organização dos Seminários alemães, sendo obrigatório o seu ensino em todos, respeitando a diferença de crenças e a religião dominante na localidade em que se encontrava instalado. Na Prússia havia, em quase todas as Províncias, Seminários católicos e protestantes e, em diversas, também havia os judaicos, como em Berlim, Hannover e Westphalia. Em todos eles, o programa do ensino religioso era amplamente

33. Posteriormente ocupou a direção do Seminário de Berlim e a direção da divisão do ensino primário e normal no Ministério da Instrução Pública.

desenvolvido, com carga horária das mais expressivas, e obrigatório como o das outras disciplinas. Outro saber destacado é o da ginástica, apoiando-se inclusive em um "sábio" pedagogo alemão, Du Bois Reymond que, diversas vezes, para públicos diferentes, vinha demonstrando a necessidade de se prestar o maior apreço a esta arte que ensinava a dar fortaleza ao corpo e concorria para o aperfeiçoamento da espécie.

O ensino não era gratuito e cada aluno deveria pagar uma pensão, cujo valor variava entre as Províncias, sendo menor nos Seminários de mestras, por serem todos eles externatos. Ressalta, também no caso alemão, o compromisso com a formação prática que estava associada à existência das escolas anexas aos Seminários, ou então tornada viável com base em articulações com escolas primárias que asseguravam o exercício prático por parte dos alunos. Tal princípio também deveria presidir a ação dos mestres dos Seminários, sendo expressamente proibidos o ditado e o registro estenográfico das palavras do professor durante a lição. A criação de qualquer Seminário ficava condicionada à existência de biblioteca, gabinete de ciências naturais e recursos pedagógicos para tornar possível o estudo prático.

Para concluir sua descrição do modelo alemão, o professor Bandeira toca na necessária articulação entre os diferentes níveis de formação. Em suas palavras:

> É do esforço dos mestres e não das fórmulas regulamentares, que os alemães obtêm a formação bons professores e, por isso, dão eles tanta atenção ao desenvolvimento do ensino superior. É nessa fonte que se formam os bons professores dos Seminários, e quando estes não correspondem à expectativa de quem os nomeia, não se conseguirão bons mestres, e sem estes, as escolas primárias jamais colherão os bons frutos que são destinados a produzir.

Como se pode perceber, a retórica que deposita no indivíduo toda a responsabilidade pelo ensino é a mesma que fornece um conjunto de prescrições para o acesso, permanência, técnicas de ensino e de formação, por exemplo. Combinadas, tais prescrições adquirem uma tal força que termina por autorizar o mestre da Corte a profetizar o que poderia derivar da não-observação das regras que termina por disseminar.

Regras que, ao fim e ao cabo, são condensadas em três pontos, ainda que afirme não estar manifestando seu "juízo completo" a respeito das reformas a serem introduzidas na Escola Normal da Corte. Para completar seu juízo, considerava necessário estender seu olhar, sua escuta e sua leitura ao que se passava em outros países, de modo a poder apreciar outros regimes e deles colher aquilo que poderia ser proveitoso para a jovem escola da Corte. No entanto, forçado pelas circunstâncias do encerramento do relatório, admite ter chegado a três conclusões:

- Em parte nenhuma da Europa há Escola Normal de natureza mista. Cada sexo tem uma escola separada.
- Também em parte nenhuma as Escolas Normais funcionam à noite, precisamente nas horas mais impróprias para os exercícios práticos, que constituem o principal trabalho dos estabelecimentos desse gênero.
- O programa da Escola Normal da Corte é demasiadamente sobrecarregado da parte científica, em prejuízo da parte literária.

Ramificada nestes três pontos se pode ver os fundamentos da reforma que prescreve. Mesmo tendo visitado apenas três países europeus, o velho continente é unificado para demonstrar a força do argumento contra a coeducação, contra a escola noturna e contra a formação teórica no processo de formação escolar de professores. Esta parece ser a posição do mestre da Corte, ainda que venha sob a representação de exposição incompleta de suas idéias, contidas no relatório "escrito em viagem", inspirado pelo desejo de cumprir as ordens ministeriais.

Ao encerrar sua prestação de contas ao Ministro do Estado, apelando para a benevolência do mesmo, o professor que estava há meses afastado do país, sela sua viagem optando por unificar o que é heterogêneo e simplificar o que é complexo, como se pode perceber no corpo de seu relatório. Não estava (e não está) encerrado o debate relativo às políticas de acesso aos cursos de formação de professores, seu tempo de duração, caráter, métodos, recursos, gratuidade, liberdade, obrigatoriedade, saberes, modalidades, localização, arquitetura e distribuição das escolas, níveis e estratégias de recrutamento e qualificação dos quadros docentes, por exemplo. Ainda que presente em vários momentos de seu relatório, esses itens desaparecem nas recomendações finais, as quais terminam por ceder lugar a uma escola prática, diurna e com separação de sexos. Torna-se, portanto, um desafio, extrair a "película mítica" que recobre as recomendações finais do doutor Bandeira, como forma de assegurar que o longo debate acerca dos modelos de formação profissional dos(as) professores(as) permaneça instalado em uma zona de tensão. Uma forma de proceder à extração dessa película é considerar a viagem e as representações que a mesma assume como um dispositivo de comparação. Dispositivo que funciona, neste caso, para legitimar um determinado modelo de formação.

Referências bibliográficas

BARBOSA, Rui. *Reforma do ensino primário e várias instituições complementares da instrução pública*. Rio de Janeiro: Fundação Casa de Rui Barbosa, 1983, 4 v.

BEREDAY, George. *Método comparado em educação*. São Paulo: Editora Nacional/ EDUSP, 1972.

BASTOS e FARIA FILHO (orgs.). *A escola elementar no século XIX*: o método monitorial/mútuo. Passo Fundo: EdUPF, 1999.

BINZER, Ina. *Os meus romanos:* alegrias e tristezas de uma educadora alemã no Brasil. Rio de Janeiro: Paz e Terra, 1994.

BLAKE, Sacramento. *Dicionário bio-bibliográfico brasileiro*. Rio de Janeiro: Tipografia Nacional [e] Imprensa Nacional, 1883-1902, 7 v.

CAVALCANTI, João Barbalho. *Instrução pública* — estudo sobre o sistema de ensino primário e organização pedagógica das escolas da Corte. Rio de Janeiro, São Paulo e Pernambuco. Recife: Typ. Faria & Filhos, 1879.

COSTA, Amélia Fernandes da. *O ensino público primário na Itália, França e Bélgica*. Rio de Janeiro: Typ. Nacional, 1893.

DURKHEIM, Émile. *A evolução pedagógica*. Porto Alegre: Artes Médicas, 1995.

FERNANDES, Ana Lucia. *A santa causa da instrução e o progredimento da humanidade*: revistas pedagógicas e a construção do conhecimento pedagógico no Brasil e em Portugal no final do século XIX. Rio de Janeiro: PUC-Rio, 2004. Tese de doutorado.

FRAZÃO, Manuel José Pereira. *O ensino público primário na Itália, Suíça, Suécia, Bélgica, Inglaterra e França*. Rio de Janeiro: Typ. Gazeta de Notícias, 1893.

GOFMMAN, Erving. *Manicômios, prisões e conventos*. São Paulo: Perspectiva, 1999.

GONDRA, José. O veículo de circulação da pedagogia oficial da República: a "Revista Pedagógica". *Revista Brasileira de Estudos Pedagógicos*, v. 78, ns. 188/189/190. Brasília, 1997.

GONDRA, José. Olhos na América: uma leitura dos relatórios de Celéstin Hippeau. Curitiba: *Educar em Revista*, v. 1: 161-186, 2002.

_____. *Artes de civilizar*: medicina, higiene e educação escolar na Corte Imperial. Rio de Janeiro: EDUERJ, 2004.

GARCIA, Inára. *Certame de atletas vigorosos/as* — Uma análise dos processos de seleção de professores no século XIX (1855-1863). Rio de Janeiro: Universidade do Estado do Rio de Janeiro — PROPEd, 2005. Dissertação de Mestrado.

HIPPEAU, Celéstin. *A instrução pública nos Estados-Unidos* — escolas públicas, colégios universidades, escolas especiais. Rio de Janeiro: Typ. Nacional, 1871.

KREUTZ, Lúcio. A educação de imigrantes no Brasil. In: LOPES, VEIGA e FARIA FILHO. *500 anos de educação no Brasil*. Belo Horizonte: Autêntica, 2000.

KHULMANN JR., Moysés. *As grandes festas didáticas*: educação brasileira e as exposições internacionais (1862-1922). Bragança Paulista: EDUSF, 2001.

LAVELEYE, Émile de. *L'intruction du peuple*. Paris: Hachette, 1872.

LEITE, Mirian L. M. A infância no século XIX segundo memórias e livros de viagem. In: FREITAS, Marcos (org.). *História social da infância no Brasil*. São Paulo: Cortez/USF, 1997.

LOURENÇO FILHO. *Educação comparada*. São Paulo: Melhoramentos, 1961.

MACEDO, Joaquim Teixeira. *A instrução pública na Prússia*. Rio de Janeiro: Typ. Nacional, 1871.

PORTO-CARRERO, Leopoldina. *O ensino público primário em França, Espanha e Portugal*. Rio de Janeiro: Of. do Instituto Profissional, 1896.

REIS, Luiz Augusto dos. Relatório sobre a educação em Portugal e Hespanha. Rio de Janeiro: *Revista Pedagogica*, v. 11 e 12, 1891.

RITZKAT, Marly. Preceptoras alemãs no Brasil. In: LOPES, VEIGA e FARIA FILHO. *500 anos de educação no Brasil*. Belo Horizonte: Autêntica, 2000.

SAHLINS, Marshall. *Como pensam os nativos*. São Paulo: EDUSP, 2001.

TOUSSAINT-SANSON, Adèle. *Une parisienne au Brésil*. Paris: Paul Ollenforf, 1883.

TURAZZI, Maria Inez. Adèle Toussaint-Samson (1826-1911): um esboço biográfico. In: TOUSSAINT-SANSON, Adèle. *Uma parisiense no Brasil*. Rio de Janeiro: Capivara, 2003.

UEKANE, Marina. *Educar no método de educar* — um estudo acerca da formação de professores na Corte Imperial (1854-1888). Universidade do Estado do Rio de Janeiro: Monografia, 2005.

VILLELA, Heloisa. *Da palmatória à lanterna mágica*. São Paulo: USP, Faculdade de Educação, 2002. Tese de doutorado.

A longa peregrinação de um *professor da roça* na Europa

Alessandra Frota M. de Schueler

1. O *professor da roça* e a arte de narrar: das cartas ao relato de viagem

> "Contentai-vos com saber que sou estranho à política, que vivo vida obscura de um pobre professor da roça; o que não impede que em meu peito bata um coração brasileiro."
>
> Cartas do professor da roça,
> *12 de março de 1863*

Desde a década de 1860, Manoel Frazão, então professor de matemática e ciências, vice-diretor do Colégio Barão de Tautphoeus e professor público da escola de meninos da freguesia do Sacramento, centro da Corte imperial, mantinha o hábito de acionar a pena como arma, produzindo e divulgando demandas às autoridades responsáveis pela instrução pública através da imprensa. As *Cartas do professor da roça*, publicadas pelo órgão vinculado ao Partido Conservador, o *Constitucional*, entre 12 de março e 26 de abril de 1863 — e posteriormente impressas em livreto pela Tipografia de Paula Brito —, assinalam o manejo exemplar das regras da escrita e da leitura, e, mais do que isso, testemunham o uso político que o professor fazia da arte de narrar (Gondra, 2002).

Segundo Gondra, as *Cartas do professor da roça*, apesar do anonimato inicial, indicam que seu autor, longe de ser um obscuro professor de primeiras letras, teve destacada presença no mundo editorial na segunda metade do século XIX. De fato, nas décadas de 1860 e 1870, Frazão ganhou destaque entre os professores públicos primários por sua atuação combativa em defesa dos interesses profissionais da docência, através do *Manifesto dos Professores Públicos de 1871*, dos escritos na imprensa pedagógica e das palestras sobre o seu sistema de ensino de moral e cívica nas *Conferências Pedagógicas da Corte*, e, ainda, por suas tentativas de organizar a classe em associação profissional, o idealizado *Instituto Profissional dos Professores*.[1]

Narrativas produzidas em temporalidades diversas, com finalidades e intenções distintas, em variadas formas e suportes — correspondência epistolar, manifestos, artigos para a imprensa, livros, obras didáticas, conferências pedagógicas, pareceres para o Conselho de Instrução Pública e para os exames de concursos, relatos de viagem, entre outros —, mas, que produziam determinadas representações sobre as escolas e o ofício docente, sobre as políticas e as práticas educacionais na cidade. Acima de tudo, produziam o sujeito-autor, construindo um lugar destacado para o *professor da roça* nos campos editorial e educacional da cidade (Orlandi, 2003).

Já em tempos de República, o *professor da roça*, designado para realizar visitas em escolas e instituições educacionais na Europa e nos Estados Unidos da América, cumpriria a sua tarefa, utilizando uma vez mais as práticas da escrita e a arte de narrar. O relatório de viagem, publicado em 1893 pela Tipografia da Gazeta de Notícias, constitui uma fonte significativa para análise não apenas da história da circulação de idéias, instituições e modelos educacionais internacionais no Brasil, mas, sobretudo, das práticas de apropriação e difusão destes mesmos modelos pelos professores da cidade do Rio de Janeiro, aqui considerados como intermediadores de culturas, *passeurs culturels*, no sentido proposto por Gruzinski (Gruzinski, 2001).[2]

---

1. Alguns pesquisadores vêm analisando, sob vários aspectos, a trajetória deste professor primário. Consultar: Ferreira, 2002; Vilella, 2002; Schueler, 2002 e 2005; Gondra, 2002 e 2005; Lemos & Gondra, 2005 e Lemos, 2006.

2. Os *passeurs culturels* são elementos, que podem ser pessoas, objetos, símbolos, os quais atuam como mediadores entre tempos e espaços diversos, contribuindo na circulação de representações e modelos, no entrecruzamento de variados universos culturais (Gruzinski, 2001). Para o uso do

Comprometida com uma plataforma de modernização e atualização das estruturas políticas do Império, a jovem *República dos Estados Unidos do Brazil*, proclamada por força do golpe militar de 15 de novembro, buscava apropriar-se de modelos e diretrizes científicas e técnicas dos Estados Unidos e de países da Europa, considerados exemplos de países civilizados (Neves, 2003). Como salienta Sevcenko (2002: 14), no afã modernizador, as elites políticas republicanas se empenhavam em reduzir a complexidade social brasileira, singularizada pela história colonial e escravista, ao ajustamento em conformidade com padrões abstratos de gestão social hauridos de modelos estrangeiros.[3]

As bases teóricas das reformas urbana, administrativa, econômica e cultural, desencadeadas nos primeiros anos republicanos, sobretudo na capital federal, fundavam-se na releitura de teorias cientificistas, tais como o darwinismo social de Spencer, o positivismo francês de Comte e a "ideologia da higiene", além da crença numa concepção do tempo acelerado, linear e evolutivo, que fundamentava a fé no progresso e na civilização (Chalhoub, 1997). Além disso, a construção de um imaginário em torno da educação escolar como lugar de realização de um processo de civilização e de *governo* da população fazia parte da própria constituição da *forma escolar moderna* (Vincent, Lahire, Thin, 2001).

A busca por novos símbolos políticos e pela invenção de novas tradições esteve presente também nas reformas educacionais nos primeiros anos de existência da jovem República. No âmbito das políticas educacionais, a ânsia em "acertar os ponteiros com o relógio global" (Sevcenko, 2002: 27) aparecia com clareza nos primeiros textos legais, aliás, em franca continuidade com uma "cultura da reforma", já evidente nas províncias e na Corte do Império, a partir da segunda metade do século XIX (Gondra, 2003: 54). Ainda em 1890, o governo provisório estabelecia os

---

conceito na história cultural e na história da educação, consultar artigo de Thaís Fonseca (Fonseca, 2003: 68).

3. Entre 1890 e 1910, a cidade do Rio de Janeiro contava com quase 1.000.000 de habitantes, incluindo ex-escravos e imigrantes portugueses e italianos, população que em sua maioria era moradora de cortiços e estalagens, sobretudo no centro e na zona portuária. A complexidade e as tensões sociais na cidade evidenciavam-se nos momentos de agitação política explícita, como no caso da Revolta da Armada (1893) e, mais tarde, da Revolta da Vacina (1904). A instabilidade política não se restringia, porém, à cidade. Ver, sobre o período: Sevcenko, 2002; Neves, 2003.

princípios gerais que informariam a reforma da instrução primária e secundária no Distrito Federal.[4] Entre tais princípios estava a previsão de realização das viagens pedagógicas, ou seja, a designação de professores brasileiros dos vários níveis e instituições de ensino, para examinarem durante dois anos os progressos da instrução e aperfeiçoar as suas habilitações profissionais nos países estrangeiros, sobretudo na Europa e nos Estados Unidos da América.[5]

De acordo com Vidal, entre o fim do século XIX e início do século XX, o trânsito de educadores entre os países da Europa e das Américas foi constante, além da presença significativa das referências a autores e impressos europeus, sobretudo franceses, e norte-americanos, nos discursos de professores e reformadores brasileiros, como no caso dos *Pareceres* sobre o ensino primário, de Rui Barbosa, e a *Histoire de L'Instruction Publique au Brèsil*, de José Ricardo Pires de Almeida. O final do oitocentos caracterizou-se pela intensa circulação de objetos e pessoas e de modelos culturais, configurando a hipótese de uma *história conectada*, possibilitando o entendimento das conexões continentais e intercontinentais que as histórias nacionais estabelecem em múltiplas escalas, na perspectiva proposta por Subrahmanyan e Gruzinski (Vidal, 2005: 15-18, 66).

A primeira comissão de professores, designada em 28 de outubro de 1890, contava com dois professores da Faculdade de Medicina do Rio de Janeiro, um da Escola Politécnica, um do Ginásio Nacional (antigo Colégio Imperial Pedro II), um do Instituto Benjamin Constant, um do Instituto Nacional de Música e, finalmente, quatro professores públicos do ensino primário da capital. Dentre estes, foram nomeados os professores Luiz Augusto dos Reis, Manoel José Pereira Frazão, Amélia Fernandes da Costa e

4. Decreto n. 981, de 8 de novembro de 1890. Reforma da Instrução Primária e Secundária. *Relatório do Inspetor Geral de Instrução do Distrito Federal*, Dr. Ramiz Galvão, 1891.

5. A iniciativa das viagens pedagógicas não era exatamente uma novidade implementada pela República. No decorrer do século XIX, professores, diretores de estabelecimentos educacionais e inspetores de instrução pública percorreram países estrangeiros, participando inclusive como representantes do Império do Brasil nas celebradas Exposições Internacionais, as vitrines do *progresso* e da *civilização*. Ver: Kulhmann, Jr., 2001 e Neves, 1986. Consultar, ainda, noticiando viagem aos Estados Unidos e a circulação de professores entre as Américas e a Europa: Andrade, Maria Guilhermina Loureiro de. *O Kindergarten ou Jardim de Infância*. Rio de Janeiro: Typ e Lith. de Machado, 1888. (Biblioteca Nacional — VI-248, 7, 13, n. 3 F)

Adelina Doyle e Silva, sendo que apenas os três primeiros seguiriam viagem para o Velho Mundo.[6]

Da viagem realizada pelos professores primários resultaram relatórios, apesar do incidente ocorrido com o corte das verbas e dos subsídios concedidos pelo governo em abril de 1891, o que ocasionou o retorno antecipado dos professores Luiz Augusto dos Reis e Amélia Fernandes da Costa.[7] Estes relatórios, redigidos com o objetivo principal de prestar contas ao governo republicano da viagem pedagógica realizada, constituem documentação extremamente rica não apenas para os pesquisadores da história da educação brasileira, mas, também, para aqueles estudiosos que se dedicam à perspectiva da história comparada, na medida em que apresentam informações sobre variadas instituições educacionais, além de debates pedagógicos e propostas de transformação nas práticas educativas em circulação naquele período.

No presente trabalho, a intenção é destacar alguns aspectos da viagem pedagógica, privilegiando a narrativa de Manoel Frazão.[8] A pergunta central que direciona a análise deste relato consiste em buscar compreender quais seriam, na perspectiva do professor, os sentidos de sua viagem pedagógica? Que impressões, sentimentos, emoções teria experimentado ao viajar pelas cidades, ao entrar em contato com a cultura escolar moderna do Ocidente europeu (Julia, 2001), ao visitar as escolas, colégios, instituições educacionais de países então idealizados como símbolos do progresso, da civilização e da tão sonhada modernidade pedagógica? (Nunes, 2000; Vidal, 2005).

Nos próximos itens, para operacionalizar o estudo, do ponto de vista metodológico, a abordagem centra-se em dois momentos distintos.

---

6. A designação da Comissão de Professores estipulava a verba a ser concedida para financiar a viagem. Quanto aos professores primários designados foi estipulado o montante de 200$000 de vencimentos mensais, acrescido de gratificação no valor de 400$000. Aviso de 28 de outubro de 1890. *Relatório do Inspetor Geral de Instrução do Distrito Federal*, Imprensa Nacional, 1892, p. 157.

7. Os relatórios de viagem de Luiz Augusto dos Reis e Amélia Fernandes da Costa foram publicados na *Revista Pedagógica*, publicação oficial do *Pedagogium*, criado pelo Decreto nº 667, de 16 de agosto de 1890. Houve também publicação pela Imprensa Nacional. Consultar: COSTA, Amélia F. *O Ensino Público na Itália, França e Bélgica*. Rio de Janeiro: Imprensa Nacional, 1892 e REIS, Luiz A. *O Ensino Público em Portugal, Hespanha, França e Bélgica*. Rio de Janeiro: Imprensa Nacional. 1892.

8. *O Ensino Público Primário na Itália, Suíça, Bélgica, Inglaterra e França. Relatório apresentado à Inspetoria Geral de Instrução Primária da Capital Federal pelo professor Manoel José Pereira Frazão*. Rio de Janeiro: Typographia da Gazeta de Notícias, 1893, p. 9.

Em um primeiro momento, há a preocupação em descrever, de forma genérica, a viagem em si, ou seja, o roteiro realizado, os países e as instituições visitadas e as impressões construídas pelo viajante sobre a educação escolar em cada país. Em seguida, relacionada a isto, encontra-se uma reflexão sobre os efeitos de comparação entre a educação escolar nos diferentes países enfocando, sobretudo, as possíveis aproximações e distanciamentos em relação à escola primária brasileira. Analisam-se algumas sugestões, elaboradas por Frazão, para a reforma da educação primária pelo governo republicano, evidenciando as estratégias de apropriação dos modelos pedagógicos em circulação, de acordo com as representações (Chartier, 1991) e com a construção possível que o autor realiza sobre a sua própria *experiência* docente (Thompson, 1981).

2. O roteiro de viagem e o relatório: a educação escolar primária na Itália, Suíça, Suécia, Bélgica, Inglaterra e França

As Instruções de 28 de outubro de 1890, documento oficial emitido pelo Ministério da Instrução Pública e Telégrafos, determinavam o roteiro da viagem e as respectivas incumbências dos viajantes. No caso do professor Frazão, o governo republicano indicava a visita nas escolas primárias das cidades européias, tais como: Paris, Londres, Bruxelas, Berna, Genebra, Zurique, Milão e Turim, além de prescrever o acompanhamento do curso de trabalhos manuais na Escola de Nääs, na Suécia. Havia ainda a previsão de estender a viagem aos Estados Unidos (Nova York, Boston, Filadélfia e Washington), o que acabou não ocorrendo, devido à exclusão deste país do itinerário, por ato do governo, em outubro de 1891.

Com o roteiro de visitas pedagógicas em mãos, o *professor da roça* seguiu viagem em fins de novembro de 1890, no paquete inglês Regina, rumo à cidade italiana de Gênova, onde desembarcou em 17 de dezembro. A sua peregrinação pela Europa teve duração aproximada de pouco mais de ano e meio, apesar dos contratempos com os cortes de subsídios oficiais, tendo retornado ao porto da capital federal em 19 de julho de 1892.

Pelo relato da viagem, é possível acompanhar o roteiro estabelecido por Frazão, bem como o período em que permaneceu em cada localidade. Assim, a Itália foi primeiro país visitado, no qual permaneceu por cerca de quatro meses, respectivamente, nas cidades de Gênova (17/12/1890 a 09/01/1891), Nápoles (11/01 a 31/01/1891), Roma (31/01 a 11/02/1891), Florença (11/02 a 16/02/1891), Veneza (17 e 18/02/1891), Milão (19/02 a 17/03/1891) e Turim (17/03 a 25/04/1891). O segundo país no roteiro foi a Suíça, onde percorreu as escolas das cidades de Genebra (25/04 a 29/04/1891), Berna (30/04 a 04/04/1891), Zurique e Basiléia (05/05 a 13/05/1891), passando ainda por Leipzig (14/05 a 19/05/1891) e Berlim, na recém-constituída Alemanha (20/05/1891). De Berlim, Frazão seguiu para a Suécia, país onde se estabeleceu por aproximadamente cinco meses, visitando as cidades de Copenhagen (20/05 a 23/05/1891) e Estocolmo (24/05 a 01/10), período em que também realizou visitas à Bélgica (Bruxelas, de 01/10 a 30/12/1891) e à capital inglesa, Londres (19/11 a 11/12/1891). Terminando o ano de 1891 em Paris, Frazão percorreu escolas e instituições educacionais da capital francesa e arredores, permanecendo no país por cerca de seis meses (01/01 a 20/06/1892). Em 20 de junho de 1892, o *professor da roça* embarcou no antigo porto da cidade de Bordeaux, de volta ao Rio de Janeiro, finalizando, então, a sua aventura pedagógica.

O relato de viagem produzido pelo *professor da roça* encontra-se dividido em quinze capítulos. Os sete primeiros capítulos foram organizados em ordem cronológica, conforme os países visitados, destacando a organização, administração e inspeção do ensino, estatísticas, materiais e mobília escolar, levantando também aspectos históricos da educação.[9] Os demais tratam de temáticas específicas das principais instituições educacionais visitadas e das práticas pedagógicas observadas nas culturas escolares locais, como, por exemplo, as disciplinas escolares, a formação de professores, o ensino industrial, as instituições auxiliares da escola e o trabalho manual no Seminário de Näas, na Suécia.[10] Há dois capítulos dedicados à análise comparativa da educação escolar entre as cidades visitadas, bem como considerações gerais sobre os resultados da viagem pedagógica e os possíveis

9. Os capítulos são os seguintes: "I — Narração da viagem pela Itália, Suíça, Alemanha, Suécia, Inglaterra, Bélgica e França; II — O ensino primário na Itália; III — O ensino primário na Suíça; IV — O ensino primário na Suécia; V — O ensino primário na Inglaterra; VI — O ensino primário na Bélgica; VII — O ensino primário em França."

10. Capítulos: "VIII — O Orfelinato Prévost; IX — O ensino de diversas disciplinas; X — Educação na escola; XI — Escolas normais e profissionais; XI — Instituições auxiliares da escola; XIII — O trabalho manual".

efeitos para a reforma da educação no Brasil.[11] No apêndice do relatório impresso há, ainda, a publicação das conferências e palestras realizadas por Frazão, a fim de divulgar as idéias centrais de seu sistema de educação moral e cívica, nas cidades de Turim (Itália), Gand (Bélgica) e Saint Cloud (França).

A Itália foi o primeiro país visitado, produzindo boas impressões em Frazão. O desenvolvimento da educação escolar primária no recém-constituído Estado italiano surpreendeu positivamente o professor. Segundo ele, a nação, unificada em 1859, apresentava "progresso considerável" em matéria de instrução primária, rivalizando com as melhores escolas da Europa do Norte e da França. Uma das principais razões para tal progresso residiria na dedicação, no patriotismo e na valorização do professorado primário atribuída pelo Estado.[12]

Na construção histórica realizada pelo professor Frazão a respeito da organização da instrução primária, a escola, como responsabilidade pública, teve de aguardar o processo de unificação do Estado, a partir de meados do século XIX. Além disso, a concorrência da filantropia e da iniciativa particular, com a fundação de sociedades e associações para a instrução primária, dos asilos infantis, das escolas normais e do ensino profissional, acentuou o desenvolvimento da educação escolar. Para fundamentar sua análise, cujos dados foram pesquisados em documentos oficiais fornecidos pelos representantes dos países visitados e, ainda, no Dicionário de Pedagogia, de Ferdinand Buisson, o relator enumerou o conjunto da legislação que regulamentava a educação escolar nas diferentes regiões italianas.

O ensino seriado e a distribuição das disciplinas do ensino primário pelas classes aparecem como aspectos positivos da pedagogia moderna no relatório de Frazão. Segundo ele, a existência de diretores escolares, encarregados da administração escolar e da inspeção docente, era uma medida indispensável para o bom desenvolvimento dos trabalhos escolares, já que com tal organização o professor primário deixava de se responsabilizar pela

11. Trata-se do décimo quarto e décimo quinto capítulos intitulados, respectivamente, "Juízo comparativo" e "Considerações gerais. Conclusões".

12. Os resultados do progresso do Estado italiano e de seus professores revelavam-se na construção de uma estatística educacional, consultada pelo relator nos documentos oficiais. O Ensino Público Primário na Itália, Suíça, Bélgica, Inglaterra e França. Relatório apresentado à Inspetoria Geral de Instrução Primária da Capital Federal pelo professor Manoel José Pereira Frazão. Rio de Janeiro: Typographia da Gazeta de Notícias, 1893, p. 74.

regência de várias classes simultâneas, como ocorria, aliás, na maioria das escolas públicas da cidade do Rio de Janeiro. Além disso, as novas disciplinas escolares, como a música vocal, a ginástica e o desenho, ministradas por professores especiais, não recaíam sob a responsabilidade do professor regente.

O material pedagógico e os objetos utilizados no ensino primário italiano também mereceram destaque, sobretudo as cartas geográficas em relevo, os livros, a variada mobília escolar. Surpreendeu-se, por exemplo, sugerindo a imitação da iniciativa pelas escolas brasileiras, com um mapa geográfico da Itália desenhado no jardim de uma escola normal particular, em Turim. A mesma surpresa causaram os museus escolares, organizados em algumas localidades, como o da cidade de Gênova. De acordo com Frazão, este museu, embora funcionasse num antigo convento, e não em prédio apropriado aos seus fins, possuía rico material pedagógico, tais como: coleções de minerais, estampas e modelos plásticos de História Natural; frutas e produtos culinários variados; miniaturas de cozinha, de sala de jantar, de quarto de dormir; de oficinas de carpinteiro, de marceneiro, de tanoeiro, de serralheiro, de sapateiro etc.; coleções de brinquedos; modelos de trabalhos manuais; peles de animais; coleções de desenhos; modelos de mobílias escolares; gabinete de Anatomia provido de estampas e esqueletos; trabalhos de cartografia e biblioteca pedagógica.

Em relação aos prédios escolares, é interessante a observação de Frazão a respeito da ausência de edifícios especificamente destinados às escolas primárias, com exceção dos encontrados em Milão, Florença e Turim. A maioria das escolas, no entanto, continuava a funcionar em antigos conventos ou nas casas domésticas, mesmo naquelas localidades.

Quanto à disciplina observada nas escolas primárias italianas, o professor não economizou nas críticas. Para ele, a "feição militar" e a severidade no tratamento dos alunos, demasiadamente passivos e silenciosos, impossibilitariam a formação completa do cidadão, posto que as escolas se assemelhavam às casernas.[13] A discordância de Frazão em relação à disciplina escolar observada nas cidades italianas, e também na capital francesa, segundo ele,

---

13. O Ensino Público Primário na Itália, Suíça, Bélgica, Inglaterra e França. Relatório apresentado à Inspetoria Geral de Instrução Primária da Capital Federal pelo professor Manoel José Pereira Frazão. Rio de Janeiro: Typographia da Gazeta de Notícias, 1893, p. 65.

motivou a realização das conferências sobre o seu sistema disciplinar de moral e civismo, a primeira delas ocorrida em Turim, em abril de 1891.[14]

Outras instituições educacionais também foram visitadas na Itália, como os asilos infantis, os jardins de infância e os institutos de ensino profissional, destacando-se, entre estes últimos, o Instituto Casanova (masculino, destinado aos filhos de operários) e o Instituto Internacional Vitório Emmanuelle II (feminino), ambos em Nápoles. Visitou, ainda, as escolas particulares confessionais, como as da congregação dos Irmãos das Escolas Cristãs de São José e as escolas da ordem salesiana de D. Bosco.

A Suíça foi o segundo país da rota estabelecida pelo viajante. Neste país, bem como nos demais países do Norte da Europa (Suécia, Dinamarca, Noruega), o *professor da roça* encontrou os modelos, as instituições e os programas indicativos do mais evidente "progresso da instrução primária" na Europa — e os mais "dignos de imitação" —, em que pesem as significativas diferenças regionais dos cantões suíços, a descentralização da administração do ensino e as dificuldades de efetivação e de fiscalização eficaz da obrigatoriedade escolar.

De acordo com o relator, cada cantão suíço possuía autonomia legislativa em matéria de normas específicas, mas todos estavam sujeitos às disposições federais e à Constituição, revista em 1874, que estabelecia os princípios da obrigatoriedade da instrução primária para as crianças entre 6 e 15 anos, da gratuidade nas escolas públicas, da laicidade e da liberdade do ensino. A liberdade de ensinar associava-se, ainda, à liberdade religiosa, o que demonstrava, na compreensão de Frazão, que se tratava de um país "verdadeiramente livre". Neste aspecto, o relator referendava as medidas recentes tomadas pelo governo republicano brasileiro no sentido da laicização do ensino, decorrentes da separação entre o Estado e a Igreja Católica.[15]

As escolas primárias de Zurique, funcionando em grandiosos edifícios especificamente destinados à instrução, chegavam a abrigar cerca de

---

14. Ao que tudo indica, o professor da roça empenhava-se em divulgar suas idéias sobre a disciplina escolar nos países europeus visitados. Nos anexos do relatório, há os textos das conferências realizadas em Turim, Paris e Gand, bem como notícias publicadas em jornais estrangeiros e brasileiros sobre os eventos. Sobre o sistema de moral e civismo do *professor da roça*, consultar Schueler, 2005.

15. O Ensino Público Primário na Itália, Suíça, Bélgica, Inglaterra e França. Relatório apresentado à Inspetoria Geral de Instrução Primária da Capital Federal pelo professor Manoel José Pereira Frazão. Rio de Janeiro: Typographia da Gazeta de Notícias, 1893, p. 79.

800 alunos. Nessas escolas, a adoção dos métodos de ensino simultâneo, com sistema de ensino seriado, e, portanto, da regência de uma única classe pelo professor, foram motivos de elogio reiterado pelo relator. No currículo da escola primária nos cantões suíços, observava-se claramente a influência das concepções pedagógicas de Pestalozzi e Froebel, por exemplo, com o uso disseminado dos métodos de ensino intuitivo e das lições de coisas, além da presença marcante dos *kindergarten* (jardins de infância) e das instituições educacionais para as crianças menores de 6 anos.[16]

Os asilos infantis e os jardins de infância mistos, freqüentados por grande quantidade de crianças de ambos os sexos, surpreenderam o nosso professor. Essas escolas tinham função propedêutica para a escola primária e todo o trabalho educativo desenvolvido pelas professoras consistia em favorecer o desenvolvimento corporal e intelectual da criança, visando à sua adaptação à escola elementar. Para isso, no primeiro nível (3 a 6 anos), o currículo abrangia as lições de coisas, ocupações manuais, jogos e cantos, de acordo com a orientação dos métodos pedagógicos do ensino intuitivo. Na escola infantil de nível superior (6 a 7 anos), ensinava-se a leitura a escrita e os primeiros elementos de desenho e cálculo.

A exposição escolar permanente, numa escola pública de Berna, demonstrou a riqueza dos objetos pedagógicos e a moderna parafernália produzida pela indústria de material didático: *carteiras e bancos de diversos modelos, mesas para os professores, armários, quadros negros, contadores mecânicos, livros escolares, aparelhos de ginástica, cartas geográficas, modelos de desenho, jogos froebelianos, instrumentos de física, estampas e modelos plásticos de história natural, trabalhos das escolas em cadernos, modelos de trabalhos manuais de diversos países (Suécia, Dinamarca, Rússia, Estados Unidos da América do Norte)*, além do acervo da biblioteca pedagógica, contendo os livros escolares utilizados no cantão nos últimos anos (pp. 35-36). Em Zurique, a exposição escolar permanente preservava as relíquias pertencentes ao ilustre pedagogo

16. Para as escolas primárias, o currículo abrangia: leitura, escrita, francês, elementos da língua alemã, aritmética, cálculo, noções elementares de geometria, geografia e história do país, lições de coisas, noções elementares de história natural, desenho, ginástica e canto, trabalhos manuais para os meninos e trabalhos de agulha para as meninas. O Ensino Público Primário na Itália, Suíça, Bélgica, Inglaterra e França. Relatório apresentado à Inspetoria Geral de Instrução Primária da Capital Federal pelo professor Manoel José Pereira Frazão. Rio de Janeiro: Typographia da Gazeta de Notícias, 1893, p. 85.

Pestalozzi. Na Basiléia, localidade na qual, segundo Frazão, a instrução primária encontrava menor desenvolvimento, houve visita a três escolas primárias e à sede da Sociedade Suíça de Propagadores dos Trabalhos Manuais.

Um dos programas mais elogiados, adotados em alguns cantões suíços como Genebra, Zurique e Berna, foi o programa de distribuição gratuita de material escolar aos alunos das escolas infantis e primárias promovido pelas municipalidades. *"Havia de tudo: livros, papel, ardósias, lápis, penas, tinta, cadernos, modelos de desenho, fazendas para costura, linhas, agulhas, dedais etc."*[17]

Apesar dos elogios, Frazão registrou, ao final do capítulo, suas impressões sobre o que considerava como "defeitos da organização do ensino na Suíça", representando uma estratégia de apropriação dos modelos, prática observada ao longo do trabalho. Ou seja, na narrativa de viagem o professor não somente salientou a excelência das instituições estrangeiras, mas também apontou os aspectos que considerava negativos e os problemas apresentados nas diferentes regiões visitadas. Em relação aos cantões suíços reprovou a fragilidade da fiscalização do Estado quanto à obrigatoriedade escolar e a situação do professorado primário, que viveria à mercê da política e dos poderes locais, posto que, via de regra, não pertencia aos quadros de funcionários estatais, o que afetava a autonomia e causava instabilidade nas condições materiais de trabalho docente.

No entanto, as representações positivas sobre a organização do ensino e as instituições educacionais visitadas na Suíça, construídas pelo *professor da roça*, aplicavam-se também aos outros países do norte europeu, como a Suécia e a Bélgica. Segundo ele, a Suécia era, no final do século XIX, um dos países europeus em que a instrução primária estava mais generalizada, apresentando altos índices de freqüência escolar e de alfabetização da população, quase não havendo analfabetos no país. Uma explicação para tamanha difusão da instrução primária residia na ação reformadora luterana e dos seguidores da fé protestante, sobretudo a partir do século XVII. O ensino da leitura e da escrita fez-se, a partir de então, por meio das escolas ambulantes e dos mestres itinerantes, e, no século XIX, pela larga utilização

17. O Ensino Público Primário na Itália, Suíça, Bélgica, Inglaterra e França. Relatório apresentado à Inspetoria Geral de Instrução Primária da Capital Federal pelo professor Manoel José Pereira Frazão. Rio de Janeiro: Typographia da Gazeta de Notícias, 1893, p. 34.

do método de ensino mútuo ou lancasteriano, responsável pela propagação das primeiras letras nas paróquias, nas escolas dominicais e nas escolas mantidas por particulares.

Segundo o relator, desde a década de 1880, as leis federais da Suécia determinaram a obrigatoriedade da instrução primária em todas as comunas. No entanto, a instrução religiosa e confessional permanecia obrigatória.[18] O caráter confessional do currículo, na opinião do professor, caracterizava um dos defeitos da educação sueca. A escola laica — ou neutra, como a denominou Frazão — representava a vitória da civilização e do progresso. Para ele, a Suíça, adotando o princípio da neutralidade religiosa da escola primária, aberta a todas as confissões, era o melhor exemplo a ser seguido.

Ao contrário do Norte da Europa, a organização do ensino primário na Inglaterra, sobretudo em Londres, não mereceu tantos comentários positivos.[19] De acordo com o relatório Frazão, não havia compromisso do Estado com a educação pública, a liberdade de ensino era excessiva e os professores, provenientes de níveis diferenciados de formação e de extratos sociais distintos, formavam categorias hierarquizadas e demasiadamente heterogêneas, não possuindo garantias e estatuto social estável na sociedade.

Assim como procedeu na análise de todos os países visitados, o relator construiu uma espécie de balanço histórico da instrução na Inglaterra, no qual as suas hipóteses visavam demonstrar a presença marcante da iniciativa particular, como as sociedades religiosas ou leigas e a filantropia, em detrimento da ação tímida do Estado. Segundo ele, imperava a ideologia do *self-government* e o princípio da mínima intervenção em matéria de educação. A constituição do sistema público de ensino primário, e também das

---

18. O currículo escolar abrangia as seguintes disciplinas: religião e moral; língua nacional; escrita; aritmética; geometria; geografia da Suécia; noções de historia geral; *slöjd*, como era denominado o ensino de trabalhos manuais, incluindo cartonagem, marcenaria e carpintaria; trabalhos de agulha, para as meninas; canto e música vocal; desenho; ginástica e esgrima; escrituração mercantil e ciências naturais.

19. "*Inútil seria uma análise minuciosa de particularidades, que se não adaptam à nossa índole. Há nas escolas de Londres muita coisa boa, e muita coisa nova; mas nem tudo o que é bom, é novo; e o que é novo, nem sempre é bom. O que há de excelente, nós não podemos imitar, porque está na índole, no sangue; e nós temos outra índole, outro sangue. O caráter inglês é dos ingleses, e só deles.*" (p. 166).

Escolas Normais para a formação de professores era muito recente, datando da década de 1870.[20]

As instituições educacionais de controle dos trabalhadores ingleses na cidade de Londres, como as *Industrial Schools*, foram visitadas pelo professor Frazão. De acordo com a sua perspectiva, essas instituições de ensino industrial constituíam "medida direta e eficaz" para garantir a obrigatoriedade da freqüência à escola primária, pois ofereciam instrução primária e profissional aos meninos recolhidos nas ruas como "vagabundos" ou aos filhos de "pais negligentes", que nelas permaneciam até os 16 anos de idade, salvo se fossem reclamados pelos familiares ou responsáveis. Sugeria, então, a "imitação" da iniciativa pelo governo republicano brasileiro.

A última cidade do roteiro da viagem do *professor da roça* foi a capital francesa, local onde permaneceu por aproximadamente seis meses (janeiro a junho de 1892). Em Paris, Frazão visitou escolas maternais, classes infantis, escolas primárias e os modernos grupos escolares. Visitou ainda Escolas Normais públicas e particulares e escolas mantidas pelos Irmãos das Escolas Cristãs de Jean-Baptiste de La Salle.

As escolas primárias francesas, desde a legislação Guizot (1833), eram divididas em dois níveis, elementares e superiores. Embora existissem escolas mistas, no fim do século XIX, a maioria ainda encontrava-se separada conforme o sexo. Cada aluno recebia um caderno especial no qual realizava o primeiro trabalho de cada disciplina (*cahier de devoir ou de scolarité*), material que ficava arquivado nas escolas.[21] Para as escolas públicas primárias e para as particulares subvencionadas, o Estado fornecia, segundo o autor, recursos para as despesas de fundação e manutenção e para os vencimentos do pessoal, além de material de ensino e auxílios pecuniários aos alunos pobres (*bourses*).

Os grupos escolares de Paris impressionaram o visitante estrangeiro. Visitou os grupos das ruas Camou, Volontaires e Blomet. Em regra, ocupavam prédios de grandes dimensões e bela arquitetura, com espaço amplo o

---

20. O relator informa que o governo liberal apresentou ao Parlamento, em 14/02/1870, projeto de constituição do sistema público de ensino primário, o qual foi convertido em lei — *Elementary Education Act* (p. 149).

21. Os cadernos escolares franceses vêm sendo utilizados como importante documentação para a história da educação. Ver, por exemplo, Hebrard, 2001.

suficiente para abrigar escolas dos vários níveis, como as maternais, as escolas primárias inferiores e superiores para ambos os sexos. No prédio da Rua Camou, recomendado aos visitantes pelas autoridades administrativas do ensino parisiense, Frazão elogiou a competência do pessoal docente, embora nem tudo lhe parecesse perfeito: havia superlotação de alunos nas classes, indisciplina e ênfase demasiada no ensino de trabalhos manuais, indicando a profissionalização das crianças no ensino primário, fato que o relator demonstrava discordância.

Além dos grupos escolares, o autor relatou a visita que realizou a outras escolas "não recomendadas" pelas autoridades, ou seja, pequenas escolas da capital e dos subúrbios parisienses, as quais ainda funcionavam com as características das antigas casas escolares, sob a responsabilidade de um único mestre e com aplicação de variados métodos pedagógicos, como o individual, o mútuo e o simultâneo.[22]

Na perspectiva de Frazão, o sistema educacional na França era o mais completo de toda a Europa, posto que se organizava conforme o princípio da integração dos diferentes níveis de ensino (das escolas maternais às Universidades e Escolas Normais Superiores), regidos por uma complexa hierarquia de instituições administrativas e de inspeção. Assim, todos os estabelecimentos de ensino e instituições educacionais estavam sob a "direção e vigilância" do ministério da Instrução Pública e Belas Artes.[23]

No entanto, em que pesem a complexidade do sistema educacional francês e a centralidade que o Estado atribuía à instrução pública, a organização pedagógica e as práticas educativas observadas nas escolas visitadas não passaram impunes ao senso crítico do *professor da roça*. Segundo ele, o sistema de premiação e castigos era demasiadamente aplicado nas escolas, o que estimulava a competição entre os alunos em detrimento da "comu-

---

22. O Ensino Público Primário na Itália, Suíça, Bélgica, Inglaterra e França. Relatório apresentado à Inspetoria Geral de Instrução Primária da Capital Federal pelo professor Manoel José Pereira Frazão. Rio de Janeiro: Typographia da Gazeta de Notícias, 1893, p. 245-246. Sobre os métodos de ensino e suas recriações no Brasil no fim do séc. XIX, consultar Vidal, 2005.

23. Sobre o sistema de inspeção, o autor salientou: *"Como se vê, é a organização do ensino em França sujeita a uma hierarquia tão completa e tão complicada, que em 100 empregados, 10 trabalham, e 90 fiscalizam este trabalho. Todo esse organismo escolar é ainda inspecionado por inspetores gerais, residentes em Paris, que percorrem todo o território da França para verificarem a regularidade do funcionamento da máquina."* (p. 203).

nhão" e da "solidariedade", valores fundamentais à "felicidade social". Além disso, a característica principal do ensino francês residia mais no "aparato imponente e deslumbrante" — que comparecia, sobretudo, nas festas solenes, nos discursos das autoridades e na distribuição anual dos prêmios escolares. De acordo com Frazão, tais atividades "luxuosas", frutos do "orgulho nacional e do desperdício", consumiam mais da metade das verbas destinadas às escolas.[24]

Observa-se na descrição da organização do ensino francês, e também na dos outros países, não somente uma preocupação em relatar fatos, características ou dados, mas, sobretudo, o empenho em destacar os pontos para os quais o relator queria concentrar a atenção dos seus leitores. Ainda que Frazão alegasse não desejar emitir opinião acerca dos acontecimentos, a sua prática discursiva revelava as estratégias de apropriação e o reemprego inventivo dos modelos pedagógicos, instituições e materiais educativos, num processo complexo de reconstrução de significados e usos, produzindo modos singulares de interpretação dos modelos culturais em circulação (Certeau, 1994).

3. Europeizar a *roça*... *"mas nem tudo é o que nos parece de longe"*[25]: estratégias de apropriação de modelos pedagógicos para a reforma do ensino primário brasileiro

A narrativa construída pelo professor Frazão sobre a viagem pedagógica, e o estado do ensino primário nos diferentes países e cidades visitadas, visava, mais do que constituir um retrato fiel da realidade observada, produzir efeitos de comparação em relação às próprias representações sobre a sua realidade e a sua experiência como professor primário na capital do Brasil. Com este objetivo, o autor organizou um capítulo para registro

24. O Ensino Público Primário na Itália, Suíça, Bélgica, Inglaterra e França. Relatório apresentado à Inspetoria Geral de Instrução Primária da Capital Federal pelo professor Manoel José Pereira Frazão. Rio de Janeiro: Typographia da Gazeta de Notícias, 1893, p. 239.

25. A frase pertence a Frazão, redigida ao abordar o ensino primário inglês e os defeitos que lhe pareciam evidentes devido à mínima intervenção do Estado (p. 161). Frazão também usou a mesma frase para se referir à educação na Bélgica, na página 442.

do "juízo comparativo", no qual também aproveitou para sugerir ao governo republicano algumas medidas para a reforma da educação escolar.

Ao se perguntar quais seriam as melhores escolas e os exemplos mais adequados para serem seguidos pela jovem República brasileira, Frazão admitiu que a conclusão não seria tão fácil, posto que sua observação havia sido demasiadamente genérica, o que obstaculizava uma análise dos detalhes, das diferenças, das particularidades de cada cultura e de cada nação. No entanto, arriscou-se a realizar o juízo comparativo, tomando por base os aspectos que denominou de adiantamento do ensino e orientação pedagógica. Quanto ao primeiro aspecto considerou que todos os países se esforçavam, cada um a seu modo, para desenvolver o ensino primário, encontrando-se em satisfatório grau de adiantamento e progresso. O mesmo, porém, não se poderia afirmar quanto à questão da orientação pedagógica, segundo o relator, extremamente diversificada nos diferentes países visitados.[26]

Para o *professor da roça*, a orientação pedagógica, ou o problema de toda a pedagogia, relacionava-se ao equacionamento do sentido e das finalidades da educação. Na sua concepção, educar significava elevar, levantar, *élever*, como diriam os franceses. Educar significava aperfeiçoar a humanidade, por isso, era necessário que todas as forças da natureza humana (intelectual, física e moral) fossem desenvolvidas de modo integral e harmônico. Tal grau de "perfeição" e de "educação completa", o autor havia encontrado nas escolas do Norte da Europa, principalmente na Suécia e na Suíça.[27]

A qualidade dos sistemas de ensino era medida e classificada pelo relator de acordo com as potencialidades de desenvolvimento do que para ele constituía a "boa educação", ou a "educação mais completa", a qual não poderia prescindir da instrução propriamente dita (educação intelectual), da produção de hábitos corporais (força, coordenação, autocontrole e higiene físicos) e da constituição do caráter das crianças (moral). Segundo

26. O Ensino Público Primário na Itália, Suíça, Bélgica, Inglaterra e França. Relatório apresentado à Inspetoria Geral de Instrução Primária da Capital Federal pelo professor Manoel José Pereira Frazão. Rio de Janeiro: Typographia da Gazeta de Notícias, 1893, p. 433-434.

27. O Ensino Público Primário na Itália, Suíça, Bélgica, Inglaterra e França. Relatório apresentado à Inspetoria Geral de Instrução Primária da Capital Federal pelo professor Manoel José Pereira Frazão. Rio de Janeiro: Typographia da Gazeta de Notícias, 1893, p. 435.

o grau de proximidade com este modelo ideal, o professor Frazão classificou as escolas em dois grupos: as suecas, suíças e italianas do norte, onde predominavam ou havia um grande movimento no sentido do desenvolvimento harmônico das três ordens de forças (físicas, morais e intelectuais), e, as inglesas, belgas e francesas, mais distantes por priorizarem certos aspectos em detrimento dos outros.[28]

Aos critérios de classificação dos países e instituições educacionais européias relacionavam-se estratégias de definição e apropriação de modelos pedagógicos a serem introduzidos no Brasil. Defende-se a hipótese de que a sua narrativa operava no sentido de selecionar os modelos a imitar ou a recusar, posto que pertencia a uma determinada tradição da produção histórica em educação comparada, ancorada no paradigma do Estado nacional como matriz fundamental da ação de comparar, na qual os ditos países civilizados apareciam como uma espécie de espelho dos contrários, onde se refletiam imagens híbridas, complexas e ambíguas, da face colonial (Nóvoa, 2001: 168). Por essa razão, o relatório de viagem do *professor da roça* pode ser caracterizado como uma prática discursiva produtora de mediações culturais, cujos efeitos aparecem nas estratégias de apropriação de determinadas idéias, conceitos e modelos e na recusa explícita, no silenciamento ou no esquecimento de outros (Orlandi, 2003).

Com a intenção declarada de contribuir para a reforma educacional no seu próprio país, o professor Frazão, no seu parecer final, enumerou um conjunto de medidas e sugestões, selecionadas à "luz da longa peregrinação pelos países civilizados" e dirigidas às autoridades políticas do ensino na capital federal. Por meio de estratégias de apropriação, as sugestões apresentadas aparecem como resultado de um processo complexo de mediação cultural e de hibridização de variados modelos, idéias, propostas e instituições educacionais.

Assim, entre outras medidas, o autor propôs 14 medidas para esse nível de ensino: a) edificação de prédios escolares, de acordo com o sistema dos grupos escolares de Paris, contendo espaço para moradia do professor-

---

28. Na Inglaterra, predominaria o desenvolvimento das forças físicas e intelectuais, sem que fosse de todo "descurada" a educação moral. Mas tal desequilíbrio seria mais evidente na França e na Bélgica, lugares onde a "educação do povo é má, a da escola é mais que deficiente." (p. 437).

diretor,[29] bacia de natação e banhos,[30] privadas, mictórios e lavatórios, em número adequado à proporção de alunos;[31] b) criação de asilos correcionais nos quais sejam educados os "meninos incorrigíveis", pois expulsá-los das escolas, deixando-os sem educação, era uma iniqüidade; c) contratação de professores especiais para lecionar as disciplinas de ginástica, música, desenho e outras disciplinas, para que o professor primário não fosse sobrecarregado e pudesse se dedicar efetivamente à preparação dos trabalhos e à correção dos exercícios relativos às matérias do ensino primário a seu cargo;[32] d) adoção do ensino seriado e a regência de uma única classe por cada professor regente; e) adoção de livros e manuais escolares para as disciplinas do ensino primário, afastando-se o abuso de "lições de coisas" e do ensino "concreto", que se tem observado nas escolas cariocas;[33] f) reforma da mobília escolar, segundo os modelos da Suíça ou da Suécia; g) adoção dos diários de classe, a exemplo da Itália, para o registro diário das atividades escolares; h) permissão para os alunos assistirem ao ensino religioso, uma vez por semana, fora das escolas, no horário da tarde, segundo o princípio da liberdade religiosa; i) utilização do sistema de aproveitamento dos melhores alunos das escolas primárias como monitores; j) profissionalização dos inspetores do ensino; k) permissão para que os professores tornassem efetiva a educação dos hábitos de higiene, observando as regras disciplinares, garantindo-lhes a autoridade sobre os alunos por meio do exemplo; l) introdução da ginástica sueca e contratação de um professor do Ins-

---

29. Para o autor, a morada do educador no prédio da escola era uma necessidade, pois a escola primária não se resumia a ensinar, mas a educar as crianças, cuidar da higiene, do asseio, fiscalizá-las, socorrê-las e prestar-lhes assistência, quando necessário. A *escola educativa*, no seu discurso, é considerada extensão da família, e o professor, um segundo pai (p. 444).

30. "Ora, neste país, a necessidade dos banhos é indeclinável." (p. 445).

31. "Quanto às privadas, é indescritível a desordem que vai pelas nossas escolas, por falta de privadas e de mictórios. (...) a privada é UMA, para centenas de meninos! Os lavatórios são também de grande necessidade para que os meninos se possam acostumar ao asseio." (p. 445).

32. Neste aspecto, a indignação é manifesta em relação ao trabalho docente: "Então, em um país em que tanto se fala de igualdade, dão-se somas enormes a empregados que tem duas horas, quando muito, de um trabalho suave, e exige-se que o professor primário, que trabalha sem pestanejar das 9 às 3 horas, que sai da sua repartição mais morto do que vivo, vá corrigir á noite, nas horas do seu descanso, trabalhos numerosos, que exigem dele grande esforço de atenção? Não, isso é iníquo, isso não é pratico." (pp. 446-447).

33. As conseqüências do abuso do método intuitivo teriam sido, de um lado, "grande diminuição nos conhecimentos dos alunos" e, de outro lado, "o aniquilamento dos professores" (p. 448).

tituto de Ginástica de Estocolmo para ensinar a disciplina e a esgrima para os nossos professores; m) garantia da autonomia ao professor primário e da liberdade, para que este pudesse imprimir "o cunho de sua individualidade" no ensino; n) organização de uma coleção de cânticos escolares.

Ao sugerir tais "melhoramentos" para a educação escolar primária brasileira, o professor Frazão, uma vez mais, acionava a pena para dirigir suas habituais críticas às autoridades administrativas e ao que considerava o "estado lastimável" da escola primária carioca. Segundo ele, se a reforma proposta fosse realizada pela República, os seus "esforços e os sacrifícios", em 30 anos de magistério, estariam, finalmente, "bem pagos". A sua *missão* como professor primário e funcionário do Estado, na execução da tarefa da viagem pedagógica, estaria, afinal, bem-sucedida.

A idéia de *missão*, relacionada à ação dos Estados ocidentais na constituição dos sistemas escolares nacionais, ao longo do século XIX, estendia-se às representações que disputavam a construção de modelos de atuação docente e a afirmação de um novo estatuto socioprofissional para aqueles que exerciam o ofício. Assim, não foi por acaso que a representação do professor como um missionário a serviço da pátria e da regeneração iluminista das massas incultas era constantemente acionada nos discursos educacionais, inclusive, nas práticas de escrita de professores voltadas à construção de representações sobre a profissão docente e de uma memória de si (Gondra, 2002).

Na produção escrita de Frazão, a imagem do professor primário como missionário a serviço do Estado e da formação da nacionalidade era uma constante, podendo ser observada desde os seus primeiros escritos, das *Cartas* ao *Manifesto de 1871* e nos artigos para a imprensa pedagógica. No seu relato de viagem, a idéia de missão era reiterada, desta vez associada ao exemplo das nações civilizadas e de seus professores então considerados patrióticos e imbuídos do projeto de civilização dos indivíduos por meio das escolas.[34]

A própria viagem pedagógica e o relatório oficial surgiram no seu discurso como resultados de sua missão como funcionário do Estado. Em ra-

34. "Se o professorado, como se deve esperar, se inspirar no sentimento patriótico de sua alta missão, como fazem, com tanto proveito, a maior parte dos professores europeus, em pouco tempo teremos realizado a grande obra de nossa regeneração moral." O Ensino Público Primário na Itália, Suíça, Bélgica, Inglaterra e França. Relatório apresentado à Inspetoria Geral de Instrução Primária da Capital Federal pelo professor Manoel José Pereira Frazão. Rio de Janeiro: Typographia da Gazeta de Notícias, 1893, p. 6.

zão do ofício, o professor aceitou — *"não sem surpresa!"* — a designação de seu nome para realização de honrosa tarefa, para a qual, segundo ele, não havia se candidatado. Reputava ainda ao seu espírito missionário, a sua decisão de permanecer na Europa, às suas próprias expensas e em prejuízo da sobrevivência familiar, quando da suspensão dos subsídios pelo governo (abril de 1891), mesmo depois do retorno dos seus colegas professores, companheiros de viagem, ao Brasil, em junho de 1892, e da publicação de seus relatórios no mesmo ano.

Para o professor Frazão, parecia evidente que a necessidade de entrar em contato com culturas, valores, idéias e instituições educacionais em circulação na sociedade internacional constituía um dos motivos pelos quais o governo republicano enviara professores para visitar escolas estrangeiras. A centralidade da escola primária para o desenvolvimento dos Estados nacionais e da sociedade moderna justificava a busca de conhecimentos e informações sobre as instituições educacionais nos países europeus, para que o Brasil acompanhasse o movimento de constituição do campo educacional e da *missão social* que então se atribuía à educação popular:

> Em todas as nações modernas a escola primária é a considerada hoje a instituição cardeal, aquela para a qual estão voltadas as vistas de todos os homens eminentes, que constituem a parte dirigente da sociedade. Um movimento vertiginoso se observa por toda a parte nos espíritos, a ver qual será o melhor meio de constituir a escola primaria de modo a corresponder à seus altos destinos sociais. Nós não podíamos escapar a este movimento, e preparamo-nos também para dar á nossa escola uma constituição correspondente á importante missão que lhe compete.[35]

Expressava-se, então, um dos possíveis sentidos atribuídos pelo *professor da roça* à sua viagem pedagógica: momento e lugar de exercício de sua *missão* docente a serviço da jovem República. Experiência de autoformação, de conhecimento, de aprendizagem e, sobretudo, de produção de um discurso de mediação cultural,[36] por meio do uso de estratégias de apro-

---

35. *O Ensino Público Primário na Itália, Suíça, Bélgica, Inglaterra e França. Relatório apresentado à Inspetoria Geral de Instrução Primária da Capital Federal pelo professor Manoel José Pereira Frazão.* Rio de Janeiro, Typographia da Gazeta de Notícias, 1893, p. 5.

36. Conforme Vidal, trabalhar com a noção de mediação cultural permite perceber as apropriações não como distorções do original, mas como reconstruções de significados que mesclam se-

priação e de (re)interpretação das idéias, dos saberes e dos modelos pedagógicos em circulação nos ditos países civilizados.

Referências bibliográficas

ANDRADE, Maria Guilhermina Loureiro. *O Kindergarten ou Jardim de Infância*. Rio de Janeiro: Typ e Lith. de Machado, 1888.

CHALHOUB, Sidney. *Cidade febril: cortiços e epidemias na Corte Imperial*. São Paulo: Cia. das Letras, 1997.

CHARTIER, Roger. *A História Cultural: entre práticas e representações*. Lisboa: Difel, 1990.

DE CERTEAU, Michel. *A invenção do cotidiano*. Petrópolis: Vozes, 1994.

FARIA FILHO, Luciano. Instrução elementar no século XIX. In: LOPES, Eliane e FARIA FILHO, Luciano (Orgs.). *500 anos de educação no Brasil*. Belo Horizonte: Autêntica, 2000.

FERREIRA, Ana Alice. *A instrução do povo como missão: o ensino público primário na cidade do Rio de Janeiro entre os anos de 1870-1922*. Programa de Pós-graduação em História. Dissertação de Mestrado, Rio de Janeiro: Pontifícia Universidade Católica, 2002.

FONSECA, Thaís. História da Educação e História Cultural. In: VEIGA, C. e FONSECA, T. (Orgs.). *Historiografia e história da educação no Brasil*. Belo Horizonte: Autêntica, 2003.

FRAGO, Viñao. Historia de la educación e historia cultural. Posibilidades, problemas cuestiones. In: *Revista Brasileira de Educação*. São Paulo: Autores Associados, n. 1, 1996.

FRAZÃO, Manoel. *Uma lágrima de saudade à memória do Inspetor Geral de Instrução Pública da Corte, o Conselheiro Eusébio de Queiroz Mattoso: discurso pronunciado pelo orador por parte dos professores públicos de instrução primária por ocasião da Mesa*. Rio de Janeiro, 1871.

______. *O ensino primário na Itália, Suíça, Bélgica e França*. Relatório apresentado à Diretoria Geral de Instrução Pública Primária da Capital Federal. Rio de Janeiro: Imprensa Nacional, 1985.

GONDRA, José. A educação conciliadora: tensões na elaboração, redação e implantação das reformas educacionais. *Educação em Questão*, v. 12 e 13, ns. 3/2. jul./dez. 2000 — jan./jun.2001, Natal: EDFURN, 2003, p. 51-63.

mânticas culturais, produzindo uma nova originalidade. O conceito de mediadores culturais coloca em destaque, portanto, as singularidades sócio-históricas das comunidades nacionais, regionais ou institucionais, na perspectiva de uma história conectada que recusa as hierarquizações e categorizações impostas pelos conceitos de *tradição, influência* ou *evolução*. (Vidal, 2005: 15-18; 66-68).

GONDRA, José. Ao correr da pena: reflexões relativas às cartas de professores do século XIX. In: MIGNOT, Ana Chrystina V. e CUNHA, Maria Teresa C. (Orgs.). *Práticas de memória docente*. São Paulo: Cortez, 2002.

GRUZINSKI, Serge. *O pensamento mestiço*. São Paulo: Companhia das Letras, 2001.

HEBRARD, Jean. Por uma bibliografia material das escritas ordinárias: o espaço gráfico do caderno escolar (França — séculos XIX e XX). *Revista Brasileira de História da Educação*. Número 1, Campinas: Autores Associados, 2001, pp. 115-142.

INSTRUÇÃO PÚBLICA, por diversos professores públicos (manifesto dos professores públicos da instrução primária da Corte do Imperador, ao Primeiro Ministro, sob a situação de penúria em que viviam). Rio de Janeiro: Julie Vlilleneuve, 1871.

JULIA, Dominique. A cultura escolar como objeto histórico. *Revista Brasileira de História da Educação*. Campinas: Autores Associados, n. 1, 2001, pp. 9-44.

KULHMANN JR., Moysés. *As grandes festas didáticas: a educação brasileira e as exposições internacionais (1862-1922)*. Bragança Paulista: EDUSF, 2001.

LEMOS, Daniel e GONDRA, José. Um governo para si. In: GONDRA, José (Org.). *Emergência da escola*. Rio de Janeiro (mimeo.), 2005.

LEMOS, Daniel. *O discurso da ordem — a constituição do campo docente na Corte Imperial*. Rio de Janeiro: UERJ: PROPEd. Dissertação de mestrado, 2006.

NEVES, Margarida de Souza. Os cenários da República. O Brasil na virada do século XIX para o século XX. In: FERREIRA, Jorge e DELGADO, Lucília (Orgs.). *O Brasil Republicano. O tempo do liberalismo excludente — da Proclamação da República à Revolução de 1930*. Livro 1. Rio de Janeiro: Civilização Brasileira, 2003, pp. 13-45.

NEVES, Margarida de Souza. *As Vitrines do Progresso: o conceito de trabalho na sociedade brasileira na passagem do século XIX ao século XX*. Rio de Janeiro: Pontifícia Universidade Católica, 1986. (Relatório de Pesquisa), Mimeografado.

NÓVOA, Antonio. Tempos da escola no espaço Portugal-Brasil-Moçambique. *Revista Brasileira de História da Educação*, jan.-jun. 2001, n. 1. Campinas: Autores Associados, 2001, pp. 161-186.

NUNES, Clarice. *A escola redescobre a cidade. Reinterpretação da modernidade pedagógica no espaço urbano carioca/1910-1933*. Tese de Concurso para Professor Titular, UFF: Niterói, 1993.

NUNES, Clarice. (Des)encantos da Modernidade Pedagógica. In: LOPES, Eliane M.; FARIA FILHO, Luciano (Orgs.). *500 Anos de Educação no Brasil*. Belo Horizonte: Autêntica, 2000.

ORLANDI, Eni. *Análise de discurso: princípios e procedimentos*. Campinas: Pontes, 2003.

RAMINNELLI, Ronald. Viajantes. In: VAINFAS, Ronaldo (Org.). *Dicionário do Brasil Imperial*. Rio de Janeiro: Objetiva, 2002, pp. 711-713.

REVEL, Jacques (Org.). *Jogos de escalas. A experiência da micro-análise*. FGV, 1998.

SCHUELER, Alessandra. Combates por uma escola moralizada e cívica: a experiência do professor Manoel José Pereira Frazão na Corte imperial (1870-1880). *Revista Brasileira de História da Educação*. n. 9, jan.-jun. Campinas: Autores Associados, 2005, pp. 109-138.

______. *Formas e culturas escolares na cidade do Rio de Janeiro: representações, práticas e experiências de profissionalização docente em escolas públicas primárias*. Tese de Doutorado em Educação. Niterói: Universidade Federal Fluminense, 2002, 300 fls.

SEVCENKO, Nicolau. O prelúdio republicano. Astúcias da ordem e ilusões do progresso. In: *História da vida privada no Brasil*. v. 3, São Paulo: Cia. das Letras, 2002, pp. 7-48.

SOUZA, Rosa Fátima. et. al. *O Legado Educacional do Século XIX*. São Paulo: UNESP, 1998.

THOMPSON, Edward P. *A formação da classe operária inglesa. A árvore da liberdade*, v. I, Rio de Janeiro: Paz e Terra, 1987.

______. A experiência: o termo ausente. In: *A miséria da teoria ou um planetário de erros*. Rio de Janeiro: Paz e Terra, 1981.

VEIGA, Cynthia. *Cidadania e educação na trama da cidade: a construção de Belo Horizonte em fins do século XIX*. Bragança Paulista: EDUSF, 2002.

VIDAL, Diana. *Culturas escolares. Estudos sobre práticas de leitura e escrita na escola pública primária. (Brasil e França, final do século XIX)*. Coleção Memória da Educação, Campinas: Autores Associados, 2005.

VIDAL, Diana et al. *Educação, Modernidade e Civilização*. Belo Horizonte: Autêntica, 1998.

______. Escola nova e processo educativo. In: LOPES, Eliane e FARIA FILHO, Luciano (Orgs.). *500 anos de educação no Brasil*. Belo Horizonte: Autêntica, 2000.

VILLELA, Heloísa. O mestre e a professora. In: LOPES, Eliane e FARIA FILHO, Luciano (Orgs.). *500 anos de educação no Brasil*. Belo Horizonte, Autêntica, 2000.

VINCENT, G., LAHIRE, B. e THIN, D. Sobre a história e a teoria da forma escolar. *Educação em Revista*. Dossiê: Trabalho e Educação. Revista da Faculdade de Educação da UFMG, 33, junho, 2001.

Por las escuelas de Europa: los viajes de Félix Martí Alpera (1900-1911)

Pedro L. Moreno-Martínez

Introducción

Félix Martí Alpera (1875-1946) fue uno de los maestros españoles más importantes de las primeras décadas del siglo XX (Benimeli, 1979). Junto a otros maestros directores de escuelas graduadas, inspectores y profesores de Escuelas Normales de gran relevancia profesional, ejerció una función de mediación fundamental entre la recepción de las nuevas corrientes pedagógicas, su plasmación normativa, su introducción y adaptación a la escuela española y su difusión entre el magisterio primario. Martí Alpera participó en la creación de las primeras escuelas graduadas de España, modelo escolar del que llegó a ser su más destacado promotor (Viñao, 1985 e 1990). Autor prolífico de numerosas obras de carácter pedagógico y didáctico, con más de una treintena de libros publicados (González-Agàpito, 1979), fue un colaborador constante de algunas de las revistas pedagógicas más reseñables de la época, tales como *La Escuela Moderna. Revista pedagógica hispano-americana* (1891-1934), creada por Pedro de Alcántara García (Montes Moreno, 2003; Moreno Martínez, 2005) o la *Revista de Pedagogía* (1922-1936), fundada y dirigida por Lorenzo Luzuriaga (Viñao, 1995). También fue un destacado defensor de la infancia, como lo atestigua su contribución en la introducción de las colonias escolares en la región de Murcia (Moreno

Martínez, 2000) o la labor desempeñada, como Secretario de la Junta local de Protección a la Infancia de Cartagena, probablemente la más importante de España, desde su constitución en 1908 hasta que Martí fue traslado a petición propia a Valencia en 1920 (Moreno Martínez, 1999). Con posterioridad, ya en Barcelona, dirigiría los grupos escolares "Baixeras" y "Pere Vila" (Martínez Álvarez, 2003). Tras la guerra civil, depurado y separado del magisterio, moriría en Barcelona en 1946.

Los viajes pedagógicos de los maestros de escuela españoles (1751-1936)

Como señalaba el profesor José Luis García Garrido, "está claro que no fue España excepción a la moda general de los viajes educacionales" (1982: 47). No obstante, las prácticas viajeras de las personas que se ocuparon de temas educativos difirieron dependiendo del período a considerar o el estatus social, profesional o académico de los viajeros. De 1751 a 1899, la mayoría de aquellos que emprendieron viajes pedagógicos eran hombres nacidos en un medio urbano, con un nivel de estudios generalmente alto, un conocimiento elevado de otras lenguas, y un nivel social, cultural y económico propio de la burguesía (Pedró, 1987). Un perfil bastante distante del que caracterizaba al prototipo de maestro de escuela de la época en España, lo cual unido al elevado coste que suponía un viaje al extranjero y el bajo salario del magisterio constituyen factores suficientes para explicar el exiguo número de maestros que llegaron a efectuar viajes pedagógicos al exterior. De los 65 autores españoles que, entre 1751 y 1899, escribieron alguna obra sobre la enseñanza en el extranjero, se conoce el nivel de estudios de 60 y de ellos sabemos que diecisiete eran maestros elementales o superiores y sólo cuatro maestros en ejercicio. De éstos últimos sólo dos redactaron sus textos tras salir al extranjero. Ninguno de los dos sufragó el viaje con cargo a sus propios recursos. Ambos fueron comisionados en fechas muy tardías, a finales del siglo XIX, por diferentes organismos públicos que se hicieron cargo de los gastos de los viajes. Se trata de los casos de Miguel Bleach, maestro de una escuela municipal de niñas de Barcelona, quien visitaría la Exposición Universal de París de 1889 gracias al apoyo económico recibido de su Ayuntamiento (Bleach, 1892), y Miguel Porcel y Riera, maestro elemental en Palma de Mallorca, quien fue enviado por la

Diputación Provincial de Baleares a la Escuela Normal de Näas (Suecia), también en 1889, para realizar un curso de trabajo manual en madera (Porcel y Riera, 1892). Durante la última década del siglo XIX, los viajes pedagógicos al extranjero, tanto de maestros como del resto de viajeros, parecen desaparecer (Pedró, 1987).

Los inicios del siglo XX trajeron consigo nuevas oportunidades para llevar a cabo viajes pedagógicos. La más prolífica de todas ellas fue consecuencia de la creación, por parte del Ministerio de Instrucción Pública y Bellas Artes en 1907, de la Junta para Ampliación de Estudios e Investigaciones Científicas (JAE) que perviviría, tras el estallido de la guerra civil española (1936-1939), hasta 1937. La JAE puso en contacto a España con Europa a través de las becas concedidas a posgraduados de todas las materias. La salida masiva de profesionales de la enseñanza propiciada por la JAE supuso, en el ámbito de la Pedagogía, un enriquecimiento sin precedentes. Las ayudas oficiales posibilitarían que, de las 280 personas pensionadas relacionadas con el mundo de la educación entre 1907 y 1936, el grupo más numeroso formado por 85 pensionados, el 30,4% del total, estuviera formado por maestros de primera enseñanza. El profesorado español viajó a Europa a estudiar, en el 64,3% de los casos, cuestiones relativas a organización escolar y, en el 35,7% restante, otros temas de carácter didáctico. Los becados se interesarían por el movimiento renovador de la Escuela Nueva, por iniciativas complementarias de la escuela, tales como las colonias, las mutualidades, las bibliotecas, los comedores, los museos escolares, etc., por la orientación profesional y la educación especial, así como por la traducción de algunas de las mejores obras pedagógicas y didácticas del momento. Entre los beneficiados por estas ayudas encontramos a personas muy prestigiosas que a lo largo de su carrera profesional ejercerían como maestros y desempeñarían puestos relacionados con la dirección de grupos escolares, la inspección escolar o la actividad docente en Escuelas Normales tales como, entre otros, José Xandri Pich, Ángel Llorca, Luis Álvarez Santullano, Antonio Ballesteros, Matilde García del Real, José Capó Valls, Eladio García Martínez, Antonio Gil Muñiz, Lorenzo Luzuriaga, Rodolfo Llopis, Antonio Juan Onieva, Pedro Roselló, Concepción Sáinz-Amor, Rosa Sensat, Ezequiel Solana o Félix Martí Alpera. Los pensionados difundirían sus experiencias a través de sus publicaciones, las instituciones en las que trabajaron y sus actividades profesionales, colaborando notablemente a la renovación pedagógica en España (Marín Eced, 1990). Muchos no llegarían a publicar nada, pero todos ellos contribuirían a irradiar, de un modo difuso, las ideas innovadoras adquiridas en su experiencias viajeras transmitiéndola a sus colegas, en cursillos y en reuniones profesionales (Marín Eced, 1987).

Las motivaciones del viaje

En ciertos casos el viaje no constituyó una elección voluntaria, sino que fue producto de los avatares políticos que obligaron al destierro a algunos viajeros en el siglo XIX, y ello sin hablar del exilio republicano forzado por el régimen franquista que, al finalizar la guerra civil, afectaría a tantos docentes españoles de todos los niveles educativos. Durante el siglo XIX entre aquellos que en algún momento de sus vidas tuvieron que sufrir el exilio no encontramos a maestros de primera enseñanza, sino a personas de mayor relevancia profesional como, por ejemplo, Pablo Montesino (1781-1849), médico y diputado que permaneció en Londres y la isla de Jersey entre 1823 y 1833 (Sureda, 1984) o Pedro Felipe Monlau (1808-1871), médico y miembro del ala radical del Partido Progresista en Barcelona, refugiado en Francia desde 1837 a 1839 (Campos Marín, 2003).

Las preocupaciones reformistas fueron la causa primordial que impulsaron a algunos profesores a llevar a cabo un viaje de estudios al extranjero. Así sucedió, el siglo XIX, a los comisionados Bleach y Porcel y Riera (Pedró, 1987) y en el siglo XX, a los becados de la JAE. La conciencia del atraso español y la actitud regeneracionista constituyeron dos factores detonantes que llevaron a una minoría inquieta a pretender conocer las experiencias de los países europeos con el propósito de impulsar, a partir de las mismas, reformas educativas en España. Como declaraba Adolfo Posada, Catedrático de la Universidad de Oviedo, plenamente identificado con los ideales de renovación y de europeización planteados por la Institución Libre de Enseñanza creada por Francisco Giner de los Ríos en 1876, "de lo que más necesitados nos encontramos es de saber lo que por otras partes se hace, de las reformas que en la enseñanza pública se emprenden, para aprender lo que más nos conviene realizar, a fin no de quedarnos, como siempre, los últimos entre las naciones civilizadas" (1892: 181).

Tipología de los viajes pedagógicos de Martí Alpera

Tres fueron los viajes pedagógicos que Martí Alpera llegó a realizar al extranjero. Todos ellos durante su etapa profesional en Cartagena, transcurrida desde 1898 a 1920. Cada uno de sus viajes presenta características diferenciadas. El primero de ellos, llevado a cabo conjuntamente con el también maestro cartagenero Enrique Martínez Muñoz, realizado con motivo de la Exposición Universal de París de 1900, tuvo lugar durante las vacaciones estivales, unos meses antes de que Cartagena colocara, el nueve de diciembre de ese año, la primera piedra de sus escuelas graduadas. La euforia sentida por los dos maestros que impulsaron la creación de las primeras escuelas graduadas de España ante el inminente comienzo de las obras debió ser razón más que suficiente para emprender el viaje. Un viaje que presenta la novedad adicional de ser la primera vez, que tengamos constancia, en la que maestros de primera enseñanza españoles efectúan un viaje pedagógico animados por sus intereses profesionales haciéndose cargo ellos mismos de los gastos originados.[1]

El segundo viaje lo llevó a cabo en el verano de 1902, en un momento en el que el Ayuntamiento de Cartagena construía las escuelas graduadas. El alcalde Ángel Bruna fue quien, oficialmente, solicitó a la Comisión municipal de Instrucción pública que emitiera un informe sobre la conveniencia y forma de que "dos profesores de primera enseñanza de esta población, realicen un viaje por los países en donde los sistemas pedagógicos están más adelantados para ver implantarlos en esta ciudad".[2] La finalidad del viaje quedaba claramente expuesta en el acuerdo adoptado por la Comisión,

---

1. La modalidad de viaje por cuenta del propio maestro, comenzó a ser más frecuente pocos años más tarde. En el segundo viaje de Martí Alpera coincidieron en Ripatransone, en 1902, con algunos maestros españoles que estaban realizando con sus propios recursos los cursos de verano de trabajo manual. Se trataba de Iturbe, Herreros y Presa, maestros de Bilbao (Vizcaya), Andreu de San Juan de las Abadesas (Girona), y Rosa Goicoechea de Irún (Guipúzcoa) (1904b: 324). A su vez, en 1911, cuando Martí Alpera llevó a cabo su tercer viaje, le acompañó desde el inicio del mismo por Francia y Suiza el maestro Vicente Caballero, titular de la escuela de Onda (Castellón), que pagaba de su bolsillo todos los gastos del viaje sin más propósito que el de visitar escuelas extranjeras y estudiar sus métodos y procedimientos (1911b, pp. 300-301).

2. Archivo Municipal de Cartagena (AMC), *Libro de Actas del Excmo. Ayuntamiento de Cartagena*, Acta de la sesión ordinaria de 14 de junio de 1902, f. 170.

la cual dictaminó en su informe que consideraba indispensable que los llamados a organizar las escuelas graduadas adquirieran los conocimientos científicos necesarios que permitiera su fundación con éxito; que los profesores no se limitaran a visitar las escuelas, sino que también estudiaran las exposiciones, los museos pedagógicos, las clases y talleres de trabajos manuales; que tomaran buena nota del mobiliario y el material escolar; y que el itinerario de la "excursión científica" comprendiera las poblaciones de Francia, Bélgica, Alemania, Suiza e Italia que contaran con escuelas modelo. En esta ocasión, en la que el viaje sería efectuado de nuevo conjuntamente por Martí Alpera y Martínez Muñoz, los maestros serían comisionados por el Ayuntamiento de Cartagena, el cual acordó, para que se realizara digna y provechosamente que, lo llevaran a cabo "sin limitación en los gastos".[3]

Al igual que sucediera en los dos casos mencionados, correspondientes al siglo XIX, en los que otros maestros fueron comisionados para efectuar viajes pedagógicos, tampoco en esta ocasión la idea del viaje correspondía a la entidad que oficialmente lo proponía y patrocinaba, sino a los propios maestros comisionados. Así lo confirma una nota de prensa publicada en el diario *El Eco de Cartagena* el 23 de junio de 1902, en la que se señalaba que "dos señores profesores de instrucción primaria, don Félix Martí y don Enrique Martínez, por propia iniciativa y ansiosos de estudiar los métodos usados en los principales centros de enseñanza de las naciones vecinas a la nuestra solicitaron del Ayuntamiento la realización del viaje a costa de éste, cosa muy justa, pues el fruto de tal expedición lo había de recoger el municipio en las escuelas graduadas que se están construyendo" (1902b). Se trataba, probablemente, de la primera ocasión en el siglo XX en la que un organismo público, ajeno al gobierno central, comisionaba a maestros de primera enseñanza para efectuar un viaje pedagógico. A su vez, era un viaje sin precedentes, pues nunca antes dos maestros habían emprendido un periplo pedagógico por varios países europeos.

Para la realización de su tercer viaje, Martí Alpera solicitó el 20 de febrero de 1911 una pensión a la JAE, creada cuatro años antes, con el fin de

3. AMC, *Libro de Actas del Excmo. Ayuntamiento de Cartagena*, Acta de la sesión ordinaria de 21 de junio de 1902, ff. 176 vto.-177 vto.

estudiar la organización y funcionamiento de la escuela rural en Francia, Suiza, Holanda, Dinamarca y Noruega. Tal objeto de estudio lo justificaba por tratarse de una cuestión de extraordinario interés para España, no sólo por las doce a catorce mil escuelas rurales existentes, sino por la escasa atención prestada por nuestros maestros y pedagogos a las mismas. La JAE le concedió la pensión solicitada a Martí Alpera para que llevara a cabo el único viaje realizado en solitario.

Años más tarde, siendo Martí Alpera director del grupo escolar "Baixeras" de Barcelona, solicitaría otra pensión a la JAE para efectuar en 1925 un cuarto viaje para visitar bajo su dirección, conjuntamente con otros maestros del mismo centro escolar, las escuelas de las grandes ciudades de varias naciones europeas con el fin de ampliar su cultura profesional y conocer las últimas fases del progreso escolar en los países más adelantados. La ayuda fue concedida, pero el viaje, finalmente, no pudo llevarse a cabo. Amparándose en la beca no consumida, Martí Alpera en nombre del grupo de profesores — compuesto por José Casanovas Clota, Miguel Expectante Calvo, Lorenzo Jou Olió, José Montúa Imbert, Mariano Rexac Fábrega, Damián Ricart Lafont y del propio Félix Martí Alpera — volvería a efectuar una nueva petición a la JAE en 1926 solicitando, en esta ocasión, una ayuda para asistir al curso de Psicología experimental del niño que tendría lugar en el Instituto J. J. Rousseau de Ginebra del dos al catorce de agosto de 1926. En este caso, la JAE acordó archivar la solicitud por estar presentada fuera del plazo de convocatoria.[4]

No tenemos constancia de otras tentativas de Félix Martí Alpera para viajar al extranjero. De cualquier modo, el suyo fue un caso singular, no sólo por el número de viajes realizados, por la novedad de los mismos en las fechas en las que se emprendieron, en unos momentos, a comienzos del siglo XX, en los que apenas habían existido maestros de escuela que los hubieran acometido, o por el número de países visitados, ocho en total, sino también por la gama de viajes efectuados. En función del patrocinador del viaje, cuatro eran los tipos posibles de viaje pedagógico que, con carácter voluntario, podían realizarse en las primeras décadas del siglo XX, a saber: a) a costa del propio viajero; b) por comisión efectuada por el gobierno cen-

4. Archivo de la Junta para Ampliación de Estudios, legajo 1883, expediente 92-177.

tral; c) por comisión formalizada por otros organismos públicos, tales como ayuntamientos, diputaciones provinciales, etc., y d) por pensión concedida por la JAE. Martí Alpera recurrió a tres de tales fórmulas para hacer realidad sus pretensiones viajeras.

Los preparativos de los viajes

La información de la que disponemos referente a la planificación de los viajes llevados a cabo por Martí Alpera difiere de unos casos a otros. Nada sabemos de los preparativos del primer viaje. El hecho de ser un viaje privado, al no tener que elevar ninguna solicitud ante entidad alguna, eximía a los dos maestros de redactar un plan del mismo. No obstante, gracias a los escritos en los que Martí Alpera difundía su primera salida al extranjero, conocemos el itinerario seguido y los medios de transporte empleados, al menos, en el viaje de ida (1900).

Una situación bien diferente se produjo con la organización del segundo viaje. A la solicitud presentada ante el Ayuntamiento para recabar su apoyo económico, Martí Alpera y Martínez Muñoz acompañaron un croquis del itinerario inicialmente previsto de un viaje para el que estimaban una duración de dos meses. De la información que ha llegado hasta nosotros de tal propuesta, a través de la prensa local de la época, sabemos que estimaban que el viaje les llevaría de Cartagena a Madrid, París, Bruselas, Alemania, Suiza y el norte y el oeste de Italia, regresando por Barcelona (1902a; 1902b). Es más, en la información facilitada en la entrevista periodística realizada el día de la partida de Cartagena, el veintiséis de junio de 1902, decían tener previsto detenerse en Francia sólo unos tres días, dado que por el viaje anterior ya conocían los procedimientos de enseñanza franceses, afirmando que "nuestro trabajo, propiamente dicho, comenzará en Bélgica y continuará por Suiza, Alemania e Italia" (1902c).

Para el tercer viaje, a la vista de la solicitud presentada ante la JAE, la información facilitada por Martí Alpera no iba más allá de la mención de los países a visitar, la duración del viaje que estimaba de tres a cuatro meses y el momento en el que debería llevarse a cabo, coincidiendo con los últimos meses del curso para poder hacer una apreciación más exacta del resultado de los estudios y trabajos del curso escolar y por ser la primavera la estación más indicada para el estudio de los campos escolares de experimentación agrícola.

La planificación prevista en los viajes de Martí Alpera siempre fue de carácter meramente orientativo. En cuanto a la distribución del tiempo, la duración de una visita a un país o localidad nunca se atuvo a un calendario rígido predeterminado. Así, en el segundo de los viajes los tres días que pretendían estar en Francia se convirtieron en una semana. No siempre el viaje se inició en la fecha solicitada: el tercero de los viajes no comenzó, como Martí Alpera pretendía, en la primavera sino en pleno verano, el uno de julio de 1911 por razones que, probablemente, iban más allá de su voluntad (1911b: 300).

En cuanto a las instituciones educativas a visitar, rara vez estuvieron preestablecidas antes del inicio del viaje, como sí parece haber sucedido en su segundo viaje, por ejemplo, con la Escuela Normal de Maestros de Bruselas regentada por M. Sluys, o la escuela de verano para la formación de profesores de trabajos manuales "Luigi Mercantini" dirigida por Emilio Consorti en la población italiana de Ripatransone. La visita a la Escuela Normal de Maestros de Bruselas y a su Escuela Modelo se las había sugerido Manuel B. Cossío, Director del Museo Pedagógico de Madrid, quien también facilitó una carta de presentación destinada a Sluys (Martí Alpera, 1904b, pp. 159 y 321-332).[5] La relación de los centros educativos a visitar se fijaba, por regla general, una vez se estaba en el país o en la zona a visitar por recomendación o sugerencia de las autoridades políticas del lugar, de las autoridades consulares españolas o de los profesores conocidos en el transcurso del propio viaje y a veces de un modo aleatorio e incluso, en ocasiones, de forma casual.

Martí Alpera no siempre dejó constancia por escrito de todos sus planes que, en algunos casos, quedaban alejados de las finalidades declaradas y de los países consignados. Este fue el caso de su permanencia, en el tercero de sus viajes, durante diez o doce días en Bélgica, un país del que Martí Alpera decía que "el aficionado a los estudios pedagógicos no pierde [en él] nunca el tiempo" (1911b: 337). Durante su estancia visitó diferentes ins-

5. Ezequiel Solana le sugirió que visitara la librería Payot en Laussane (Suiza) (Martí Alpera, 1904b: 287).

tituciones educativas y asistió al primer Congreso Internacional de Paidología celebrado en Bruselas (Junta para la Ampliación de Estudios, 1912: 70), congreso en el que también participarían personalidades de la pedagogía española tan relevantes como Rufino Blanco, Eduardo Vicenti o Rafael Altamira (Delgado, 1998). En otras ocasiones, en su visita a los países previstos en la pensión concedida por la JAE, su paso por las capitales y grandes ciudades como La Haya, Copenhague, Cristianía, Estocolmo y Berlín, fue aprovechado para visitar sus escuelas, bien distintas de las escuelas rurales que eran el objeto oficial del viaje (1911b, 302).

Para lograr el mayor grado de aprovechamiento de los viajes era preciso contar con un conocimiento previo y actualizado de las principales corrientes e iniciativas de renovación pedagógica internacionales. Junto a la más que segura lectura asidua de las principales publicaciones pedagógicas españolas de las que Martí Alpera, en casos como, por ejemplo, *La Escuela Moderna*, era uno de los más prolíficos colaboradores, su conocimiento de la lengua francesa no sólo le permitía hablar y entender esta lengua en el transcurso de sus viajes, sino la lectura de revistas profesionales a las que, en algún caso, estaba suscrito desde su primer viaje a París, como *L'École Nouvelle*, así como todo tipo de publicaciones. Era una época en la que leer en francés era una cuestión clave, pues a través de las publicaciones francesas se veía el mundo (Pedró, 1987). De un total de 474 obras pedagógicas traducidas al castellano entre 1800 y 1909, 255 fueron escritas originalmente en francés (Blanco y Sánchez, 1907-1912).

Martí Alpera contaba con una formación pedagógica excepcional para un maestro de su época. No en vano, tras estudiar en la Escuela Normal de Valencia y ejercer como Maestro Superior con plaza en propiedad a partir de los dieciséis años, accedería a la realización de un curso de maestro Normal en Madrid, donde también asistió a las conferencias del Ateneo y a las del Museo Pedagógico, tomando parte en las excursiones organizadas por Cossío y Sardá y alcanzando, a los 22 años, por oposición, la categoría profesional más elevada en el magisterio (Benimeli, 1979). En el período en el que Martí Alpera estudió en Madrid no sólo tuvo la oportunidad de acceder a bibliotecas especializadas como la del Museo Pedagógico y ampliar su formación pedagógica una persona de su sensibilidad profesional y conciencia crítica acerca de las necesidades de transformación de la anquilosada escuela española, se vería imbuida de las corrientes modernizadoras y europeizantes preconizadas por la Institución Libre de Enseñanza asumidas y proyectadas por personalidades como Manuel B. Cossío desde su labor al frente del Museo Pedagógico (Esteban Mateo, 1975).

Lograr el mejor aprovechamiento de los desplazamientos reclamaba del viajero, además de contar con una amplia formación pedagógica, disponer de información previa y efectuar lecturas específicas sobre los países a visitar y los temas a abordar. En general, en cada viaje, Martí Alpera realizaría observaciones y recopilaría informaciones que serían utilizadas en los siguientes. Fue el tercero de los viajes el que contó con una preparación específica más exhaustiva. En los dos años anteriores a la celebración del mismo, Martí Alpera venía ocupándose del estudio de la reforma de las escuelas rurales, había publicado al menos cinco artículos en la revista *Nuevo Mundo*, impresa en Madrid, en los que había abordado la situación del maestro, lo que debiera ser el maestro rural, la organización de tales escuelas en países como Finlandia o Noruega, y su organización en España (1909a-e). Martí Alpera también había redactado una memoria de 58 páginas para presentarla al concurso nacional convocado en 1909 por la revista *El Obrero Agrícola. Revista ilustrada. Órgano de la Federación de las Corporaciones Obrero-Católicas*, sobre la reorganización y mejora de las escuelas rurales en España. De las 57 memorias presentadas, según señalaba un editorial de la propia revista (1910: 31), cifra que Martí elevaba a 68 (1911b), fue premiada la suya. Un premio dotado con la cantidad de 1.500 pts., es decir, el triple de lo que percibían anualmente, como el mismo referiría en uno de sus artículos en la revista *Nuevo Mundo*, 7.700 maestros rurales en España. La concesión del premio fue referida por un importante número de publicaciones periódicas tanto de la prensa diaria cartagenera y regional como de la prensa profesional de diferentes provincias. Su prestigio profesional se vio reforzado. En las páginas de la revista *El Obrero Agrícola* podía leerse: "la personalidad del joven y ya ilustre maestro Martí Alpera, posee tal relieve, que le coloca entre los maestros españoles de más prestigio y autoridad" (Vilar Negre, 1910). La memoria premiada fue publicada a lo largo de catorce entregas mensuales en las páginas de la revista *El Obrero Agrícola* (1910a-m, 1911a). En tales artículos eran frecuentes las referencias comparadas con las escuelas rurales en Francia, Bélgica, Austria o Suiza.

El desarrollo de los viajes

Martí Alpera no solía detallar ciertos aspectos de sus viajes. Este sería el caso de los medios de transporte utilizados. Del primero de ellos sabemos que el trayecto de Valencia a Marsella lo realizó por mar, desplazándose de Marsella a París en tren (1900: 269). El tren sería el medio de transporte habitual empleado tanto para los trayectos internacionales como para los desplazamientos efectuados en el interior de los países visitados. En ocasiones, para visitar escuelas rurales alejadas de las vías de transporte más transitadas, Martí Alpera se vio obligado a dar largas caminatas por carreteras polvorientas y lugares solitarios, en días calurosos y en condiciones nada confortables. En Holanda viajó en trenes eléctricos y en barcos a vapor para desplazarse a islas como la de Rozenburge (Martí Alpera, 1911b: 353). De Copenhague a Oslo hizo el trayecto en ferrocarril sin tener que abandonar su vagón ni siquiera al navegar en el trasbordador en el que atravesó el estrecho de Sund, entre Dinamarca y Suecia.

Martí Alpera tampoco facilitó una cronología minuciosa de sus viajes. Del primero de ellos sabemos que el barco en el que viajaban Martínez Muñoz y Martí Alpera atracó en el puerto de Marsella el día dieciocho de agosto de 1900, ciudad en la que permanecerían durante dos días antes de salir hacia París, aunque desconocemos la fecha exacta de su retorno a Cartagena. Del segundo viaje, para el que los dos maestros cartageneros partían de su ciudad el veintiséis de junio de 1902, según el periódico local *El Eco de Cartagena*, al menos Martínez Muñoz se encontraba de vuelta el día dieciocho de agosto, prácticamente dos meses después, sin que podamos concretar con precisión la duración de la estancia en cada uno de los países visitados (1902f). El uno de julio de 1911 Martí Alpera partía de España para llevar a cabo su tercer y último viaje (1911b). Un viaje de cuatro meses de duración.

El país más visitado por los pedagogos españoles tanto en el siglo XIX (Pedró, 1987) como en las primeras décadas del siglo XX, a través de las pensiones facilitadas por la JAE (Marín Eced, 1990), fue Francia. También, para Martí Alpera, Francia sería el país más frecuentado, al dirigirse al mismo en sus tres viajes. Martí se desplazaría igualmente a algunos otros de los destinos prioritarios de los viajeros españoles: a Alemania en 1902, Bélgica y Suiza en 1902 y 1911 y a Italia en 1902, así como a países que apenas fueron transitados por pedagogos españoles como Holanda, Dinamarca o Noruega, país este último, al que no tenemos constancia de que ningún otro maestro de nacionalidad española viajara en alguna ocasión con antelación a que Martí Alpera lo hiciera en 1911. Los destinos prioritarios de los maestros españoles fueron los países francófonos. El 58,8% de las solicitudes presentadas por maestros a la JAE tenían como destino países de habla francesa, frente al 18,9% de idioma alemán, el 11,7% de inglés y el 10,6% de italiano (Marín Eced, 1990). Martí, que hablaba francés y decía conocer "imperfectamente" el inglés,[4] utilizó el francés como lengua habitual en sus viajes. En los países en los que se empleaban otras lenguas Martí recurrió a interlocutores que podían expresarse en el idioma autóctono; en su defecto contaría, para algunas etapas de su periplo, con la colaboración de otros profesores del país visitado o miembros de la representación diplomática española que le servían de intérpretes.

Aspectos y temas tratados en los viajes

El Conde Romanones, ex ministro de Instrucción Pública y prologuista de uno de los libros más famosos de Martí Alpera, el de su segundo viaje, *Por las Escuelas de Europa*, subrayaba del mismo que constituía un "resumen brillante de lo que la instrucción primaria es en los principales países de Europa, paralelo severo, pero alentador y lleno de enseñanzas provechosas, de lo que es y de lo que debiera ser en España" (Martí Alpera, 1904b: 9). No cabe duda de que Martí no sólo buscó en sus viajes conocer la realidad y las experiencias en enseñanza primaria más destacadas de varios países europeos sobre el terreno, sino también, ante todo, extraer de los modelos educativos más avanzados referentes válidos que contribuyeran a establecer las bases de lo que debiera ser la emergente escuela graduada en España, así como para favorecer la consiguiente renovación pedagógica.

En el primero de sus viajes, las visitas le pusieron en contacto con una realidad desconocida en España. Pudo frecuentar diferentes escuelas graduadas de entre otras ciudades Marsella y París. La primera conclusión inmediata que se desprendía era que todas las escuelas eran similares entre sí, lo que significaba la existencia de un plan de carácter nacional del que, por entonces, se carecía en España. Martí ensalzó de tales escuelas los edificios, las instalaciones, los espacios, las condiciones higiénicas, la no excesiva capacidad de las aulas, el mobiliario, las salas de dibujo y trabajos manuales o las cantinas escolares. Unas condiciones materiales y organizativas de las que carecían las escuelas públicas españolas. En París también visitaron el Museo Pedagógico, librerías y la Exposición Universal. En esta última acudieron al *Pavillon de la Ville*, y al *Palais de l'Education et de l'Enseignement*, centrando su atención en todò lo concerniente a la enseñanza primaria. De la representación de las escuelas francesas pudieron ver colecciones de trabajos manuales, cuadernos escolares, novedades editoriales tanto de libros como de todo tipo de material escolar, mobiliario escolar, una clase modelo, fotografías de edificios escolares o libros de inspección. También visitaron, entre otras, las exposiciones de Inglaterra, Estados Unidos, Suecia, México o Rusia (Martí Alpera, 1900).

Este primer viaje no parece que proporcionara a los maestros de Cartagena un conocimiento profundo y minucioso de la organización y la práctica de la enseñanza primaria en Francia, sino una aproximación general, una somera toma de contacto que deslumbró al tiempo que indignó a ambos maestros al comparar la situación de la enseñanza primaria que tuvieron la oportunidad de contemplar en Francia con la española. La precariedad de la escuela pública española era tal, que Martí Alpera llegaba a afirmar que "no, no hay necesidad de mandar maestros al extranjero: de lo que hay necesidad es de destruir nuestras escuelas y levantar nuevos edificios con nueva organización" (1900: 282). Martí Alpera era plenamente consciente de que disponer de una red adecuada de centros escolares constituía una de las condiciones previas para que la renovación educativa en España fuera posible.

En su segundo viaje Martí quería "estudiar todos los aspectos de la vida escolar [...] seguir paso a paso cuanto se haga" (1904b: 30). Martí no pretendía ver grandes cosas, sino profundizar en los aspectos pedagógicos, estructurales, organizativos y materiales de las instituciones de primera enseñanza y, especialmente, de las actividades escolares cotidianas. Con frecuencia pasaba el día completo en la misma escuela para poder conocer con minuciosidad todas las dimensiones organizativas del centro. Martí observaba con avidez las tareas habituales de la vida escolar hasta las aparentemente más insignificantes pero cargadas, para un maestro sagaz como él, de claves significativas para poder comprender la cultura escolar de cada institución, de cada país. Martí describía los juegos de los escolares en el patio del colegio previos al comienzo de las clases, el acceso y la salida de los escolares de las aulas, el comienzo de la jornada escolar, la distribución del tiempo y del trabajo escolar, los procedimientos didácticos, la corrección de los deberes, los usos y las características de los cuadernos escolares, *le cahier de roulement* redactado en las escuelas francesas cada día por un niño diferente de la clase, las libretas de preparación de clases de los maestros franceses — de los que transcribe algunas lecciones —, el desarrollo de las clases, los programas escolares — de los que se interesó, en especial, por los trabajos manuales y por la enseñanza experimental de las ciencias física y química —, la secuenciación de los contenidos, y los ejercicios propuestos.

Martí Alpera visitaría en las grandes ciudades de Francia (París), Bélgica (Bruselas), Alemania (Colonia, Düsseldorf, Frankfurt, Karlsruhe y Stuttgart), Suiza (Zurich, Berna, Lucerna y Lausana) e Italia (Turín, Milán, Florencia y Roma) escuelas de párvulos, de niños, de niñas, escuelas superiores, las Escuelas Normales de formación de maestras y de maestros — aludiendo a sus modalidades, regulación, organización y planes estudio — y algunas instituciones emblemáticas como la Escuela Normal de maestros y la Escuela Modelo de Bruselas. También escuelas especiales como una "escuela de anormales" y una escuela para la formación de amas de casa dirigida a las niñas de las escuelas públicas en Bruselas. Tampoco perdió la oportunidad de visitar una escuela rural elegida al azar, en concreto, en Gland, cerca de Ginebra. También se interesaría por las escuelas de adultos, las conferencias populares y las emergentes universidades populares de origen francés, que con posterioridad, a partir de 1904, se irían introduciendo en España (Moreno Martínez y Sebastián Vicente, 2001).

Martí Alpera también prestó especial atención a las instituciones complementarias de la escuela inexistentes en ese momento en España, como los comedores escolares con que ya contaban las escuelas públicas de París, en 1900, que no comenzarían a introducirse en España hasta 1901 o las cajas y las mutualidades escolares, que originadas en Francia en 1882 se regularizarían en España a partir de 1911 (Ruiz Rodrigo y Palacio Lis, 1999).

Figura 1: Terraza de la escuela "Vittorino da Feltre" situada junto al Coliseo romano (Martí Alpera, 1904b: 336).

Se interesó asimismo por la regulación de la enseñanza primaria, por los reglamentos de orden interior, como los de las escuelas de París o Bruselas, la financiación de la enseñanza, los gastos de personal, los sueldos de los docentes o aquellos gastos relativos a material, las estadísticas escolares y, en general, por las iniciativas relacionadas con la enseñanza primaria. Martí Alpera se ocupó de las diferentes categorías del profesorado y de su formación, prestando especial atención al cargo de director, una figura de la que hasta ese momento se carecía en España pero que sería preciso crear y delimitar tras la implantación de las escuelas graduadas. Asimismo, trataría de ciertos servicios especializados como la inspección escolar, la inspección médico-escolar o los museos pedagógicos.

En un momento en el que en Cartagena se estaban construyendo las primeras escuelas graduadas públicas de España, para Martí Alpera era prioritario interesarse con todo detalle por todo lo concerniente a la arquitectura escolar, las políticas de construcciones escolares, la regulación normativa de la red de centros escolares de las ciudades y de las zonas rurales —normas de las que transcribe algunos párrafos de su articulado —, sus rasgos principales y las peculiaridades propias en cada país — como la sencillez, la higiene y la economía en las escuelas francesas o belgas frente al aspecto monumental de los centros escolares alemanes y, en especial, de los suizos denominados "los palacios de la República" (1904b: 285) —, las características arquitectónicas de las escuelas, — sus espacios abiertos o semiabiertos como patios y galerías, sus espacios cerrados como las aulas convencionales, aquellas otras destinadas a la enseñaza del dibujo, los trabajos manuales, el corte y la costura, el canto o la gimnasia, así como otras dependencias como biblioteca, comedor, museo, dirección, portería, etc.—, sus condiciones higiénicas, instalaciones como los baños o duchas de las escuelas belgas, alemanas o suizas o su equipamiento y mobiliario escolar.

Figura 2: Escuela de niñas Hirschengraben en Zurich (Martí Alpera, 1904b: 280).

Tampoco escatimaba Martí reflexiones críticas acerca de lo observado. Por ejemplo, los comentarios efectuados tras presenciar en una escuela de París una clase de instrucción cívica sobre disciplina militar, en los que muestra de un modo palpable su antimilitarismo al indicar que había que infundir en los niños horror a la guerra e impulsar en los mismos la fraternidad entre los pueblos y la paz universal, su desacuerdo con el hecho de colocar a los niños y las niñas de las escuelas maternales de París en mesas separadas, con lo bastante que dejaba desear la educación física en las escuelas francesas o la enseñanza en Italia en diferentes órdenes o con el desinterés de los maestros alemanes hacia la enseñanza de los trabajos manuales en las escuelas de primera enseñanza. Al hilo de sus observaciones también efectuaba consideraciones autocríticas acerca de la propia escuela española de la que decía que estaba "en la infancia de la pedagogía" (1904b: 49) en contraste con la de Suiza, país que Martí Alpera consideraba "la Meca de la Pedagogía moderna" (1904b: 310).

En su propio balance de lo observado destacaba que la organización de la primera enseñanza era fundamentalmente la misma en los países visitados. De todos los docentes eran los maestros franceses los que recibían los mayores elogios. En cuanto a las instalaciones escolares y la importancia conferida a la educación física la superioridad recaía en los centros de Bélgica, Alemania y Suiza. El mayor apoyo popular y de colaboración prestado por las familias a la escuela se producía en Alemania y Suiza. Pero de todos los países criticaba que la organización de la enseñanza tendía a hacer "a los individuos obedientes y exactos" (1904b: 340), no favoreciendo en los escolares la formación de un carácter independiente y autónomo.

Del tercero de sus viajes, aunque con menor extensión y profundidad, presentaría una serie de consideraciones en la misma línea de las aportadas en el viaje precedente, con alguna particularidad adicional. En este caso, sin dejar de mostrar al lector el producto de sus observaciones espontáneas, describiendo de cada país alguna de las mejores escuelas visitadas, Martí también introdujo una batería de cuestiones formuladas a altos funcionarios de las administraciones educativas o, en su defecto, a los directores de centros escolares y a los propios maestros en todos los países visitados.[6]

6. Entre las preguntas se seleccionan a título de ejemplo, las siguientes: ¿Tienen las escuelas rurales alguna organización especial? ¿De quien dependen las atenciones de la enseñanza primaria? ¿Se imparte en las escuelas rurales enseñanza agronómica?, etc.

Noruega era el único país que contaba con legislación específica para la organización de las escuelas rurales. Noruega y Dinamarca fueron las naciones cuyas escuelas rurales merecieron los mayores elogios de Martí. De Noruega destacó las escuelas de Huseby de las que describió con minuciosidad sus espacios, distribución, mobiliario común y de las salas especiales de corte y costura, economía doméstica y trabajos manuales. "Una escuela rural, de edificio modesto, pero tan completo que igual no había visto otra ni en Suiza, ni en Francia, ni Holanda" (1911b: 431). De Dinamarca llamó especialmente su atención la institución llamada "Jardín escolar" así como los edificios, las instalaciones y los equipamientos de sus escuelas. De la escuela rural de Skovshoved, de la que describe con detalle su escuela y las prácticas escolares, afirmó que se trataba de "la escuela rural más completa de las que he visto en todo mi viaje" (1911b: 394).

La difusión de los resultados de los viajes

Martí Alpera difundiría sus observaciones, anotaciones, la información derivada de sus cuestionarios y la recabada a lo largo de sus viajes, sus

Figura 3: Escuela rural de Skovshoved (Martí Alpera, 1911b: 377).

narraciones y descripciones de los lugares visitados y transitados, así como sus reflexiones acerca de los mismos por medio de dos vías. A través de la publicación de artículos, en la mayoría de los casos, en la prestigiosa revista *La Escuela Moderna. Revista pedagógica hispano-americana*, y dos libros.

Su primer viaje a Francia lo divulgó, de forma inmediata tras su regreso, en un único artículo publicado en *La Escuela Moderna* (Martí Alpera, 1900). El segundo de los viajes contó con una amplia difusión a través, primordialmente, de *La Escuela Moderna*. Desde septiembre de 1902 a julio de 1903, de modo casi ininterrumpido, en las páginas de esta publicación mensual difundió una serie de artículos de diferentes etapas del viaje. En este conjunto de trabajos Martí Alpera trató los dos cursos de trabajos manuales impartidos en la Escuela Normal de Lausana en Suiza y en la población italiana de Ripatransone por Emilio Consorti (1902a-b) y su estancia en diferentes escuelas de París (1902c-1903a-b) y Zurich (1903d). También publicaría otras fases de su viaje en revistas regionales, como en *las Provincias* de Valencia —que sería igualmente trascrito en *La Escuela Moderna* — (1903c), o en *Murcia. Revista de Ciencias-Artes-Letras e Instrucción Pública* (1904c). Todos estos trabajos, con pequeñas modificaciones, los incluyó en su obra *Por las escuelas de Europa*, cuya primera edición de 1904 se agotaría en un mes escaso, publicándose una segunda edición ese mismo año (1904a-b) e imprimiéndose, con posterioridad, una reedición facsímil de su primera edición (2000). La obra comienza con un análisis crítico de la enseñanza primaria en España y finaliza describiendo algunas iniciativas de creación de nuevas escuelas, como las de Bilbao o Cartagena, las escuelas del Ave-María del padre Manjón y algunas reflexiones acerca de la renovación pedagógica en España. Más allá de los temas tratados, ya mencionados en apartados anteriores, cabe señalar que la atención prestada a cada uno de los países visitados difiere sensiblemente de unos casos a otros. Países como Francia y Bélgica cuentan con una descripción más extensa y pormenorizada, con un número superior, en conjunto, a las 200 páginas. En el extremo opuesto se encuentran Alemania, Suiza e Italia a los que dedica, en total, un centenar de páginas.

En 1911, el mismo año en el que se celebró el tercero de los viajes, Martí Alpera publicó *Las escuelas rurales*, en el que dedicó los últimos capítulos a analizar las escuelas rurales visitadas en Francia, Suiza, Holanda, Dinamarca y Noruega (1911b). La primera parte del libro, la más extensa, estaba dedicada al estudio del estado de las escuelas rurales en España y a formular, lo que a su juicio, debieran ser en el futuro. Unos capítulos ilustrados con abundantes alusiones comparadas producto, en la mayoría de las ocasiones, más de las lecturas previas efectuadas que de lo observado en los viajes realizados. Al igual que sucediera con el libro *Por las Escuelas de Europa*, en el que algunos de sus capítulos habían sido publicados con antelación como artículos, en este segundo libro, no fueron los capítulos alusivos al viaje, sino los del resto de la obra, correspondientes a la primera parte, los que eran deudores de los trabajos previos difundidos en las revistas *Nuevo Mundo* (1909a-e) y *El Obrero Agrícola* (1910a-m, 1911a). La publicación de este libro el mismo año en el que tuvo lugar el viaje fue posible gracias a que cuando la JAE le concedió la pensión para visitar las escuelas rurales de los países europeos solicitados, Martí Alpera ya tenía una primera versión del mismo en imprenta, reteniéndolo para imprimirlo, una vez reformado y revisado, tras su viaje (1911b). Una segunda edición de esta obra sería publicada años más tarde (1934). Tras su primera edición, Martí Alpera aún difundiría, en *La Escuela Moderna*, una reseña de la visita

Figura 4: Taller de trabajo manual de la Escuela Normal de Lyon (Martí Alpera, 1904b: 137).

efectuada a la escuela holandesa de Juan Legthart, a la cual había aludido en el libro (1911b), pero que no plasmaría hasta el referido artículo (1913).

Más allá de los artículos y los libros redactados para divulgar los viajes realizados, Martí Alpera también aprovecharía la experiencia y la formación acumulada en los mismos para la confección de otras obras de su abundante bibliografía. Un claro ejemplo fue la publicación de *El Trabajo manual en la Escuela* (1914a-c), así como, en otra de sus obras, los programas escolares de dicha materia (1925), un tema al que le había prestado especial atención, sobre todo, en su segundo viaje. En otros casos, algunos proyectos no llegaron a culminarse. Así, en la primera edición de su obra *Las Escuelas Rurales*, anunciaba tener "en preparación" *Las escuelas urbanas*, una obra en la que pretendía efectuar un estudio de los centros escolares de las grandes ciudades visitadas en su segundo viaje y que no llegaría a ser publicada.

Reconocimientos públicos

La realización y difusión de los diferentes viajes efectuados contribuyeron a reforzar el prestigio profesional de Martí Alpera. De los tres viajes realizados fue el segundo de ellos el que acaparó la mayor atención y reconocimiento general. Diferentes razones influyeron en esta acogida. Era la primera vez en España en la que dos maestros llevaban a cabo un viaje de estudios por un amplio número de países. Se trataba de un viaje que contaba con otra novedad importante como era la de estar amparado por el Ayuntamiento de Cartagena, lo que atraería la atención de los medios de comunicación, de los grupos profesionales, de las élites reformadoras y de la propia administración educativa. Máxime, teniendo en cuenta, que dicha institución pública, por iniciativa propia, estaba construyendo las primeras escuelas públicas graduadas de España, lo que ya había generado una gran expectación nacional entre los círculos reformistas. La oportunidad del momento elegido era pues indudable. Los maestros cartageneros habían sido comisionados por las autoridades municipales para indagar, en su investigación pedagógica por las escuelas de Europa, las claves necesarias para organizar, en todos los órdenes, las nuevas escuelas graduadas. Junto a las diversas expectativas generadas, la notable difusión del viaje a través, primordialmente, de una de las revistas profesionales más prestigiosas del momento y, en especial, la publicación del libro *Por las Escuelas de Europa*, constituyeron nuevos elementos destacados que redundarían en el reconocimiento público al Ayuntamiento promotor del viaje, a los logros de la excursión pedagógica y al maestro que lo difundió y se convirtió en el gran protagonista del mismo: Félix Martí Alpera.

La prensa local constituyó un cauce de propagación privilegiado de los reconocimientos manifestados. *El Eco de Cartagena* publicaría, tras la decisión adoptada de enviar a ambos maestros al extranjero, diferentes escritos laudatorios, como el remitido por las maestras y los maestros de instrucción pública de Granada felicitando al Ayuntamiento por su iniciativa (1902e). En otros, el rotativo local daba cuenta, con carácter general, de las felicitaciones de la prensa profesional y de gran parte de la diaria. En concreto, hacía referencia a las alabanzas del periódico valenciano *El campeón del Magisterio* y de las tentativas que pretendían emular lo realizado en Cartagena, como la subvención solicitada por tres maestros valencianos para llevar a cabo un viaje similar (1902d: 1). No sólo la prensa nacional o local ensalzaría el viaje. El periódico *Il Messagero* de Roma propagaría algunas frases pronunciadas por Emilio Consorti, director de los cursos de verano para maestros sobre trabajos manuales celebrados en la población italiana de Ripatransone, ensalzando la iniciativa del Ayuntamiento y la acción de los maestros comisionados (1902f). Una situación similar se produjo en el tercero de los viajes de Martí Alpera, en el que un periódico holandés introdujo una reseña del mismo (1911b).

Tras el regreso del segundo viaje y la lectura de un informe redactado por los dos maestros sobre el mismo, presentado en sesión del pleno del Ayuntamiento, el propio Ayuntamiento adoptó, entre otros acuerdos, que el libro que los referidos profesores publicaran se imprimiera con fondos municipales y que se les propusiera a los mismos para su ingreso en la Orden Civil de Alfonso XII.[7] No sólo el Ayuntamiento expresó su satisfacción por el viaje efectuado. El propio Ministro de Instrucción Pública, el Conde de Romanones, promulgaría una Real Orden de 12 de septiembre de 1902,

---

7. AMC, *Libro de Actas del Excmo. Ayuntamiento de Cartagena*, Acta de la sesión ordinaria de 6 de septiembre de 1902, ff. 245 vto.-249. El coste total del viaje fue de 2.648 pts. (AMC, *Libro de Actas del Excmo. Ayuntamiento de Cartagena*, Acta de la sesión ordinaria de 13 de diciembre de 1902, ff. 355 vto.-256).

publicada en la *Gaceta de Madrid* del 17 de septiembre y dirigida al Alcalde del Ayuntamiento de Cartagena, ensalzando la decisión adoptada, subrayando los beneficiosos resultados para su aplicación a las escuelas graduadas en construcción en Cartagena, así como el hecho de constituir un ejemplo digno de ser imitado por otras corporaciones, entidades y particulares (1902d).

La publicación del libro *Por las escuelas de Europa*, constituiría el medio más importante de difusión de los resultados del viaje y, con él, el reconocimiento público hacia su autor. El libro, que contaba con el aval de estar prologado por el ya entonces ex ministro de Instrucción Pública, Conde de Romanones, quien no escatimaba elogios hacia el autor, disfrutó de una muy buena acogida por parte de la prensa (Arnáez, 1904) y del profesorado, lo que provocó que la primera edición, como se ha dicho, se agotara en apenas un mes. Todo ello contribuyó de forma notable a que Martí Alpera se fuera consolidando como uno de los maestros españoles de mayor prestigio nacional.

Conclusiones

En la España del siglo XIX, en contraste con lo sucedido con personas vinculadas a los niveles educativos superiores o a altos cargos de la administración, los viajes pedagógicos llevados a cabo por maestros fueron una práctica tardía y excepcional. En las primeras décadas del siglo XX gracias, primordialmente, a la creación en 1907 de la Junta para Ampliación de Estudios e Investigaciones Científicas, fiel reflejo de las finalidades de la Institución Libre de Enseñanza de impulsar la modernización y europeización de la educación española, la situación cambiaría notablemente. Félix Martí Alpera consciente del atraso educativo español e imbuido del espíritu regeneracionista, inmerso en un contexto local sensible hacia las reformas educativas, en un momento en el que se estaban construyendo, por iniciativa del Ayuntamiento de Cartagena, las primeras escuelas graduadas públicas de España, vería en los viajes por las escuelas de Europa, un medio fundamental para conocer en profundidad los modelos educativos más desarrollados, la cultura escolar de los países educativamente más avanzados, con un fin claro de aprender de ellos y orientar la organización y las prácticas escolares en España en un horizonte de convergencia con los mismos. Martí Alpera fue, en una época en la que los maestros españoles no salían al extranjero, un viajero precoz y perseverante. Sus viajes, que contaron con una amplia difusión y notoriedad, pronto se convirtieron en un referente para otras maestras y maestros de su tiempo y de las décadas inmediatamente posteriores. Su conocimiento de los movimientos internacionales de renovación pedagógica y lo aprendido de un modo directo en sus viajes, divulgado directa e indirectamente en sus publicaciones, constituyeron una fuente de referencia para la configuración en Cartagena y en España de un nuevo modelo organizativo de escuela graduada, de el que él fue uno de sus más destacados impulsores, así como para introducir un amplio espectro de iniciativas renovadoras tanto en los grupos escolares que dirigió en Cartagena y Barcelona, como en las iniciativas de educación no formal y de protección a la infancia en las que tomó parte.

Referencias bibliográficas

(1902a) "Por la enseñanza", *El Eco de Cartagena*, 17 de junio de 1902: 1.

(1902b) "Ahí va nuestro aplauso", *El Eco de Cartagena*, 23 de junio de 1902: 1.

(1902c) "Buen viaje", *El Eco de Cartagena*, 26 de junio de 1902: 3.

(1902d) "Justos elogios", *El Eco de Cartagena*, 3 de julio de 1902: 1.

(1902e) "Crónica", *El Eco de Cartagena*, 4 de julio de 1902: 2.

(1902f) "Crónica", *El Eco de Cartagena*, 18 de agosto de 1902: 3.

(1902g) "Para el Ayuntamiento", *El Eco de Cartagena*, 18 de septiembre de 1902: 2.

(1910) "Nuestro concurso para el fomento de la enseñanza agrícola", *El Obrero Agrícola*, n. I, enero: 31.

ARNÁEZ, José María. "Por las Escuelas de Europa", *Murcia. Revista de Ciencias-Artes-Letras e Instrucción Pública*, 1904, n. 9, pp. 6-7.

BENIMELI, J. "Notas biográficas de D. Félix Martí Alpera", en CUESTA: et al. *Félix Martí Alpera (1875-1946). La seva contribucio a l'escola publica*. Barcelona, 1979, pp. 28-38.

BLANCO Y SÁNCHEZ, Rufino. *Bibliografía pedagógica de obras escritas en castellano o traducidas a este idioma*. Madrid: Imp. Nacional, 1907-1912.

BLEACH, Miguel. *Memoria sobre la Enseñanza en la Exposición Universal de París celebrada en 1889*. Barcelona, Tip. de la Casa Provincial de Caridad, 1892.

CAMPOS MARÍN, Ricardo. *Monlau, Rubio, Giné. Curar y gobernar. Medicina y liberalismo en la España del siglo XIX*. Madrid: Nivela, 2003.

DELGADO, B. *Historia de la infancia*. Barcelona: Ariel, 1998.

ESTEBAN MATEO, León. "Cossío, el <<Museo P.N.>> y su actitud comparativista europea". In: *Homenaje al Dr. D. Juan Reglà Campistol*. Valencia: Universidad de Valencia, v. II, 1975, pp. 391-403.

GARCÍA GARRIDO, José Luis. *Educación comparada. Fundamentos y problemas*. Madrid: Dykinson, 1982.

GONZÁLEZ-AGÀPITO, J. "Bibliografía de Martí Alpera". In: CUESTA, P. et al. *Félix Martí Alpera (1875-1946). La seva contribucio a l'escola publica*, Barcelona, 1979, pp. 93-100.

JUNTA PARA LA AMPLIACIÓN DE ESTUDIOS E INVESTIGACIONES CIENTÍFICAS. *Memoria correspondiente a los años 1910 y 1911*, Madrid, 1912.

MARÍN ECED, Teresa. "La Pedagogía europea importada por los becados de la JAE (1907-1937)", *Historia de la Educación. Revista interuniversitaria*, n. 6, 1987, pp. 261-278.

______. *La renovación pedagógica en España (1907-1936). Los pensionados en Pedagogía por la Junta para Ampliación de Estudios*. Madrid: Consejo Superior de Investigaciones Científicas, 1990.

MARTÍ ALPERA, Félix. "Notas pedagógicas de un viaje a Francia". *La Escuela Moderna*, n. 115, octubre, 1900, pp. 269-282.

______. "Dos escuelas de trabajo manual: Lausana y Ripatransone". *La Escuela Moderna*, n. 138, septiembre, 1902a, pp. 184-190.

______. "La escuela de Ripatransone". *La Escuela Moderna*, n. 140, noviembre, 1902b, pp. 345-350.

______. "En una escuela de París I". *La Escuela Moderna*, n. 141, diciembre, 1902c, pp. 416-424.

______. "En una escuela de París II". *La Escuela Moderna*, n. 142, enero, 1903a, pp. 1-11.

______. "En un grupo escolar". *La Escuela Moderna*, n. 144, marzo, n. 145, abril, y n. 147, junio, 1903b, pp. 176-181, 295-304 y 433-442.

______. "La escuela de anormales en Bruselas". *La Escuela Moderna*, n. 144, marzo, 1903c, pp. 231-239.

______. "Las escuelas de Zurich". *La Escuela Moderna*, n. 148, julio, 1903d, pp. 35-43.

______. *Por las escuelas de Europa*. Valencia: F. Sempere y Guarinos, 1904a.

______. *Por las escuelas de Europa*. Madrid: Suc. de Hernando, 2. ed., 1904b.

MARTÍ ALPERA, Félix. "Viajes. Junto al Rhin". *Murcia. Revista de Ciencias-Artes-Letras e Instrucción Pública,* n. 22, 26 de junio, 1904c, pp. 4-5.

______. "Las escuelas rurales. La situación del maestro". *Nuevo Mundo,* n. 810, 15 de julio, s.p., 1909a.

______. "Las escuelas rurales. Lo que debiera ser el maestro". *Nuevo Mundo,* n. 811, 22 de julio, s.p., 1909b.

______. "Las escuelas rurales. Su organización". *Nuevo Mundo,* n. 821, 30 de septiembre, s.p., 1909c.

______. "Las escuelas rurales. Su organización en España". *Nuevo Mundo,* n. 826, 4 de noviembre, s.p., 1909d.

______. "Las escuelas rurales (Conclusión)". *Nuevo Mundo,* n. 827, 11 de noviembre, s.p., 1909e.

______. "La escuela rural en España. Reformas y mejoras que necesita". *El Obrero Agrícola,* n. I, enero, 1910a, pp. 24-26.

______. "La escuela rural en España. Reformas ...". *El Obrero Agrícola,* n. II, febrero, 1910b, pp. 55-57.

______. "La escuela rural en España. Reformas ...". *El Obrero Agrícola,* n. III, marzo, 1910c, pp. 84-85.

______. "La Biblioteca en las escuelas rurales". *El Obrero Agrícola,* n. III, marzo, 1910d, pp. 85-87.

______. "La escuela rural en España. Reformas ...". *El Obrero Agrícola,* n. IV, abril, 1910e, pp. 114-115.

______. "La escuela rural en España. Reformas ...". *El Obrero Agrícola,* n. V, mayo, 1910f, p. 146.

______. "La escuela rural en España. Reformas ...". *El Obrero Agrícola,* n. VI, junio, 1910g, pp. 182-185.

______. "La escuela rural en España. Reformas ...". *El Obrero Agrícola,* n. VII, julio, 1910h, pp. 212-214.

______. "La escuela rural en España. Reformas ...". *El Obrero Agrícola,* n. VIII, agosto, 1910i, pp. 239-241.

______. "La escuela rural en España. Reformas ...". *El Obrero Agrícola,* n. IX, septiembre, 1910j, pp. 271-273.

______. "La escuela rural en España. Reformas ...". *El Obrero Agrícola,* n. X, octubre, 1910k, pp. 308-309.

______. "La escuela rural en España. Reformas ...". *El Obrero Agrícola,* n. XI, noviembre, 1910l, pp. 337 y 340.

MARTÍ ALPERA, Félix. "La escuela rural en España. Reformas ...". *El Obrero Agrícola*, n. XII, diciembre, 1910m, pp. 374-375.

______. "La escuela rural en España. Reformas ...". *El Obrero Agrícola*, n. I, enero, 1911a, pp. 33-35.

______. *Las escuelas rurales. Enseñanzas, organización, construcción, instalación*. Gerona: Dalmáu Carles, 1911b y 1934.

______. "En la escuela de Juan Legthart". *La Escuela Moderna*, n. 259, marzo, 1913, pp. 169-182.

______. *El trabajo manual en la escuela. Libro del alumno*. Madrid: Librería de los Sucesores de Hernando, 1914a.

______. *El trabajo manual en la escuela. Libro del alumno. Grado primero*. Madrid: Librería de los Sucesores de Hernando, 1914b.

______. *El trabajo manual en la escuela. Libro del alumno. Grado segundo*. Madrid: Librería de los Sucesores de Hernando, 1914c.

______. *Aritmética, Geometría y trabajo manual*. Madrid: Publicaciones de la Revista de Pedagogía, 1925.

______. *Por las escuelas de Europa*. Murcia: Asociación Escuelas Graduadas de Cartagena, 2000.

MARTÍNEZ ÁLVAREZ, O. "Idees i pràctiques d'un mestre renovador, Fèlix Martí Alpera". In: *La renovació pedagògica. Comunicacions de les XVI Jornades d'Història de l'Educació dels Països Catalans*. Girona, CCG Edicions, 2003, pp. 169-183.

MONTES MORENO, S. *La Escuela Moderna. Revista pedagógica hispano-americana (1891-1934). La construcción del pensamiento pedagógico en España*. Barcelona: Pomares, 2003.

MORENO MARTÍNEZ, Pedro L. "La protección a la infancia en Cartagena (1908-1936): instituciones e iniciativas". *Historia de la Educación. Revista interuniversitaria*, n. 19, 1999, pp. 127-147.

______. *Educación, salud y protección a la infancia. Las colonias escolares de Cartagena (1907-1936)*. Cartagena: Áglaya, 2000.

______. "Renovación pedagógica y compromiso social en la edad de plata de la Pedagogía española: Félix Martí Alpera (1898-1920)". *Revista Española de Pedagogía*, n. 231, 2005, pp. 203-222.

______. y SEBASTIÁN VICENTE, Ana. "Un siglo de universidades populares en España (1903-2000)". *Historia de la Educación. Revista interuniversitaria*, n. 20, 2001, pp. 159-188.

PEDRÓ, Francesc. *Los precursores españoles de la educación comparada*. Madrid: Ministerio de Educación y Ciencia, 1987.

PORCEL Y RIERA, Miguel. *Los trabajos manuales en la escuela primaria*. Palma de Mallorca: Esc. Tip. Provincial, 1892.

RUIZ RODRIGO, Cándido y PALACIO LIS, Irene. *Higienismo, educación ambiental y previsión escolar. Antecedentes y prácticas de Educación Social en España (1900-1936)*. Valencia: Universitat de València, 1999.

POSADA, Adolfo. *Ideas pedagógicas modernas*. Madrid: Librería de Victoriano Suárez, 1892.

SUREDA, Bernat. *Pablo Montesino: liberalismo y educación en España*. Palma de Mallorca, Prensa Universitaria, 1984.

VILAR NEGRE, R. "Don Felix Martí Alpera". *El Obrero Agrícola*, n. II, febrero, 1910, pp. 39-40.

VIÑAO FRAGO, A. "Cartagena 1900. Los orígenes de la Escuela Graduada Pública, en España", In: *La educación en la España contemporánea. Cuestiones históricas. Libro homenaje a Ángeles Galino*. Madrid: Sociedad Española de Pedagogía, 1985, pp. 144-150.

______. *Innovación pedagógica y racionalidad científica. La escuela graduada pública en España (1898-1936)*. Madrid: Akal, 1990.

______. "La modernización pedagógica española a través de la "Revista de Pedagogía" (1922-1936)". *Anales de Pedagogía*, n. 12-13, 1994-1995, pp. 7-45.

______. *Escuela para todos. Educación y modernidad en la España del siglo XX*. Madrid: Marcial Pons, 2004.

Anísio Teixeira na América (1927-1929) Democracia, Diversidade Cultural e Políticas Públicas de Educação

Clarice Nunes

Todo ato educativo implica em partir: do corpo da mãe, da casa dos pais, dos lugares familiares. Quando se é empurrado para fora, no sentido literal e figurado, somos obrigados a nos abrir ao desconhecido, viver a partir das próprias forças, ampliar nossos horizontes. Daí o sentido lato da palavra grega pedagogia: *viagem*. Viagem das crianças (Borges, 1996: 12).

Viajar é deslocar-se, de um modo parecido ao dos navegantes audaciosos em suas tentativas de descobrir novas terras. A saída de Anísio Teixeira do seu país de origem para conhecer outros continentes ocorreu pela primeira vez em 1925 quando, em companhia de Dom Augusto Álvaro da Silva, viajou para a Europa, ali permanecendo quatro meses. Dois anos depois, Anísio faria sua primeira viagem aos Estados Unidos. A bordo do navio que o levou, numa tarde azulada de abril de 1927, ele escreveu em seu diário:

> A minha viagem se é uma viagem de estudos, especializada, em que vou buscar elementos positivos de informação, não deixará, não poderá deixar também de ser formadora de personalidade, educativa, no sentido em que nos educam os conhecimentos novos e os novos contatos. Nem estou eu tão *for-*

mado que não me preste às influências de uma excursão como esta (*Diário de Viagem para os Estados Unidos da América*, 27/4/1927).

Toda viagem enquanto experiência educativa, no entanto, mesmo quando planejada, traz sempre um componente de incerteza, de surpresa, de inquietação com a própria condição humana. Comparamos experiências, pensamentos, estilos, atitudes, obras. Avaliamos o que sabemos e o quanto ainda ignoramos. Aprendemos tanto o que nos é estrangeiro, como o que em nós é próprio, singular, exclusivo.

Ao entrar no Pan-América, ancorado no porto da cidade do Rio de Janeiro, e tendo como destino Nova York, Anísio foi tomado pelo estranhamento. Seus companheiros de viagem norte-americanos, a quem encontrava no tombadilho, nos salões e no restaurante lhes pareciam grotescos nas suas roupas que não combinavam, irreverentes, afetados, ruidosos, de uma cordialidade fria e calculada. As mulheres *yankees* não lhe agradavam com sua liberdade masculina na conversa. A *sans façon* norte-americana colidia frontalmente com seu estilo discreto e sua cultura européia, tão arduamente conquistados nos colégios jesuítas. Sua expectativa, nessa viagem, era encontrar nos Estados Unidos algumas respostas no plano das políticas públicas de educação. Esperava que se confirmassem as primeiras impressões que forjara com a leitura de boletins, catálogos, material sobre as escolas normais, programas de cursos, monografias, publicações do consulado norte-americano e diversos relatórios. Antes mesmo da viagem, já assinalara o que lhe parecia ser o sucesso da democratização do acesso à escola nos Estados Unidos e sua dúvida com relação ao desafio que a Escola Nova representava para a construção de uma vida moderna (*Manuscrito sobre a educação nos Estados Unidos e os impasses da "escola nova"*, 1927 a 1935).

Quando Anísio Teixeira chegou aos Estados Unidos, no final da década de 1920, o país enfrentava um grande crescimento populacional e problemas urbanos intensificados pelos efeitos da imigração, questão que provocava acalorados debates, sobretudo após a divulgação dos dados do recenseamento geral de 1920. Não era mais novidade que estava em marcha uma "invasão silenciosa" dos estrangeiros, colocando em risco de dissolução a composição étnica do povo norte-americano. A América não era mais povoada exclusivamente por britânicos ou seus descendentes.

A crença de que a sociedade norte-americana era um "cadinho" que amalgamava e unia todas as raças havia sido substituída pela crença nos fatores hereditários e pela defesa do povo norte-americano, a partir de um novo nacionalismo sustentado no fundamentalismo bíblico, na restrição e até na proibição da imigração através de instrumentos legais que atingiam diretamente os direitos individuais.[1]

O famoso mosaico racial norte-americano aparecia como dispositivo que esgarçava crenças, aspirações e sentimentos, movido pelo ódio, pelo provincialismo e pelas peculiaridades étnicas cultivadas em comunidades fechadas em seus próprios valores e que, sediadas nos Estados Unidos, mantinham-se quase isoladas, estando unidas apenas em parte pelo sistema de comunicação. A resposta a essa situação considerada explosiva foi a reorganização do sistema escolar. Como tive oportunidade de analisar, o que se pretendia difundir nesse momento era um currículo que colocasse em evidência os fatos locais das comunidades, os principais aspectos da organização industrial, os problemas decorrentes das migrações, o estudo da forma de governo democrático comparada a outras formas de governo (Nunes, 2000: 143). O currículo, portanto, foi alvo da intervenção de sociólogos, cientistas políticos, pesquisadores de relações internacionais e da imigração, além da opinião pública. É compreensível, portanto, que Relações Internacionais constasse dos cursos escolhidos por Anísio Teixeira na Columbia University, por orientação de Miss Heloise Brainerd, em sua primeira estadia nos Estados Unidos (1927), e que as questões curriculares recebessem ênfase nos cursos que freqüentou já em sua segunda estadia na mesma universidade (1928-1929).

A primeira viagem à América colocou Anísio Teixeira em contato com o pensamento de John Dewey; permitiu-lhe travar relações de amizade com Monteiro Lobato (1882-1948), na ocasião, adido comercial em Nova York, e ainda lhe preparou o terreno para uma visita mais prolongada àquele país. No retorno de sua primeira viagem à América, a bordo do Alcântara, Anísio escreveu ao pai sobre a renovação do seu gosto pelos assuntos educa-

1. Em 1921, os Estados Unidos adotaram o sistema diferencial de cotas, pelo qual o contingente de entrada anual de imigrantes de cada país não poderia superar os 2% de pessoas nascidas e residentes nesse país em 1890. A escolha arbitrária desse ano padrão sinalizava a ênfase na restrição étnica dos eslavos-latinos e a aceitação dos nórdicos. Cf. Nunes, 2000, pp. 139-143.

cionais e sobre a convicção que firmara de não mais se afastar desse rumo, a despeito das oscilações políticas e da imprensa que não lhe poupava críticas. Reconhecia seu caráter idealista e a paixão necessária para a tarefa educativa (Carta de Anísio Teixeira a Deocleciano Pires Teixeira, 18/11/1927). Essa decisão surgia como construção lentamente elaborada desde o momento em que foi convidado a exercer o cargo de Diretor Geral da Instrução Pública em Salvador.

Primeira viagem à América: as impressões sobre alguns aspectos americanos da educação

A primeira viagem de Anísio Teixeira aos Estados Unidos durou sete meses e foi patrocinada com trinta contos de réis aprovados pela Assembléia Legislativa da Bahia. Segundo a justificativa do governador Góes Calmon, a viagem de Anísio teria o objetivo de observar os métodos americanos de ensino e as instituições de educação que poderiam vir a ser criadas de um modo similar no estado.

Ao se instalar em Furnald Hall, na Columbia University, e matricular-se em alguns dos cursos de verão aí oferecidos, Anísio Teixeira freqüentou, pela manhã, aulas com especialistas no campo da formação de professores, da saúde e de relações internacionais. À tarde estudava em bibliotecas, aprofundando as leituras indicadas na bibliografia dos cursos e tendo acesso às diversas monografias pedagógicas que vinham sendo produzidas pelos estados americanos desde 1924. De longe, e por carta, também acompanhava o movimento da Diretoria Geral da Instrução Pública da Bahia.

De agosto a novembro de 1927, Anísio realizou uma espécie de excursão pedagógica, sob os auspícios do International Institute do Teachers College, visitando alguns estados americanos. Assim, pôde conhecer o sistema escolar da então pequena cidade de Flemington, no estado de Nova Jersey; a organização escolar da municipalidade de Baltimore e a Escola Normal de Towson, no estado de Maryland; o Instituto de Hampton e o Colégio Normal de Farmville no estado de Vírginia; o sistema escolar de Cleveland, no estado de Ohio, que incluiu visitas à Wilson Junior High School, à Colinwood High School e à Escola Vocacional de Cleveland; a organização escolar *platoon* em Detroit, no estado de Michigan e o Colégio de Agricultura no estado de Nova York. Visitou, ainda, em Washington, o Bureau de Educação e a Associação Nacional de Educação.

A leitura do seu relatório, publicado em 1928, já mostra a importância que dá a John Dewey (1859-1952). Creio que, nesse momento, Anísio não possuía ainda a dimensão do caráter inovador que o pensamento desse filósofo tinha para os próprios americanos, já que nem todos os militantes do movimento de reconstrução escolar nos Estados Unidos partilhavam da sua inquietação filosófica. Muitos deles, como Anísio verificará mais tarde, estavam mais fascinados pela ciência da educação, o que os tornava unilaterais pela excessiva especialização e pelo uso de uma psicologia apoiada em análises quantitativas, os famosos *tests* (de capacidade mental, de rendimento escolar, de situação econômica e social, de saúde, de capacidade física) que Anísio endossou plenamente em seu relatório como instrumentos indispensáveis também para organizar o trabalho docente, inspecionar a execução dos programas e evitar julgamentos extravagantes dos estudantes.

Toda a primeira parte do relatório de viagem, intitulada Fundamentos da Educação, retoma o pensamento de John Dewey, apresentando uma discussão sobre as finalidades educativas, as relações da educação com a democracia, e a necessidade de reconstrução do currículo escolar, considerado o problema crucial do movimento de reorganização escolar. Na segunda parte há uma descrição detalhada das visitas feitas em escolas públicas e confessionais, do seu currículo e organização, dos métodos usados, fossem eles tradicionais ou inovadores, da concepção diferenciada do sistema escolar pelas diferentes municipalidades, das políticas de valorização do magistério e de organização da categoria em nível nacional, do funcionamento dos Conselhos de Educação em nível local, das políticas de financiamento para o sistema público de ensino.

Em meio às descrições vão surgindo as oposições entre Brasil e Estados Unidos, entre Estados Unidos e Europa. Nos Estados Unidos estaria alastrada a idéia de educação como serviço realizado por um *team-work* solidário e competente. No Brasil, ao contrário, persistia a permanente campanha de descrédito das atividades mais bem intencionadas. Lá, os colégios laboratórios, nos quais o trabalho de classe era subordinado aos problemas e discussões coletivas. Aqui, as aulas-conferências ou aulas-lição.

Lá, a organização docente era nacional, porque sua atividade reverberava em todo o país através das organizações locais. Aqui, a organização docente era nacional apenas porque existia no Rio de Janeiro. Lá, o americano aprendia a falar em público para dizer o que precisava com clareza. Aqui, persistia o palavrório vazio. Numa passagem curiosa, Anísio dá um exemplo do que chamavam na América o *plain talk english*, que veria posteriormente ser ensinado nas classes americanas nos cursos de *public speaking*, por um conferencista bastante descontraído.

> Não quero deixar de mencionar, porque talvez seja curioso detalhe que a maior parte de sua conferência Sir Guggisburg fê-la, displicentemente sentado sobre a mesa, que entre nós serve somente para receber os golpes violentos dos nossos gestos de povo-orador. (Teixeira, 1928: 64)[2]

Para Anísio Teixeira, nenhum dos colégios europeus que visitara apresentava os aspectos materiais modernos e prósperos dos colégios americanos. Nos primeiros, via o equilíbrio que se procurava manter a todo o custo e, nos segundos, a participação na vida coletiva que dava vida e mantinha o equilíbrio em constante movimento. Ele mesmo resume em quatro pontos as principais características dos colégios americanos:

> (...) profusão de edifícios vastos e apropriados e aparelhamento e instalações luxuosas e abundantes, métodos de ensino vivos, práticos em que participam igualmente professores e discípulos; um curriculum flexível e rico, com extraordinária variedade de cursos, de sorte que permita uma adequada adaptação às necessidades e preferências dos discípulos; e uma vida de estudantes tão diversa e variada, com tantas associações e clubes e tão grande atividade coletiva, que fazem, de fato, que a vida de colégio não seja neste país, o período de noviciado e provação que é entre nós, mas um período rico e fecundo, de plena vida social. (Teixeira, 1928: 61)

---

2. Anísio Teixeira refere-se à uma conferência que assistiu em Hampton, do Governador da Costa do Ouro, na África Ocidental. Sir Gordon Guggisburg, canadense, assumiu a administração dessa colônia africana em 1919 com um orçamento de governo similar ao do Estado da Bahia (sete milhões e meio de dólares). Sua gestão fez, no entanto, o orçamento chegar a 27 milhões de dólares. O que mais lhe impressionou, no entanto, foi a capacidade que o administrador teve de entreter por uma hora e quinze minutos um auditório formado por professores. Cf. Teixeira, 1928, p. 64.

Anísio ficou encantado com o que presenciou nos colégios americanos. Sentiu a necessidade da orientação filosófica e social de Dewey, mas também embarcou na concepção quantitativista de Thorndike, cuja proposta era tudo avaliar, calcular e medir através de *school surveys* que apareceram com o intuito de reconstruir o currículo das escolas norte-americanas. Thorndike reforçou-lhe a percepção, desenvolvida na gestão da Diretoria de Instrução, de que todo o processo escolar, incluindo o rendimento do aluno, precisava ser controlado.

Ao voltar para o Brasil, Anísio vinha com muitas idéias na cabeça, algumas das quais implementou quando foi Diretor da Instrução Pública na capital do país, entre 1931 e 1935: edificar construções escolares modernas, instituir o sistema *platoon* na organização escolar, reformular o sistema de inspeção sob a concepção de orientação pedagógica, criar escolas secundárias profissionais e nelas instituir o *self-government*, ampliar e melhorar a qualidade das bibliotecas escolares, instituir a formação do professor do ensino elementar em nível superior, criar um plano de carreira profissional, instituir o ensino pelo método de problemas e atividades nas escolas elementares e de formação de professores para esse nível de ensino, criar um serviço de educação de adultos.

Seu entusiasmo expresso no relatório de viagem transbordava. Estava fascinado com a importância que a leitura ocupava na vida moderna norte-americana e que promovia o esforço de levar as crianças a compreender sua importância bem antes da alfabetização. Agradava-lhe, e muito, a idéia de que cada um deveria desejar o conhecimento e trabalhar pessoalmente para conquistá-lo pela atividade de indagação e pesquisa. Essa era a renovação que ambicionava para a escola brasileira.

Alguns dos seus leitores, no entanto, não receberam com bons olhos todo o seu entusiasmo e encheram o livro de "pancadas". Denunciavam com sarcasmo a americanização do autor. Alegavam que nada do que o Dr. Anísio Teixeira trouxera da pedagogia norte-americana seria aplicado nas escolas brasileiras, nem mesmo após dez anos de publicação do relatório. Denunciavam a América dominadora que ensinava os povos dominados a pagarem seus tributos e apagarem seu passado, sua tradição e o próprio nome (Crítica sem assinatura ao livro *Aspectos Americanos de Educação*).

Anísio recebeu as críticas e colocou-as entre parênteses. É certo que a verdade não estava toda com ele, mas também não estava com seus críticos que viam os Estados Unidos exclusivamente como civilização materialista e implacável, com ingerência indevida na América Latina, tal qual retratou Eduardo Prado em *A ilusão americana* (1893), livro que, em sua primeira edição, foi apreendido pelo governo republicano e acabou sendo reimpresso na Europa (uma sgunda edição foi publicada por Armand Colin et Cie. Éditeurs, Paris, 1895). As águas do rio da vida levariam Anísio da Diretoria da Instrução Pública da Bahia, mas antes ele ainda faria mais uma viagem aos Estados Unidos.

Segunda viagem aos Estados Unidos: revendo a América por dentro

Entre meados de 1928 e 1929 Anísio Teixeira permaneceu dez meses nos Estados Unidos, com uma bolsa no valor de 1.800 dólares, patrocinada pelo Macy Student Fund do International Institute do Teachers College, em Nova York. Nesse período, como confidenciou a Lourenço Filho, não visitou qualquer escola. Ganhava consciência de que a obra de renovação escolar que ele tanto apreciava só ocorria em alguns setores da nação americana, sendo um pouco mais difundida nos estados novos do Centro e do Oeste. As demais regiões apresentavam eventos isolados de reconstrução escolar. Os americanos eram ótimos em técnica, mas deixavam a desejar em filosofia e plano. Afinal, reconhecia que Dewey era inovador em plena América (Notas de Lourenço Filho a propósito do centenário de John Dewey).

Desse período, o documento mais importante que nos deixou são suas anotações de aulas do Teachers College. Elas mostram que Anísio dedicou-se ao estudo do currículo, com Babit, de quem não concordava com a abordagem instrumental, da educação comparada com Kandel, à análise do trabalho em áreas rurais por Miss Carney e à discussão de uma teoria filosófica geral da educação, conduzida por Kilpatrick, aluno de Dewey, e que ele não apreciava por entender que, no debate, os alunos se perdiam. Freqüentava autores como William James, Bertrand Russel, Wells, ainda Thorndike, Spengler, Goethe e, é claro, Dewey.

O que atraía Anísio para Dewey era o fato de ele ser um crítico da própria democracia americana, pois mostrava que a ameaça a essa instituição não estava fora, como sugeria todo o debate sobre a imigração, mas estava dentro do país, nas instituições e nas atitudes pessoais. Dewey mostrava o lado luminoso do receio sombrio da "mistura racial" e do rebaixamento do padrão de vida norte-americano: a contínua imigração havia afetado a estrutura de classes no sentido de um movimento palpável de abertura de oportunidades de ascensão social e de uma vigorosa expansão da escola pública e dos movimentos docentes. Para responder aos educadores diante dos problemas práticos que essa situação acarretava, Dewey começou a escrever para eles. Surgem as seguintes publicações: *How we think* [Como pensamos] (1910); *Democracy and Education* [Democracia e educação] (1916); *Reconstruccion in philosophy* (1920), dentre tantos outras.

A segunda estadia nos Estados Unidos permitiu a Anísio Teixeira demarcar uma nova base social que reforçou as mudanças que vinha sofrendo em sua personalidade e identidade. Para ele o Teachers College funcionou como uma organização escolar de alternação, onde "reviveu" com intensa carga afetiva uma experiência de conversão pelo avesso, isto é, em oposição ao que vivera nos colégios jesuítas, obrigando-o a reinterpretar a realidade e a criar uma visão de si mesmo, através de uma lente que lhe permitiu visualizar o antes e o depois de sua passagem pelos Estados Unidos. Substituiu a visão de fora, que lhe davam os outros, como Henry Ford, ou os companheiros americanos de viagem a bordo do Pan American, pela visão de dentro, dedicando mais atenção aos problemas sociais (em parte provocados pela imigração) e às respostas que vinham sendo elaboradas em todo um trabalho de debate e de formação da opinião pública pelos intelectuais. Em sua segunda viagem à América, Anísio mergulhou na discussão de concepções filosóficas e políticas e pode abrir mão de uma percepção metafísica do mundo, abandonando a restauração e se alinhando ao liberalismo deweyano. Mudou leituras, incluindo no seu repertório obras dos já citados William James, Bertrand Russel, J. G. Wells, além de Dewey, dentre tantos outros. Ganhou novos amigos, como Monteiro Lobato e a rapaziada de São Paulo, Fernando de Azevedo e Lourenço Filho, por exemplo. Deslocou-se da Bahia para a capital da República, o Rio de Janeiro.

Em *Anísio Teixeira: a poesia da ação* (2000) tive oportunidade de me referir aos motivos que fizeram esse educador eleger Dewey como sua plataforma de lançamento no mundo: a possibilidade de conciliar contradições e conflitos existenciais, dando nova roupagem ao seu sentimento de serviço a uma causa que o ultrapassasse; a necessidade de encontrar propostas programáticas para as questões educacionais com as quais estava lidando; a necessidade epistemológica de construir uma síntese compreensiva do papel social da ciência moderna. Apesar da citação ser longa, julgo-a necessária:

> Do ponto de vista profissional, Dewey ofereceu a Anísio uma resposta programática de ação. Para ele, o enraizamento e as direções da mudança social a favor da democracia estão postas na infância. A realização vocacional da criança encontra sua resolução num sistema público de educação que permita a todos usufruírem dos benefícios da igualdade no aparelhamento das futuras carreiras. A chave para a realização vocacional está na análise de como se pensa. A ênfase na particularidade empírica do pensamento, em Dewey, tem a função de localizar o pensamento na prática e delimitá-lo no domínio do homem na natureza. Graças a essa localização, o pensamento passa a relacionar-se com a ação e — dentro dela — a uma situação problemática. Cabe aos educadores, em seu papel de mediadores entre os alunos e o conhecimento, promoverem investigações e planejarem suas atividades. Tanto o inquérito como o planejamento constituem a base de uma teoria social que originariamente, para Dewey, é uma questão intelectual e na raiz da qual aparece o desejo de "salvar" e construir a individualidade. Dessa forma, a concepção política do liberalismo cruza a reflexão psicológica e relaciona pensamento racional e democracia. O sentido da prática democrática é apreendido em três movimentos: apreender o público e descobri-lo por meio dos inquéritos; comunicar os resultados revelados nesse processo, formando a opinião pública e preparando-se para as mudanças necessárias; conceber múltiplos e simultâneos movimentos de reforma em determinada estrutura de acordo com a compreensão dos problemas que emergem em situações específicas de interação, no intuito de resolvê-las. (Nunes, 2000: 563-564)

Nos manuscritos de Anísio, datados de 1924 a 1936, nos livros que publicou nesse período, na tradução de dois ensaios de Dewey reunidos em Vida e Educação (1930) e dos seus livros Como pensamos (1930) e Democracia e educação (1935), sua preocupação foi não só divulgar o pensamento que oferecia a base conceitual para um programa de educação para o país e que implementou, em parte, na sua reforma da instrução pública da capital republicana de 1931 a 1935, mas também dialogar consigo mesmo, com as idéias que colocava em prática e com as críticas que recebia. Ao divulgar o pensamento de Dewey, Anísio pretendia realizar uma apresentação objetiva das suas idéias e dar suporte à sua própria ação na gestão da educação, usando-o como instância legitimadora da sua ação educacional.

De fato, ao assumir a gestão pública da educação na cidade carioca, Anísio criou um alvoroço. O seu modo de gerenciar a educação, ao mesmo tempo acompanhou e se distinguiu dos que o antecederam (Antonio Carneiro Leão e Fernando de Azevedo). No que se aproximou de seus antecessores? Na criação de uma política de conjunto para a rede escolar pública, na atuação mais individualizada para atingir os estudantes no intuito de mudar hábitos de comportamento e valores na direção da saúde, da moralização e de homogeneização de espaços tão heterogêneos quanto a escola e a própria cidade. No que se distinguiu ele? Numa estratégia que ampliou e aprofundou a intervenção sobre a rede escolar. Criou um estilo de gestão apoiado numa ação diferenciada em direção a um modelo liberal, redefinindo as políticas perseguidas de extensão e melhoria da qualidade de ensino. A maior diferença de Anísio para seus antecessores é que criou efetivamente uma rede pública municipal que ia da escola primária à Universidade, fazendo desta última — junto com seus colaboradores — um poderoso campo cultural que proporcionou conhecimento sobre a vida urbana e nela interferiu, atingindo seus códigos culturais inscritos nas relações pessoais e sacudindo representações cristalizadas da realidade.

A reforma da instrução pública de 1931 a 1935 corporificou um projeto de modernização que se confrontou com o projeto de modernização autoritária do governo federal e da Igreja. Foi uma reforma que integrou tanto uma real abertura de maiores chances educativas para a população, através da melhoria efetiva da qualidade da escola primária, da abertura da escola secundária através da estratégia de introduzir cursos de cultura geral aos cursos técnicos profissionais já existentes e da tentativa de obter a equiparação do valor do seu diploma ao diploma do famoso colégio de elite Pedro II, da incorporação da formação de professores em nível universitário, dos serviços de bibliotecas, da oferta de cursos de extensão e aperfeiçoamento de adultos e, simultaneamente, de formulação de concepções autoritárias sobre as classes populares no âmbito das pesquisas produzidas pelo Instituto de Pesquisas Educacionais, pelos testes classificatórios dentro das escolas primárias e de todas as medidas que procuravam ordenar a diferença dentro de uma cultura que opôs a "razão" das elites à "irracionalidade" das massas.

A reforma comandada por Anísio Teixeira na capital da república, na década de 1930, é uma das mais polêmicas pelo seu constante movimento de redefinição a partir do teste da realidade, isto é, das resistências, das críticas, dos obstáculos e crises e que provinham da interlocução plural que se travou entre seus próprios colaboradores, recrutados entre católicos, liberais, comunistas, pensadores autoritários de direita e esquerda.

Hábil e carismático coordenador, Anísio Teixeira não se comportou, nesse momento, como um liberal conservador americano. Pensava como um intelectual latino-americano que participou da mentalidade da sua época e endossou o papel disciplinador da escola sobre a cidade. No entanto, e isto é muito importante, não lidou com a heterogeneidade como seus contemporâneos o fizeram, já que não a considerava resultado da carência de atributos intrínsecos do sujeito pobre, mas sim da omissão dos governos na direção das condições sociais e escolares. E isso fez toda a diferença, pois lhe permitiu ouvir interlocutores distintos, e extrair de cada colaboração, independente da sua filiação ideológica, o que lhe pareceu mais adequado para atender às crianças, adolescentes e aos adultos que freqüentavam as escolas públicas.

Para atingir seus objetivos, Anísio seguiu lógicas distintas que surpreendiam, confundiam e, até certo ponto, desarticulavam seus oponentes. Assumia o estilo jesuíta na defesa da alteração da rotina da escola pública, do controle das suas atividades, da realização de uma obra de demonstração e da organização operacional de permanência dessa obra. Assumia o estilo de coronel baiano em certos gestos da sua política palaciana, que ganha crescente influência junto ao interventor no governo municipal e na fidelidade ao grupo regional ao qual estava ligado, ou ainda quando fazia certas concessões no que diz respeito à indicação de certos nomes para a ocupação de cargos, sem nunca esquecer, no entanto, os interesses da política educativa que o conduzia. Esse lado magoava alguns colaboradores diretos como Paschoal Lemme e Venâncio Filho. Encarnava também o pensador liberal, quando definia seu projeto educativo e ativava a teoria para criar as condições de gestão e até mesmo quando elaborou o programa do Partido Autonomista, num momento em que a Associação Brasileira de Educação, atravessada por disputas ideológicas e regionais não apresentava condições de dar-lhe efetiva sustentação política.

Os efeitos das viagens de Anísio Teixeira aos Estados Unidos tornaram-se apenas evidentes a partir da sua gestão na capital da república. Quando retornou à Salvador não pode colocar o que aprendera em prática. Como confidenciou a Monteiro Lobato, em carta datada de 8/12/1929, várias pequeninas crises haviam amadurecido e depois de quase seis anos como Diretor de Instrução, estava fora do governo. Ao que Lobato retrucou de Nova York, em carta de 15 de janeiro de 1930:

> (...) Já não és diretor de Instrução. Curioso. Justamente quando te preparaste para ser um grande diretor de Instrução, quando ficaste em ponto de bala, fora... Vai para teu lugar um, o quê? Um leigo, pois acho que é leigo todo homem que não conhece a América. (1986: 47)

Democracia, diversidade cultural e políticas públicas de educação

Ganharam força, na década de 1920, as representações de uma democracia norte-americana ameaçada pelos problemas decorrentes da imigração crescente. O que causava polêmica, àquele momento, eram as argumentações étnicas e sociais, cujo enfrentamento foi realizado pelo poder político, primeiramente através da limitação dos direitos do corpo social, em termos de manifestações de liberdade individual e sindical e, em seguida, por um intenso trabalho de reorganização escolar.

O que estava em evidência era uma concepção dualista do mundo, que fechava o campo de significação, restringindo alternativas. O papel educador que Dewey elegeu para desempenhar, nessas circunstâncias, foi o de esclarecer a opinião pública. Daí ter colocado seu foco em escrever diretamente para os professores, com o claro objetivo de questionar o consenso fabricado, a projeção idealizada do que "deveria ser" a sociedade americana; a cisão entre as antigas instituições que velavam pelas questões morais e sociais e as instituições ligadas às ciências, das quais se solicitava uma intervenção no domínio prático da vida. A educação norte-americana estava reproduzindo o conflito entre, de um lado, os usos da ciência e, de outro, a difusão de valores, muitos deles ultrapassados.

Anísio ficou fascinado tanto pela denúncia deweyana de uma tradição filosófica autoritária, quanto pelo sentido humano que, em sua obra, ganhava a história da filosofia e da ciência, e cujo desdobramento era a compreensão de que o papel de ambas era não só ordenar idéias, clarear os conflitos sociais e morais expressos no cotidiano, mas também ajudar os homens a se posicionar diante deles. O papel do intelectual, nesse caso, não era apenas o de analisar as situações vividas, mas propor e implementar ações para aliviar o sofrimento humano. Em decorrência, o papel da educação não era pasteurizar a vida proporcionando experiências mutiladas por uma razão artificial. Daí a importância de avaliar todas as instituições pelos seus efeitos educativos e não separar a política da moral. Como pressuposto dessa postura havia a crença de que certas disposições sociais, políticas ou econômicas produziriam certos efeitos sobre o caráter das pessoas.

Ao criticar o fortalecimento do Estado nacional e de suas políticas controladoras que visavam a imigração, mas não só ela, Dewey mostrava que as associações da sociedade civil, como os partidos políticos, as sociedades comerciais, as organizações científicas e artísticas, os sindicatos, as igrejas, as escolas e os clubes é que seriam as verdadeiras unidades sociais do exercício político do cidadão comum e esse pluralismo é que precisava ser coordenado pelo Estado. Ele mostrava a crescente incoerência norte-americana entre reivindicar a soberania do Estado territorial e nacional e o crescimento de interesses internacionais.

Dewey levou aos educadores a mensagem de que a teoria social é um guia metodológico de investigação e planejamento da ação escolar na formação do cidadão, realizado em sua vocação. Ele entende vocação como serviço voltado para o outro no qual aquele que o realiza empenha suas aptidões pessoais no intuito de obter certos resultados. Ele critica a oposição entre os aspectos vocacionais e os ideais aristocráticos. Insurge-se também contra a preparação profissional rigidamente adaptada ao sistema industrial existente, por dar às massas uma limitada e prática educação técnica para profissões especializadas exercidas sob a direção de terceiros. Para ele, essa concepção de educação vocacional perpetuaria a antiga divisão social, com o seu respectivo dualismo intelectual e moral e não se justificaria, inclusive, pela dependência cada vez maior das ciências no trabalho industrial. Pelo modo como Dewey concebe as ciências, elas teriam um papel fundamental no desenvolvimento do caráter e do espírito humano. A realização vocacional encontraria em Dewey, como já me referi anteriormente, sua resolução na defesa de um sistema público de educação que permitisse a todos usufruírem dos benefícios da igualdade na preparação para as futuras carreiras. Essa proposta o afasta da perspectiva estreita da educação confessional e de certas "seitas" escolanovistas. Afasta-o também, e muito, daquela imagem cristalizada que alguns dos seus comentaristas apresentam: a de idealizador de uma escola vocacional para a classe trabalhadora, entendida como preparação profissional direcionada para os interesses industriais.

Anísio tentou concretizar na capital da república um sistema público de educação. O que encontrou, de início, foi uma fragmentação social semelhante à que dilacerava a sociedade norte-americana. Na cidade do Rio de Janeiro, a divisão entre seus moradores era palpável, distinguindo-se aqueles que moravam nos bairros daqueles que ocupavam as favelas, os morros e as periferias urbanas, muitos deles vindos de outros países e ou de outras regiões do Brasil. A fragmentação social e tudo que significava em termos de discriminação da freqüência a certos lugares e da fruição de bens materiais e simbólicos explodia na fragmentação escolar que, em sua heterogeneidade, revelava diferenças marcantes nos tipos de escolas, na sua organização e na sua clientela, que se concentrava nessas instituições de acordo com o seu sexo e sua condição social. A presença dos pobres nas escolas públicas era evidenciada pelos problemas que a pobreza colocava à organização escolar: a irregularidade nas condições de saúde dos alunos, em suas reações psicológicas, na faixa etária em que se incluíam, no aproveitamento dos estudos, nas dificuldades de sociabilidade e na atitude de estranhamento diante da cultura escrita.

Para enfrentar essas dificuldades, Anísio propôs intervenções conjuntas em vários pontos do sistema: na formação do professor, na organização escolar, no currículo das escolas, nas medidas de avaliação. Ele e sua equipe procuraram alterar a cultura pedagógica através de uma literatura produzida no âmbito da docência, da produção didática, da administração pública. Essa cultura foi fruto do esforço de novos profissionais que ao produzirem essa obra produziam também uma nova identidade do educador profissional. Esses novos educadores criaram um olhar específico sobre a vida social e escolar apoiado em determinadas áreas do conhecimento: a Estatística, a Psicologia, a Sociologia, o Direito, a Filosofia, a Música, a Educação Física, a Arquitetura Escolar.

Já em 1928, Anísio percebia que um dos pontos cruciais da política educacional norte-americana era a mudança do currículo. Percebia também que a dificuldade na transformação dos programas escolares tradicionais se devia, em boa parte, à orientação acadêmica dos docentes que escreviam livros escolares e ao seu entrincheiramento e das casas editoras nos respectivos livros então produzidos. Nós ainda não tínhamos ampla consciência desse problema, apesar das famosas disputas entre autores de métodos de alfabetização já serem realidade entre nós.

O problema era estruturar o currículo escolar de modo a levar em conta a dinâmica da cultura e entender que, dependendo da sua concepção, todo um processo de inclusão e exclusão de conteúdos estaria disparando um processo de construção de identidades sociais que dividiam o mundo social. Nesse sentido, vale a advertência de Silva:

> (...) o currículo não pode ser visto simplesmente como um espaço de transmissão de conhecimentos. O currículo está envolvido naquilo que somos, naquilo que nos tornamos, naquilo que nos tornaremos. O currículo produz, o currículo nos produz. (Silva, 1999: 27)

Não por acaso, a exasperação de Anísio com a dualidade do ensino secundário acadêmico e profissional levou-o a incluir os cursos profissionais técnicos até então ligados ao sistema de ensino primário do governo municipal no nível secundário, acrescentando — e isto é muito importante — aos cursos práticos já existentes cursos de cultura geral exigidos pela legislação federal, o que tinha a motivação de abrir para seus estudantes as portas das escolas superiores. Essa associação, que levava a cultura geral a conviver com as práticas de ofício levava o nome de escolas técnicas secundárias e exigiu um intenso processo de reconstrução de programas, métodos, processos de avaliação conjugado à implantação de uma nova política de ingresso na carreira docente e mecanismos de promoção salarial. Essas escolas tinham como alvo a equiparação do valor dos seus diplomas aos do Colégio Pedro II e a equiparação do trabalho discente desenvolvido nas disciplinas de cultura geral ao realizado nas práticas de ofício. Essa reorganização foi normatizada pelos Decretos ns. 3.763 e 3.804, de fevereiro e abril de 1932. A primeira instituição reorganizada pelos decretos citados foi a Escola de Comércio Amaro Cavalcanti, situada no Largo do Machado.

Inspirado na experiência do Instituto Hampton, que Anísio descreve em seu livro *Aspectos americanos de educação*, as escolas técnicas secundárias experimentaram viver sob uma organização de *self-government*, isto é, onde grande parte da gestão escolar cabia aos próprios estudantes organizados em conselhos, que decidiam sobre sanções disciplinares, estímulos aos colegas retardatários, apoio aos alunos menos ajustados, programas e estudos supletivos, atividades curriculares e extracurriculares e outras tantas vivências que transformavam os estudantes em elementos mobilizados, eleitores e elegíveis dentro da escola, conhecedores de um conjunto de problemas que se produziam na sua prática educativa. Foi considerada uma experiência "anárquica" por alguns educadores, que não aceitavam o seu caráter híbrido, como podemos verificar na citação que se segue, escrita por um anônimo:

> É claro que o meio Amaro é integralmente diverso do meio *Zehlendorff* [alusão a um instituto para crianças retardatárias nos arredores de Berlim]. É a Amaro Cavalcanti uma escola secundária com perto de 1000 alunos, heterogêneos em seus três turnos de programas diferentes, freqüentadas por meninas, meninos, pubescentes, adolescentes e adultos; heterogeníssima porque, pessimamente colocada (e instalada) para um curso de finalidade comercial, nela se refletem amplamente os contrastes de classe da sociedade, vinda a menina e a mocinha do pai rico de Copacabana e Botafogo (...) com a menina e a mocinha paupérrimas, a quem o diretor, fazendo ginástica de aproveitamento de verbas e da boa vontade dos fornecedores, teve de fornecer roupa e calçado. Nesse ambiente salada de frutas — *pop-pourri* — os fatos só podiam mostrar a impraticabilidade, não tinham outra coisa a fazer senão atestar o ridículo do *self-government* (...) (Críticas à Anísio Teixeira).

Pela crítica do anônimo fica evidente que a escola com sua nova organização feria o código inscrito nas relações sociais dos moradores da cidade, já que quebrava fronteiras e reunia estudantes de origens sociais diferentes. Essa experiência transtornava as representações que ordenavam a área urbana e que diferenciavam a freqüência a certos locais pelos ricos e pobres. Chocava de forma contundente, por abrir mão de uma prática que hierarquizava idéias, pessoas e lugares. A distribuição do poder aos alunos foi vivida como grande risco pelas autoridades pedagógicas e a experiência de autonomia escolar foi interrompida. Seus diplomas não foram equiparados aos do Colégio Pedro II, no que a resistência conservadora dos seus professores lograra êxito junto ao governo federal. A direção da Escola de Comércio foi tumultuada e os protestos de professores, funcionários e pais de alunos se sucediam.

Este é um exemplo das dificuldades com as quais teve que lidar Anísio Teixeira para enfrentar a diversidade cultural, implementando uma política democratizadora de acesso no nível de ensino secundário, até então destinado apenas à elite. É um exemplo também de uma tentativa de fazer valer os significados próprios de uma concepção democrática de sociedade e educação sobre o significado conservador do *status quo* entranhado nos costumes e na vida da cidade. O resultado da experiência significou que a cidade tomara o partido dos conservadores. Os preconceitos e as resistências esmagaram a semente de uma escola diferente nos seus propósitos e na sua prática.

A iniciação de cursos secundários, moldados pela legislação federal, ainda foi possível em dois estabelecimentos femininos, a Escola Paulo de Frontin e a Escola Rivadávia Correia e na Escola Secundária do Instituto de Educação. As demais instituições de ensino profissional tiveram incorporados ao seu currículo antigos cursos complementares anexos, o que permitiu organizá-los com cinco anos de curso secundário geral enriquecidos por matérias de higiene e puericultura, além dos trabalhos manuais realizados em oficina. No caso das escolas femininas citadas, foi cobrada uma taxa das alunas que desejassem seguir o regime da legislação federal, para pagamento dos serviços de fiscalização.

Em todo o processo de conflitos que sofreu a Escola de Comércio Amaro Cavalcanti fica patente que o currículo enquanto prática de significação envolve relações de poder, incluindo o poder de discriminar quem deve ou não ser incluído, e como. A identidade é relacional e marcada pelas diferenças. Ignorar significados partilhados, mesmo com bons propósitos, pode ser fatal na implementação das políticas públicas. Nos dualismos de qualquer espécie, sempre um lado acaba sendo mais valorizado do que o outro.

Essa e outras modificações pedagógicas gerenciadas pelo governo municipal e das quais não tratei nesta oportunidade, evidenciavam, de um lado, a ampliação da sua responsabilidade educativa e, de outro, colocavam em xeque as iniciativas do governo federal. Manifestavam ainda a façanha do prolongamento das pautas educativas para outros espaços de sociabilidade, alguns especialmente criados como as bibliotecas públicas. À medida que a modernização autoritária se afirmava, a gestão de Anísio foi avaliada, pelo governo federal, como uma estratégia de oposição dentro da estratégia oficial, uma iniciativa contrária aos interesses do Estado já que opunha o democrático (entendido mais como mecanismo de democratização da sociedade civil) ao nacional. Foi considerada uma gestão subversiva porque caminhava na direção da democratização da cultura. Anísio e sua equipe foram expurgados do governo em 1935. Seus sucessores tentaram apagar da memória das novas gerações todo o formidável serviço pela educação que prestou na Diretoria da Instrução, mas ele voltaria ao cenário educacional na década de 1950, insistindo no que suas convicções lhe apontavam. As viagens pedagógicas que realizou aos Estados Unidos foram um ponto de inflexão no seu modo de ver o mundo. Mostraram que era possível, mesmo em meio a todas as oposições e perseguições partidárias, ideológicas ou pessoais, contribuir e participar do projeto de construção política de uma sociedade democrática. Desse propósito, Anísio nunca desistiu.

Referências bibliográficas

Fontes primárias

TEIXEIRA, Anísio. Aspectos americanos de educação. Salvador: Tip. de São Francisco, 1928 [Download do site prossiga@cnpq.br]

______. Diário relatando sua viagem para os Estados Unidos da América. *Arquivo Anísio Teixeira*, série produção intelectual. AT Teixeira, A pi 27/04/27. CPDOC/FGV.

______. Manuscrito sobre a educação nos Estados Unidos e os impasses da "escola nova". *Arquivo Anísio Teixeira*, série produção intelectual. AT Teixeira, A pi 27/35.00.00/2. CPDOC/FGV.

TEIXEIRA, Anísio. Carta de Anísio Teixeira a Deocleciano Pires Teixeira (18/11/1927). *Arquivo Anísio Teixeira*, série correspondência. Atc 22.03.06, documento n. 20. CPDOC/FGV.

_____. Sem assinatura. Crítica ao livro "Aspectos americanos da Educação"(?) de Anísio Teixeira. *Arquivo Anísio Teixeira*, série produção intelectual. AT S. Ass. Pi 28/36.00.00, CPDOC/FGV.

_____. Críticas a Anísio Teixeira. Texto de crítica à experiência do self-government aplicada à Escola Amaro Cavalcanti por Anísio Teixeira e Venâncio Filho. *Arquivo Anísio Teixeira*, série produção intelectual. AT S. Ass., pi 32/36.00.00. CPDOC/FGV.

_____. Notas de aula de Anísio Teixeira no Teachers College. Arquivo Anísio Teixeira, série temáticos. AT 21.01.05 t, documentos ns. 3, 14, 15, 16, 17, 19, 22. CPDOC/FGV.

LOURENÇO FILHO. A propósito do centenário de John Dewey. *Arquivo Lourenço Filho*, série produção intelectual. LF pi 59.00.00/1. CPDOC/FGV.

Fontes secundárias

BORGES, Sherrine Njaine. *Metamorfoses do corpo* — uma pedagogia freudiana. Rio de Janeiro: Fiocruz, 1996.

NUNES, Clarice. *Anísio Teixeira: a poesia da ação*. Bragança Paulista: EDUSF, 2000.

SILVA, Tomás Tadeu da. *O currículo como fetiche*. A poética e a política do texto curricular. Belo Horizonte: Autêntica, 1999.

VIANNA, Aurélio e FRAÍZ, Priscila (Orgs.). *Conversa entre amigos*. Correspondência entre Anísio Teixeira e Monteiro Lobato. Salvador: Fundação Cultural do Estado da Bahia; Rio de Janeiro: Fundação Getúlio Vargas/CPDOC, 1986.

Livros consultados

DEWEY, John. *Reconstruction in philosophy*. New York: H. Holt and Co. 1920.

_____. *Como pensamos* (como se relaciona o pensamento reflexivo com o processo educativo). São Paulo: Ed. Nacional, 1959.

_____. *Democracia e educação* (Intodução à Filosofia da Educação). 2. ed. São Paulo: Ed. Nacional, 1959.

_____. *Experiência e educação*. 2. ed. São Paulo: Ed. Nacional, 1976.

PRADO, Eduardo [1893]. *A ilusão americana*. São Paulo: Brasiliense, 1957.

Rastro de deslumbramento: Cecília Meireles em Portugal

Jussara Santos Pimenta

A rapidez com que os povos modernos se podem deslocar e pôr-se em contato uns com os outros exerce grande influência, como não podia deixar de acontecer, sobre as relações, em qualquer campo que elas se estabeleçam. O ritmo das trocas das importações e exportações acelera-se. O território de cada nação, principalmente daquelas cujos aspectos se encheram de atrativos pitorescos, dotadas pela prodigalidade da natureza ou pela atividade incansável dos homens que criaram a sua civilização, é percorrido em certas épocas do ano por milhares de forasteiros, ávidos de conhecerem paisagens e costumes novos.

Mas vai longe o tempo em que essas visitas se prolongavam, dando ocasião ao excursionista de adquirir um conhecimento, tanto quanto possível, profundo de pessoas e de coisas.

Atualmente, o viajante é impelido por forças constantes e não pode se demorar. Os olhos são obrigados a ver depressa, a sensibilidade deve possuir uma vibratibilidade intensíssima para que se deixe impressionar pela visão ou pelas impressões mais fugitivas. As relações entre o visitante e o povo observado estabelecem-se e desfazem-se num dia, porque os expressos passam em andamento vertiginoso, confundindo e obscurecendo linhas, cores e formas.

Se os contatos não se fazem em tempo de paz, e são substituídos por embates guerreiros, então essa velocidade redobra, acicatada pelo desejo de vencer, pelo pânico, pela morte.

As pulsões que marcam os passos da vida do homem de hoje caracterizam-se por um ritmo febril.

Não foram apenas as manifestações materiais da vida de relações, que se deixaram tocar por esse espírito de alucinação. Quando mentalidades estranhas umas às outras procuram conhecer-se e criticar-se, o seu contato faz-nos pensar no encontro de duas correntes elétricas. É rápido como o deslumbramento produzido por uma faísca.

Em épocas passadas, a penetração da índole, da cultura de um povo estranho por qualquer inteligência curiosa, fazia-se com lentidão e segurança. O desejo de conhecer levava o intelectual a estabelecer-se no país que lhe despertara a curiosidade e nele vivia anos consagrados ao estudo e à meditação. Deste esforço compreensivo nasciam obras reveladoras e definitivas.

(...)

Esta morosidade fecunda desapareceu. Nos tempos que vão decorrendo, o representante típico da intelectualidade que viaja é o conferente. Este dispõe-se a visitar um país estranho, ou por iniciativa própria, ou encarregado da missão oficial de tornar conhecidas certas facetas do labor espiritual dos seus concidadãos. O conferente é uma personalidade dos dias de hoje. Em ponto algum se demora, atravessa campos e cidades num andamento inalteravelmente veloz passeando idéias. O seu contato com a terra visitada limita-se a um círculo escolhido; a sua visão das generalidades resume-se a um esboço e o que ele tem a dizer, di-lo expresso numa fórmula literária extremamente concentrada, que é a da conferência. O gênero não é novo, mas adquiriu recentemente uma voga que, até então, não conhecera e devemos reconhecer que não é destituído de encantos.

(...)

Devo reconhecer, porém, que existem exceções e uma delas é representada por Cecília Meireles, a conferente brasileira, que esteve entre nós recentemente. Fez esta senhora várias palestras que foram ouvidas com muito agrado por um escolhido público lisboeta.

Tive ocasião de ouvir duas dessas conferências, aquela que foi realizada na sala nobre da Faculdade de Letras e outra no Club Brasileiro.

Em ambas, a ilustre senhora se esforçou por nos fazer conhecer o Brasil moderno, com os seus costumes e os seus movimentos de idéias. A primeira teve por tema as reformas operadas pelo atual governo brasileiro na organização do ensino primário, secundário e universitário. A segunda interessou-me pro-

> fundamente. Constituía uma descrição animada e colorida dos batuques, sambas e macumbas, danças brasílicas de origem negra.
>
> (...)
>
> Cecília Meireles tem o condão de as evocar num estilo sóbrio sintético e expressivo (Almeida, 13/03/1934).

Assim o cronista português Viana de Almeida traduziu a admiração que a conferencista despertou entre a intelectualidade portuguesa, em matéria publicada no *Diário de Lisboa* em 13 de março de 1935, meses depois da presença de Cecília Meireles em Portugal. O convite havia sido feito reiteradas vezes através de cartas, pela amiga, a poeta Fernanda de Castro, casada com o Ministro da Propaganda, Antônio Ferro, para que realizasse uma série de conferências em Portugal, onde discorreria sobre literatura, política, arte e pedagogia.

Nesse momento havia um grande interesse dos intelectuais e educadores dos dois lados do Atlântico em permutarem impressões e experiências. Literatos e educadores portugueses e brasileiros pareciam ter uma necessidade de entrever, nesse período, algo mais que a simples partilha da língua portuguesa. Gouvêa (2001), em *Cecília em Portugal*, não só nos convence dessa intensa necessidade de aproximação, mas nos mostra através da sua pesquisa que esse intercâmbio realmente aconteceu. Vale salientar que, nesse trabalho, a pesquisadora se ateve muito mais ao campo da literatura, o que nos estimula a investigar a viagem sob o ponto de vista da educação.

A obra de Cecília Meireles tem sido explorada principalmente pelos estudos literários, ainda que outros ângulos da multifacetada face da poeta ainda possam ser considerados. Só recentemente a obra educacional de Cecília Meireles começou a ser tomada como tema de investigação entre os educadores, notadamente dos historiadores da educação.[1]

Durante grande parte de sua vida, Cecília Meireles empreendeu inúmeras viagens: Portugal, Estados Unidos, México, Uruguai, Argentina, Ín-

---

1. Podemos indicar o trabalho de Lobo (1996: 525-545), que procurou reconstituir a trajetória de Cecília a partir da sua tese *O Espírito Victorioso; a coletânea Cecília Meireles: a poética da educação*, organizado por Neves, Lobo, Mignot (2001) e lançado por ocasião do centenário de seu nascimento; e ainda Lamego (1996), Corrêa (2001), Magaldi (2001), Pimenta (2001) e Strang (2003), trabalhos em que o foco principal está centrado em Cecília Meireles como educadora.

dia, Goa, Espanha, Itália, França, Bélgica, Holanda, Porto Rico, Grécia, Peru e Israel. Todas elas deixaram marcas em sua obra, como, por exemplo, no livro *Viagem*, que obteve o "Prêmio de Poesia Olavo Bilac", pela Academia Brasileira de Letras, em 1939 e foi dedicado aos amigos portugueses; em *Mar Absoluto e outros poemas* (1945) e *Poemas de Viagens* (1940-1964), coletânea publicada pela primeira vez no volume 9 das *Poesias Completas* organizadas por Darcy Damasceno, em 1974. Outros livros contêm poemas em que são fartas as alusões a navios, naufrágios, sereias, ilhas e ondas, por exemplo. Merece destaque as suas *Crônicas de Viagem*, obra em prosa na qual Cecília Meireles revela o seu contato com outros povos e continentes.

Un petit monde étroit[2]

Poeta, jornalista e educadora, Cecília Meireles sempre teve o seu nome ligado aos círculos literários e ao cenário educacional dos anos 30, pois constituiu uma rede de relações com intelectuais brasileiros e estrangeiros a partir de sua atuação em revistas e periódicos de maior circulação no Rio de Janeiro. Nesse *petit monde étroit* em que se movimentava, Cecília construiu amizades sólidas, organizadas "em torno de uma sensibilidade ideológica ou cultural comum e de afinidades mais difusas, mas igualmente determinantes" (Sirinelli, 1996: 248).[3]

Através dessa rede tecida ao redor das revistas e dos manifestos é que vamos encontrar Cecília Meireles. Ela pode ser considerada um cidadão da "ágora", ou seja, alguém que participa do debate intelectual da cidade e deixa aí "direta ou indiretamente seu rastro, nem (...) da sombra, nem figura de proa, mas inspiradora de um grupo atento e ardorosamente prosélito" (Sirinelli, 1996: 253). Ela é uma intelectual brasileira, por ser natural do

2. Expressão utilizada por Jean-Paul Sartre, após a morte de Albert Camus. Ver: Sirinelli, 1996: 264 (nota número 6).

3. Para esse autor, as redes de sociabilidade são construídas sempre a partir desses vínculos que vão sendo criados e mantidos entre os intelectuais a partir um "núcleo central, (...) onde os laços se atam, por exemplo, em torno da redação de uma revista ou do conselho editorial de uma editora". O termo "redes" é comumente utilizado para definir tais estruturas que *são mais difíceis de perceber do que parece*, cabendo ao historiador procurar restituir o indivíduo a essa rede de relações concretas existentes e não ao seu contexto (Sirinelli, 1996: 248).

Brasil, mas seus escritos e seu pensamento têm uma dimensão universalista, embora não esteja ausente em sua obra sua visão dos aspectos locais do país. Esteve de 1930 a 1933 à frente da "Página de Educação" do *Diário de Notícias*, assinou o Manifesto dos Pioneiros da Educação Nova e organizou e dirigiu a Biblioteca Infantil do Pavilhão Mourisco.[4] Em todas essas instâncias, como professora, como cronista, como poeta, conferencista e correspondente de intelectuais ligados à cultura e à educação, Cecília participou e marcou ativamente as discussões em torno da Escola Nova e da experiência que vinha sendo realizada no Distrito Federal.

A filiação intelectual de Cecília Meireles era muito diversificada, pois ela transitava com desenvoltura entre os campos da educação e da literatura. Suas "Crônicas de Educação" são ricas em referências a pensadores de diferentes inserções culturais e teóricas: Dewey, Kilpatrick, Claparéde, Bovet, Ferriére, Pestalozzi, Rousseau, Decroly, Montessori, Fröebel, Kerschensteiner, Herbart e Piaget e também Nietzsche, Tolstói, Cícero, Diógenes, Shaw, Gorki, Rilke, Withman e ainda Tagore e Gibran, entre tantos outros. Segundo Strang (2003: 14), a ligação entre Cecília e muitos desses intelectuais foi além das suas leituras, como, por exemplo, no caso de Mme. Artus Perrelet e Edouard Claparéde. Este esteve no Rio de Janeiro em 1930, sob o patrocínio da ABE e concedeu entrevistas que foram publicadas na "Página de Educação" por Cecília. Quanto à Mme. Perrelet, seu contato foi ainda mais estreito. Convidada pelo governo mineiro para uma série de conferências e cursos, esteve no Rio de Janeiro em 1931, onde ministrou um curso na Escola de Belas Artes, tendo muitos dos temas desenvolvidos por ela em seus cursos e conferências publicados na "Página de Educação".

Outros intelectuais estrangeiros com quem Cecília estreitou laços de amizade foram Gabriela Mistral, Alphonso Reyes e Ana de Castro Osório. Gabriela Mistral[5] e Cecília Meireles tinham, entre si, muitas semelhanças: infâncias marcadas pela orfandade e pela solidão, a luta pela democratização da educação, além do fato de escreverem para jornais, serem professo-

4. Biblioteca Infantil do Pavilhão Mourisco ou Centro de Cultura Infantil. Ver: Pimenta, 2001.

5. Em 1922, Gabriela Mistral foi convidada pelo Ministério da Educação do goveno mexicano para trabalhar nos planos de reforma educacional daquele país. Teve grande destaque ao receber o Prêmio Nobel de Literatura, que a levou a viajar por todo o mundo e representar seu país em comissões culturais das Nações Unidas, até falecer em Hempstead, no estado de Nova York, Estados Unidos.

ras e poetas e terem viajado ao longo de suas vidas fazendo conferências e divulgando suas respectivas culturas. Ana de Castro Osório fazia parte dos círculos intelectuais femininos de Portugal e foi responsável pela criação de associações, pela realização de conferências e pela publicação de diversos livros em diferentes estilos literários, destinados a adultos e a crianças. Cecília divulgou seus livros na "Página de Educação", dos quais dois deles (*Lendo e aprendendo* e *Uma lição de História*) foram adotados pelos estados de Minas Gerais e São Paulo, respectivamente, como manuais didáticos.[6] Amigo e correspondente, o embaixador do México no Brasil de 1930 a 1938, Alfonso Reyes, participou da organização e inauguração da Biblioteca Infantil, doando publicações de várias procedências e assuntos. Reyes foi, provavelmente, quem fez o convite para a viagem e as conferências que Cecília proferiu no México.

Os contatos com os interlocutores portugueses, como, por exemplo, José Osório de Olvieira e Fernanda de Castro e Afonso Duarte, estabeleceram-se, primeiramente, através de cartas e se estreitaram a partir de sua primeira viagem a Portugal. Esses e outros intelectuais (Diogo de Macedo, Manuel Mendes, Armando Cortez-Rodrigues, entre outros) estavam ligados aos círculos pedagógicos e literários através de revistas como *Águia, Rajada, Atlântida e Ocidente.*

Eu, porém, que nasci para marinheiro...[7]

Desde os 17 anos, quando se tornou professora, Cecília Meireles iniciou o seu processo de autonomia intelectual. Estudar e trabalhar eram atividades ainda incomuns para algumas mulheres do seu tempo. O seu casamento com o artista plástico português Fernando Correia Dias[8] parece não ter alterado essa autonomia, uma vez que ela continuou a trabalhar como

---

6. Maria José Lago dos Remédios. Ana de Castro Osório e a construção da grande aliança entre os povos: dois manuais de autoria da escritora portuguesa adotados no Brasil. *Anais do I Congresso Brasileiro de História da Educação*. Rio de Janeiro, 6 a 9 de novembro de 2000, pp. 162-164.

7. Trecho da correspondência de Cecília Meireles para Fernando de Azevedo, 21/03/1934.

8. Fernando Correia Dias, artista plástico e miniaturista português, era natural de Penajóia. Trabalhou com Fernando Pessoa, Almada Negreiros e Afonso Duarte em revistas como *Águia* e *Rajada*. Correia Dias foi, provavelmente, quem apresentou os novos poetas portugueses a Cecília.

professora, a freqüentar os círculos intelectuais e a escrever para revistas e jornais cariocas.

Cecília se definia ora como "navegante" ora como "marinheiro", tal era o apelo que as viagens sempre representaram em sua vida. Talvez esse fator possa ser entendido se levarmos em consideração os seus laços familiares: a sua avó D. Jacinta Garcia Benevides, que "cantava rimances" e era açoriana da Ilha de São Miguel, foi quem provavelmente povoou a infância da menina com histórias de navios, mares e naufrágios.

> Quanto à Portugal basta dizer que minha avó falava como Camões. Foi ela quem me chamou a atenção para a Índia, o Oriente: "Cata, cata, que é viagem da Índia", dizia ela, em linguagem náutica, creio, quando tinha pressa de algo. Chá-da-índia, narrativas, passado, tudo me levava, ao mesmo tempo, à Índia e a Portugal (Bloch, 16/05/1964).

Cecília afirmava, na crônica intitulada "Ainda os museus", de 1952, que tudo quanto tinha aprendido, se é que tinha aprendido, representava uma silenciosa conversa entre os seus olhos e os vários assuntos que se colocaram diante deles, ou diante dos quais eles se colocaram. Para ela as viagens eram uma outra forma de meditar. Essa temática pode ser encontrada perpassando toda a sua obra, tanto a poética quanto a prosa. Está presente em suas "Crônicas de Educação", como, por exemplo, em "O valor educativo das viagens", "Educação e turismo", "Educação e unificação dos países americanos", "Colônias de férias", "Intercâmbio, folclore e turismo" e "Embaixada de crianças", entre tantas outras. Cecília não era só alguém que tinha fascínio pelas viagens, era uma incentivadora, acreditava no poder que elas têm em trazer mudanças interiores para quem as empreende. Os vínculos entre educação e viagens, se não podiam se efetivar na prática, da forma convencional, podiam realizar-se de forma alternativa. É o que ela apresenta na crônica "Concursos de Beleza", em que mostra que é possível fazer as crianças viajarem e se interessarem por outros povos e continentes a partir de estratégias impensadas pela maioria dos educadores. Os concursos, para ela, eram uma excelente forma de ensinar história e

---

Tal interpretação encontra respaldo na presença de trechos de poemas de Fernando Pessoa, até então desconhecido no Brasil, na tese *O Espírito Victorioso* (1929) da Cecília Meireles.

geografia, solidariedade e patriotismo, colocando a criança em contato com o mundo.

> É mais fácil fazer a criança gostar de qualquer país através da moça bonita que ela pode ver, sentir, acompanhar com o seu interesse, que através desses monótonos mapas lustrosos ou rotos que, à passagem do vento, ondulam nas paredes, batendo, melancolicamente, a barra de madeira preta de encontro a ela, com um rumor surdo de coisa inútil (Meireles, 1998: 147-148).

Em várias de suas crônicas, ela procurou estabelecer uma distinção mais que semântica entre os termos turista e viajante. Nessa distinção, mais ligada ao amadurecimento intelectual e humano, o turista não é, segundo ela, um poeta, nem um historiador, nem um sábio, pois é cheio de exigências, ávido por ver o panorama e extremamente preocupado com pequenos detalhes, ao invés de se extasiar diante de uma igreja ou de um museu. O viajante, no entanto, não se queixa dos trens quebrados, dos automóveis sem molas, das estradas, da poeira ou dos mosquitos, pois está possuído "de sonho e fanatismo da mais pura qualidade" (Meireles, 1999: 71).[9]

---

9. Uma outra distinção em relação ao viajante é feita por Leite (1997: 10), quando aponta as diferenças intrínsecas ao viajante e ao habitante, ao afirmar que como não faz parte do grupo cultural visitado, aquele tem condições de "perceber aspectos, incoerências e contradições da vida quotidiana que o habitante, ao dá-la como natural e permanente, encontrava-se incapaz de perceber". Dessa forma, o habitante, por estar entranhado em sua realidade sociocultural, "reflete apenas sobre seus aspectos mais próximos, sem tomar conhecimento de muitos outros do ambiente em que se encontra, ele aceita, quase que tacitamente as instituições, as inter-relações sociais, os sinais, as indicações e orientações, que compõem o padrão cultural do grupo social a que pertence", sem fazer uma reflexão mais ampla. Outra distinção feita por essa autora se refere às diferenças existentes entre viajantes e imigrantes. Para ela, não "é apenas a viagem de vinda sem retorno que diferencia o viajante do imigrante". Se o primeiro procura conservar os padrões culturais de sua comunidade original, o segundo já apresenta uma predisposição "a incorporar os esquemas mentais do povo visitado, no pior dos casos como um meio de aprimoramento de sua percepção-do-outro, para ser aceito e manter relações amistosas ainda que cheias de mal-entendidos" (Leite, 1997: 164). A mobilidade social e econômica de que desfrutam, lhes dá autonomia a ponto de poder *observar, descrever e classificar em termos ordenados de acordo com ideais científicos de coerência, consistência e conseqüência analítica questões que, para o habitante daquele universo social, constituem um campo de atos possíveis, só secundariamente constituintes do objeto de reflexão sistemática* (Leite, 1997: 162). Por ser estranho ao grupo ele pode e observa comportamentos, hábitos e idéias que passam despercebidas aos habitantes do país.

Na crônica intitulada "Educação e turismo", de 25 de setembro de 1941, publicada no jornal *A Manhã*, Cecília afirmava que o viajante vai em busca de "alguma coisa diferente, que estimule a sua sensibilidade, que dê novas perspectivas ao seu espírito" e que explique, de outra maneira, "o mundo e os seus habitantes"; e "se não vai seduzido pelas realizações humanas, irá procurar em formas diversas da própria natureza surpresas que lhe faltam, ou compensações de beleza, de harmonia, de paz".

Suas crônicas de viagem, publicadas entre 1944 e 1963 em jornais como o *Diário de Notícias*, *A Manhã*, *Folha Carioca*[10] do Rio de Janeiro e *Jornal de Notícias*, *Correio Paulistano* e *Folha de S. Paulo*, de São Paulo, explicitam o estímulo que as viagens proporcionaram à sua sensibilidade, as novas perspectivas oferecidas ao seu espírito, que fizeram com que pudesse explicar, de outra maneira, o mundo e os seus habitantes.

Viajando em outra direção

A intelectualidade brasileira teve, durante muito tempo, a Europa, e, mais particularmente, a França como país privilegiado para se espelhar. Esse país atuava como "sociedade de referência", qual seja, aquela que serve de matriz "sempre que os líderes intelectuais e um público cultivado reagem a valores e instituições de outro país com ideais de ações que concernem ao seu próprio país" (Correia e Silva, 2002: 3).

Dois estudos mostram que houve uma inflexão em relação aos padrões pedagógicos que povoavam o imaginário das elites brasileiras. Chamon (2005: 178) afirma que a partir da década de 1870, ao lado de países como França, Alemanha, Inglaterra, Bélgica, Áustria, Holanda e Suíça, os Estados Unidos começaram a despontar como centro de referência em razão de possuírem um dos sistemas de ensino mais sólidos e bem distribuídos entre a população. O seu repertório pedagógico tornou-se um novo paradigma para o campo educacional brasileiro, o que provocou *um deslocamento (mas não um apagamento)* do prestígio que a França contava entre a intelectualidade brasileira ligada à administração do Estado e à Educação.

---

10. As crônicas "Rumo: Sul", de I a XXV, foram publicadas pelo jornal *Folha Carioca* entre junho e outubro de 1944.

A autora chama a atenção para o fato de que, em 4 de abril de 1875, o redator do jornal carioca *A Instrução Pública* reclamava que o "sistema de ensino no Brasil ressentia-se de 'todos os vícios do ensino na França', o que não era de se admirar, uma vez que nos inspirávamos em suas idéias: "copiamos suas leis e regulamentos, transplantamos suas instituições" (Chamon, 2005: 176). Segundo essa autora, os Estados Unidos e sua experiência pedagógica tornavam-se conhecidos pela intelectualidade brasileira através, principalmente, das obras de três autores: *L'instruction publique aux étas unis* (1870), de Célestin Hippeau, *Rapport sur l'instruction à l'exposition universalle de Philadelphie* (1876), de Ferdinand Buisson, e *A Província: estudo sobre a descentralização do Brasil* (1870), de Tavares Bastos. No segundo estudo, Warde (2000: 38) afirma, que no Brasil, e seguramente em boa parte do mundo ocidental, a França alimentava utopias políticas e projetos de modernidade; porém, essa supremacia cultural começava a ser abalada. Houve um momento em que o foco mudou e foram os Estados Unidos o novo ponto a ser mirado:

> (...) foi com a própria França napoleônica e suas erupções regressivas que aquelas elites brasileiras começaram a assimilar a crença que elementos da utopia revolucionária e modernizadora francesa estavam sendo realizados não lá, muito menos no resto da Europa, mas basicamente nos Estados Unidos (Warde, 2002: 38).

A influência do ideário pedagógico americano que teve início no século XIX, se fortaleceu nas primeiras décadas do século XX. As idéias de educadores como John Dewey, William James e William Kilpatrick começaram a ser trazidas por intelectuais brasileiros que foram estudar no exterior. Entre eles, Anísio Teixeira, que lá estivera primeiramente como comissionado do governo baiano para observar a vida intelectual nos Estados Unidos, em 1927, e depois como aluno do *Teachers College* em Nova York, em 1928.

Esse processo desencadeado pelas novas idéias educacionais promoveu o surgimento de uma série de reformas educacionais em diferentes estados brasileiros: São Paulo (1920-1925, 1931-1932 e 1933); Rio de Janeiro (1927-1930 e 1931-1935); Minas Gerais (1927-1930) e Pernambuco (1928-1930). Este é um momento privilegiado em que os intelectuais procuram aprofundar o seu entendimento sobre o que está sendo gestado nos diferentes países, havendo quase que uma necessidade em se apropriar deste novo paradigma educacional. Assim, assistimos à partida de intelectuais brasileiros que vão conhecer a experiência americana, como Anísio Teixeira, Noemy da Silveira e Isaias Alves, por exemplo.[11]

Todavia, observamos que outro caminho está sendo trilhado, mas em sentido inverso ao comumente percorrido pelos educadores brasileiros. Estamos nos referindo à primeira viagem que Cecília Meireles fez a Portugal: ela não foi ao exterior para se apropriar dos novos padrões de referência em educação que nesse momento eram amplamente divulgados e atraíam educadores de todo o mundo, como, por exemplo, o Instituto Jean-Jacques Rousseau, em Genebra, e o Teachers College, em Chicago. Ela se dirige a Portugal, um país que não tinha tradição em atrair e nem costumava ser o itinerário buscado por esses educadores-viajantes. Os educadores portugueses também eram atraídos por esses centros pedagógicos do momento e para lá dirigiam a sua atenção em busca de referencial para respaldar a sua prática pedagógica. A tônica da viagem de Cecília também era diferenciada, ou seja, ela não foi a Portugal em busca desses novos cânones educacionais que estavam sendo difundidos, mas divulgar o que estava sendo construído no Distrito Federal. A educadora levava a contribuição da experiência brasileira para ser conhecida e para contribuir no debate internacional.

A viagem e as conferências em Portugal

Como intelectual do seu tempo, Cecília Meireles também tinha a Europa como influência. Portugal, no entanto, foi a presença mais marcante em sua vida, a partir dos laços familiares e afetivos: sua ascendência familiar e o seu casamento com o português Fernando Correia Dias, em 1922. Além disso, ela vinha se correspondendo com vários intelectuais portugueses,[12] entre eles a poeta Fernanda de Castro, que foi durante muito tem-

11. A esse respeito, consultar Warde, 2002.

12. Cecília Meireles se correspondeu de forma regular ou esporádica com muitos intelectuais, brasileiros e estrangeiros. Entre eles os brasileiros Mário de Andrade, Anita Malfatti, Afrânio Peixoto, Telmo Vergara, Augusto Meyer, Miroel Silveira, Carlos Drummond de Andrade e Fernando

po uma de suas interlocutoras de além-mar. A poeta portuguesa era uma criatura encantadora, que tinha "espírito de aventura como o de um moço de Sagres, com o mesmo tóxico que eu tenho no sangue do espírito: deslumbramento pela selva e pelo oceano, loucura pelo sol e pelas raízes, fome do infinito que apenas sussurra e palpita e se esconde", escreveu Cecília em carta, do dia 16 de agosto de 1934, ao amigo Fernando de Azevedo:

> Há muitos anos que a voz dessa amiga me vem chamando como a de um marujo que acorda o companheiro esquecido num porto. Quero vencer esta indolência de alma, quebrar a fascinação das palmeiras e das montanhas azuis — e já estou vendo pastores com rebanhos, serranas de Rodrigues Lobo, alguma preciosa obra "muy hermosa y louçã", velhas fiandeiras no umbral sombrio das casas de pedra, e um desfolhar de outono por todos os meus caminhos.

Fernanda de Castro era casada com António Ferro, o diretor do Secretariado de Propaganda Nacional (SPN) de Portugal. Em 1922, estiveram no Brasil e participaram da Semana de Arte Moderna, em São Paulo, convivendo quase que diariamente com intelectuais como Mário de Andrade, Tarsila do Amaral, Oswald de Andrade, Monteiro Lobato, Menotti del Picchia, José Lins do Rego, Guilherme de Almeida, Paulo Prado e "outros de que me lembro menos bem" (Castro, 1988: 184). No Rio de Janeiro e em Recife, António proferiu a conferência "Idade do Jazz-Band", e Fernanda de Castro fez um recital de poesia portuguesa moderna. Em dezembro de 1929, Fernanda e António retornaram ao Rio. Fernanda não se encontrou com Cecília, mas ficou conhecendo alguns de seus poemas por intermédio de amigos.

---

de Azevedo; os portugueses Lupi de Castro Osório, Diogo de Macedo, Fernanda de Castro, Afonso Duarte, Alberto de Serpa, Carlos Queiroz, Diogo de Macedo, José Osório de Oliveira, e ainda, P. Michailowsky, William Berrien, Gabriela Mistral e o embaixador do México no Brasil, Alfonso Reyes, de 1931 a 1933. Não é possível afirmar com quem ela tenha estabelecido o seu principal encontro epistolar, mas, certamente, Fernanda de Castro, José Osório de Oliveira, Alfonso Reyes, Fernando de Azevedo (com quem se correspondeu entre abril de 1931 a junho de 1938) e Armando Cortes-Rodrigues (com quem trocou aproximadamente 246 cartas entre janeiro de 1946 a março de 1964) foram, se não os seus maiores correspondentes, os que se corresponderam com Cecília por um período mais prolongado.

Data de fevereiro de 1930 a sua primeira carta enviada a Cecília Meireles: "Não tenho o prazer de a conhecer pessoalmente, mas gostei tanto dos seus versos que não resisto à tentação de felicitá-la em quatro linhas sinceras".[13] Em 8 de maio de 1930, enviou outra carta agradecendo o oferecimento da amizade e do livro *Baladas para El-Rei*, tido por ela como um pouco "menos moderno na forma, mas que tinha, como os outros, a mesma emoção doce e profunda". Propunha à nova amiga troca de livros de autores brasileiros e portugueses desconhecidos entre elas e convidava: "Nunca pensou na possibilidade de vir a Portugal? Seu marido faria uma exposição e você uma conferência... Pense muito e mande-me dizer o que lhe parece a idéia".[14]

The arabian sisters era o título sugestivo que Cecília Meireles sugeria para definir as duas amigas "morenas de olhos de pantera e tranças árabes" (Castro, 1988: 188). Mais do que semelhanças físicas, as duas amigas também tinham interesses em comum: jornalismo, poesia e educação. Fernanda de Castro escreveu teatro, poesia, literatura infantil, romance e memórias, promoveu a cultura no país e no exterior em importantes exposições e criou e desenvolveu, a partir dos anos 1930, a Associação Nacional dos Parques Infantis, em Portugal. A amizade de tantos anos é relembrada por Fernanda de Castro em *Cartas para além do tempo*, coletânea que reúne cartas escritas para os amigos e familiares desaparecidos:

> Não te cansavas de dizer, Cecília, que éramos parecidas e divertias-te a fazer listas comparativas das nossas qualidades e respectivos defeitos. Mas eu não concordava contigo. Nessa altura eu era menos paciente, menos resignada do que tu, e tu menos crédula e menos entusiasta do que eu.

Em manuscrito de Darcy Damasceno (s.d.), encontrado na Biblioteca Nacional, este atenta para o fato de que desde 1931 Cecília Meireles acalentava a idéia de ir a Portugal participar do 5º Congresso da Crítica Dramáti-

---

13. Excerto de correspondência encontrados em: Darcy Damasceno. *Notas acerca da poesia, da crítica e da correspondência de Cecília Meireles*. 26,2,71. Arquivo Darcy Damasceno, Seção de Manuscritos da Biblioteca Nacional. Rio de Janeiro, Brasil.

14. Idem, ibidem.

co e Musical, que se realizaria em Lisboa em 1932.[15] O convite e o desejo acabaram se concretizando em 1934. Cecília Meireles e seu marido Correia Dias embarcaram no Rio de Janeiro em setembro a bordo do *Cuyabá*, acontecimento que foi noticiado pela imprensa local. Os detalhes da viagem foram tratados por meio de cartas trocadas com o amigo José Osório de Oliveira, que providenciava os trâmites legais da viagem e das conferências junto ao Diretor Técnico da Exposição Colonial do Porto e ao Ministro da Propaganda, António Ferro, e ainda a publicação de notas nos jornais referentes à presença do ilustre casal em Portugal. Em 8 de agosto de 1934, ela escreveu a Fernando de Azevedo, anunciando a inauguração da Biblioteca do Pavilhão Mourisco, que seria no próximo dia 15, antecipada em conseqüência da viagem que faria a Portugal, em setembro:

> Vai achar um pouco misteriosa esta notícia. Infelizmente, é tudo quanto há de mais claro: uns amigos que me convidam para visitar Portugal, uma amiga, (...) que põe à minha disposição e eu que, com uma paixão meio mórbida pelo mar, aceito a aventura (deixe-me pensar que é uma aventura!) de me meter num navio do Lloyd, onde decerto haverá muitos caixeiros-viajantes fazendo em máquina portátil a sua correspondência comercial...

Em sua próxima carta, de 16 de agosto de 1934, Cecília comentava os sucessos da inauguração da biblioteca e trocava impressões com o amigo, convocando-o para os últimos acertos a respeito da viagem: resumia todas as ações que pretendia realizar e solicitava material para a série de conferências que ela proferiria em dezembro e que deveria ser um plano de propaganda educacional do Distrito Federal:

> Prepare-me, por favor, alguma coisa para alguma conferência que venha a fazer sobre o movimento educacional. Eu sei que o Venâncio tem o monopólio dessas coisas... — mas o que pretendo é sempre tão pouco e efêmero! O Anísio já me deu todas as publicações relativas à sua obra. Preciso que me envie também qualquer coisa, senão invento como puder... (...) Mande dizer o que me poderá mandar para um trabalho que abranja a sua Reforma e as realizações do Anísio.

---

15. Os congressos anteriores foram realizados em Paris, Salzburgo, Bucareste e Praga. O 5º foi realizado em Lisboa e o 6º em uma cidade da Grécia.

Depois de 22 dias de mar, Cecília Meireles e Correia Dias desembarcaram em Lisboa em 12 de outubro de 1934 e foram recebidos pela "fina flor" da intelectualidade lusa: o crítico José Osório de Oliveira, o ilustrador Pedro Bordalo Pinheiro, Simão Coelho Folho, o crítico de arte Guilherme Pereira de Carvalho, Manuel Mendes e Carlos Queiroz. Em sua carta de 6 de novembro de 1934 dizia ao amigo Fernando de Azevedo que tivera um acolhimento cordial, quer por parte do governo, de quem era hóspede oficial, quer pela dos amigos, que tinham sido de *uma ternura encantadora*. Hospedara-se por 19 dias no Estoril, que era descrito por ela como *um hotel do tipo do Copacabana Palace, com termas, cassino etc., no qual se hospedam todos os ingleses de cara de garçom e as inglesas estilo "nurse", vermelhos, sardentos, hirsutos e cheios de libras, que adoram bacon com ovos, bridge e vinho do Porto*. Do Estoril ia a Lisboa, todos os dias para conhecer lugares pitorescos como a Mouraria e a Alfama e monumentos como a Torre de Belém e os Jerônimos. Percorreu várias cidades: Sintra, Mafra, Alcobaça e Porto, ocasiões em que participou de festas, recepções, jantares e chás em sua homenagem. Do Porto foi para Moledo de Penajóia, uma pequena cidade à beira do Douro, de onde escreveu a Fernando de Azevedo contando-lhe os sucessos da viagem e os preparativos que fazia para as suas conferências:

> Tenho aqui tudo quando se refere ao problema educacional do Brasil, ou antes do D.F. — e não calcula quanto me parece curioso, nesta aldeia tão longe, pensar nessas coisas todas, nos amigos, nos fatos, e ir recompondo acontecimentos que nos são tão caros, para repeti-los daqui a dias aos prováveis ouvintes das minhas conferências em Lisboa.
>
> O pouco que tenho narrado a alguns conhecidos, da obra que empreendemos no Rio, causou tão grande assombro, e tanta admiração, que me sinto extremamente animada para reconstitui-la toda.
>
> Assim, falarei sobre a reforma, em geral, e, em particular, sobre a fundação do Centro de Cultura, cujo destino só Deus sabe por onde e como anda... Mas Deus não gosta suficientemente de mim para me fazer revelações à distância... Falarei também sobre a moderna literatura brasileira, e darei, como despedida, uma audição especial de poemas inéditos, meus.
>
> Precisamente hoje vou escrever a primeira conferência. Está vendo que esta carta é uma espécie de prólogo, uma conversinha fiada antes de passar para aqueles assuntos sérios.

Cecília proferiu quatro conferências em Portugal: a primeira, intitulada *Notícias da poesia brasileira*,[16] foi realizada na sede do Secretariado da Propaganda Nacional, em Lisboa, em 4 de dezembro de 1934. No dia 10 de dezembro foi realizada uma festa em homenagem a Cecília Meireles, no Club Brasileiro de Lisboa, e no dia 14 de dezembro, a convite dos estudantes, a conferência foi reapresentada na Universidade de Coimbra. Nela fez uma retrospectiva da moderna literatura brasileira e divulgou poetas desconhecidos em Portugal: Oswald de Andrade, Murilo Mendes, Carlos Drummond de Andrade, Raul Bopp, Augusto Meyer, Mário de Andrade e Jorge de Lima. O jornal *Diário de Lisboa* publicou, em 7 de dezembro de 1934, um excerto de sua conferência acompanhado de alguns trechos poéticos a título de ilustração: "Toada do Pai do Mato (Índios parecis)", de Mário de Andrade; "Andorinha", de Manuel Bandeira; "*De profundis*", de Francisco Karam; "Diamba", de Raul Bopp; "Maria Flor", de Augusto Meyer; "O mundo do menino impossível", de Jorge de Lima; "Invocação ao sono", de Gilka Machado e "Surdina", de Ribeiro Couto. A escolha dos poetas apresentados partiu da impossibilidade de citar todos os outros dignos de interesse, por isso, escolheu reduzir as suas notícias de todos à informação sumária de alguns. Segundo a conferencista, essa seleção dos autores permitiria trazer ao público uma idéia aproximada da realidade literária do Brasil:

> Dar notícias da poesia brasileira, pareceu-me a melhor maneira de dar notícias do Brasil, que, até na mais notável das suas obras — a educacional — tem obedecido a uma profunda orientação de alta poesia humana.
>
> Em lugar de expor as minhas opiniões sobre a evolução da poesia brasileira, desde os seus últimos grandes mestres do passado até os representantes das várias tendências das mais recentes gerações, preferi apresentar uma antologia capaz de por o público em imediata comunicação com a sensibilidade e as intenções de cada autor.
>
> (...)
>
> Os limites de tempo não me permitiram explicar largamente, nas conferências, todos os autores necessários; obrigam-me, agora, os limites do espaço a nova redução. Os poemas que se seguem — não os escolhe o meu gosto,

16. Essa conferência foi publicada em jornais portugueses em 1934 e pela Universidade de Coimbra, em 1935.

mas o destino que governa a vida de todos os homens, mesmo quando são poetas...

Em seguida, em 17 de dezembro de 1934 no mesmo local, tratou do folclore brasileiro e apresentou aquarelas feitas por ela que retratavam os costumes da população de origem africana no Brasil. Esse material já havia sido apresentado em abril de 1933 na Pró-Arte, do Rio de Janeiro, numa "Noite de Samba" que tivera como atrações principais a "Escola Portela" e uma coleção de desenhos, aquarelas e estudos, bem como as figuras típicas da baiana e do bamba feitas por ela. O texto dessa conferência foi publicado pela revista *Mundo Português*, em 1935, com o título de "Batuque, Samba e Macumba", juntamente com as ilustrações que representam o folclore brasileiro.[17] Para Viana de Almeida, em crônica do *Diário de Lisboa* de 13 de março de 1935, Cecília Meireles tinha um *estilo sóbrio, sintético e expressivo* de descrever a manifestação animada e colorida das danças de origem africana:

> Ao apelo da sua prosa levantam-se vultos e vemos passar à noite, a baiana velha, vendedeira de doces e especiarias pelas ruas do Rio de Janeiro. Os trajes legítimos de baiana desapareceram com o tempo, mas as modernas cabrochas do Rio recompõem-nos em disfarces estilizados. Escutamos o repique dos tambores, pandeiros, cuicas e chocalhos e introduzimo-nos na sombra da noite, assistindo às cerimônias de uma liturgia misteriosa nas macumbas (Almeida, 13/03/1935).

Em 18 de dezembro, apresentou a conferência "O Brasil e a sua obra de educação", na Faculdade de Letras de Lisboa, onde discorreu sobre as reformas de Fernando de Azevedo e de Anísio Teixeira de um modo geral, e da fundação do Centro de Cultura do Pavilhão Mourisco, em particular. A conferencista foi apresentada a uma numerosa e seleta platéia pelo reitor, o professor João da Silva Correia.[18] Cecília demonstrou nessa conferência

---

17. Esse livro só foi publicado em novembro de 1983 pela Funarte e Banco Crefisul, "com tiragem reduzida, não-comercial, em comemoração aos cinqüenta anos de sua primeira exposição artística, em 1933". Em 2003, foi publicado pela Editora Martins Fontes, "sob o mesmo título, apenas acrescido do período em que os desenhos foram produzidos, ou seja, 'Batuque, samba e macumba: estudos de gesto e de ritmo, 1926-1934' ". Para mais detalhes ver Oliveira, 2006.

18. O discurso de abertura da conferência foi publicado em *Revista da Faculdade de Letras*. Lisboa, n. 4, 1937.

que não entendia apenas de literatura mas que conhecia as propostas dos renovadores e que vinha participando ativamente das discussões em torno da Escola Nova:

> O Brasil alcançou, desde há alguns anos, uma fase construtiva que excede o interesse passivo da tradição acumulada e o ritmo vigoroso, mas incerto, da inspiração que acena para vagos horizontes. A sua fisionomia mais nítida, a sua atitude mais robusta, encontram-se na grande obra de educação que um pequeno grupo de homens de coragem empreendeu despertando-o a tempo da rotina em que se iam desfalecendo os seus poderes de terra jovem, sacrificada pela mentalidade estacionária e até retrógrada de sucessivas gerações administrativas.

Na oportunidade, Cecília foi enfática ao enaltecer o valor da reforma de Fernando de Azevedo, que desde 1927, buscou o aperfeiçoamento do ensino primário e a criação de um grupo de educadores e intelectuais à sua volta. *Por ter uma base de gratuidade, obrigatoriedade, laicidade e co-educação — a reforma garantia a estabilidade social.* Por ser gratuito, o ensino podia e devia ser obrigatório. Esse fator, segundo a conferencista, salvara a criança de trabalhos *inconciliáveis com o seu desenvolvimento biológico.* Outros dois aspectos foram enfatizados, a laicidade escolar, *imprescindível num país em que todos os cultos se respeitam;* e a co-educação, *numa terra em que os homens e mulheres têm sabido lutar juntos para conservação da vida e dos seus ideais* representavam a coerência do plano de educação que tinha a fisionomia característica do povo a que se destinou.

Cecília Meireles examinou, ainda, o panorama político-administrativo do Brasil, antes da revolução de 1930. Esse foi um dos aspectos ressaltados, em 18 de dezembro de 1934, pelo cronista do *Diário de Lisboa,* a dura análise que Cecília fez da organização burocrática do Brasil, terra onde os bacharéis e doutores *multiplicavam-se numa copiosa safra anual* e onde o diploma *resolvia tudo*:

> A conquista do grau não representava já uma conclusão de estudos úteis, mas o meio mais fácil de justificar pretensões a cargos que o mecanismo político distribuía generosamente, de acordo com os interesses particulares dos chefes, num conchavo prévio para todas as cumplicidades posteriores. E era quando se verificavam todos os nossos infortúnios: os negócios do Estado não

13-3-935 Diário de Lisbôa

TEMAS LITERARIOS

Cecilia Meireles conferencista

Mundanismo

18-12-934 Diário de Lisbôa

ULTIMAS NOTICIAS

À esquerda: Cecília conferencista. Crônica de Almeida Viana (Diário de Lisboa, Lisboa, 13 de março de 1935).

À direita: O Brasil e a sua obra de educação. Conferência de Cecília Meireles na Faculdade de Letras (*Diário de Lisboa, 18 de dezembro de 1934*) (*Disponíveis no sítio da Fundação Mário Soares:* http://www.fmsoares.pt).

paravam nunca nas mãos de quem os pudesse resolver com dignidade e sabedoria, porque chegamos ao ponto de ver afastarem-se, freqüentemente, com repugnância, da política, a maioria dos homens de pensamento e dos homens de bem.

Essas conferências foram bastante concorridas e tiveram ampla repercussão por parte da imprensa, o que colaborou para o prestígio e a admiração que a poeta despertou entre os portugueses. Também contribuíram para que os educadores locais voltassem os olhos para as experiências que vinham sendo efetivadas no Brasil, mais especificamente no Rio de Janeiro. O *Diário de Lisboa* foi, segundo Gouvêa (2001), o jornal que proporcionou maior cobertura e divulgação dos eventos e das temáticas debatidas. Em novembro publicou "Algumas poesias inéditas de Cecília Meireles"; em dezembro "O Brasil e a sua educação, conferência de Cecília Meireles na Faculdade de Letras" e "Cecília Meireles trouxe-nos notícias da poesia brasileira". O *Diário de Coimbra* também prestigiou a poeta com a reportagem "A ilustre poetisa brasileira D. Cecília Meireles, que falou ontem na Biblioteca da Universidade, obteve um grande triunfo". No *Diário de Notícias*, de Lisboa, foi destaque a matéria "A poesia contemporânea do Brasil, evocada brilhantemente por Cecília Meireles". Mesmo depois de Cecília retornar ao Brasil, as idéias debatidas nas conferências ainda foram manchetes dos jornais portugueses. Em 1935, Viana de Almeida publicou "Cecília Meireles conferencista".

Cecília e Fernando Correia Dias regressaram ao Brasil, a bordo do *Bagé*, nos primeiros dias de 1935. As notícias diárias da viagem foram publicadas entre outubro e dezembro de 1934 numa coluna intitulada "Diário de Bordo",[19] pelo jornal *A Nação*, do Rio de Janeiro, trazendo textos de Cecília e ilustrações de Correia Dias. Segundo Darcy Damasceno, o nome de "Diário de Bordo" também foi utilizado por Cecília Meireles para intitular um álbum existente em sua residência no Cosme Velho, onde ela colecionou recortes de jornais e impressões sobre a viagem a Portugal.[20] Em março, o casal foi entrevistado por Andrade Muricy da revista *Festa* (Muricy, 1935) e em novembro a *Gazeta de Notícias*, de São Paulo, publicou "Uma poetisa brasileira em Terras de Portugal", em 20 de novembro de 1935.

A partir dessa primeira viagem, Cecília estabeleceu ligações ainda mais profundas com os intelectuais portugueses. Foram inúmeras as suas contribuições em revistas lusitanas como: *Presença, Revista de Portugal, Pensamento, Távola Redonda, Primeiro de Janeiro, Lusíada, Ocidente, Mundo Português, Atlântico, Colóquio Letras, Colóquio Artes, Açores, Águia, Insulana, Jornal de Letras, Seara Nova, Litoral, Mundo Literário, Orpheu, Portugal Futurista, A Rajada*, entre tantas outras. É também, nesse momento que a poeta estreitou a sua amizade com os intelectuais portugueses e essa amizade se transformou em uma frutífera rede epistolar.

É difícil entender os verdadeiros motivos pelos quais a educadora brasileira foi convidada para as conferências em Portugal, uma vez que sabe-

19. Ele também revela que Cecília sempre figura nas ilustrações de Correia Dias feitas especialmente para a coluna do jornal *A Nação*.

20. A publicação da Editora Nova Fronteira, *Crônicas de Educação*, traz as impressões das demais viagens de Cecília Meireles.

mos que os anos 1930 foram tempos difíceis para os educadores portugueses, principalmente para aqueles vinculados ao ideário escolanovista. Segundo Nóvoa (1995: 37-38), num primeiro momento, os interesses da política do Estado Novo colidiram com as concepções desses educadores: muitos foram afastados dos seus cargos. Enquanto alguns desses educadores *inovadores* foram *perseguidos e marginalizados*, assistiu-se *à edificação de uma pedagogia nacionalista* que mergulhava *algumas das suas raízes em idéias da Educação Nova* (Nóvoa, 1995: 39). Segundo esse autor, o afastamento dessa primeira geração de educadores escolanovistas foi pernicioso, pois traduziu-se *num progressivo empobrecimento da reflexão científica na área educativa* (Nóvoa, 1995: 39).

Afonso Duarte confirma a perseguição que sofrera por parte do Estado Novo em cartas escritas em duas ocasiões, em outubro de 1935 e em fevereiro de 1939:

> Quanto aos meus trabalhinhos — escolares — não seria possível publicar aí o *Álbum dos desenhos* acompanhado de palavras minhas — suas? E não seria possível publicar aí "o Ciclo do Natal na literatura oral portuguesa" — trabalho folclórico? Aqui não há editores senão para o *aprovado* oficialmente...
>
> A sua carta veio encontrar-me em Coimbra em vésperas da Aposentação. Atiraram-me para o cesto dos papéis velhos: foi uma solução. Apesar de nunca ter exercido atividade alguma política partidarista vim para o olho da rua em 1932 por virtude das minhas simpatias pela "Seara Nova", segundo palavras do próprio senhor diretor geral de ensino.
>
> Eu queria perdoar-lhes, por mim, mas eles não tem perdão perante a obrasinha realizada, toda ela feita de ternura, dedicação, portuguesismo. Agora? Resta-me uma casita na aldeia onde nasci e um quintal com só árvores de fruto; a consciência do dever cumprido e um vazio enorme diante dos materiais acumulados — o sonho duma grande obra apenas iniciada.
>
> Quando estava no ponto preciso de me aproveitar dos estudos feitos, das observações anotadas, achei-me desligado dos meus colaboradores e das crianças! Precisava de ir controlando muita coisa... e esperei! Esperei 7 anos. Desiludido, tenciono aproveitar o que salvei do meu arquivo em pequenos estudos.

Através das conferências, nas entrevistas e matérias publicadas nos jornais e, provavelmente, nas conversas com os amigos, Cecília divulgou muitos autores brasileiros e suas obras, possibilitando que se tornassem conhecidos e lidos pelos intelectuais portugueses. Encontramos em um trecho de uma das cartas enviadas pelo poeta e professor Afonso Duarte, em outubro de 1935, um indício desse intercâmbio quando Duarte revela que lera Tasso da Silveira e que conhecia a obra de Fernando de Azevedo e Lourenço Filho:

> Tasso interessa-me muito pela universalidade de seu pensamento como Poeta, quanto a Fernando de Azevedo li-o com aquela satisfação que nos dá um encontro de pensamentos, palavras e obras. É um homem firme. Eu conhecia-o já de "Pour l'ere nouvelle". A ele e Lourenço Filho — que aqui vai tendo leitores depois que abriu a (...) Brazil da Faculdade de Letras. Obra sua — Cecília Meireles. A sua vinda aqui valeu por todas as Academias e Diplomacias: conquistou-nos.[21]

Antes da viagem a Portugal, Cecília realizou conferências com temáticas e públicos diferenciados, como, por exemplo: "Saudação à menina de Portugal" no Gabinete Português de Leitura em agosto de 1930; "Por que a escola deve ser leiga", série de conferências na Liga Anti-Clerical, entre 1931 e 1932; "Arte de Educar", realizada no "Clube de Educação", que funcionava no Instituto de Educação, todas publicadas na "Página de Educação" do *Diário de Notícias.* Ao retornar de Portugal, em setembro de 1935, foi convidada para apresentar a conferência "Preferências literárias da criança", baseada na experiência do Centro de Cultura Infantil, por Fernando de Azevedo, então diretor do Instituto de Educação de São Paulo. Em carta a Fernando de Azevedo de 22 de maio de 1935, participava ao amigo que proferiria outras quatro conferências: uma sobre o Liceu Maria Amélia Vaz Carvalho, para entregar de uma mensagem de que era portadora, no Instituto de Educação do Rio de Janeiro; a segunda sobre aspectos da educação em Portugal; outra sobre a poesia portuguesa da atualidade e a última sobre uma experiência pedagógica do poeta Afonso Duarte.

---

21. Carta com assinatura ilegível: apesar de ter sido identificada como possuindo assinatura ilegível, é possível atribuir a correspondência em questão ao professor Afonso Duarte, em primeiro lugar pela semelhança da caligrafia e também pela referência à solicitação de publicação sobre desenho (Duarte era professor de desenho). Em sua carta de 7 de fevereiro de 1939, esta catalogada como sua, ele também faz referência à essa temática.

Em favor da educação

Cecília Meireles em todas as circunstâncias procurou atuar como mediadora do moderno, tradutora de conceitos e divulgadora de discursos pedagógicos e culturais. Tinha como objetivo traçar projetos e interferir no campo educacional brasileiro — mas mais que isso, visava à difusão de conceitos como feminismo (qualificação, formação, valorização e independência da mulher em relação ao universo masculino), fraternidade universal, educação, paz, desarmamento e não-violência, liberdade, entre outros. Essa era a tônica que distinguiu a sua passagem pelo *Diário de Notícias*, do Rio de Janeiro, entre junho de 1930 e janeiro de 1933 quando dirigiu a "Página de Educação". Através da coluna denominada "Comentário" ela firmava suas posições ideológicas e filosóficas, preocupando-se em difundir o ideário da Escola Nova e marcar a posição dos principais reformadores do momento.[22] Cecília trazia uma nova sensibilidade em relação a estas questões, pois todo o seu pensamento e ação foram sempre motivados por temas educacionais, que se resumiam na reforma do homem com o objetivo de se efetuar a reforma da sociedade, e não o inverso.

Antes de sua passagem pelo *Diário de Notícias* ela era a "pastora de nuvens": escrevia poemas líricos e espiritualizados. A intelectual que passou a circular nos meios culturais era alguém capaz de contribuir para o debate educacional e que estava habilitada para difundir, ensinar e colocar em circulação as novas concepções educacionais debatidas e experimentadas no Distrito Federal. Ela tinha uma posição de destaque no cenário brasileiro e também se posicionou politicamente, a partir de suas escolhas: era

22. Também coordenou a *Página das Crianças*, que surgiu no segundo domingo depois da publicação do jornal *Diário de Notícias* e circulou de 22 de junho a 31 de agosto de 1930, num total de onze números. Essa página infanto-juvenil contava com a presença de Correia Dias, que colaborava tanto com desenhos, que acompanhavam os vários textos, como com artigos que ensinavam a confeccionar brinquedos de armar e utilidades. Essa página continha textos variados: fábulas, quadrinhas, trovas, poemas, contos de fadas, folclore, pensamentos, adivinhações e curiosidades. Era comum a publicação de extratos da obra de autores renomados como José de Alencar, Visconde de Taunay, Euclides da Cunha e Tolstói, bem como alguns textos da autoria de Cecília, denotando a preocupação que a organizadora da página tinha em fazer chegar até seus leitores-mirins obras de qualidade, que suscitassem o gosto pela leitura. A cada trecho publicado, Cecília se preocupava em trazer uma apresentação do autor e a tecer alguns comentários que julgava pertinentes sobre a obra, de forma afetiva e informativa, objetivando conquistar a atenção do leitor.

a cronista poetizando o cotidiano do seu tempo e da educação da sua cidade, o Rio de Janeiro; era a jornalista de espírito crítico e combativo, constantemente preocupada com a educação do povo brasileiro. Sempre questionando, avaliando, argumentando, com muita perspicácia, mas sobretudo com muita habilidade e sensibilidade.

O profundo conhecimento da educação e do que fora construído no Distrito Federal durante as reformas de Fernando de Azevedo e Anísio Teixeira aliados à sua predisposição em mudar os rumos da educação brasileira, lhe renderam muitos outros convites. Depois da experiência do *Diário de Notícias*, foi chamada para escrever o suplemento no jornal *A Nação*, apesar de sua resolução *de ser árvore* e do seu *confessado horror pelo jornalismo*, dizia em uma carta endereçada a Fernando de Azevedo, em 15 de novembro de 1933. Trataria de escrever *impressões rápidas sobre os acontecimentos semanais — menos política,*[23] *disseram-me*. Essa coluna, diria, *pode ser uma forma de continuar a brincar com a vida, que é todo o meu programa atual.*[24]

Em 1940 foi designada pelo jornal *Diário de Notícias*, como repórter, para cobrir a Semana Santa em Ouro Preto, de onde lhe veio inspiração para publicar, 15 anos mais tarde, o Romanceiro da Inconfidência. Também atuou como redatora no jornal *A Manhã* desde sua fundação, escrevendo 259 artigos entre 31 de janeiro de 1942 e 28 de agosto de 1943, numa coluna intitulada *Professores e Estudantes*. Nesta, tratava de assuntos ligados à educação e ao folclore. A coluna traria ainda uma novidade: a preocupação de resgatar as cantigas de roda e de ninar, os jogos infantis de diversas regiões brasileiras, bem como de trazer para os jovens leitores expressões folclóricas de diversas culturas, principalmente da América Latina.[25]

Em 1935, Cecília Meireles foi convidada por Anísio Teixeira para lecionar Literatura Luso-Brasileira na Universidade do Distrito Federal (UDF). Também foi chamada a ocupar a cadeira de Estudos Brasileiros da Faculdade de Letras que existia desde 1923, na Faculdade de Letras de Lisboa, primeiro regida por Oliveira Lima e depois por Manuel de Sousa Pinto, que

---

23. Grifo da autora.

24. Meireles, 15/11/33.

25. Para maiores informações sobre o trabalho de Cecília Meireles e a articulação que empreendeu entre folclore e educação, consultar Abreu (2001: 211-230).

falecera em 7 de junho de 1934, tendo declinado do convite por questões familiares e profissionais.

Considerações finais

Se Portugal foi uma presença marcante na vida de Cecília a recíproca também é verdadeira: Cecília foi uma presença marcante em Portugal. Segundo Gouvêa (2001: 85), em um levantamento preliminar, compreendendo o período de 1930-1998, foi possível encontrar cerca de cinqüenta autores portugueses que escreveram sobre a poesia ceciliana, perfazendo um total aproximado a cem estudos. Seus livros *Viagem, Solombra* e *Romanceiro da Inconfidência* tiveram grande acolhida entre os leitores portugueses. Essa autora identificou três momentos de ênfase da presença de Cecília Meireles em Portugal. O primeiro momento, que aconteceu a partir da sua visita e das conferências realizadas em Lisboa e Coimbra, em 1934; o segundo momento, em 1939, quando da publicação do seu livro *Viagem,* em Lisboa e *Olhinhos de Gato* em capítulos, na revista *Ocidente,* e o terceiro após a publicação da antologia *Poetas novos de Portugal,* em 1944, organizado e prefaciado por Cecília. Esse livro apresenta a produção do modernismo lusitano aos brasileiros e até mesmo aos portugueses, trazendo autores como Fernando Pessoa, Adolfo Casais, Jorge de Sena, Sá Carneiro e Armando Cortes-Rodrigues.

Alguns trechos de comentários de seus amigos portugueses podem ilustrar melhor a admiração que Cecília, sua pessoa, sua prosa e poesia suscitaram:

> Inteligente, bonita, com um ar exótico e uma escrita de grande qualidade, Cecília realmente fascinava os portugueses, ao mesmo tempo que causava frisson na sociedade machista de então.[26]
>
> (...) a certa altura vi uma senhora, muito elegante e distinta, apear-se do automóvel do Governo Civil. (...) fui direito a ela e apresentei-me. Ela quis logo que eu entrasse em casa do Cortes-Rodrigues para falarmos. (...) ela é muito faladora e eu caí em êxtase ao ouvi-la. (...) Ficou combinado que almoçaria

26. Arnaldo Saraiva, *apud* Gouvêa, 2001: 32.

conosco no dia seguinte. (...) esta senhora é um encanto, uma simpatia como nunca encontrei. (...) Tem uma conversa deliciosa, imensamente feminina, sem a mais ligeira "pédanterie".[27]

Se Cecília Meireles causou admiração entre aqueles que participaram de suas conferências e que privaram da sua companhia nos poucos meses que permaneceu em Portugal, também é verdadeira a afirmação em relação à educadora. A viagem aprofundou ainda mais os seus questionamentos e ampliou a sua visão de mundo deixando marcas na sua vida e na sua obra. Ela não era o turista inconseqüente, mas o viajante, que olhava de sua janela, *para entender dentro de si o que é sonho e o que é realidade,* como dizia na sua crônica "Uma hora em San Gimignano", de 1953.

No período em que dirigiu a "Página de Educação" do *Diário de Notícias* (entre 1930 e 1933) é que Cecília Meireles iniciou as suas reflexões sobre a articulação entre educação e viagem. Em "Intercâmbio escolar" e "Fraternidade" ela se preocupava com a aproximação entre os povos, vislumbrando a fraternidade que deveria ser incentivada pelo intercâmbio pedagógico. Essa era uma das suas mais caras aspirações: *o trânsito das idéias, de uma terra para outra; o conhecimento das qualidades de cada povo,* e mesmo os seus defeitos e *o gosto da visitação e de toda aproximação humana* que vencendo fronteiras e dificuldades da língua, construiria elos entre os diferentes povos do planeta. Para a educadora, somos ainda todos estrangeiros uns para os outros e as raças e as religiões são barreiras que se interpõem ao convívio fraterno de que precisamos. Faz-se necessário, assim que se opere no mundo, *uma transformação que o humanize* e essa transformação, para ser profunda e definitiva, tem que ser realizada pela educação, atentando para o fato de que a obra educacional não deve ter como meta a padronização dos indivíduos, mas sim o reconhecimento salutar de suas desigualdades.

O tema só foi melhor explorado e desenvolvido em suas crônicas publicadas na coluna "Professores e Estudantes", do jornal *A Manhã,* entre 1942 e 1944, a partir das muitas viagens que se iniciaram em 1934. Em crônicas como "Lin Yutang e o turismo", "Educação e turismo", "Intercâmbio, Folclore e Turismo etc.", "A propósito de colônias de férias", "Boa vizi-

27. Carta de Roberto Arruda a Diogo de Macedo, *apud* Gouvêa, 2001: 104.

nhança", "Embaixada de crianças" e "Turismo e educação profissional", por exemplo, é difícil distinguir quem é a educadora e quem é a viajante, de tal forma elas estão entrelaçadas. Cecília diz em sua crônica "Viajar (I)", de 1951, que *há uma grande distância entre o compêndio onde se estuda e o palácio que se atravessa, que ainda se pode sentir*. A viajante encontra sempre uma oportunidade para se revelar e a educadora se revela quando tece comentários. Aqui uma oportunidade de comentar um livro que traz críticas interessantes ao modo de viajar do ocidental, como em "Lin Yutang e o turismo", ali uma conferência sobre a experiência de um professor que incentiva as colônias de férias como parte do programa educacional de sua escola. Mais à frente, em "Embaixada de crianças", fala da chegada ao Rio de Janeiro de crianças argentinas em missão de cordialidade, experiência cujo valor educativo é indiscutível: as crianças são conduzidas por sonhos, e entre eles, ouvem e contempla todas as coisas, ao contrário dos adultos que quando visitam um país, vêm demasiadamente preparados, *amarrados a muitas contingências, dominados por muitos interesses de várias categorias*.[28]

Suas reflexões voltam-se a todo instante para a articulação que deveria existir entre viagem e educação. Para Cecília, o campo da educação não tem limites e ilimitadas são as oportunidades de se tentar o melhoramento humano. A educação, para ela, tem objetivos maiores que a simples instrumentalização para ler, escrever e fazer contas: a educação deve extrapolar os limites das quatro paredes da sala de aula, precisa derrubar fronteiras e ganhar o mundo. Assim, as viagens têm esse sentido educativo, para além do mero divertimento. Elas têm a capacidade de fomentar a fraternidade e a cooperação entre os povos. Esses preceitos não deveriam estar à margem dos programas escolares, mas, ao contrário, deveriam ser o objetivo central, o cerne do processo educativo. Em "A paz pela educação", publicada no Diário de Notícias em 11 de agosto de 1932, retoma o mito de Narciso para exemplificar a ligação entre educação e fraternidade: *nós só amamos bem o*

28. Em outras crônicas, se refere ao amadorismo brasileiro em relação ao turismo, da necessidade de se oferecer ao turista, ou ao viajante, melhores condições de realização de seus objetivos: faltam publicações nas instituições e sítios pitorescos e os museus não tinham itinerários, nem planos de suas salas e explicação de suas vitrines. Outra carência é quanto aos atrativos que caracterizam cada região ou cidade, as habilidades regionais não eram exploradas a contento e o turista não podia levar com ele as pequenas recordações do seu passeio.

que se parece conosco; andamos sequiosos de repercussões, de respostas de reflexos que de certo modo repitam o que somos. A arte, a ciência, a filosofia e o misticismo poderiam obter resultados satisfatórios, mas a educação, por possuir maior riqueza de oportunidades e por se dirigir simultaneamente a todos, *prepara (...), por múltiplos processos, os próprios elementos de que vai ser construído o mundo que se espera, acima deste que por enquanto se vê.*

Em suas crônicas de viagem, publicadas entre 1944 e 1963 nos jornais *Diário de Notícias, A Manhã, Folha Carioca,*[29] do Rio de Janeiro, e *Jornal de Notícias, Correio Paulistano* e *Folha de S. Paulo,* de São Paulo, suas reflexões nos fazem viajar com ela: juntos tomamos o trem, entramos pelos palácios e catedrais, nos emocionamos com a descrição da paisagem da sua janela do trem, com a chuva que cai e forma poças pelas calçadas. Uma de suas cidades prediletas parece ser Lisboa, a ela dedica algumas crônicas: "Até Lisboa", "Lisboa, em junho", "Evocação lírica de Lisboa" e "Quem não viu Lisboa". É a cidade mágica por excelência: *telhados, embarcações, oliveiras, tudo dança como cartas de um baralho pitoresco (...). Quem não viu Lisboa, não viu coisa boa.*

Em "Até Lisboa", publicada no Diário de Notícias em 27 de março de 1957, ela dizia que *além das famosas areias de ouro,* Portugal possuía *três coisas muito amoráveis*: os amigos, a paisagem e as criaturas simples. Os amigos, que eram sempre pessoas maravilhosas e que se encontravam por toda parte. Paisagens, que eram *belíssimas,* também se encontravam *por muitos lados.* E as pessoas simples, que embora nem sempre com a mesma simpatia, não eram, igualmente, exclusividade de Portugal. Mas tudo aquilo ao mesmo tempo, e em número razoável, eram uma felicidade. *Quem não viu Lisboa, não viu coisa boa.*

Depois de sua primeira viagem a Portugal em 1934, Cecília Meireles esteve em outros países, em muitos deles em viagem de intercâmbio cultural. Em 1940 foi aos Estados Unidos onde lecionou Literatura e Cultura Brasileiras, na Universidade do Texas e fez conferências sobre literatura, folclore e educação no México; em 1944 visitou o Uruguai e a Argentina; foi à Índia,[30] Goa e várias nações da Europa (Portugal, Espanha, Itália, França,

29. As crônicas "Rumo: Sul", de I a XXV, foram publicadas pelo jornal *Folha Carioca* entre junho e outubro de 1944.

30. Sobre a influência da Índia, e especialmente de Rabindranath Tagore como referência na obra de Cecília Meireles, consultar Macedo (2001: 43-59).

Bélgica, Holanda), em 1951, 1952; em 1953 foi convidada pelo primeiro ministro Nehru para o simpósio sobre a obra de Gandhi, na Índia, e recebeu o título Doutor *Honoris Causa* pela Universidade de Delhi; em 1954, fez nova viagem à Europa, retornando a Portugal e, enfim, visitou os Açores, terra de sua avó Jacinta, onde conheceu o grande amigo e correspondente fiel de longos anos, o poeta Armando Cortes-Rodrigues; em 1957 foi à Porto Rico; em 1958 à Grécia, Itália e Israel, onde visitou os lugares santos; novamente Estados Unidos da América, via Peru, em 1959; e novamente México em 1962.

Referências bibliográficas

ALMEIDA, Viana de. Cecília Meireles conferencista. Temas Literários. *Diário de Lisboa*, Lisboa, 13 de março de 1935, p. 8. Disponível em: <http://www.fmsoares.pt/arquivo biblioteca/Diario de lisboa/Diario apresenta.asp.>

ABREU, Joana Cavalcanti de. Entre os símbolos e a vida: poesia, educação e folclore. In: NEVES, Margarida de Souza; LOBO, Yolanda Lima, MIGNOT e Ana Chrystina Venâncio. *Cecília Meireles: a poética da educação*. Rio de Janeiro: Ed. PUC-RJ/Loyola, 2001, pp. 211-230.

BLOCH, Pedro. Entrevista. *Manchete*, Rio de Janeiro, 16/05/1964.

BORGERTH, Luciana Vial Corrêa. Infância, escola e literatura infantil em Cecília Meireles. Dissertação de Mestrado. Departamento de Educação/PUC-RJ, 2001.

Carta com assinatura ilegível a Cecília Meireles. Coimbra, out. 1935. Rio de Janeiro, Biblioteca Nacional, Arquivo Darcy Damasceno, (504) 26, 4, 28 (cópia manuscrita).

CARVALHO, M. M. C. de. *Molde Nacional e Fôrma Cívica*: higiene, moral e trabalho no projeto da Associação Brasileira de Educação (1924-1931). Bragança Paulista: EDUSF, 1998, pp. 54-55.

CASTRO, Fernanda de. *Ao fim da memória*. Memórias (1906-1939). Lisboa: Editorial Verbo, 1988.

______. *Cartas para além do tempo*. Odivelas: Europress, 1990.

CHAMON, Carla Simone. *Maria Guilhermina Loureiro de Andrade: a trajetória profissional de uma educadora (1869-1913)*. 2005. Tese (Doutorado). Universidade Federal de Minas Gerais, Departamento de Educação.

CORRÊA, Luciana Borgerth Vial. *Infância, escola e literatura infantil em Cecília Meireles*. 2001. Dissertação (Mestrado) — Pontifícia Universidade Católica do Rio de Janeiro, Departamento de Educação.

CORREIA, António Carlos Luz e SILVA, Vivian Batista. Uma história de leituras para professores em Portugal e no Brasil (1930-1971). *CBHE* — Congresso Brasileiro de História da Educação, 2002.

CRESPO, Regina Aída. Cultura e política: José de Vasconcelos e Alfonso Reyes no Brasil (1922-1938). *Revista Bras. Hist.*, v. 23, n. 45, São Paulo, jul. 2003.

DAMASCENO, Darcy. *Notas acerca da poesia, da crítica e da correspondência de Cecília Meireles.* (Rio de Janeiro), (s.d.). N. p. Original. Manuscrito. 26, 2, 71. Biblioteca Nacional, Rio de Janeiro.

DUARTE, Afonso. Carta de Afonso Duarte a Cecília Meireles. Coimbra, 7 de fev. 1939. Rio de Janeiro, Biblioteca Nacional, Arquivo Darcy Damasceno, (505) 26, 4, 29 (cópia, manuscrita).

ELLISON, Fred P. *Alfonso Reyes e o Brasil: um mexicano entre os cariocas*. Rio de Janeiro: Topbooks, 2002.

Embaixatriz das Letras — Cecília Meireles trouxe-nos notícias da poesia brasileira. Um excerto da conferência que realizou há dias no Secretariado da Propaganda Nacional. Suplemento Literário do Diário de Lisboa. *Diário de Lisboa*, Lisboa, 07 de dezembro de 1934, p. 6. Disponível em: <http://www.fmsoares.pt/arquivo_biblioteca/Diario_de_lisboa/Diario_apresenta.asp.>

EVANGELISTA, Olinda. Formar o mestre na Universidade: a experiência paulista nos anos de 1930. *Educ. Pesqui.*, jul./dic. 2001, v. 27, n. 2, pp. 247-259.

GOUVÊA, Leila V. B. *Cecília em Portugal:* ensaio biográfico sobre a presença de Cecília Meireles na terra de Camões, Antero e Pessoa. São Paulo: Iluminuras, 2001.

LAMEGO, Valéria. *A Farpa na lira*: Cecília Meireles na Revolução de 30. Rio de Janeiro: Record, 1996.

LEITE, Miriam Lifchitz Moreira. *Livros de viagem (1803-1900)*. Rio de Janeiro: Editora UFRJ, 1997.

LOBO, Yolanda L. Memória e Educação: O Espírito Victorioso de Cecília Meireles. *RBEP*, Brasília, v. 77, n. 187, pp. 525-545, set./dez., 1996.

MACEDO, Elizabeth. Viagem à Ilha do Nanja. In: NEVES, Margarida de Souza; LOBO, Yolanda Lima e MIGNOT, Ana Chrystina Venâncio. *Cecília Meireles: a poética da educação.* Rio de Janeiro: Ed. PUC-Rio/Loyola, 2001, pp. 41-59.

MAGALDI, Ana Maria Bandeira de Melo. *Lições de casa*: discursos pedagógicos destinados à família no Brasil. Tese de Doutorado. Universidade Federal Fluminense, UFF, 2001.

MEIRELES, Cecília. *Carta a Fernando de Azevedo*. Rio de Janeiro, 02/05/1934. FA — Cp, Cx. 21, 72. IEB-USP (Instituto de Estudos Brasileiros).

______. *Carta a Fernando de Azevedo*. Rio de Janeiro, 07/03/1934. FA — Cp, Cx. 21, 70/1. IEB-USP (Instituto de Estudos Brasileiros).

______. *Carta a Fernando de Azevedo*. Rio de Janeiro, 16/08/1934. FA — Cp, Cx. 21, 74/1. IEB-USP (Instituto de Estudos Brasileiros).

______. *Carta a Fernando de Azevedo*. Rio de Janeiro, 21/03/1934. FA — Cp, Cx. 21, 71/1. IEB-USP (Instituto de Estudos Brasileiros).

______. *Crônicas de Educação*. Rio de Janeiro: Nova Fronteira, v. 1, 1998.

______. *Crônicas de Educação*. Rio de Janeiro: Nova Fronteira, v. 1-5, 2001.

______. *Crônicas de Viagem*. Rio de Janeiro: Nova Fronteira, v. 1-3, 1999.

______. *Mar absoluto e outros poemas*. Porto Alegre: Livraria do Globo, 1945.

______. *Poesia Completa*. Rio de Janeiro: Nova Fronteira, 2001.

______. *Viagem*. Lisboa: Editorial Império, 1939.

______. *Carta a Fernando de Azevedo*. Rio de Janeiro, 15/11/33. FA — Cp, Cx. 21, 69. IEB-USP (Instituto de Estudos Brasileiros).

MURICY, Andrade. Meia hora com Cecília Meirelles e Correia Dias. *Festa*, n. 7, 2ª fase, Rio de Janeiro, mar. 1935.

NEVES, Margarida de Souza; LOBO, Yolanda Lima e MIGNOT, Ana Chrystina Venâncio. *Cecília Meireles: a poética da educação*. Rio de Janeiro: Ed. PUC-Rio: Loyola, 2001.

NÓVOA, António. Uma educação que se diz "nova". In: CANDEIAS, António; NÓVOA, António e FIGUEIRA, Manuel Henrique. Sobre a Educação Nova: cartas de Adolfo Lima a Álvaro Viana de Lemos (1923-1941). Lisboa: EDUCA, 1995.

OLIVEIRA, Márcia Ramos de. Batuque, samba e macumba nas palavras e pincéis de Cecília Meireles. *Nuevo Mundo Mundos Nuevos*, n. 6, 2006. Disponível em: <http://nuevomundo.revues.org/document1555.html.>

PIMENTA, Jussara S. *Fora do outono certo nem as aspirações amadurecem*. Cecília Meireles e a criação da biblioteca infantil do Pavilhão Mourisco (1934-1937). Dissertação de Mestrado. Departamento de Educação/PUC-RJ, 2001.

______. "O Brasil e a sua educação: as conferências de Cecília Meireles em Portugal. *VI Congresso Luso-Brasileiro de História da Educação*, Uberlândia, 2006.

QUEIROZ, Carlos. Cecília Meireles, poetisa européia. Suplemento Literário do Diário de Lisboa. *Diário de Lisboa*, Lisboa, 21 de dezembro de 1934, p. 5. In: <http://www.fmsoares.pt/arquivo_biblioteca/Diario_de_lisboa/Diario_apresenta.asp.>

REMÉDIOS, Maria José Lago dos. Ana de Castro Osório e a construção da grande aliança entre os povos: dois manuais de autoria da escritora portuguesa adotados no Brasil. *Anais do I Congresso Brasileiro de História da Educação*. Rio de Janeiro, 6 a 9 de novembro de 2000, pp. 162-164.

SIRINELLI, Jean-François. Os intelectuais. In: RÉMOND, René (Org.). *Por uma história política*. Rio de Janeiro: Ed. UFRJ, 1996.

Uma poetisa brasileira em Terras de Portugal. *Gazeta de Notícias*, 20 de novembro de 1935.

STRANG, Bernadete de Lourdes Streisky. *Sob o signo da reconstrução*: os ideais da Escola Nova divulgados pelas Crônicas de Educação de Cecília Meireles. Dissertação de Mestrado. Departamento de Educação, Universidade Federal do Paraná, Curitiba, 2003.

VIDAL, Diana Gonçalves (Org.). Da sonhadora para o arquiteto: Cecília Meireles escreve a Fernando de Azevedo (1931-1938). In: NEVES, Margarida de Souza, LÔBO, Yolanda Lima e MIGNOT, Ana Chrystina Venâncio. *Cecília Meireles*: a Poética da Educação. Rio de Janeiro: Ed. PUC-Rio/Loyola, p. 87, 2001.

WARDE, Miriam Jorge. Estudantes brasileiros no *Teachers College* da Universidade de Columbia: do aprendizado da comparação. *CBHE* — Congresso Brasileiro de História da Educação, 2002.

Imagens e leituras da educação nova em Portugal. Os relatórios de bolseiros portugueses em visita a instituições educativas européias (1907-1909)*

Joaquim Pintassilgo

Nas três primeiras décadas do século XX, num período que cobre o arco temporal que vai do declínio da monarquia aos primórdios da ditadura, com uma maior concentração nas extremidades do referido arco, realizou-se um conjunto de viagens de bolseiros portugueses a instituições educativas de países europeus considerados, desse ponto de vista, mais desenvolvidos. Nelas participaram educadores portugueses bem conhecidos, como João de Barros e Irene Lisboa. A ideia, já antiga, era que esses educadores, contactando com as inovações aí introduzidas, contribuíssem depois para a sua difusão em Portugal e, consequentemente, para a modernização do sistema de ensino. Esses bolseiros produziram relatórios que dão bem conta das imagens que construíram sobre o movimento de renovação pedagógica que percorria a Europa de então, que vão do encantamento a

* O presente texto representa uma versão portuguesa, reformulada e desenvolvida, de J. Pintassilgo (2004). Images and interpretations of New Education in Portugal. The reports of Portuguese teachers holders visiting European educational institutions. Comunicação apresentada à *International Standing Conference for the History of Education* — *ISCHE 26* —, realizada entre 14 e 17 de julho de 2004, na Universidade de Genève (Suíça) e subordinada ao tema "New Education: génesis and metamorphoses".

um certo distanciamento crítico, bem como das leituras que faziam sobre a possibilidade de introduzir tais ideias e tais práticas no Portugal de então.

Ao longo desse mesmo período e, em particular, durante a 1ª República, outros educadores frequentaram, ainda que a título particular e por motivos diversos, instituições inovadoras europeias, designadamente o Instituto Jean-Jacques Rousseau, tendo contactado com algumas das figuras representativas do movimento renovador. Foi o caso, entre outros, de António Sérgio (Hameline e Nóvoa, 1990). Como é conhecido, aliás, foram diversos os portugueses que integraram as redes internacionais, no que respeita ao campo pedagógico, então em desenvolvimento, com destaque para Faria de Vasconcelos, fundador de uma Escola Nova na Bélgica (Vasconcelos, 1915).

Vamos concentrar-nos, no presente texto, na análise dos relatórios dos bolseiros portugueses que, na primeira das fases anteriormente referenciadas, correspondente aos anos terminais da monarquia, percorreram diversas instituições educativas europeias, tendo-nos deixado relato escrito dessa sua experiência e ensaiado tentativas de comparação com a situação educativa portuguesa (Fernandes, 1995). As perguntas a que procuramos dar resposta são, então, as seguintes: em que medida se integraram os nossos educadores nessas redes de produção e de circulação de ideias pedagógicas? De que forma se apropriaram dessas ideias? Qual o contributo que deram à sua difusão? Quais os autores e referências do campo pedagógico mais presentes nos discursos então enunciados?

1. O enquadramento legal das bolsas e o seu contexto

A primeira vaga de bolseiros portugueses efectua as suas deslocações ao abrigo do Decreto n. 1 de 29 de maio de 1907, da responsabilidade de João Franco, então chefe do governo e ministro do reino, por onde passavam os assuntos da instrução. O decreto retoma o conteúdo de uma proposta de lei apresentada ao parlamento em outubro de 1906 e que não havia chegado a ser aprovada. Por coincidência, o governo havia entrado, nesse mesmo mês de maio, em ditadura, com cobertura régia, e assim iria estar até ao início de fevereiro de 1908, quando o rei — D. Carlos I — e o príncipe herdeiro são assassinados em Lisboa no decurso de um atentado.

A instabilidade política, bem como a erosão simbólica da monarquia, vão manter-se até à proclamação da República em outubro de 1910. É este complexo contexto político que serve de pano de fundo às deslocações.

O referido decreto afirma pretender-se "aproveitar a experiência pedagógica dos países mais cultos da Europa", enviando-se estudantes e professores para as "suas escolas modelares". Ao regressarem a Portugal, depois do contacto "com civilizações adiantadas e progressivas", conhecedores dos "melhores métodos de ensino", os bolseiros poderiam constituir-se como "um núcleo resistente, activo e fecundo de reforma". Ao serem educados com base em virtudes tidas por comuns nesses países — a energia, a disciplina, os hábitos de trabalho, o espírito de iniciativa etc. —, eles poderiam trazer para Portugal "o germe de uma enérgica reacção contra as tendências nacionais opostas". Um terço das bolsas então criadas — e que não se destinam apenas à actividade docente — são dirigidas a alunos das escolas de formação de professores, a professores de instrução primária em exercício e a professores de línguas modernas e de ciências físico-naturais dos liceus portugueses. Curiosamente, as bolsas só poderão ser concedidas, segundo afirma a lei, "a concorrentes distintos e pobres". Quanto aos países de destino, sugerem-se "aqueles que no consenso universal possuem em geral educação e ensino modelares", privilegiando-se explicitamente — com dois terços das bolsas — a Alemanha, a Suíça e a Bélgica, para além da Suécia, para "o ensino específico da ginástica higiénica [para que também se prevê a contratação de professores suecos] e dos trabalhos manuais".[1]

O articulado legal anteriormente apresentado é uma expressão bem típica dos modelos, ainda com reminiscências de pendor "iluminista", que, na crença da época, poderiam servir de suporte à modernização de um país que se via a si próprio como atrasado e decadente. O progresso, tornado possível por via da educação, teria por fundamento as novidades científicas e pedagógicas transpostas dos países considerados os mais cultos e civilizados de então, seja através do envio de portugueses para o estrangeiro, seja através da contratação de profissionais desses outros países.

Durante mais duas décadas e meia — embora de forma intermitente — esta estratégia vai continuar a ser seguida e estará na base, por exemplo,

1. *Diário do Governo*, n. 120, 31 de maio de 1907.

das tentativas frustradas de António Sérgio para a criação de uma Junta de Propulsão (ou de Orientação) dos Estudos — designadamente quando foi ministro da instrução pública, entre 1923 e 1924 (Fernandes, 1979) — ou da criação de uma Junta de Educação Nacional numa das reformas (1930) dos primeiros tempos da ditadura, o órgão que financiará as viagens de um conjunto importante de bolseiros portugueses ao estrangeiro na primeira metade da década de 1930.

2. Os bolseiros: concepções e itinerários

2.1. Albano Ramalho

As deslocações vão realizar-se, no essencial, entre os anos de 1907 e 1908, ainda que uma parte dos relatórios seja publicada no *Diário do Governo* já em 1909. Um dos mais interessantes de entre os relatórios produzidos é o subscrito por Albano Ramalho, então professor primário, depois inspector escolar e um dos fundadores da *Revista Escolar*, uma das grandes revistas pedagógicas, com um carácter inovador, que se vai publicar entre os anos 1920 e os anos 1930 (Nóvoa, 1993; 2003). Albano Ramalho opta por uma concepção alargada relativamente ao solicitado relatório, publicando, para o efeito, um volume com cerca de três centenas e meia de páginas, intitulado *Impressões sobre as escolas de França e Bélgica e crítica da educação e instrução primária em Portugal* (Ramalho, 1909). O texto não é muito específico em relação ao percurso por ele seguido e às escolas de instrução primária visitadas (bem como jardins de infância), já que privilegia uma organização de base temática e procede a comparações de ordem geral entre, por um lado, as escolas belgas e francesas e, por outro, entre estas e as portuguesas. As referências a autores e a ideias inovadoras são abundantes. Ramalho sublinha a importância da "ideia nova", de que ele próprio foi beneficiário, de se enviarem professores aos países que mais "progressos" têm realizado em "matéria de educação", onde novos métodos e processos estavam a ser postos em prática e aproveita para elogiar o governante que a corporizou — João Franco —, então já afastado do poder, afirmando ser este um "princípio que, só por si, honra este estadista por o ter concebido e posto em prática" (p. 334).

Uma concepção que surge de forma muito nítida em Albano Ramalho é a que se prende com o que ele considera serem "os lamentáveis contrastes" existentes entre a educação nos países visitados e a educação em Portugal (p. 225). A França e a Bélgica — para além de outros países europeus — surgem associadas às noções de "civilização europeia" (p. 7), "espírito moderno" (p. 296), "países mais adiantados" (p. 229), "povos mais civilizados" (p. 331) ou "povos mais cultos" (p. 334). O contraponto com Portugal é, na opinião do autor, flagrante: "Nós estamos atrasadíssimos" (p. 333); estamos "meio século atrasados da civilização europeia" (p. 7). Portugal surge representado como "uma sociedade mergulhada num pélago de ignorância e [n]um estado de civilização primitiva" (p. 234), em que "a miséria material, moral e intelectual" (p. 233) é algo que se encontra generalizado, como um país que passa por um visível "estado decadente" (p. 225).

Quais os principais males que afectam, então, a educação portuguesa? Entre as "causas do atraso" (p. 334) Ramalho aponta uma "centralização elevada ao exagero"; a falta de escolas maternais, "uma das mais lamentáveis e vergonhosas lacunas sociais que se notam em Portugal" (p. 189); a inexistência de laboratórios de pedologia; a realidade de um ensino que é "puro verbalismo e com uma disciplina e ambiente fúnebre e terrorista" (p. 238); o facto do professor não ser, por cá, nem alvo de consideração nem bem remunerado, sendo antes "o mais humilde dos funcionários" (p. 248), ao contrário do que acontece em França e na Bélgica; a sua má preparação profissional; a ausência de preocupações pelo desenvolvimento do corpo e da saúde dos alunos.

Para ultrapassar esta situação "impõe-se uma remodelação profunda de todo o nosso sistema de educação" (p. 301), que permita "colocar o país a par dos povos mais civilizados" (p. 331). Através da divulgação pública do seu relatório de viagem, Albano Ramalho manifesta a intenção de "contribuir, com um esforço humilde, para o despertar da alma nacional" (p. 7). Como vemos, o seu discurso é muito marcado por diversos elementos bem típicos do contexto em questão e já assumidos, aliás, pelo próprio republicanismo e que se prendem com a influência simultânea de concepções de pendor iluminista e positivista. É um discurso centrado num lugar-comum da época (de várias épocas...): a crença no atraso educativo português. A imagem construída é a de um Portugal decadente, doente, a necessitar de uma urgente regeneração — o "despertar da alma nacional" de que falava Ramalho —, a qual só poderia ter como ponto de partida a modernização da educação.

Uma outra antinomia, que surge claramente expressa no texto em análise, é a que coloca face a face as figuras da "pedagogia do passado" e da "pedagogia do presente" (p. 12). A radicalização desta dicotomia, típica do discurso pedagógico do período de transição do século XIX para o século XX, acaba por ser — pela exorcização do fantasma a combater — um factor agregador do campo educativo renovador. A "antiga pedagogia", a qual consistia "no emprego de métodos e processos sem uma base científica, racional e fixa", devia ser, na opinião de Ramalho, "completamente suprimida" (p. 12). A "pedagogia moderna" aparece, em contraponto, como sendo verdadeiramente racional e científica, para além de "baseada no estudo psico-fisiológico da criança" (p. 75) e na "experiência" (p. 12). A ciência daí decorrente — a pedologia — realiza os seus estudos com base em instrumentos investidos, então, de uma auréola de cientificidade: 1º) através da observação psicológica da criança; 2º) por experiências realizadas em laboratórios; 3º) com recurso aos inquéritos escolares. O autor aproveita para nos informar de que os laboratórios de pedologia se vão instalando um pouco por todo o lado, à excepção, claro, de Portugal.

Gostaríamos de sublinhar, por outro lado, o facto de ser a expressão "pedagogia moderna" — diversas vezes utilizada pelo autor —, e não outra, aquela que dá conta das novas perspectivas desenvolvidas em educação. Se bem que a oposição bipolar e a assunção daquela noção remetam para uma espécie de mitologia do novo, Albano Ramalho mostra-se consciente de que a "revolução" pedagógica subjacente à generalização dos "processos preconizados pela pedagogia moderna" é também o resultado de um percurso mais ou menos longo, em que a herança do século XIX é fundamental.

> Se o século XIX já operou nos sistemas educativos uma verdadeira revolução que se traduziu principalmente na transformação da escola triste, severa e autoritária, na escola alegre; se aos processos disciplinares baseados na repressão, sucederam com êxito, já hoje iniludível, os processos fundados na persuasão; se ao mestre rígido, implacável e austero, personagem personificando os princípios educativos em voga nesses tempos, sucedeu o colaborador afectuoso (...); é certo que, nos processos científicos a empregar, para trans-

> mitir o saber do mestre ao cérebro do aluno, ainda deixou um largo campo a descobrir.
>
> Por isso, a pedagogia moderna, na sua marcha incessante em procura do mais perfeito, como que em busca de um ideal, não cessa de investigar, de meditar processos e avaliar o seu valor no cadinho da experiência ... Eis o que não cessam de procurar os pedagogos do século XX (pp. 100-101).

Podemos situar a leitura que Albano Ramalho faz do panorama internacional das ideias novas em educação numa fase de transição entre o "momento Compayré" e o "momento pedagogia experimental", de que nos fala Nanine Charbonnel (1988). A psicologia surge, claramente, como a ciência de referência do novo campo educativo. Podemo-lo situar, igualmente, numa fase de transição entre a "pedagogia moderna" e a pedagogia da Escola Nova (Carvalho, 2001; Pozo Andrés, 2005), a cujas experiências o autor se refere, ainda que deixando-nos a dúvida sobre se terá efectivamente visitado essas escolas, designadamente a "École des Roches". São estas as suas palavras:

> Bien armés pour la vie. São as palavras que figuram no frontal da *École des Roches* em França ...
>
> É um desses notáveis estabelecimentos de orientação moderna que se têm fundado ultimamente em França, Inglaterra e Alemanha. São notáveis as escolas Abbotsholme, Bedales, l'École des Roches, Liancourt, Ilsenbourg, Haubinda e outras do mesmo sistema ... [Nota]
>
> Esta frase sintetiza todo um sistema de educação chamada "nova". O método seguido é dominado pelo princípio que consiste em colocar os alunos em contacto com todas as coisas, com as dificuldades ordinárias da vida e em os levar a executar, vencer e pôr em prática o que lhes ensinaram (p. 288).

Deixando de lado o facto de se apresentar uma definição relativamente redutora da Educação Nova, fica bem visível a preocupação em integrá-la numa sequência de ideias inovadoras, a qual tem as suas raízes — verdadeira origem mítica — no *Emílio* de Rousseau (Candeias, 1995), por diversas vezes citado, e prossegue com uma espécie de galeria de santos da pedagogia moderna, todos eles referenciados mais do que uma vez no texto de Ramalho: Pestalozzi, Herbart, Froebel, Compayré, Bain, Binet, entre outros. Em Portugal, de resto, e nesta fase, a crença na irredutível novidade das ideias novas e a consciência da permanência de um património pedagógico inovador são verso e reverso do processo de afirmação de uma pedagogia científica. É, no fundo, o eclectismo e o sincretismo que o próprio autor diz defender e que identifica como sendo o sistema de Bacon: "tirar de todos os sistemas o que eles têm de prático e de essencial" (p. 35).

Passemos agora às principais características do ensino primário belga e francês, de entre as identificadas e realçadas por Albano Ramalho. Uma delas é a utilização habitual do chamado método intuitivo e das lições de coisas. Sabemos como um e outra se tornaram uma espécie de moda pedagógica das correntes inovadoras da segunda metade do século XIX e como tal transitaram para o início do século XX. Sabemos, igualmente, como são vagas essas expressões e como podemos encontrar, por trás delas, conteúdos diversos (Kahn, 2002). Para o caso português é curioso, ainda, o facto de ambas transitarem, de forma pacífica, para o contexto já marcado pelas perspectivas da Educação Nova, ao ponto de continuarem a surgir entre as principais propostas dos autores ligados a essa corrente, como se — apesar da sua relativa antiguidade — de verdadeiras novidades se tratassem. Não é estranha, por isso, a valorização da intuição e das lições de coisas por parte de Albano Ramalho. Como ele próprio afirma: "a qualidade que realça no ensino primário na Bélgica e na França é a intuição" (p. 16). Isso quer dizer que se começa sempre por pôr o aluno "em contacto com as coisas, com a realidade (p. 16), que todas as "verdades" lhe são "apresentadas duma maneira concreta e evidente" (p. 19). Sendo o ponto de partida a intuição, isso não significa que, a esse procedimento, não se siga "a generalização, a ideia abstracta, a comparação" (p. 16). No entanto, o autor parece ter consciência das fragilidades da própria noção, quando diz, tendo como referência o caso português:

> Entre nós, fala-se muito de intuição... A palavra intuição, que envolve a ideia de processos concretos, materiais, que levem verdades ao espírito por intermédio, não do raciocínio, mas dos sentidos, pode ter uma aplicação no ensino mais ou menos larga. A intuição pode ser mais ou menos intensa. Pode recorrer-se a um processo intuitivo e não obtermos com ele o fim desejado (p. 276).

Quanto às lições de coisas — "que todos os educadores modernos exaltam" (p. 173) — é o próprio Ramalho a dar conta, involuntariamente, de uma das ambiguidades dessa noção (tendo em conta as interpretações diversas de que é alvo), ao noticiar o facto de ter assistido, numa escola primária de Paris, "pela primeira vez a uma lição de ciências naturais ou de *coisas*" (p. 172), que os terá deixado "agradavelmente impressionados" (p. 172) pela forma como foi organizada pelo professor, permitindo "despertar neles [alunos] o espírito de observação e experiência" (p. 172). A questão que se coloca é a seguinte: as lições de coisas são, afinal, um procedimento geral, passível de aplicação às várias áreas curriculares ou circunscrevem-se apenas ao âmbito das ciências naturais? Esta interrogação prende-se, ainda, com uma outra, também ela decorrente das formulações da época. Estamos aqui a falar de lições *sobre* as coisas — conciliáveis com o uso do método expositivo por parte do professor e a adopção de uma atitude passiva por parte dos alunos — ou de lições *com* as coisas, implicando uma atitude activa dos alunos como produtores dos conhecimentos a adquirirem? Finalmente, e no que diz respeito às virtualidades decorrentes da sua generalizada aceitação em Portugal, Albano Ramalho manifesta, também aqui, algum cepticismo:

> As lições de coisas, que são a glória da escola moderna e grande manancial de conhecimentos; que são da maior importância para a formação do espírito; são qualquer coisa que ainda não passou do campo da teoria para a prática, ou que, se passou, apenas um pequeno número as compreendeu (p. 278).

Outros aspectos relativos ao ensino primário em França e na Bélgica, interligados com a questão anterior, e que merecem uma avaliação muito positiva por parte de Albano Ramalho são a utilização do "método dos círculos concêntricos" no desenvolvimento do currículo, fazendo com que a aprendizagem se realize "duma forma gradual e progressiva" (p. 54); o recurso ao "princípio da concentração" — geralmente identificado com Decroly — "o único em harmonia com o desenvolvimento da criança" (p. 55) e com "um princípio assente pelos psicólogos" — a "associação de ideias" —, o qual fundamenta a interligação dos diversos conhecimentos por parte dos alunos (p. 276); a adopção do que, no contexto da Educação Nova, ficou conhecido, mais geralmente, pela fórmula métodos activos e que aqui nos é apresentado como sistema da "redescoberta".

> Uma das modernas e mais arrojadas correntes em matéria de educação consiste na "redescoberta", isto é, no sistema de colocar o aluno em condições de

> aprender certas verdades científicas, descobrindo-as ele próprio, depois de colocado no caminho lento da descoberta.
>
> Esse sistema, que os americanos advogam, e que muitos pedagogos condenam por considerarem lento, é, ainda assim, atraente e produz investigadores e homens de trabalho e iniciativa. (p. 266)

Albano Ramalho elogia ainda um conjunto de outros factores: o carácter "acentuadamente prático" das escolas francesas e belgas e a boa preparação para "a luta pela vida" por elas proporcionada (p. 22); a "liberdade de ensino" vigente na Bélgica, da qual resultam "admiráveis efeitos" (p. 27); a administração descentralizada do ensino tal como é concretizada na Bélgica; a preocupação com a adequação e qualidade dos edifícios escolares e respectivo mobiliário, "satisfazendo às exigências principais da higiene e da pedagogia" (p. 33); os cuidados com a saúde e com a educação física dos alunos, conducentes à generalização de práticas como a cantina escolar, os duches, a natação, os recreios, as excursões e colónias escolares, a ginástica sueca e os jogos (futebol, ténis etc.); o recurso habitual a processos modernos de ensino, como as "projecções luminosas" e o cinema. Chama a atenção, igualmente, para os efeitos muito positivos duma instituição em franca expansão em ambos os países, a escola maternal, na qual o tempo de classe é "preenchido pelos jogos e trabalhos *froebelianos*" (p. 37).

Registe-se, por fim, a chamada de atenção que o autor faz para a importância assumida, em ambos os países, pela educação moral e cívica, ainda que com base em modelos diferentes. Enquanto que na Bélgica a educação "é de base religiosa", em França "a escola é hoje absolutamente laica e neutra", sendo o ensino da moral "meramente racional e filosófico" (pp. 131-132). Na Bélgica "não há no horário um espaço de tempo fixado para a lição de moral" (ou de educação cívica), ainda que haja um programa a ser desenvolvido, o que se faz pelo aproveitamento, por parte do professor, de "todas as circunstâncias que se oferecem". Assim sendo, "ensina-se a moral sempre que se ofereça a ocasião, quer numa lição de leitura, quer numa lição de história ou de ciências naturais" (p. 136). Em França, pelo contrário, as escolas primárias têm "uma lição de moral todos os dias" (p. 137). Independentemente de uma ou outra opção, o autor insiste na importância que tem a "formação de cidadãos" (p. 329) num regime político, como o vigente, que lhes atribui responsabilidades na administração da colectividade. Albano Ramalho pergunta, pensando no caso português: "Onde está essa instrução e educação moral em que tanto vimos insistir nas escolas primárias de Bélgica e França?" (p. 320). O que se passou, na sua opinião, é que "cada cidadão foi tornado árbitro numa questão sem o prepararem para isso. Eis aí o grande escolho, uma das causas do descrédito dos nossos governos" (p. 324). A 1ª República portuguesa, implantada pouco depois, colocará entre as suas prioridades o desenvolvimento de um projecto de formação do cidadão, assente numa base laica, bem na linha da tradição francesa descrita por Albano Ramalho.

2.2. *João de Barros*

João de Barros (1881-1960), então um jovem professor no Liceu Alexandre Herculano do Porto, é uma das figuras mais conhecidas do grupo de bolseiros aqui referenciados (Araújo, 1997; Araújo & Araújo, 2004; Fernandes, s./d.; Nóvoa, 2003), destacando-se, após 1910, como grande ideólogo da pedagogia republicana, alto quadro do novel Ministério da Instrução Pública e cultor apaixonado da aproximação cultural luso-brasileira. Além de redigir o relatório a que estava obrigado por via do regulamento das bolsas,[2] João de Barros — à semelhança de Albano Ramalho — desenvolve as reflexões decorrentes da viagem na obra *A escola e o futuro (notas sobre educação)* (Barros, 1908). Parte do percurso foi feito na companhia de João de Deus Ramos, que fez a viagem a título particular, amigo e antigo colega da Universidade de Coimbra, filho de João de Deus, divulgador da *Cartilha Maternal* e impulsionador dos jardins-escola João de Deus, a primeira grande experiência de divulgação do ensino infantil em Portugal. Noutros momentos esteve acompanhado pelo também bolseiro Luís Cardim.

Apesar da missão de estudo ser formalmente dedicada ao estudo do ensino secundário em França e na Inglaterra, João de Barros enriqueceu o percurso com uma passagem por Madrid, onde visitou a já emblemática Institución Libre de Enseñanza, dirigida pela carismática figura de D. Fran-

---

2. Relatório da missão de estudo em França e Inglaterra do pensionista João de Barros professor do 2º grupo do Liceu de Alexandre Herculano (Porto). In: *Apêndice ao Diário do Governo*, n. 161, 28 de abril de 1909.

cisco Giner de los Rios — "nome conhecido e respeitado em Portugal" (p. 45) —, sendo acompanhado pela escritora portuguesa, então já radicada em Espanha e professora da referida instituição, Alice Pestana (Hernández Díaz, 1998). Esta visita constituiu, nas suas palavras, "um dos mais belos e consoladores ensinamentos para a minha vida de professor" (p. 43). Barros destaca, do que viu, a "prática interessantíssima da coeducação", que "dá os melhores resultados" (p. 45), a existência de turmas pequenas, o facto de não se utilizarem manuais nem se realizarem exames e, em particular, o papel assumido pelos professores, que procuram fomentar a iniciativa dos alunos:

> E nunca verifiquei, como ali, que o verdadeiro papel do professor é de ser apenas um intermediário entre o aluno e o conhecimento que este deve adquirir; intermediário consciente, é claro, conhecendo bem a psicologia infantil, adaptando-se bem ao modo de ser da criança, guiando-a com o mesmo cuidado de que usará um jardineiro para fazer crescer um arbusto forte e direito. Só assim o mestre é um suscitador de energias (p. 46).

Para além da defesa da tese, cara às concepções renovadoras, da necessidade da construção do saber escolar pelos alunos, o autor mostra-se consciente, também aqui de acordo com o espírito da época, da importância do conhecimento da psicologia infantil por parte do professor. A metáfora do "jardineiro" sistematiza todo um programa pedagógico com raízes longínquas no *Emílio*. O balanço final é empolgante: "fui ali encontrar quase tudo o que sonho como professor, tudo o que tenho procurado fazer e de que ainda ando tão longe" (p. 50).

Já em França, João de Barros assiste a aulas e conferências na Sorbonne (incluindo as de Durkheim) e no Collège de France, visita escolas primárias e jardins de infância — considera "excelente" o processo educativo destes últimos — e dedica-se, em particular, ao conhecimento do ensino secundário — liceus e colégios. A sua avaliação dos liceus franceses é muita negativa: "tive uma grande decepção com o ensino oficial francês" (p. 146). Vários são os defeitos apontados: formalismo exagerado nas relações pessoais, trabalho excessivo dos alunos, desvalorização da educação física, aspecto doentio dos alunos, entre outros. As únicas virtudes encontradas dizem respeito à existência de turmas pequenas e de bom material de ensino. Não é aqui, no entanto, que "podemos encontrar novidade" para Portugal (p. 143). Em relação aos colégios do ensino particular a opinião de conjunto não é, igualmente, muito favorável, embora surjam, aqui, algumas ilustres excepções:

> Os colégios em França, a não ser a *École des Roches*, e as escolas do mesmo tipo, e também algumas tentativas interessantes como *Cempuis* e a *Ruche*, não são boas, pelo excesso de disciplina, de hierarquia, que existe um pouco em todas as coisas francesas, e pelo mesmo defeito dos Liceus: — exigência de erudição excessiva aos alunos. Neles não há muito que aprender (p. 161).

Completamente diferente é a opinião sobre uma das escolas de referência do circuito internacional da Educação Nova, a famosa École des Roches, sobre a qual João de Barros confessa já estar previamente informado, "conhecido como é entre nós o livro de Demolins — *L'Éducation Nouvelle*" (pp. 171-172). O autor destaca o facto da escola ser situada no campo, "fora da atmosfera perniciosa, triste e dispersadora da cidade" (p. 68), dos edifícios serem simples e alegres e de os rapazes viverem "em família com os mestres" (p. 63), elementos bem típicos das chamadas escolas novas. Barros elogia o horário lectivo, entre as 8h e as 12h — "não cansando, não esgotando a inteligência do estudante" (p. 68) —, a importância assumida pelos trabalhos manuais e pelos jogos, o recurso aos mais modernos processos de ensino, a grande cordialidade sentida nas relações entre professores e alunos, o facto de "todo aquele sistema educativo" se basear "no respeito pela criança" e ter por finalidade "formar homens" (p. 69). Mas este tipo de organização pedagógica não é a regra no panorama francês: "Como esta, há [apenas] mais quatro escolas em França" (p. 70). Estas referências são inequívocas relativamente à adesão do nosso viajante a alguns dos principais postulados e práticas da Educação Nova, ao mesmo tempo que dão conta do carácter excepcional dessas experiências.

Sobre a sua estadia, de carácter particular, na Bélgica, João de Barros apenas nos conta com algum detalhe a sua entrevista com o educador belga J.-F. Eslander, "o autor de *L'éducation au point de vue sociologique* e de *L'École Nouvelle*, dois livros que deram às questões educativas uma orientação inteiramente diversa da que hoje se dá em toda a parte" (pp. 104-105).

Em Inglaterra, João de Barros percorre, como em França, vários estabelecimentos do ensino secundário, públicos e privados, para além de visitar jardins de infância e escolas primárias e de se deslocar a Oxford. Sobre os liceus ingleses, apesar de também não o entusiasmarem, considera poder retirar elementos úteis para o ensino em Portugal. Os aspectos mais salientados são a qualidade dos edifícios, as turmas reduzidas, a "magnífica educação profissional dos mestres" e o método de ensino, "o mais prático, o mais experimental possível" (pp. 154-159). Os aspectos mais negativos são os decorrentes do que Barros considera ser "a transplantação recente dos programas e regulamentos alemães" (pp. 153-154), implicando alguma desvalorização da educação física e uma maior sobrecarga para os alunos, que lhes dá a "má aparência" por ele observada, uma dimensão a que o autor se mostra permanentemente sensível.

Mas foram os colégios privados ingleses que mais entusiasmaram o nosso visitante: Eton — que "é na verdade excelente", só que "é um colégio de gente nobre e rica" (pp. 162-163) — e, muito em especial, Bedales, em Petersfield, colégio dirigido por Badlay, onde reconhece ter visto "o que de melhor existe em colégios particulares" e o que mais utilidade poderia ter para o seu estudo. Apesar de já conhecer esta experiência, através da já referida obra de Demolins, Barros confessa nunca ter suposto "que a execução fosse tão perfeita" (p. 164). Os espaços escolares são bem arejados e iluminados. A organização pedagógica é a característica das Escolas Novas: aulas das 8h às 12h; valorização da educação física, dos jogos e dos trabalhos manuais em oficinas diversas e jardins; ensino experimental (através de passeios) das ciências naturais e da geografia. Algumas das práticas enunciadas vão claramente ao encontro de algumas das grandes obsessões pedagógicas do autor, e que o acompanharão ao longo das suas obras e da sua vida, como sejam as grandes potencialidades educativas e higiénicas subjacentes a uma relação estreita com a natureza e o culto de um corpo saudável, habilidoso e forte, no âmbito de uma educação integral.

Os procedimentos de ensino são, na opinião de João de Barros, exemplares: o mestre conversa com o aluno, apresenta-lhe dúvidas, "leva o seu espírito a encontrar, a achar naturalmente a solução" (p. 167). Sublinhando a sua concordância com esse tipo de procedimentos, mais activos, interrogativos ou socráticos (na terminologia da época), que elogia em várias das suas obras, Barros considera estar aí "todo o segredo da ciência, quero dizer, da arte da educação" (pp. 84-85), recorrendo à fórmula ambivalente que, então, procura ser a expressão da complexidade do campo educativo, onde as referências à ciência e à arte na formação do professor surgem como complementares. Em relação à criança e ao jovem "tem-se, pelo seu desenvolvimento espontâneo e harmonioso, o mais sério respeito", a maior "devoção" (p. 81) — afirmações bem típicas do "século da criança" —, sendo comparáveis (recorrendo, de novo, às metáforas de origem vegetal) "a plantas que só precisam de bom sol para florir e frutificar".

Um dos aspectos que Barros considera ser "uma das originalidades e das superioridades desse colégio é a coeducação" (p. 80), a qual permite obter "os óptimos resultados que dá a vida em comum de rapazes e raparigas" (p. 88), posição esta coerente com o que o autor já havia defendido em relação à Institución Libre de Enseñanza. No que diz respeito à organização social subjacente à vida do colégio, o autor considera-a, à maneira de Dewey, como sendo "um meio complexo", "uma redução do meio social" em que as crianças e jovens viverão no futuro (pp. 90 e 98). Por isso, todos, alunos e professores, rapazes e raparigas, intervêm na vida do colégio e publicam mesmo um jornal com a colaboração de todos, práticas estas que remetem para o chamado *self-government*, a principal opção pedagógica das escolas novas tendo em vista a formação moral e cívica dos seus jovens alunos. João de Barros conclui as referências ao colégio de Bedales com um lamento em forma de interrogação: "Sinto-me envergonhado ao pensar quando é que uma escola nossa poderia dar-nos uma tal impressão de beleza e de saúde?" (p. 86).

Na conclusão do seu esforço comparativo, João de Barros considera ter ficado demonstrado que "o ensino secundário na Inglaterra é muito superior ao da França" (p. 181). No entanto, um dos aspectos mais positivos em ambos os países é, na sua opinião, o facto dos professores serem "verdadeiramente dedicados ao ensino", "ao exercício da sua profissão", assumindo-se como "funcionários exemplares" (pp. 187-188), possuidores de boas condições económicas e de capacidade de iniciativa. O professorado português estaria, assim, "em condições de evidente inferioridade em relação ao de França e Inglaterra" (p. 190). As propostas que o autor faz, no final do seu relatório, de modo a serem introduzidas no ensino secundário português, são as seguintes: construção de edifícios escolares reunindo as condições físicas mais adequadas e bem equipados; redução do número de alunos por turma; recurso ao método directo no ensino das línguas vivas; valorização da ginástica; melhoria da situação moral e material do professorado.

2.3. Outros bolseiros: Augusto Ladeiro, Luís Cardim, José Rodrigues e António Barbosa

Outro dos bolseiros foi o professor de instrução primária de Avintes (perto do Porto), Augusto Ladeiro, que visitou jardins de infância e escolas primárias na Suiça. O seu relatório, datado de 1909, foi publicado ao longo de vários números da revista *Educação Nacional*.[3] Ladeiro começa por elogiar a organização das escolas infantis no cantão de Yaud, destacando o facto do ensino ser aí "ministrado com o auxílio do material de Froebel" (p. 169), muito divulgado à época, como temos verificado. As actividades principais observadas pelo autor foram "exercícios práticos intuitivos", "ocupações manuais" e "jogos acompanhados de canto". Ladeiro realça a importância ocupada pelo estudo da natureza, através das inevitáveis "lições de coisas" e, dentro dela, seguindo uma tese então com grande aceitação, "especialmente tudo que mais de perto a rodeia" — família, casa, escola, condiscípulos, etc. — e que "mais [lhe] interessa" (p. 169).

Passando para o ensino primário, Augusto Ladeiro considera que "os métodos geralmente praticados nas escolas da Suiça são excelentes" (p. 247). As suas preferências vão para o método intuitivo, de que faz uma espécie de profissão de fé: "Servir-me-ei dele sempre que possa" (p. 247). A coeducação, uma prática habitual na Suiça, merece-lhe uma adesão incondicional, por ser expressão dum ideal "absolutamente inspirado na própria natureza", sendo "longa a enumeração da lista das grandes e numerosas vantagens" (p. 182). Quanto à possibilidade de aplicar integralmente o aí observado, Ladeiro procura temperar o seu entusiasmo com alguma moderação: "aproveite-se tanto quanto possível" esses métodos, mas adaptando-os "ao nosso meio duma maneira prudente e sábia" (p. 170).

Em relação aos "velhos métodos pedagógicos, que obrigavam a longas e fastidiosas recitações de cor", o seu veredicto é definitivo: eles "caducaram" (p. 247). Os tempos agora são outros. Por isso, as escolas que mais

---

3. Relatório apresentado pelo pensionista de 6ª classe Augusto Ladeiro, professor oficial de Avintes, concelho e círculo escolar de Gaia — 1909. *Educação Nacional, 749*, 22 de janeiro de 1911, pp. 157-158; *Educação Nacional, 750*, 29 de Janeiro de 1911, pp. 169-170; *Educação Nacional, 751*, 5 de fevereiro de 1911, pp. 181-182; *Educação Nacional, 753*, 19 de fevereiro de 1911, pp. 205-206; *Educação Nacional, 758*, 26 de Março de 1911, pp. 257-258.

vivamente impressionaram o nosso viajante foram as Escolas Novas — "que será provavelmente a escola do futuro" (p. 206) —, ainda que ele não identifique de forma precisa as que terá visitado. Entre as características que o autor destaca, estão "a liberdade dos alunos", "a intimidade familiar entre alunos e professores" e a preocupação em que sejam estes "a descobrir quase tudo pelo seu esforço pessoal". As condições físicas do espaço e as práticas enumeradas são as habituais neste tipo de escolas. Em conclusão, "é esta orientação moderna" a mais adequada para o "desenvolvimento físico, intelectual e moral" dos jovens (p. 206).

Um outro bolseiro foi o já referido Luís Cardim (Fernandes, 1995; Nóvoa, 2003), professor de inglês e alemão do Liceu de Setúbal, que percorreu a Inglaterra e a Alemanha.[4] Fazendo um balanço, o autor considera a instrução alemã "actualmente como superior", ainda que se confesse rendido ao "extraordinário espectáculo do entusiasmo educativo inglês", ainda por cima inspirado "por ideais mais elevados — sociais e pedagógicos" (p. 19). Durante a sua estadia, num e noutro país, Cardim frequentou cursos superiores e visitou escolas, principalmente do ensino secundário. Bedales foi uma delas, mas a sua avaliação não é tão entusiástica como a de João de Barros, seu companheiro de visita: "A sua instrução, contudo, se bem que inegavelmente superior, não tive a intuição de ser tão extraordinária como a sua extraordinária educação" (p. 20). Um dos aspectos que, visivelmente, mais o marcaram foi o contacto com as "ideias revolucionárias de Dewey" (p. 20). Vejamos, pelas suas próprias palavras, como se deu essa verdadeira "revelação":

> Também segui nos princípios de Janeiro o curso de férias do "College of Preceptors", onde pela primeira vez ouvi falar ao celebrado Prof. Findlay, da Universidade de Manchester, e uma das primeiras autoridades inglesas em educação, no nome do Prof. Dewey, de Nova York, cujas obras singelas e despretenciosas constituem hoje no entanto o que há de mais adiantado em matéria pedagógica, e mereciam ser divulgadas no nosso país. Para a sua leitura alcancei admissão à grande biblioteca do "British Museum", e foi assim que elas foram o ponto de partida de um estudo de teoria pedagógica,

4. Relatório do pensionista da 8ª classe Luís Alfredo Pires Cardim, professor do 3º grupo do Liceu Nacional de Setúbal. In: *Apêndice ao Diário do Governo, n. 131*, 7 de abril de 1909.

> principalmente inglesa e americana. A excelência dos livros que encontrei, práticos e profundos, foi para mim uma revelação (p. 21).

Esta citação é particularmente interessante. Luís Cardim confessa que desconhecia anteriormente a obra de Dewey, o que mostra que ela era então (1907/08) pouco conhecida em Portugal, e sugere a sua divulgação, por a considerar "o que há de mais adiantado em matéria pedagógica". Relata, também, como esse contacto o conduziu à leitura de outras obras, inglesas e americanas, de teoria pedagógica. Elogia a sua "excelência" e o seu carácter simultaneamente prático e profundo. Como é visível também nos outros relatórios, a formação anterior dos professores portugueses era, fundamentalmente, de origem francófona e a leitura de alguns autores de língua inglesa (Bain, por exemplo) era feita a partir de traduções francesas das suas obras. O facto de estarmos aqui perante um professor de inglês, facilitou o acesso às referidas obras. A deslocação de bolseiros portugueses a Inglaterra foi, certamente, no Portugal das primeiras décadas do século XX, uma das vias de acesso ao pensamento pedagógico de John Dewey.

Um outro aspecto a que Luís Cardim foi muito sensível foi à qualidade dos professores ingleses, plenos "de dedicação, de entusiasmo, de pontualidade, de método", constituindo, em geral, "um grande exemplo" para os seus alunos, educando-os com base nos valores da "responsabilidade" e da "liberdade" (p. 23). Sublinhe-se aqui a presença da tradicional concepção relativa à exemplaridade do mestre e aos valores por ele representados, para além duma chamada de atenção para a importância das dimensões afectivas ("dedicação", "entusiasmo", ...) no desempenho docente. Quanto aos métodos de ensino utilizados, o autor destaca a importância assumida pelo que chama de "método heurístico" — uma das modalidades por que se apresentam os métodos activos então propostos pelos autores inovadores —, aplicado, em particular, ao ensino das ciências. E que apresenta do seguinte modo:

> Coloca-se a criança nas condições em que se realizou historicamente (embora simplificadas e adaptadas) a experiência primeira de uma série ... A ciência é deste modo bem mais solidamente estabelecida, educa-se a criança, o que é importantíssimo, no método e raciocínio científicos (p. 24).

Um último destaque vai para o reconhecimento, por parte de Cardim — e como resultado da influência da produção americana —, da importância assumida, para a formação dos futuros cidadãos, pela "vida social que desde a mais tenra idade se procura criar nas escolas inglesas, com funções, direitos e responsabilidades", recreando uma espécie de "sociedade em miniatura" destinada a confrontar os alunos com os "problemas das sociedades adultas" (p. 24), questão à qual já nos referimos.

Outro bolseiro foi o professor de física e química do Liceu Nacional de Lamego José Júlio Bettencourt Rodrigues (Fernandes, 1995; Nóvoa, 2003), que, entre Outubro de 1907 e Setembro de 1908, visitou escolas secundárias — ateneus — na Bélgica.[5] Rodrigues considera que o ensino belga "não tem uma regulamentação superior ao mesmo ensino nos liceus portugueses" (p. 33). A grande diferença pode ser encontrada na "acção largamente autónoma", na "liberdade de processo" assumidas pelo professor belga, em contraponto à "forçada conduta do professor português" (p. 34). O ensino belga caracteriza-se pelo facto de "*ser o próprio professor o construtor do seu programa*". Este acaba por ser "colorido pela personalidade do lente, focado, refundido, modernizado pelo professor" (p. 35). Ainda em relação ao professor belga, Rodrigues nota "a cortesia com que se dirige aos alunos, a atenção que lhes concede" (p. 39), a confiança depositada nos seus alunos e a capacidade de iniciativa que estes últimos mostram.

Em relação aos métodos de ensino, se "a prelecção do professor belga" causou a mais viva impressão no nosso bolseiro, foi a importância atribuída à experimentação que mais atenção lhe mereceu. "Depois da experimentação pelo professor, a experimentação pelos alunos... O aluno faz-se por suas próprias mãos" (p. 37). Neste particular, o confronto com os liceus portugueses é, na opinião de Rodrigues, "desolador para nós" (p. 38). Esta constatação leva-o a defender a necessidade de serem abandonados em Portugal os "velhos moldes e condenáveis que a moderna pedagogia rigorosamente estigmatiza" (p. 38). Em coerência com a avaliação efectuada, as propostas apresentadas no final do relatório, tendo em vista a melhoria do ensino em Portugal, vão exactamente nesse sentido. Em relação à química dos liceus, Rodrigues apela a que esta seja "sobretudo e especialmente *uma ciência de laboratório*" e sublinha "a extrema vantagem de habituar o estu-

---

5. Relatório do pensionista da 8ª classe José Júlio Bettencourt Rodrigues, professor do 6º grupo do Liceu Nacional de Lamego. Outubro de 1909 — setembro de 1908. In *Apêndice ao Diário do Governo, n. 154*, 25 de abril de 1909.

dante ao estranho prazer de chegar por si só a *resultados precisos e concretos*" (p. 53).

O último relatório alvo da nossa análise na presente comunicação — e o de menor riqueza informativa no conjunto do *corpus* — foi o produzido pelo também professor de física e química, desta vez do Liceu Nacional de Faro, António dos Reis Silva Barbosa (Fernandes, 1995), que esteve na Alemanha a frequentar um curso prático de laboratório de química (na Universidade de Leipzig), tendo ainda visitado diversas escolas secundárias alemãs.[6] A grande diferença notada por este professor entre as aulas da sua disciplina na Alemanha e em Portugal foi a seguinte: "Notei que nem uma só vez vi um professor consumir toda a hora da aula a explicar sem se interromper; ao contrário, a exposição é quanto pode ser dialogada... Os alunos vão assim colaborando na matéria que vai sendo exposta" (p. 14). É a prevalência dos processos interrogativos ou socráticos de ensino, contrastando com o abuso dos procedimentos expositivos, tão criticado pela generalidade dos bolseiros portugueses. Relacionada com esta questão, está a que se refere ao recurso aos próprios objectos e ao aproveitamento da actividade dos alunos: "Se a exposição é de ciências físico naturais, é a presença da planta, do animal ou do aparelho, ou a realização do fenómeno, que dá matéria para o tiroteio constante de perguntas que mantém as classes constantemente activas" (p. 14). Encontramos aqui, de novo, a intuição, as lições de coisas e os métodos activos como bandeiras da modernidade pedagógica.

3. Algumas reflexões finais

Que concluir no final deste percurso analítico por um conjunto de relatórios de bolseiros portugueses em visita a instituições educativas europeias pelos anos de 1907 e 1908? A atribuição das bolsas de estudo a professores — curiosamente, uma iniciativa do poder político — tinha, como vimos, subjacente a si a ideia de que existia um enorme contraste entre a Europa culta, civilizada e moderna, do ponto de vista pedagógico, e o Por-

6. Relatório do pensionista da 8ª classe António dos Reis Silva Barbosa, professor do 6º grupo do Liceu Nacional de Faro. In: Apêndice *ao Diário do Governo, n. 123*, 2 de abril de 1909.

tugal ignorante, antiquado e atrasado do ponto de vista educativo. Chegados a França, a Inglaterra, à Alemanha, à Suíça ou à Bélgica, destinos mais habituais, os bolseiros portugueses olham com deslumbramento para a qualidade dos espaços escolares, para o perfil profissional dos professores, para práticas como a coeducação, para o recurso aos métodos activos ou para a generalização da educação física ou dos trabalhos manuais. Possuidores de algumas leituras prévias, em particular em língua francesa, que já os haviam posto a par dos avanços da pedagogia moderna e das propostas da Educação Nova, os professores portugueses têm oportunidade de apreciar, *in loco*, as suas realizações práticas e de mergulhar no ambiente educativo e humano desses laboratórios de pedagogia prática. Interrogando-se sobre a eventual transposição de tais novidades para o território pátrio, a sua atitude divide-se entre a descrença nessa possibilidade e o entusiasmo de novos crentes, passando pelo discurso prudente sobre o tema da adaptação necessária. A construção do pensamento pedagógico moderno surge aos seus olhos como algo coerente e linear, tendo Rousseau nas suas origens e uma sequência de homens ilustres a empunharem sucessivamente esse facho (Pestalozzi, Froebel ...), até chegar a um conjunto de autores contemporâneos, alguns já familiares (Compayré, Demolins, Bain ...), outros que começam a ser descobertos ao longo desta aventura, como é o caso dos americanos, Dewey em particular. Para encerrar este exercício, gostaríamos de sublinhar a importância assumida por estes homens (bem como pela divulgação dos seus relatórios) no processo de circulação em Portugal dum conjunto de ideias inovadoras, produzidas em contextos outros e por eles apropriadas como actores singulares. A República portuguesa, implantada pouco após o seu regresso, mostrar-se-á campo fértil para a sua circulação entre nós, sem conseguir, no entanto, fazer esbater a consciência do atraso educativo português.

Referências bibliográficas

ARAÚJO, A. F. e ARAÚJO, J. M. *João de Barros. 1881-1960. Vida, obra e pensamento.* Porto: Estratégias Criativas, 2004.

ARAÚJO, A. F. *O "homem novo" no discurso pedagógico de João de Barros*. Braga: Universidade do Minho, 1997.

BARROS, J. *A escola e o futuro (notas sobre educação)*. Porto: Livraria Portuense de Lopes & Cª Sucessor, 1908.

CANDEIAS, A. (1995). Traços marcantes do movimento da Educação Nova na Europa e Estados Unidos da América. In A. Candeias, A. Nóvoa, & M. H. Figueira. *Sobre a Educação Nova: cartas de Adolfo Lima a Álvaro Viana de Lemos (1923-1941)*. (pp. 13-24). Lisboa: Educa, 1995.

CARVALHO, M. M. C. A caixa de utensílios e a biblioteca: pedagogia e práticas de leitura. In: VIDAL, D. e HILSDORF, M. L. *Tópicas em História da educação* (pp. 137-167). São Paulo: Edusp — Editora da Universidade de São Paulo, 2001.

CHARBONNEL, N. *Pour une critique de la raison éducative*. Berne: Peter Lang, 1998.

FERNANDES, R. *A pedagogia portuguesa contemporânea*. Lisboa: Instituto de Cultura Portuguesa, 1979.

______. Ensaios de modernização do ensino liceal e investigação pedagógica no limiar do século XX. In: *Ciências da Educação: investigação e acção* (1. v., pp. 331-340). Porto: Sociedade Portuguesa de Ciências da Educação, 1995.

______. *João de Barros, educador republicano*. Lisboa: Livros Horizonte, s./d.

HAMELINE, D. & NÓVOA, A. Autobiografia inédita de António Sérgio — escrita aos 32 anos no *Livre d'Or* do Instituto Jean-Jacques Rousseau (Genève). *Revista Crítica de Ciências Sociais, 29*, 141-174, 1990.

HERNÁNDEZ DÍAZ, J. M. La recepción de la pedagogia portuguesa en España (1875-1931). *Historia de la Educación. Revista interuniversitaria, 17*, 289-317, 1998.

KAHN, P. *La leçon de choses. Naissance de l'enseignement des sciences à l'école primaire*. Villeneuve d'Ascq: Presses Universitaires du Septentrion, 2002.

NOVOA, A. (dir.). *A imprensa de educação e ensino. Repertório analítico (séculos XIX-XX)*. Lisboa: Instituto de Inovação Educacional, 1993.

______. (dir.). *Dicionário de educadores portugueses*. Porto: Edições ASA, 2003.

POZO ANDRÉS, M. M. La renovación pedagógica en España (1900-1939): etapas, características y movimientos (pp. 115-159). In: MARTINS, E. C. (coord.). *V Encontro Ibérico de História da Educação — Renovação pedagógica*. Coimbra — Castelo Branco: Alma Azul, 2005.

RAMALHO, A. *Impressões sobre as escolas de França e Bélgica e crítica da educação e instrução primária em Portugal*. Porto: Casa Editora de António Figueirinhas — Livraria Portuense de Lopes & Cª Sucessor, 1909.

VASCONCELOS, A. Faria de. *Une École Nouvelle en Belgique*. Neuchatel: Delachaux & Niestlé, 1915.

Irene Lisboa e Áurea Judite Amaral: dois olhares sobre a escola a partir da "Escola Nova"

Rogério Fernandes

Desde os anos iniciais do século XX é possível rastrear em Portugal a realização de sondagens em torno de iniciativas educacionais estrangeiras. O objectivo destes exercícios era a importação de soluções para as dificuldades internas do sistema escolar português. Está nessa órbita, por exemplo, o Decreto de 29 de maio de 1907. Mediante esse diploma legal, pretendia-se financiar bolseiros que fossem de visita a instituições de países considerados adiantados. Assim, abria-se concurso de bolsas de estudo para visitas ou estágios na Alemanha, Inglaterra, França, Áustria, Suiça, Suécia, Itália e Bélgica.[1]

1. Cf. *Diário do Governo*, (120), 31 de maio de 1907. De notar que o Decreto não mencionava a Espanha, onde já então avultava a Institución Libre de Enseñanza. O pedagogista Alves dos Santos submeteu o decreto a duras críticas, assim como Borges Grainha. Veja-se o nosso *A pedagogia portuguesa contemporânea* (1979), p. 14. Acerca de outros bolseiros e de outras iniciativas de digressão educacional, consulte-se o mesmo livro a páginas 15 e 16. Seja-nos permitido citar também, o nosso Ensaios de Modernização do Ensino Liceal e Investigação Pedagógica no limiar do século XX (1995), In: *Ciências da Educação: Investigação e Acção*, Actas do II Congresso da Sociedade Portuguesa de Ciências da Educação, v. 1, Porto: Sociedade Portuguesa de Ciências da Educação, pp. 331-340. Quanto ao relatório do bolseiro João de Barros, ver o nosso livro, *João de Barros-Educador Republicano* (1971), Lisboa: Livros Horizonte.

A análise e descrição de "modelos educacionais" de que fosse possível extrair conceitos orientadores de políticas e de práticas inovadoras destinavam-se a apoiar o lançamento de reformas capazes de reformular o sistema educativo nacional.[2]

Nesta linha, durante o século passado, diversos pedagogistas e educadores portugueses visitaram Genebra, o principal centro de produção da teoria da escola nova.[3] O mais notável neste período foi Faria de Vasconcelos (1880-1939). Ele fora o criador, em 1912, da escola nova de Bierges-les-Wavre, na Bélgica, de que assegurou a direcção até 1914, data da invasão alemã na guerra de 1914-1918. Faria de Vasconcelos encerrou então a escola e retirou-se para a Suiça, procurando asilo em Genebra. Assegurou alguns cursos durante o ano escolar de 1914-1915, designadamente uma série de três conferências sobre a sua experiência de Bierges les Wavre, as quais foram publicadas em livro sob o título de *Une école nouvelle en Belgique* (1915). Adolphe Ferrière, a quem se deve o prefácio, considerou a instituição como uma escola nova — tipo (p. 7), firmando-se na experiência de Faria de Vasconcelos para estabelecer um primeiro grupo de princípios fundamentais da teoria. Sob a indicação de Claparède, Vasconcelos foi convidado mais tarde a contribuir à difusão desta corrente pedagógica na América Latina, designadamente em Cuba e na Bolívia, onde liderou reformas escolares (1915-1920).

António Sérgio (1883-1969) e sua mulher Luísa Sérgio, por seu turno, estiveram em Genebra, onde se matricularam no Institut J. J. Rousseau entre 1914 e 1916. Se o espírito crítico de Sérgio não recuava perante as autoridades científicas universitárias no quadro da elaboração teórica (Hameline e Nóvoa, p. 144, nt. 3), a verdade é que jamais se afastou do caminho do experimentalismo mesmo durante o período em que exerceu funções ministeriais em Portugal. A criação de um organismo que concentrasse esta função científica foi um dos seus projectos mais caros. Tratar-se-ia de fundar um serviço sob cuja chancela fossem lançadas "escolas experimentais".

---

2. Jurgen Schriewer (2001). *Formas de externalização no conhecimento educacional*, Lisboa: Educa.

3. Devemos à colaboração prestimosa e eficiente de François Alexandre Bos a obtenção de numerosos elementos informativos sobre educadores portugueses que estudaram ou passaram por Genebra.

Semelhante instituto, não tendo podido ser instituído durante a I República, acabaria por ser fundado no tempo da Ditadura, sob a designação de Junta de Educação Nacional, sendo a sua presidência entregue a um eminente investigador da Faculdade de Medicina de Lisboa, o Professor. Augusto Celestino da Costa.

Durante a primeira fase, a Junta de Educação Nacional proporcionou viagens e estágios pedagógicos de curta e média duração a vários educadores e intelectuais (alguns desses pedagogos eram conhecidos como adversários do Regime). Contam-se entre eles a professora e escritora Irene Lisboa (1892-1958) e a professora Ilda Moreira (1894-1980), sua amiga e colega desde a Escola Normal Primária. Outra educadora que estagiou igualmente no exterior foi Áurea Judite Amaral (1889-1977).

Até que ponto as intenções da Junta de Educação Nacional, nesta primeira fase do seu funcionamento, inspiraram alterações inovadoras na política e na prática pedagógica portuguesas? As "viagens pedagógicas" dos bolseiros da "Educação Nacional" transformaram-se de facto em iniciativas de progresso? Por outro lado, tendo ocorrido durante o chamado "Estado Novo" (1926-1974), os cursos e estágios das pedagogistas citadas, como se compaginaram as doutrinas de um regime político de "direita" com um ideário muitas vezes descrito como transportador de uma ideologia pedagógica de "esquerda"? Como base de reflexão sobre estas interrogações seleccionámos Irene Lisboa e Áurea Judite Amaral, cujas carreiras correram, sob estes aspectos, quase paralelas.

1. Irene Lisboa: o sonho de uma nova escola?

O objecto das reflexões registadas nesta secção consiste em reconstituir o trajecto da educadora portuguesa Irene Lisboa, estabelecendo relações entre os seus contactos com as teorias da educação nova, designadamente dos estudos que desenvolveu na Suiça, em Bruxelas e em Paris, e as concepções e práticas educativas que defendeu em Portugal.

Nascida em Casal da Murzinheira, Arruda dos Vinhos, (1892), Irene viveu uma infância e juventude dolorosas, matizadas por conflitos familiares. Fez os seus estudos elementares no Convento do Sacramento, no qual se manteve durante quatro anos. Após esse período o pai matriculou-a no Colégio Inglês, em Lisboa, onde seria interna durante três anos. Contrariamente ao tempo conventual, o tempo de colégio foi evocado nos seus escritos como feliz. A sua vida literária, como ficcionista e poeta, parece ter começado nesta época da sua vida.

Os estudos secundários de Irene decorreram no Liceu de Maria Pia, em Lisboa, o único liceu oficial feminino existente ao tempo na capital, onde conheceu muitas jovens da sua idade, designadamente Ilda Moreira (1894-1980), que será sua colega de profissão e amiga íntima até à data da morte de Irene (Lisboa, 1958).

Aos 18 anos, Irene matriculou-se na Escola Normal Primária de Lisboa para o Sexo Feminino. O seu interesse pela literatura e pela pedagogia conduziram-na à criação em 1913 de uma revista de normalistas, a *Educação Feminina,* de que foi directora. As actividades de formação das jovens estudantes começaram a ser objecto de observações críticas muito cáusticas nas páginas da revista. Os professores, espíritos republicanos de enorme reputação nacional mas conservadores, aconselharam Irene a moderar-se, mas o seu espírito de independência e a sua combatividade não lhe permitiram seguir semelhantes opiniões. O Conselho Escolar votará a proibição da revista.

Esta medida repressiva não impediu Irene e a sua amiga Ilda Moreira de continuarem as suas actividades de autoformação. Compravam e liam muitas obras especializadas de Educação e Pedagogia, o que lhes permitiria constituir uma biblioteca pessoal modernizada (Leandro, 2003: 778).

Em 1914, Irene obteve o seu diploma de professora do ensino primário com elevada classificação.

2. Os primeiros passos no caminho da fantasia

A sua primeira colocação profissional situou-se na freguesia do Beato, localizada na parte oriental de Lisboa, constituída por bairros operários muito pobres e insalubres. Mais tarde trabalhará numa escola em Alcântara, a chamada Escola da Tapada, a qual, localizada no lado ocidental da cidade, recebia uma população discente com as mesmas características.

Em Julho de 1920 foram criadas "classes preparatórias" anexas às escolas primárias e destinadas a crianças com menos de 7 anos. Era uma fileira de ensino infantil, prevista na primeira reforma republicana do ensino primário (29 de Março de 1911) mas até então jamais concretizada. Nas Escolas Normais Primárias fundaram-se nesse período cursos de especialização para as classes preparatórias. Contudo, faltavam educadoras capazes de cooperar no terreno da formação prática das primeiras educadoras. Neste quadro, as autoridades escolares convidaram as professoras primárias a aceitarem lugares docentes de ensino infantil, graças a um esforço suplementar de auto-formação. Na escola da Tapada, onde foram criadas três classes preparatórias, houve apenas duas respostas positivas: a de Irene e a de Ilda.

Nas férias de verão que se seguiram e que passaram juntas, prepararam-se afincadamente para as novas responsabilidades que iam enfrentar: releram dois livrinhos de Félix Klein, *Mon Filleul au Jardin d'enfants (comment il s'élève)* e *Mon Filleul au Jardin d'enfants (comment il s'instruit)*, além de terem lido e discutido Montessori e Decroly, daí resultando o esquema de um pequeno programa de actividade.

Semelhantes classes preparatórias foram muito bem recebidas pelas crianças e pelas famílias. Tanto Irene quanto Ilda Moreira, recebiam a visita das alunas da Escola Normal às suas "classes preparatórias" e dirigiam-lhes os respectivos estágios. Por fim, não desejando permanecerem qualificadas somente como professoras efectivas do ensino primário, resolveram matricular-se elas próprias no curso de especialização da Escola Normal. Em Julho de 1923 Irene concluiu o seu curso.

Segundo o testemunho de Ilda Moreira, a actividade das classes de que se encarregaram foi baseada na teoria dos centros de interesse de Decroly, na observação das crianças, no trabalho de grupo e na disciplina livre, principal inovação que tinham introduzido no trabalho docente àquele nível de ensino.

3. Em busca da nova escola

O trabalho de inovação pessoal que Irene ensaiou nos primeiros passos do seu exercício profissional foi objecto de reflexão autocrítica, particularmente na conferência feita a pedido de uma organização sindical de professores primários sob o título e o tema de *A Escola Atraente* (1926).[4] A questão central do texto, mais tarde publicado na *Revista Escolar*, era a de definir, diante de uma assembleia de colegas, a significação do modelo de escola sugerido pelo título. Escola atraente seria sinónimo de escola sem peias, nova, liberal (*Revista de Educação*, p. 153).

A sua exposição centrar-se-ia em torno de três eixos: *a escola*, *a casa* e *a rua*.

No começo do seu trabalho de "tacteamento pedagógico", confidenciou Irene, tudo lhe parecia reduzir-se a "amar as crianças e dominá-las". As escolas não pediam muito mais do que isso: "metodização de trabalho, insuflação de regras, espírito de disciplina. E quem excede estas normas evitando as humilhações e acarinhando, regosija-se" (*Revista de Educação*, p. 153). "A mestra nova que tem o luxo de aborrecer a rotina julga que dá grandes saltos a cada momento. Aboliu as cópias, proibiu as delações, castiga pouco e aconselha, estabelece as composições escritas e orais, os cálculos e os problemas dos alunos, etc. E se vê a classe animada, palpável nos seus esforços, contenta-se. A minha simplicidade trazia-me satisfeita às vezes" (Id., ib.).

Uma vez que transitou ao ensino infantil, a estratégia mudou de conteúdo mas manteve as suas características fundamentais. Confessou ter tido o gosto de se ver livre de programas e de horários. O tempo escolar pertencia-lhe inteiramente e era livre de o "retalhar" e "ocupar" à vontade (Id., ib.). A sua tarefa essencial continuava a ser o ensino: "Antes ensinava umas coisas, agora outras: a recortar bonecos, a fazê-los por dobragem, a desenhar, a cantar, a dançar, a jogar etc." (Id.,ib.)

Tal situação mostrava-lhe a importância da sua própria actividade na estruturação da actividade dos seus pequenos alunos: "Eu via gosto nos pequenos aprendizes e tirava disso estímulo. Multiplicava-me, fazia da

4. O convite proveio do Grémio dos Professores Primários Oficiais. A pluralidade de organizações sindicais, ou para-sindicais, levou à fundação de um organismo de tipo federativo, a União do Professorado Primário. Esta entidade editava o jornal *O Professor Primário* e realizava um Congresso anual onde se discutiam as linhas de actuação sobre os principais problemas da classe. Esta actividade teve o seu termo com o advento da Ditadura militar.

minha imaginação o jardim da classe, alegria e recurso dos apetites dos alunos." (Id., ib.) Essa hipertrofia do papel do educador não era de surpreender numa escola apenas armada de carteiras, "sem material de jogar nem ocupações forçadas, com vontade de agradar e de excitar... natural era que caísse no excesso de prestidigitação" (Id., ib.).

Esse excesso de "prestidigitação" acabava por impor uma diminuição da intensidade interventiva da jovem mestra: "Os recreios vigiados, pouco estimulados; menos trabalhos manuais e cada vez mais pueris; os passeios mais curtos e mais frequentes (conforme o tempo) e sujeito às contingências exteriores, não às chamadas à observação, a rodas ou a jogos; menos aparato para excitações sensoriais; despreocupação de ensinar a calcular e a falar bem; menos canto; menos imposições, enfim" (Id., ib.). Usando as suas próprias palavras, "abrandada a disciplina da *actividade e do prazer,* observadas as crianças com mais isenção, alargavam-se as deficiências da escola" (Id., ib.). A pobreza objectiva da casa, a pobreza das crianças, as suas necessidades nunca preenchidas e o seu mau aspecto físico, tudo isso a despertava para uma segunda agenda de intervenções.

Vista a escola na sua surpreendente nudez, que oferecia ela às crianças libertas de pressões? A escola, diz Irene, está sufocada pela preocupação de preparar os espíritos, de tabelar o ensino e teme arrancar para outros caminhos. Está muito afastada da preocupação de fomentar uma boa sociedade de gente pequena, não se preocupa em saber o que mais agrada ou aborrece, não ataca as situações precárias: doença, fome, nudez, nem proporciona os seus opostos (Id., p. 154). Assim, pergunta Irene a si própria, porque nem sempre as capacidades intelectuais ou estéticas de certas crianças correspondem a práticas coerentes: porque motivo, por exemplo, duas meninas "imaginativas, com a paixão do desenho e dos jogos, sociáveis, amorosas (...)" tinham sido incapazes de se apresentar limpas dias seguidos" no "jogo do lenço" em que a mais limpa dava a ordem de *assoar.* Irene, face a estas experiências, concluía: "De que servem a estas crianças os exemplos e os conselhos? De vexame, quase." "A Escola gesticula e arenga muitas vezes para um poço. Que sabe das vidas particulares? Conhece as mães das crianças, os seus hábitos, as suas faltas? Quantas vezes se arroga poderes vãos ou tem exigências absurdas" (Id., ib.). A imagem da escola, tal qual a desenhava Irene Lisboa, é de distanciação em relação ao ser: não oferece assistência médica, "não acompanha o aluno além da porta. A Escola é rígida, indiferente. Não supre as faltas do lar, não dá saúde, não é generosa, enfim" (Id., ib.).

A crítica de Irene Lisboa iria incidir, seguidamente, sobre a escola em movimento. Esquematicamente, Irene mostrava as divisões, as compartimentações da actividade: aulas, recreios, caixas métricas, mapas, carteiras, quadros, tudo como compartimentos isolados. Durante a aula as crianças estavam dependentes do mestre, do quadro e do livro. O ensino adquiria um carácter de uniformidade, contrariado apenas pelos desníveis que se estabelecem entre os grupos: atrasados, adiantados, diligentes, preguiçosos... Tais diferenciações eram, todavia, de escasso valor para o professor, que delas não poderia tirar partido (Id., ib.).

Limitado por severas regras, o docente não poderia ir mais longe do que *ensinar*, isto é, *impor*. A imagem crítica da escola, na concepção de Irene, é a da directividade, segundo a qual o mestre se limita a transmitir conhecimentos. Os interesses da criança serão postergados, voltando à superfície logo que os meios de controlo afrouxem. A Escola, dirá Irene com expressiva franqueza, espezinhava as crianças, "a troco de as formar e preparar para um futuro indefinido obriga-as a renúncias. Deixarão de ter gostos, de ser consoante eram, vão refazer-se" (Id., p. 155).

Outro aspecto relevante das apreciações de Irene foi a sua crítica certeira à centralidade pedagógica do ler, escrever e contar, em torno dos quais se organizavam as aprendizagens. O predomínio da instrução, contendo um latente enciclopedismo, separava os alunos do conhecimento directo e aproximava-os de um saber construído sobre informação produzida por outrem.

Cada professor produzia a sua estratégia educativa de acordo com a sua própria experiência pessoal. Entretanto, a vontade do professor poderia sobrepor-se à do legislador, transformando a escola, de algum modo, no seu contrário. O mestre não é um mero executante, a não ser que aceite esse papel. Embora condicionado pela sua própria classe, estava ao alcance de cada professor reformar a pauta com que o Poder pretendia cingir-lhe a acção. Desse modo, não foi preciso esperar pelos teorizadores estrangeiros para atribuir ao mestre a capacidade para reformar a reforma: "Falseará as regulamentações, rejeitará ou não o horário e o programa, alijará a carga da autoridade quando a achar incómoda, espremerá as didácticas e as mecanizações escolares, até lhes encontrar o suco vital" (Id.: 156).

Como fazê-lo? A alternativa, para Irene, é colocada entre um política de pequenos passos e os ideais de reforma que transmitem mensagens radicais: "Dizem os reformadores que os pequenos remédios, as mesinhas, não hão-de sarar o corpo da Escola, combalido de velhice. Terão razão mas nós vivemos num mundo feito, sem a faculdade de abraçar cada ideal novo, de o implantar, de o defender, havemos de ir dando os passos cautelosos que nos convenham. E, enfim, trabalhar de sapa é preparar as consciências..." (Id., ib.). Trabalho de "sapa": trabalho oculto, no mais fundo do terreno, como o do sapador, fora dos valores convencionais

Uma "política de pequenos passos", por outro lado, achava justificação e prova na raridade das instituições decorrentes da decisão de ultrapassar o horizonte do já visto. As "Escolas Novas" eram, por enquanto, o "desejo", as "vagas promessas". O seu traçado passava por uns quantos marcos implantados com rigorosa precisão numa síntese impressiva. A "Escola Nova", dirá mais tarde "não é o paraíso dos justos, (...) dela não é eliminado o trabalho e a pena. Mas o trabalho será condicionado às forças dos pequenos trabalhadores e por eles bem aceite. O gosto e o esforço não se encontrarão dissociados, como frequentemente acontece, mas irmanados, de molde a reduzir os descontentes." (Id.: 157).

A esta caracterização da escola, no seu ser e no seu devir, segue-se a sua comparação entre ela e a *casa*. A despeito das suas eventuais misérias e fragilidades, a casa dispõe de recessos afectivos por entre os quais a criança se move e onde encontra sentido para o seu viver. Perante a casa, vemos que a escola oferece um silêncio gelado, onde a criança não tem lugar sinalizado. A criança preferirá a casa à escola se lhe derem a escolher entre a vida escolar e a de casa porque esta lhe permite "movimentação" e "ocupações simples" (Id., ib.).

Finalmente o contraste entre a escola e a *rua*. Não esquecendo que a primeira edição do texto data de 1926, a *rua*, com todos os seus perigos é considerada como "a nesga do mundo livre, o campo de jogos, a mestra da sagacidade..." (Id., ib.).

A escola deveria copiar à rua as "boas artes". A toda a hora a rua chama "sete sentidos espertos para a defesa e a observação, cria os seres de oportunidade, expeditos e inventivos (Id., ib.).

A propósito das relações *espaço escolar/actividade,* Irene antecipa-se um tanto ao seu próprio tempo em primeiro lugar no reconhecimento do curriculum como realidade espácio-temporal. O canto, os trabalhos manuais, os jogos, o desenho não passavam, até data recente, de um "luxo". Hoje, observava Irene, faziam parte dos programas oficiais. Se não lhes cabia ainda uma aplicação regular, isso devia-se ao facto de ainda não serem considerados de importância indisputável. Desse modo, era de prever que a actividade escolar ganhasse novas características.

Irene será entre os primeiros educadores portugueses a atribuir a importância de uma relação viva do mestre com o espaço disponível, cuja existência nos pede uma posição activa. É verdade que as salas eram desagradáveis e atravancadas de mobiliários, "convidando as crianças à imobilidade e à expectativa. Só uma imaginação esperta descobriria os poucos palmos de chão livre (...)" (Id.: 159).

Pugnando por uma distribuição não-redutora do espaço arquitectónico, permitir-se-ia que os alunos optassem por novos companheiros, que circulassem na aula, dispusessem da janela e do quadro preto, e, como diz Irene, que se distraíssem com estampas e caixinhas, que falassem, contradissessem e até se zangassem. Assim se lançava fora "aquela bitola coibitiva que media todas as virtudes pela capacidade de sujeição" (Id.: 159).

Irene desenhará um novo mapa de actividades escolares, tais como o canto, a dança, o jogo das "habilidades" naturais. Tais disciplinas deveriam incorporar-se ao curriculum, fazer parte dele. Seriam as chamadas disciplinas "recreativas": passeios, festas, museus. Estes últimos, porem, eram habitualmente um lugar reservado e triste. No entender de Irene, pelo contrário, o museu escolar deveria ser "de andar na mão", constituído pelas coisas construídas ou recolhidas pelas crianças, inspirando, nessas colecções individuais ou de turma, o espírito de observação e de interrogação. Esta "escola aberta" seria também um local onde o espírito afectivo envolveria os seres e as coisas.

Deste modo, Irene vai-se aproximando das disciplinas e actividades que não aparecem ainda inventariadas nos currículos: passeios, visitas a locais seleccionados. A crítica que lhes consagra Irene incide em primeiro lugar no que denominava "as falsas lições de coisas", em que, ignorando as actividades espontâneas, os gostos e preferências das crianças, o mestre recapitulava e discutia com o seus alunos. Nesse debate reflexionava-se em torno dos documentos recolhido pelas crianças, em torno das coisas, pessoas ou edifícios que as tinham encantado.

Esta conferência, sumariando os grandes objectivos e métodos de um novo ensino numa escola renovada, indica a vocação pedagógica de Irene, o rumo do seu pensamento.

Entretanto, a sua cultura pedagógica alargava-se, enriquecia-se. Em 1929, na *Seara Nova,* publica um comentário crítico à tradução do livro de Ferrière, *Transformemos a escola,* o que a conduz naturalmente à revisão de práticas pedagógicas ainda em vigor entre nós.

No ano seguinte, num modesto artigo intitulado *B.I.E.*, Irene dava conta da existência da instituição, das suas prioridades no plano da acção e da investigação, e das impressões que lhe deixara a sua visita, designadamente quanto à concepção de que "as questões técnicas educativas se podem e se devem estudar pelos processos e métodos usados nos meios internacionais para o estudo dos problemas sociais, políticos, económicos etc. (*Seara Nova,* n. 198, 30-01-930, pp. 91-92).

Muito mais haveria a dizer sobre as "Escolas Novas", mas se a política de "pequenos passos" contribuía lentamente para mudar a face das coisas, as alternativas maiores à "escola atraente" passavam por outros caminhos práticos e teóricos.

4. Da prática à teoria: caminhos perigosos

Sob o Salazarismo, no período inicial do regime da ditadura. a Junta de Educação Nacional era o organismo responsável pelo financiamento da investigação. Embora estivessem próximos os processos de depuração que vitimizaram muitos professores e técnicos de educação de todos os graus de ensino, a Junta foi dirigida na sua fase inicial por um eminente professor de Medicina, Augusto Celestino da Costa, isenta de critérios políticos de selecção.

A educadora portuguesa recebeu uma bolsa de estudo com a duração de 8 meses durante o ano escolar de 1929-1930, assegurando-lhe a matrícula no Instituto de Ciências da Educação e na Secção Pedagógica da Faculdade de Letras de Genebra. Graças à generosa diligência do Professor François Bos, pudemos compulsar os impressos de matrícula preenchidos pela própria Irene Lisboa: o seu nome, nacionalidade e endereço — Escola Primária da Tapada da Ajuda — e a data de entrada e saída: novembro de 1929 e julho de 1930. Estes dizeres eram acompanhados de uma significativa frase manuscrita: "*Je n'oublierai pas ce temps de l'Institut. La reconnaissance et la sympathie de Irene Lisboa*".

No mesmo grupo de fichas, temos as inscrições relativas a quatro semestres de aluno regular e a uma lista dactilografada dos participantes do Curso de Verão de julho/agosto de 1931, entre os quais se achavam Irene Lisboa e Ilda Moreira.

Os trabalhos efectuados nesses 8 meses de estudo foram descritos pela Junta de Educação Nacional em termos encomiásticos. Intitulada professora oficial do ensino infantil, Irene obtivera a bolsa para frequentar os primeiros anos do Instituto de Ciências da Educação (J. J. Rousseau) e da secção pedagógica da Faculdade de Letras de Genebra. Realizara também investigações psico-pedagógicas cujos resultados apresentara à Junta e fizera estágio na Maison des Petits. Assim, em 1929-1930 assistira aos cursos de alguns dos mais notáveis professores. O programa dos estudos levado a efeito por Irene merece ser reproduzido:

Bovet, por exemplo, ocupara-se da Introdução à técnica psicológica e estatística, da relação entre o nível mental da criança e a sua linguagem, da análise das aptidões. Abrira em seguida um capítulo sobre associações e, em seguida, entrara na questão da escola activa e do método dos projectos. Apresentara depois os resultados de um inquérito sobre leitura mental e compreensiva e comentara o método de Decroly. Finalmente abordara uma das questões mais relevantes da reflexão teórica: a questão da criança indisciplinada, a autonomia escolar aplicada nas casas de reeducação, o "self-government" judiciário e legislativo, a oportunidade e a medida de intervenção do mestre.

O Prof. Rosselo, por sua vez, tomara em mãos a questão da bibliografia, ensinara a elaborar um ficheiro pedagógico individual, e procedera à leitura e à crítica de artigos de educação.

Quanto a Piaget, tratara do pensamento da criança, do sincretismo verbal, dos esquemas globais infantis, comparáveis às sínteses dos adultos, das formas de percepção das crianças, da avaliação da sua compreensão e expressão; da escola passiva, (tradicionalista) e da escola activa, suas diferentes maneiras de reagir ao verbalismo, e das sociedades infantis. A génese dos sentimentos morais, o desenvolvimento da noção da justiça e a cooperação entre as crianças foram os temas finais abordados pelo fundador da psicologia do desenvolvimento.

Quanto às professoras Audemars e Lafendel, foram responsáveis pela reflexão sobre a educação dos pequeninos; o material didáctico; a harmonia ou desarmonia das formas; da vantagem do círculo para a confecção do material de cálculo; das bases do sistema De Lay, assim como da apresentação e critica do material montessoreano.

A educação das crianças que, segundo a nomenclatura da época, eram chamadas de anormais, fora tema confiado a Descoeudres, bem como os benefícios de ordem geral resultantes do seu ensino, o verbalismo, os jogos como meio de associação da palavra às coisas, o trabalho livre e em comum, a responsabilidade e a iniciativa.

As doenças das crianças foram confiadas ao Professor Brantmay, do mesmo modo que a higiene mental, as doenças mentais e nervosas, as perturbações psíquicas, psicoses e nevroses.

Claparède, figura tutelar do estabelecimento, ocupar-se-ia da psicologia experimental, da espiritualização e socialização das tendências, do instinto sexual, da tendência superior ou do relativismo, das teorias positivas e negativas da vontade, dos tratamentos ou correcções pedagógicas, da supressão dos defeitos dos educadores, da disciplina autoritária e da oposta, que produz a indisciplina pela brandura; as bases da educação nova: — fazer amar o trabalho, socializar a educação, individualizar a educação, ter em consideração os caracteres individuais dos educandos. Seria justamente com Claparède que Irene faria a sua autêntica iniciação na psicologia da criança.

Quanto ao Prof. Beaudoin, caber-lhe-ia focar a psicanálise e a educação, o simbolismo do sonho e a sua racionalização, os mecanismos sobre que repousa o simbolismo, as escolas de Freud e de Adler, as compensações de natureza biológica ou funções reparadoras do organismo, a necessidade de conhecer os sistemas simbólicos para orientar a educação da criança, a incapacidade de atenção, as falhas de memória, os atrasos mentais aparentes etc.

Além da frequência destes cursos, Irene apresentara à Junta dois trabalhos de pesquisa realizados neste primeiro semestre: "Aplicação do método Gali às composições livres de Paul Girardin, a um aluno da classe de atrasados (anormais) da escola comunal de Malagnou" e "Observações sobre a importância do movimento nos jogos motores, das crianças de 4 a 6 anos" (*Junta de Educação Nacional. Relatório dos trabalhos...*, 1930: 54-55).

O certificado da Instituto de Ciências da Educação é transcrito em francês no mesmo relatório como documentação da excelência do trabalho realizado pela bolseira. Na tradução que dele fizemos, diz o seguinte: "Tivemos motivos para ficar plenamente satisfeitos com o seu zelo e com o seu trabalho. Sendo de dois anos o curso completo do nosso Instituto, teríamos muita satisfação se Melle. Lisboa pudesse ficar em Genebra até ao próximo outono. Uma experiência repetida mostrou-nos com efeito que um segundo ano é sempre particularmente proveitoso aos nossos alunos estrangeiros, que, invariavelmente, levam um pouco de tempo a adaptar-se às nossas maneiras de ensinar e de trabalhar" (Id., ib.)

Estes meses de estudo foram muito produtivos para Irene e os dois trabalhos que apresentou à Junta comprovam-no. O preço da realização destas tarefas foi todavia o sofrimento do seu isolamento e a estranheza de um meio de orientação científica severa e muito exigente no respeitante à metodização rigorosa da produção científica. Uma carta ao crítico literário João Gaspar Simões, datada de 1933, revela-nos que ela se sentira inferiorizada em comparação com aqueles "sábios" durante esses anos de estudo a que chamava de "calvário espiritual". Irene sofria de um sentimento de inferioridade muito profundo, ela que se confessava refractária ao rigor da disciplina científica, e cujas aquisições se apoiavam sobretudo na intuição (Moreirinhas Pinheiro, p. 142).

Apesar disso, guardou uma recordação feliz de, pelo menos, alguns professores. A evocação de Piaget (*Solidão II)*, como docente, anos mais tarde, irradiava uma calorosa admiração. Irene lamentava não ter tido tempo de lhe aprofundar a obra (Moreirinhas Pinheiro, cit.). Em 1957, Irene iniciaria uma antologia pedagógica na revista *Planície* consagrando-a a Claparède, do qual transcreve um trecho sobre os interesses.

Tendo a sua bolsa sido prorrogada para todo o ano lectivo de 1930-31, Irene pôde ficar mais tempo em Genebra. No 1° semestre mobilizou-se em primeiro lugar em torno da observação do aluno Yvon. Tal trabalho decorria na turma de Lafendel, na Maison des Petits, com a colaboração de Melle. Mingros. Tratava-se de preparar a documentação com vista à elaboração de uma monografia sobre um dos alunos. Com efeito, as questões postas iam no sentido da aquisição de uma imagem significativa do itinerário possível ou real do pequeno Yvon. "Cette monographie sera comme une documentation d' où se dégagera l'allure que l'éducation de l'enfant aura prise ou devra prendre" (BN, E.60, f. 3). As mesmas tarefas continuaram no segundo semestre, visto que se tratava igualmente de responder ao Prof. Bovet sobre a ideia que a investigadora poderia fazer-se sobre o conjunto da psicologia de Yvon (f. 54).

A sua reflexão final sobre a criança denunciava uma vez mais a sua falta de confiança nas suas capacidades pessoais. Ela fazia uma observação sobre o facto de três outras estagiárias se ocuparem da mesma criança, o que permitiria comparar-lhe a opinião com a das colegas.

Os textos mais importantes de Irene sobre o período de Genebra estão incluídos nos *Relatórios das viagens de estudo dos bolseiros...*, volume publicado em Lisboa no ano de 1933.

O primeiro foi intitulado *Crítica à actividade da "Maison des Petits" anexa ao Instituto Jean Jacques Rousseau*. Irene visitara a instituição à sua chegada a Genebra dois anos antes. O seu primeiro relatório sobre a orientação pedagógica do estabelecimento fora excessivamente descritivo. Agora, pretendia captar elementos mais significativos do que a mera visão do andamento da sala de aula.

O sentimento mais vivo de Irene era o reconhecimento do peso excessivo da directividade dos adultos sobre a actividade da criança. Ela critica, por exemplo, o fornecimento dos contornos das folhas desenhadas pelas educadoras para que a criança os colorisse. Apesar do facto de este contorno poder ser ignorado pela criança, era certo que semelhante condicionamento estava em contradição com a fase das representações infantis. Ademais, a disciplina era imposta de uma maneira quase silenciosa mas eficaz e mesmo o sentido crítico de Irene parecia-lhe igualmente coartado pela atmosfera da sala. O sentido geral da sua crítica sublinhava uma directividade excessiva. "A ideia de educar e de disciplinar evidenciava-se. Na escola tudo correspondia a um fim pré-estabelecido e mantido." Depois de uma destrinça muito subtil entre *jogo* e *trabalho*, analisa com minúcia a dialéctica entre as duas categorias de acção na escola experimental e conclui: "Os trabalhos livres e de imaginação não estão muito em favor na 'Maison des Petis'" (*Relatórios*..., 1933: 72-73).

Depois de ter estabelecido a filiação montessoreana original da instituição, Irene procurava formular um juízo mais equilibrado sobre a orientação pedagógica adoptada. A educação fazia-se por meio da actividade livre e pela actividade imposta. As tendências dos alunos, o seu gosto pela ocupação e pela produção eram objectos de exploração em prol dos conhecimentos escolares, mas, ao mesmo tempo, concedia-se-lhes uma relativa liberdade de jogar, ou de desenvolver a imaginação pessoal. Apesar do que acabara de dizer, sentia-se ainda muita coacção nesta escola. O ponto de vista pedagógico, de formação, prevalecia sobre o psicológico, de expansão (Id.: 77). E exemplificava esta asserção mencionando a utilização do material didáctico quase obrigatório, a criação de uma atmosfera de trabalho onde o diapasão da voz e a intervenção constante da professora nos conflitos das crianças ("uma espécie de moral falada insistente, de aprovação e de reprovação (...) impunham normas severas. O espírito da escola é demasiado metódico e rigorista, prevalecem nela os exageros, as exigências de uma educação de curtos limites" (p. 77). O texto acabará por uma declaração de hostilidade à escola, mau grado a sua pretensão de inovação: este meio é "naturalmente repressivo e as liberdades que inspira acanhadas" (Id.: 78).

O *Relatório*... seguinte ocupava-se das escolas maternais de Paris. É importante sublinhar a atenção da educadora portuguesa para com a arquitectura escolar, nomeadamente no referente aos modelos mais recentes, ela que trabalhara numa das escolas primárias portuguesas desenhadas pelo arquitecto Raul Lino.

A crítica geral de Irene em relação às "maternelles" francesas decorria do facto de que esta instituição era muito próxima, nas suas actividades, da escola primária. O pequeno parisiense não tinha durante muito tempo o direito de jogar. Aos quatro anos, a criança começava a dobrar-se a uma disciplina muito severa: lugares marcados, proibição de movimento e de ruído, atenção obrigada, ensino colectivo. A actividade era pontuada pelas ordens de começar e de terminar. Com a idade já citada, era-se iniciado no ensino sistemático da leitura e da escrita (p. 80). O ensino da leitura concentrava-se em torno de motivos que as educadoras chamavam "centros de interesse" mas que, diferentemente dos de Decroly, não se prestavam à manipulação e à experimentação do aluno, respondendo à sua curiosidade. Não passavam de um meio de exemplificação, um objecto patente sobre o qual se escrevia ou se lia (pp. 80-81). Neste quadro, era a educadora e não o aluno quem tinha a visibilidade (p. 80).

A coerência dos sentimentos críticos de Irene impunha-se a cada visita. O que achava de negativo era sempre a submissão da criança a um projecto pedagógico que não estava centrado nela. Assim, por exemplo, o seu entusiasmo pelo projecto arquitectónico da Escola Maternal de Malakoff (Praça 11 de novembro) e o reconhecimento da excelência do seu equipamento não a impediam de referenciar o seu lado "opressivo". "A sistematização que notei em toda a vida da escola, a preocupação de graduar a educação, e as demonstrações cheias de lógica da directora confundiam-me." "Que falta a esta escola, realmente?" "A sua instalação é primorosa, luxuosa, mesmo, o seu ensino é regulado como um maquinismo exterior correspondendo ao interior do aluno... Mas é opressiva com todo o seu requinte higiénico e pedagógico! Não tem animação, não há espontaneidade em nada, tudo é aprendido e medido escrupulosamente. A vida intelectual sobrepuja a natural" (p. 91). Neste quadro, previa-se um novo papel para o professor: "Dar o conhecimento, sem dúvida, mas tanto quanto possível por meio das actividades naturais e livres" (p. 92).

Os "Jardins de Crianças" de Bruxelas mereceram também uma análise muito proveitosa para uma educadora visivelmente interessada pelas questões educativas no sentido amplo do termo. Irene preocupou-se com a descrição da estrutura gestionária desta categoria de instituições (inspectoras, directoras, educadoras), assim como com o papel e poder dos pais. Ao mesmo passo, Irene descrevia o que chamava Assistência Escolar, de que se tinha necessidade urgente nas tristes escolas por que passara em Lisboa. Mediante curtas anotações, desenhava o perfil de um serviço de saúde escolar, respeitante às crianças e ao edifício, o esquema operacional da alimentação, dos banhos e aprendizagem prática das normas de higiene. Ela, que já se ocupara anos antes deste mesmo tema, no artigo *A escola atraente*, já citado, deveria ter experimentado uma enorme alegria ao verificar-lhe a possibilidade prática.

Ocupando-se do programa pedagógico dos "Jardins de Crianças", Irene sublinhava os traços principais: a criança conservaria um papel activo e livre de constrangimentos; embora de aparência passiva; a educadora provocaria e coordenar-lhe-ia as actividades. O ensino não teria a forma de lições, far-se-ia sob a forma de jogos, de exercícios sensoriais, de histórias morais e de trabalhos a realizar, mas metodicamente e de maneira lógica. Estava excluído o ensino da leitura, da escrita e do cálculo (p. 103).

O conhecimento directo destas instituições e a diversidade das suas orientações educativas conduzirá Irene Lisboa à elaboração de um texto intitulado *Bases para um programa de escola infantil*. É significativo que este programa não tenha indicação da sua fonte. É-se levado a pensar que a sua autora tenha sido Irene Lisboa. A sua intenção parece ter sido a de estimular os responsáveis escolares no sentido do estabelecimento de uma orientação homogénea para os estabelecimentos deste tipo a criar em Portugal. No entanto, o seu alvo parece ter sido muito mais modesto: "Apontar algumas circunstâncias favoráveis à primeira educação, de realização necessária numa escola infantil" (p. 125).

Irene tomava a definição dos interesses naturais das crianças entre os 3 e os 7 anos como ponto de partida do estabelecimento de um programa de educação: "Os seus interesses representam as suas melhores possibilidades de adaptação ao meio exterior, natural e social, e o modo mais simples de se fazer conhecer do educador" (p. 125). Uma vez definidos esses interesses fundamentais (o jogo ou o exercício de brincar, o gosto pelos assuntos da imaginação, a preferência dada aos animais sobre todos os objectos de atenção espontânea ou provocada, as curiosidades sensoriais (Id., ib.), que meios poderia a escola utilizar para os satisfazer? A resposta era muito simples e muito coerente com outras tomadas de posição pedagógica: "O que naturalmente ocorre, como mais prático, menos artificial e coercitivo, menos sujeito aos defeitos da educação teórica, é o que consiste em por à disposição das crianças os objectos excitantes dos seus interesses, dando-lhes tempo e liberdade de os utilizarem" (Id., ib.).

Que papel devemos reconhecer, então, à educadora? Em primeiro lugar, o de observadora. Aqui também se revela a originalidade pedagógica de Irene, profundamente avessa a todo o magistrocentrismo: "A professora não deve antecipar-se às crianças, mas sim segui-las. (...) sem impor procedimentos ditados pela rotina escolar ou doméstica, nem sempre oportunos" (p. 126). Em segundo lugar, a sua habilidade "de preparar o ambiente, a casa, de favorecer as actividades das crianças, de lhes desenvolver certos gostos, ensinar jogos e ocupações de mãos, de contar histórias, de ouvir conversas, de escolher material etc." (id., ib.).

O princípio da *liberdade* era o fundamento de toda a prática pedagógica inovadora. Em busca de uma pedagogia natural, Irene aproximava-se de um não-directivismo de que ela própria construíra todas as peças e que nos parece distanciado de outras experiências ou teorias convergentes. Essa posição teórica revelava-se logo na forma de estruturar a divisão do tempo e o seu preenchimento. Na escola infantil, diz Irene, a criança deve sentir-se à vontade e proceder sem constrangimento. A sua actividade deveria aproximá-la dos métodos "sem mestre", "autodidácticos", cuja prova decisiva seria a experimentação livre pelo aluno (p. 127). Esta escola "livre" não existiria, contudo, sem a existência de coacções, mas as regras que o adulto pretendesse inculcar à criança não deveriam contrariá-la: deveriam corresponder a um mínimo de "interesse natural" (p. 128).

O programa de Irene, ela própria o reconhecia, não estabelecia uma linha doutrinária rígida, limitava-se a propor um arranjo dos locais e dos materiais a utilizar. Ele sugeria também o que Irene denominava uma "atitude de tolerância" do adulto, susceptível de animar a liberdade do aluno, tal qual ele se revelasse na sua inteira espontaneidade (p. 140).

Os relatórios de Irene Lisboa acabarão com a exposição assaz minuciosa da teoria dos centros de interesse de Decroly e da sua aplicação à Escola do Ermitage. Conhecendo com segurança a doutrina do sábio belga, olhava as suas prescrições sempre pelo ângulo prático e articulava o discurso com as necessidades de um interlocutor que estivesse diante de uma aula.[5]

---

5. Mais tarde, ao publicar *Modernas tendências da educação,* Irene falaria do método Montessori, do método de Decroly, do Plano de Dalton, do método dos Projectos, das escolas de Winetka e finalmente do trabalho de grupo, ao mesmo tempo que inseria as questões do ensino no contexto da situação social portuguesa.

5. Retorno à pátria

Após os dois anos em que estudou como bolseira, Irene permaneceu mais um por sua conta e risco. Foi nesse período que pôde visitar as escolas maternais francesas e que se deixou ficar em Bruxelas onde aprofundou a doutrina de Decroly.[6]

Regressando a Portugal, foi convidada para ingressar no corpo de inspecção-orientação do ensino primário, cujo director-geral, Braga Paixão, era figura conhecida dos meios pedagógicos progressistas mas se tornara em convertido à Ditadura salazarista. O Decreto n. 22.369, de 30 de março de 1933, definia de forma inteligente e moderna as funções da Inspecção, entendendo-as fundamentalmente como apoio aos professores em exercício.

A função de orientação pedagógica que, no entendimento de Irene, deveriam revestir os serviços inspectivos foi certamente determinante da sua aceitação desta função que, por inerência, a obrigava a reger as aulas teóricas de Pedagogia e Didáctica Especial na Escola Normal Primária e a acompanhar a prática lectiva das professoras do curso de Especialização em ensino infantil. O significado pedagógico das actividades das classes infantis na capital Lisboa foi objecto de um interessante artigo de Irene Lisboa, cujo objectivo era a apresentação de uma exposição dos trabalhos desenvolvidos em 10 classes (*A Escola Primária, III-IV...*, pp. 419-434 e pp. 435-441).

Numa prelecção proferida perante os professores do distrito de Coimbra em 25 de Janeiro de 1934, e repetida diante dos de Beja a 1º de fevereiro do mesmo ano, Irene definiu com muita lucidez a filosofia pedagógica que lhe inspirava a acção inspectiva.

Em primeiro lugar, concebia a inspecção como um órgão de informação e aperfeiçoamento dos professores. Boa conhecedora dos profissionais de ensino a cuja classe pertencia, tinha presentes as suas ambições e os seus limites: "Frequentemente se ouvem os professores aludir, ora cepticamente, ora com interesse, a métodos de que ouvem vagamente falar, de que têm conhecimento muito indirecto, e que não ousam pôr à experiência com re-

6. É possível que Irene tenha conhecido pessoalmente o pedagogo belga, atendendo ao facto de José Rodrigues Miguéis, ao tempo bolseiro em Bruxelas e amigo de Irene, ter sido visita da casa de Decroly.

ceio de comprometer a economia das suas classes" (*Prelecções inaugurais...*, p. 124). Em seguida, aludindo às dificuldades de divulgação dos novos (ou simplesmente renovados) métodos de ensino, bem como às críticas de que eram passíveis, Irene reconhecia a escassez da literatura pedagógica difundida entre nós e o tratamento assistemático que se dava em Portugal aos problemas educativos. Nestas circunstâncias, a secção de orientação pedagógica da Inspecção (aliás, de acordo com o decreto fundador) deveria encarregar-se de promover a renovação dos métodos educativos, inspirando-se nas condições e conveniências nacionais, para o que a mesma equipa tinha em estudo e organização prelecções divulgadoras de temas profissionais e culturais, conferências de professores para discussão de matéria didáctica e de princípios educativos, a edição de um boletim de informação pedagógica e, finalmente, a realização de cursos de aperfeiçoamento. À Inspecção caberia, portanto, contribuir para a formação contínua dos professores.

Convém no entanto assinalar que, na óptica de Irene, a actividade de orientação não assentaria na imposição de filosofias ou de normas de trabalho pedagógico autoritariamente determinadas, graças ao ascendente estatutário do inspector. O professor, diz Irene, "irá sendo posto em contacto (...) com os problemas actuais da educação, e será chamado, solicitado a colaborar pessoalmente na resolução destes problemas, por exposição das suas opiniões e das suas experiências" (Id.: 125).

A inspecção-orientação teria ainda uma segunda função — a de avaliação sistemática das condições da vida escolar, em ordem a influir a visão e determinação práticas das melhorias do ensino. Essa função seria exercida no encontro e intercâmbio intelectuais entre os dois principais protagonistas: "Com gosto confesso que os membros desta secção não se limitarão à vida de gabinete; enfim, ao puro pensamento especulativo. Será junto dos seus colegas, professores, que eles hão-de procurar sentir a pulsação viva do ensino, que hão-de averiguar das dificuldades da maioria deles e das suas possibilidades de progresso." E, numa visão arrojada, mormente no Portugal da Ditadura salazarista, igualaria o inspector-orientador e o docente na decifração das questões da prática e da transformação desta: "A par do professor", escreverá Irene, "o inspector é e deve ser o mais humilde dos companheiros; e aquele que aprende, que vê e ouve com sentidos apurados, atentos; que se habitua a ajuizar o que não é propriamente obra sua. O professor, dos dois, é o primeiro a revelar e a orientar, isto é, a fornecer elementos para uma grande combinação de partes, de que resultará a orientação colectiva. O inspector é o coordenador dos bons esforços" (Id.: 126).

Irene reconhecia que a fiscalização e a crítica, inerentes ao trabalho inspectivo, não seriam necessariamente destrutivas nem alienatórias, e que a ciência, real ou suposta, do inspector não sobrelevaria necessariamente "a ciência, boa prática e inteligência de todos os professores", devendo, "quando muito ou sempre, acompanhá-la ou ampará-la" (A visita inspectoral…, p. 1) Esta ideia de que a inspecção era sobretudo apoio aos professores e aprendizagem bilateral provocaria certamente escândalo, tanto mais que o país tinha uma arreigada tradição inspectiva de carácter "policiesco".

Ademais, a defesa de semelhantes concepções conflituava nitidamente com a ideologia política e pedagógica oficial. Basta compulsar *Escola Portuguesa*, órgão da Direcção Geral do Ensino Primário, para se avaliar a distância a que Irene se encontrava das orientações oficiais. Com efeito, esse boletim em que Irene era forçada a colaborar, graças à sua posição hierárquica, mas onde se não enredava em questões ideológicas, tornara-se rapidamente um dos instrumentos da construção da ideologia fascista ao nível do ensino. Citemos por exemplo o artigo em que António Almodôvar, professor do Liceu Central de Lisboa, fazia o elogio da Alemanha e da organização nazi da juventude (*Escola Portuguesa...*, 1935).

A demissão de Irene da inspecção ocorre na sequência da extinção do ensino infantil oficial e das respectivas classes preparatórias. Apoiando-se na Constituição de 1933, o ministro Carneiro Pacheco devolvera às famílias a responsabilidade da educação da infância, isentando o Estado desse encargo e atribuindo a um organismo aparentemente não-governamental — a Obra das Mães pela Educação Nacional, constituída por senhoras da então chamada "alta sociedade" — o encargo, aliás falhado, de apoiar as famílias no exercício desse direito.

Ao mesmo tempo, o Ministro Carneiro Pacheco extinguiu o curso de professoras para as classes infantis, assim como o curso de que Irene estava encarregada. Privada do seu posto de ensino na Escola Normal Primária, Irene foi colocada como membro da secretaria da Junta da Educação Nacional, isto é da instituição que financiara a sua estada em Genebra! Por fim, Irene foi instada a aceitar o lugar de professora de Pedagogia da Escola Normal Primária de Braga, (o que significaria praticamente um desterro,) ou, em alternativa, a pedir a aposentação. Foi este último caminho o que preferiu.

Afastada das escolas, os temas pedagógicos vão sendo menos frequentes na sua obra. Um dos seus últimos trabalhos foi o voluminho intitulado *Modernas Tendências da Educação*, n. 21 da Biblioteca Cosmos, dirigida por Bento de Jesus Caraça e publicado em 1942. Na revista *Seara Nova*, por sua vez, destacam-se vários artigos, por vezes consubstanciando palestras proferidas em associações culturais, operárias ou literárias O nome de Irene Lisboa continuou assim a ter um lugar de relevo na luta pela educação e pela escola antifascista e democrática.

6. Áurea Judite Amaral: um percurso diverso

Nascida em Alfândega da Fé (1889) e falecida em Gaia (1977), Áurea Judite Amaral desenvolveu uma parte importante da sua acção profissional na Região Norte do País.

Formada na Escola Normal do Porto, a sua actividade profissional coincidirá com a tentativa de realizar um curso na respectiva Faculdade de Letras, na qual se inscreveu em 1919-1920. Em 1923, porém, realizou provas relativas ao Curso de Ciências Históricas e Geográficas da Escola Normal Superior de Lisboa. Faz um estágio com vista ao ingresso na inspecção, e, mantendo-se embora no posto de professora primária em1930, é dada em serviço na Inspecção da Região Escolar do norte.

Áurea Judite Amaral atravessou um período da sua actividade ligada a movimentos político-pedagógicos de carácter progressista. Assim, vemo-la associada da Liga Republicana das Mulheres Portuguesas, aderente à Associação de Professores de Portugal (ligada à Internacional do Ensino, de tendência socialista) e interventora, com três teses, num dos Congressos Pedagógicos da União dos Professores Primários de Portugal, o organismo sindical federativo dos docentes daquele grau de ensino.

Todas estas opções parecem indiciar um espírito aberto a orientações sociais e educativas inovadoras. Não é por isso de estranhar que tenha feito parte do grupo de bolseiros que em 1929 ingressam no Instituto de Ciências da Educação da Universidade de Genebra, como pouco depois será a vez de Irene Lisboa.

Áurea inscreve-se no semestre de Inverno de 1929, a 6 de Dezembro, terminando o curso a 25 de Junho do ano imediato. A sua permanência em Genebra foi apenas de 6 meses, durante os quais seguiu cursos dos Profs. Bovet, Claparède e Pittard. Ao mesmo passo estagiou na Maison des Petits (com Melles. Audemars e Lafendel) e na classe de crianças anormais da escola de Malagnou, de que era responsável Melle. Descoeudres. Depois, à sua própria custa, visitou escolas de Itália.

O teor dos cursos e das actividades desenvolvidas mostra o carácter e a orientação do estágio.

Assim, dos cursos de Claparède tinham constado as seguintes matérias teóricas e práticas:

Psicologia experimental

Psicologia geral, no qual — com uma frequência ainda inferior a um trimestre, conforme sublinha — tinha sido encarregada de uma conferência sobre o tema das "tendências naturais" de Thorndike ("The original Nature of Man") e de Watson ("What the nursery has to say about instincts");

Exercícios práticos, baseados em questões de metodologia experimental, psicometria, "tests" mentais etc. (*Junta de Educação Nacional. Relatório...*, 1930, p. 37).

Com Bovet haviam sido abordados outros problemas, com um carácter mais vincadamente prático do que aqueles que tinham povoado a formação de Irene:

"A criança indisciplinada — cuidando da disciplina, na família, na escola, na sociedade e nas escolas novas, da obediência, do fim da educação, e dos sentimentos da criança em relação aos pais, etc."

"A escola activa — sobre métodos de ensino, função do livro escolar, problema dos horários, exames, e autonomia dos alunos, etc."

"Introdução à técnica psicológica e à estatística. Numa destas aulas foram expostos por esta bolseira os resultados de um trabalho de correlação de «tests», feita (sic) com o Professor Meili". (Id., ib.).

Os interesses de Áurea passavam ainda por outras fronteiras. Beneficiando da flexibilidade curricular do Instituto, inscreve-se também no curso de Pedagogia geral do professor Dubois, na Universidade, e no de Antropologia do Professor Pittard. Assiste como aluna voluntária a algumas aulas do professor Dottrens sobre organização e didáctica do ensino primário, do Professor Piaget sobre o pensamento da criança e a génese dos sentimentos morais e do Professor Meili sobre as percepções infantis. Sobre os "testes analíticos da inteligência" deste mesmo Professor, apresentara também um trabalho original. No âmbito do curso de Piaget, ela ficará encarregada de um inquérito com a assistência de M.elle Guex (*Rapport de la direction, 1929-1930*, dact.)

Por outro lado, cumpriu também um programa de visitas a instituições. Pelo Departamento de Instrução Pública, foi-lhe autorizada a visita de seis escolas, três do ensino primário e três escolas infantis. O seu relatório final sobre a organização do ensino primário no Cantão de Genebra seria mais tarde publicado conjuntamente com os relatórios de outros bolseiros, entre os quais Irene Lisboa.

Áurea Judite Amaral continuará sentimentalmente ligada ao Instituto. Em 5 de abril de 1941, escreve uma carta a Bovet agradecendo a participação que fora feita aos antigos alunos sobre o falecimento de Claparède. Ela já obtivera essa notícia, alguns dias antes, por intermédio do número de Fevereiro do que diz ser "une encyclopédie portugaise-brésilienne, récemment ouverte" (que não lográmos identificar.) (Arquivo, documento dact.). Ao mesmo tempo que envia os seus pêsames a Bovet, agradecendo a Deus a posse de um continuador cujo valor intelectual, vocação e bondade eram conhecidas em toda a parte (Id., ib.)

Entretanto, em plena investida da Ditadura salazarista, Áurea Judite Amaral põe ao seu serviço a formação técnico-pedagógica recebida e adere sem rebuços à ideologia dominante. A sua colaboração na *Escola Portuguesa* é altamente reveladora da sua postura de integração nas exigências do salazarismo aos funcionários de escalão superior dos vários sectores do aparelho do Estado. O culto dos chefes, (o Mestre de Aviz e Nun'Álvares, dois "chefes" com menos de 25 anos) foi tema de um dos seus artigos mais nacionalistas, assim como os encómios a Salazar (dívida da mulher portuguesa ao grande chefe, um inquérito sobre o modo como os rapazinhos das escolas "viam" Salazar, outros inquéritos sobre os motivos por que os "escolares" apreciavam positivamente a organização salazarista obrigatória da juventude, a Mocidade Portuguesa, com quem desejavam eles assemelharse, etc.) são subscritos por Áurea com visível convicção. Deste modo, podemos subscrever sem restrições a asserção de José Carlos Paulo (*Dicionário...*, pp. 84-85), segundo o qual a generalidade dos seus textos "ganha contornos muito próximos da maioria dos discursos sobre a educação promovidos pelo Ministério, muito embora no caso de Áurea Judite Amaral a tónica nacionalista e conservadora seja de algum modo mitigada por referentes científicos e técnicos" (Idem, p. 84).

Desse modo, Áurea Judite Amaral pertence àquele grupo de adeptos da Escola Nova que, uma vez instalada a Ditadura, simulam a possibilidade de concertação entre o ideário que professavam e a ideologia salazarista, a pretexto de que alguns dos princípios da escola nova se ajustavam à construção da escola activa nacionalista. As contradições dessa postura ideológica tem um dos seus afloramentos mais salientes por ocasião da visita de Ferrière a Portugal, embora envolvendo outros actores (Candeias, 1995).

Apesar da adesão da pedagoga portuense a uma filosofia educacional contrária aos princípios até então professados e que mais parecia relevar da propaganda do que de uma pesquisa científica, é preciso salientar que a sua colaboração na área da didáctica foi digna de atenção.

7. Considerações finais

Irene Lisboa e Áurea Judite do Amaral definem-se pela diversidade dos seus percursos. Se, do ponto de vista técnico-pedagógico, ambas são postas em contacto com os mesmos princípios formativos (embora a estada de Áurea no estrangeiro tenha sido de menor duração), a verdade é que os seus rumos se diferenciaram em função as suas opções humanísticas, políticas e sociais.

Ferrière pretendeu imprimir à ideologia da Escola Nova um apoliticismo que, numa base democrática, fosse susceptível de se ajustar a situações pedagógicas independentes de contextos sociais. Miragem de um teorizador que, por muito brilhante que fosse, esquecia a impossibilidade de a escola existir graças apenas a si própria. Transformemos a escola: o seu pregão convocava-nos a um esforço de renovação das instâncias de formação infantil. Mas transformar a escola exige a transformação da sociedade, o que, por sua vez, põe o problema de uma opção política anterior à pedagogia e à educação.

Referências bibliográficas

Obras de Irene Lisboa (Selecção)

A escola atraente. *Revista Escolar*, VI, n. 10, dezembro, 1926, pp. 405-406.

"Transformemos a escola". *Seara Nova*, n. 164, 6-6-1929, 1929, pp. 310-313.

Conferência de abertura da exposição dos trabalhos as classes infantis de Lisboa. *A Escola Primária*. III-IV, n. 47, 1934, 5-7-1934.

O Evangelho de S. Mateus. *Escola Portuguesa*. n. 58, 21-11-1935, 1935, pp.55-56.

Prelecção realizada aos professores do distrito escolar de Coimbra, em 25 de Janeiro de 1934, e repetida aos de Beja, em 1 de Fevereiro, pela inspectora-orientadora... *Prelecções inaugurais*, Imprensa Nacional de Lisboa, 1935, pp. 123-137.

A visita inspectoral. *Escola Portuguesa*. n. 66, 1936, 16-1-1936.

Froebel e Montessori. O trabalho manual na escola (Duas conferências pedagógicas por Manuel Soares. Lisboa: Seara Nova, 1937.

O primeiro ensino por Manuel Soares. Lisboa: Seara Nova, 1938.

Modernas tendências da educação. Lisboa: Biblioteca Cosmos, 1942.

Educação. Palestra proferida no salão do "Grupo dos Modestos" do Porto, na noite de 20 de Janeiro de 1944,. Lisboa: Seara Nova, 1944.

Prévios pensamentos sobre as formas de tentar conhecer e dirigir a educação em Portugal. *Seara Nova*, n. 949, 1945, 20-10-1945, pp. 115-116.

À roda de crianças e de escolas (palestra proferida em Leiria e Santiago do Cacém em princípios deste ano). *Seara Nova*, ns. 951 e 955, 1945, 3-11-1945 e 1-12-1945, pp. 151-152 e pp. 215-217.

Comemorando a fundação da Primeira Escola da Sociedade "A Voz do Operário" (Palestra feita na escola primária n. 4 desta *Sociedade*, para os seus sócios e amigos). *Seara Nova*, n. 1031, 31947, -5-47, pp. 5-7.

Para completar esta bibliografia, consultar Moreirinhas Pinheiro, J. E. A actividade pedagógica de Irene Lisboa, *Escola Democrática*, n. 7, 1985, pp. 58-63.

Obras de Áurea Judite Amaral

A bibliografia fundamental acha-se recolhida por João Carlos Paulo. In: *Educadores Portugueses*, dir. de António Nova, Porto, ASA, 2003, sob a palavra Amaral, Áurea Judite, pp. 83-85. Cf. também a colaboração de Áurea em *Escola Portuguesa*.

Bibliografia geral

a) Livros e opúsculos

COSTA, A. Celestino da. *A Junta de Educação Nacional por...* Lisboa Publicações da Sociedade de Estudos Pedagógicos, 1934.

FERNANDES, Rogério. *A Pedagogia Portuguesa Contemporânea*. Lisboa: Bibliotec Breve, n. 37, Instituto de Cultura Portuguesa, 1979.

______. et al. Combates pela educação e pela escola: Carvalhão Duarte (1897-1972). In: *Carvalhão Duarte: uma vida de combate*. Lisboa, Câmara Municipal de Lisboa, 1997.

HAMELINE, Daniel; JORNOD, Arielle e BELKAID, Malika. *L'école active: Textes fondateurs par...* Paris: Presses Universitaires de France, 1995.

______. Édouard Claparède (1873-1940). In: TEDESCO, Juan Carlos & MORSY, Zaghloul. *Thinkers on Education*, v. I, Unesco Publishing/Oxford & IBH Publishing, 1997a, pp. 159-171.

______. Adolphe Ferrière (1879-1960). In: TEDESCO, Juan Carlos & MORSY, Zaghloul. *Thinkers on Education*, v. I, Unesco Publishing/Oxford & IBH Publishing, 1997b, pp. 373-401.

Junta de Educação Nacional. *Relatório dos trabalhos efectuados em 1929-1930*, Lisboa, 1930.

Junta de Educação Nacional. *Relatórios das viagens de estudo dos bolseiros...*, Lisboa, 1933.

LEANDRO, Maria Elisa. Irene do Céu Vieira Lisboa. In: NÓVOA, António (dir.). *Dicionário de Educadores Portugueses*. Porto: Edições ASA, 2003, pp. 773-784.

______. *Irene Lisboa educadora — Caminhos e (des)caminhos da educação da infância*. Diss. de Mestrado apresentada na Universidade de Lisboa, 1997.

MOREIRINHAS PINHEIRO, J. E. (1990). *Do Ensino Normal na Cidade de Lisboa. 1860-1960*. Lisboa, 1990.

VASCONCELOS, A. Faria. *Une école nouvelle en Belgique*. Préface de M. Adolphe Ferrière. Neuchatel: Delachaux & Niestlé Éditeurs, 1915.

b) Jornais e Revistas

ALVES, D. Hermenegilda, Relato da actividade de uma das classes infantis da escola primária n. 86, de Lisboa, feito pela professora... no dia da abertura da exposição de trabalhos das classes infantis. *A Escola Primária*, III-IV, n. 48, 20-7-34, pp. 435-441.

HAMELINE, Daniel & NÓVOA, António. Autobiografia inédita de António Sérgio — Escrita aos 32 anos no Livre d'Or do Instituto Jean-Jacques Rousseau (Genève). *Revista Crítica de Ciências Sociais*, n. 29, fev., Coimbra, 1990, pp. 141-178.

LEMOS, Álvaro Viana de. A educação nova no Congresso de Locarno e na reunião da cidade de Genebra do Centro Nacional de Educação. Lisboa: *Seara Nova* (sep.), 1928a.

LEMOS, Álvaro Viana de. O ensino infantil. *Seara Nova*. Ano VII, n. 134, 25-10-1928, 1928b, pp. 263- 265.

MOREIRINHAS PINHEIRO, J. E. Actividade pedagógica de Irene Lisboa. *Escola Democrática*, VII, n. 3, janeiro 1985, pp. 58-63.

Entre cartas e cartões postais: uma inspiradora travessia

Ana Chrystina Venancio Mignot

Não é difícil imaginar a emoção que Antonia Ribeiro de Castro Lopes sentiu quando teve em suas mãos, uma carta, datada de 29 de agosto de 1929, remetida por Edouard Claparède. O papel timbrado do Instituto Jean-Jacques Rousseau marca o início dos entendimentos que lhe permitiriam viajar ao velho mundo para observar as experiências educacionais inovadoras desenvolvidas. Desculpando-se "pelas linhas apressadas", pois partiria no dia seguinte para um Congresso de Psicologia na Yale University, retornando apenas em outubro, em poucas palavras, afirmava que teria prazer em recebê-la. Além de indicar algumas pensões familiares, enviou-lhe o programa de curso de inverno.

Com contas feitas à margem, a carta foi guardada durante muitos anos pelas sobrinhas da educadora,[1] juntamente com prospectos, livros, cartões-postais, fotografias e cadernetas de anotações, referentes à viagem de estudos que realizou à Europa, em 1930. Como toda viagem, esta também deixou vestígios em alguns registros escritos sobre os planos, a concretização e

1. Raquel Castro Lago e Maria Amélia Ribeiro de Castro são as guardiãs do arquivo pessoal da educadora. A elas agradeço o acesso a muitos documentos aqui analisados.

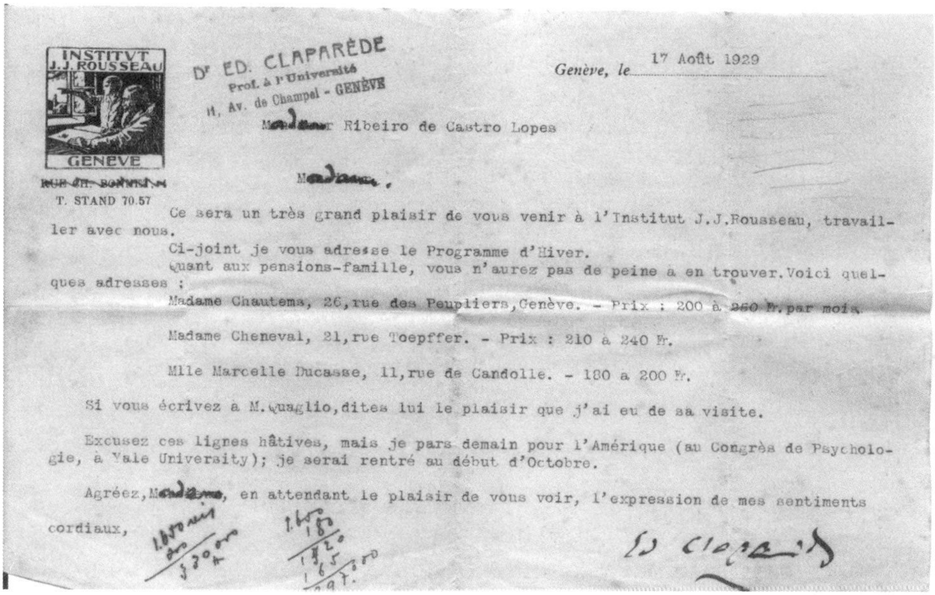

INSTITVT J.J. ROUSSEAU GENEVE

Dr ED. CLAPARÈDE
Prof. à l'Université
11, Av. de Champel - GENÈVE

T. STAND 70.57

Genève, le 17 Août 1929

Madame Ribeiro de Castro Lopes

Madame,

Ce sera un très grand plaisir de vous venir à l'Institut J.J.Rousseau, travailler avec nous.

Ci-joint je vous adresse le Programme d'Hiver.

Quant aux pensions-famille, vous n'aurez pas de peine à en trouver. Voici quelques adresses :

Madame Chautems, 26, rue des Peupliers, Genève. - Prix : 200 à 260 Fr. par mois.

Madame Cheneval, 21, rue Toepffer. - Prix : 210 à 240 Fr.

Mlle Marcelle Ducasse, 11, rue de Candolle. - 180 à 200 Fr.

Si vous écrivez à M. Quaglio, dites lui le plaisir que j'ai eu de sa visite.

Excusez ces lignes hâtives, mais je pars demain pour l'Amérique (au Congrès de Psychologie, à Yale University); je serai rentré au début d'Octobre.

Agréez, Madame, en attendant le plaisir de vous voir, l'expression de mes sentiments cordiaux,

Ed Claparède

Carta escrita por Edouard Claparède para Antonia Ribeiro de Castro Lopes, na qual ela fez alguns cálculos, estudando as possibilidades da viagem.

Arquivo pessoal de Antonia Ribeiro de Castro Lopes.

as evocações que o contato com lugares distantes muitas vezes desperta. Testemunham o sonhado, o vivido, o recordado.[2]

O remetente, juntamente com Alfred Binet, era por ela considerado um dos "vultos de relevo" da Pedagogia Científica Moderna, pois haviam rompido com a tradição da pedagogia confiada aos literatos, fazendo emergir

2. Viagens geralmente são acompanhadas de recordações e registros escritos como diários, agendas, cartas e postais que detalham experiências ou apenas flagram instantes. Observações a este respeito em Antonio Castillo Gomez e Ana Chrystina Venancio Mignot. *Memória da escrita cotidiana*. Rio de Janeiro: UERJ (folder de exposição), 2002. Para aprofundar estudos sobre a escrita autobiográfica e particularmente a escrita de viagem de professores consultar Antonio Viñao. Las autobiografias, memórias y diários como fuente histórico-educativa: tipologia e usos. *Teias: Revista da Faculdade de Educação da UERJ*, 2000, n. 1, pp. 82-97. Para o autor, a literatura de viagens pedagógicas é um dos gêneros mais conhecidos no âmbito da educação comparada e uma das mais utilizadas fontes histórico-educativas, revelando-se para os historiadores em importantes testemunhos do visto, ouvido e vivido.

a voz dos cientistas. A seu ver, o psicólogo e pedagogo suíço fazia muito mais do que lecionar Psicologia na Universidade de Genebra. Havia inaugurado, em 1906, tanto o curso de Psicologia Infantil como organizado para professores um Seminário de Psicologia Pedagógica promovido pelo Laboratório de Psicologia, anexo à Faculdade de Ciências da Educação. Além disso, "Não podendo ampliar esse estabelecimento tanto quanto necessitava, Claparède fundou por ocasião do bicentenário do nascimento de Rousseau o Instituto João Jacques Rousseau destinado aos que visam a carreira do magistério. Esse instituto é uma escola e um centro de investigação" (Lopes, 1927, p. 236). A sua importância no cenário educacional também podia ser medida pelo sucesso do livro *Psicologia da Criança e Pedagogia Experimental*, que, lançado em 1905, em 1916 já havia alcançado a sexta edição.

Conhecer o que se realizava em Genebra, o que antes devia parecer um sonho remoto, tornava-se uma possibilidade palpável. Há muito tempo Antonia acompanhava atentamente as atividades lá promovidas considerando que o ensino ministrado era "prático e familiar, os cursos e conferencias são acompanhados de trabalhos no laboratório", ressaltando que:

> Os alumnos se acham em contacto com as crianças, as interrogam e observam afim de conhecerem os caracteres e as modalidades da mentalidade infantil. Para essa e outras experiências, funccionam annexa ao Instituto uma Casa das Crianças, destinada à educação de crianças de três a oito annos. Ahi se fazem inquéritos sobre o somno, as notas escolares, as definições etc., que são publicados no seu boletim mensal L'Intermediaire des éducateurs" (idem).

Folhear os documentos de viagem de Antonia Ribeiro de Castro Lopes envolveu esbarrar em inúmeras lacunas, cruzar informações, interpretar silêncios e não-ditos para compreender a dimensão que este percurso por países distantes teve em sua vida, analisar as razões pelas quais, em seu retorno, investe todo o seu prestígio e recursos financeiros na construção de instituições educacionais na sua cidade, nos moldes do que conhecera, e examinar algumas estratégias que, internacionalmente, os educadores lançaram mão para que as práticas pedagógicas inspiradas no ideário escolanovista circulassem e ganhassem forma em diferentes lugares, inclusive no interior do Brasil.

Antes da travessia

Não se sabe quando Antonia Ribeiro de Castro Lopes decidiu viajar à Europa. Talvez tenha pensado em atravessar o Atlântico muito antes de se tornar professora. Pertencendo a uma família da aristocracia rural, passou sua infância na fazenda Cangüera, em Campos, no Estado do Rio de Janeiro. Décima terceira filha de uma família de quatorze irmãos, nasceu em 1874, quando a família ainda possuía muitas terras. Começou ali a ensinar, brincando com as filhas de escravas "como se fossem bonecas".[3] Seus estudos se deram, inicialmente, sob a orientação de preceptoras portuguesas e francesas — pequena parte dos viajantes estrangeiros no século XIX[4] — que foram interrompidos quando tinha apenas dez anos e seus pais perderam a fazenda em dívidas contraídas em empréstimos bancários.[5] Isto a

---

3. Conforme depoimento de sua sobrinha Raquel Castro Lago, em 10 de março de 1999.

4. Sobre as mulheres viajantes e especialmente sobre as preceptoras estrangeiras que visitaram o Brasil no século XIX, ver LEITE, Mirian Lifchitz Moreira. *Livros de viagem (1803-1900)*, Rio de Janeiro: Editora UFRJ, 1997, no qual chama a atenção para o fato de que, naquele século, as viagens de mulheres eram raras. A autora tomando as categorias profissionais como objeto de análise dos relatos de viagens, empreendidas por cientistas, diplomatas, naturalistas, comerciantes, destaca que "um grupo menos numeroso, mas cuja profissão permitiu uma sensível penetração dos inter-relacionamentos familiares e dos vários grupos sociais, no Brasil, foi o dos educadores", responsáveis por uma certa "colonização doméstica". A autora cita os seguintes relatos de preceptoras: o de Maria Grahan que foi governanta de D. Pedro I e de D. Leopoldina que escreveu um diário entre 1821 e 1823, posteriormente publicado — *Diário de uma viagem ao Brasil e de uma estada nesse país durante parte dos anos de 1821, 1822 e 1823.* Trad. e notas de Américo J. Lacombe. São Paulo: Editora Nacional, 1956; e, de Ina Von Binzer, uma alemã que trabalhou em São Paulo e no Rio de Janeiro e cuja correspondência foi publicada, pela primeira vez, em 1956 — *Alegrias e tristezas de uma educadora alemã no Brasil.* Trad. de Alice Rossi e D. Luisita da Gama Cerqueira. São Paulo: Editora Anhembi, 1956. A respeito da viagem de Ina Von Binzer, consultar: CANEN, Ana e XAVIER, Libania Nacif. Multiculturalismo, Memória e História da Educação Brasileira: reflexões a partir do olhar de uma educadora alemã no Brasil Imperial. In: MIGNOT, Ana Chrystina Venancio; BASTOS, Maria Helena Camara e CUNHA, Maria Teresa Santos (orgs.). *Refúgios do eu: educação, história e escrita autobiográfica.* Florianópolis: Editora Mulheres, 2000, pp. 63-79. Sobre as preceptoras portuguesas no Brasil, consultar VASCONCELLOS, Maria Celi Chaves. *A casa e seus mestres: a educação doméstica como uma prática das elites no Brasil de oitocentos.* Pontifícia Universidade Católica do Rio de Janeiro: Tese de Doutorado em Educação, 2004.

5. Sobre a biografia da educadora, consultar MIGNOT, Ana Chrystina Venancio e MARTINEZ, Silvia Alicia. Antonia Ribeiro de Castro Lopes. In: FÁVERO, Maria de Lourdes de Albuquerque e BRITTO, Jader Medeiros de. *Dicionário dos educadores no Brasil: da colônia aos dias atuais.* Rio de Janeiro: Editora UFRJ e INEP, 2002, pp. 89-96. A respeito da família Ribeiro de Castro, ver FARIA, Sheila

obrigou a ir para São João da Barra para concluir a aprendizagem das primeiras letras na escola ali existente, quando conheceu o sobrinho da diretora, com quem viria a se casar. Ao ficar viúva ainda muito jovem, matriculou-se na Escola Normal, no Liceu de Humanidades de Campos, onde também passou a exercer o magistério.[6]

Ir à Europa não era algo fácil para ela. Com um salário pequeno para administrar, complementava a renda doméstica com inúmeras aulas particulares de Português e Matemática, que lhe permitiam realizar viagens pelo próprio país, para participar de congressos em diferentes cidades, apresentando inclusive, em alguns deles, conferências e teses, como na I Conferência Nacional de Educação, promovida pela Associação Brasileira de Educação — ABE, em 1927, em Curitiba, quando discorreu sobre o Ensino Normal Superior, defendendo uma atenção especial à formação pedagógica e científica do magistério, a exemplo do que ocorria na França e na Espanha (Lopes, 1997).

Viagens de estudos ao exterior não eram comuns, mas começavam a atrair mais fortemente as mulheres com as quais convivia tanto no ambiente educacional quanto no movimento feminista, desde meados da década de 1920, quando a participação em eventos científicos e políticos permitiam observar as experiências educacionais e as conquistas femininas.[7] No

---

de Castro. *A colônia em movimento: fortuna e família no cotidiano colonial*. Rio de Janeiro: Nova Fronteira, 1998.

6. O Liceu de Humanidades de Campos, instituição criada no século XIX, tem sido objeto de alguns livros que reúnem depoimentos de ex-alunos e antigos professores, como VENANCIO, Maria Thereza (org.). *Poesia e prosa para uma homenagem*. Campos, 1982, publicado por ocasião das comemorações do centenário do colégio e BALBI, Denise e LIMA, Maria Cristina Torres (orgs.). *Poesia e prosa para uma homenagem II*. Campos: Liceu de Humanidades de Campos. 2005. Ver também ALMEIDA, Nilton Manhães (Nonô) e SOARES, Orávio de Campos. *História do Liceu de Humanidades de Campos 1880/1980*, Campos: Editora Planície Ltda, 1981(?). Quanto à Escola Normal de Campos, ver MARTINEZ, Silvia Alicia. Acerca da cultura escolar de uma instituição de formação para o magistério primário: percurso metodológico da pesquisa sobre a Escola Normal de Campos (1895-1954). In: *História & Ensino:* publicação da Coordenação do Curso de História da FAFIC, Campos, 2005, pp. 135-150.

7. Ao longo da década de 1930, as viagens de educadoras com intensa participação no debate político prosseguiram, conferindo visibilidade ainda maior às viajantes. Armanda Álvaro Alberto, fundadora da ABE, feminista e uma das signatárias do Manifesto dos Pioneiros da Educação Nova, visitou o Uruguai, quando integrou missão de intercâmbio cultural, em 1931, à convite de Belisário Penna, Ministro da Educação. Nesta ocasião, estudou a organização do ensino primário em

âmbito da ABE, antes mesmo de sua criação, Bertha Lutz, uma das fundadoras da entidade, premiada cientista e importante feminista que se empenhou pela organização do movimento em favor dos direitos civis e políticos das mulheres, depois de seu regresso da França onde concluiu estudos em 1918, já havia começado a representar o Brasil em congressos internacionais: na I Conferência Interamericana de Mulheres, em 1922, em Baltimore e no IX Congresso Internacional pelo Sufrágio Feminino, em 1923, em Roma, por exemplo. Laura Jacobina Lacombe, integrante da Seção de Cooperação da Família, participou de curso no Instituto Jean-Jacques Rousseau, em 1925 e, dois anos depois, representou a entidade no 4º Congresso Internacional d'Education Nouvelle, em Locarno. Mais tarde, por ocasião do centenário de nascimento de Edouard Claparède, lembrou que quando representou a ABE neste evento, que reuniu mil e duzentos professores de quarenta e um países, antes de retornar, aproveitou a oportunidade para voltar a Genebra para conviver um pouco mais com os amigos que ali havia feito. Da viagem realizada em 1925, registrou:

> Faz quase cinqüenta anos, recebemos boa acolhida nas salas do "Institut Jean Jacques Rousseau", que freqüentamos o "Vieux Champel", onde se achava a mansão em que residia o Professor Claparède, em cujo parque fervilhava a alegria da "Maison des Petits". Éramos uns trinta e seis alunos de quatorze países diferentes, todos cativados pelo acolhimento dos mestres Bovet e Claparède que, unidos como dois irmãos, realizaram, felizes, o seu sonho de renovação da pedagogia. Enlevados no mesmo encantamento, os alunos sabiam retribuir e colaborar. O contato entre professores e alunos

---

Montevidéu e proferiu palestras nas quais divulgou as iniciativas brasileiras que derivavam das reformas empreendidas por Carneiro Leão, Fernando de Azevedo, Anísio Teixeira, Francisco Campos e Lourenço Filho, em favor da educação popular, valorizando os esforços para remodelar a Escola Normal, escutar as opiniões e sugestões do magistério, propor métodos modernos de educação e respeitar a autonomia didática. Anna Amélia Queiroz Carneiro de Mendonça, poeta que também atuava na ABE e na FBPF, representou a entidade feminista, em 1935, no Congresso de Mulheres, em Istambul, e, em 1967, no Congresso das Mulheres pela Paz, em Israel. Acerca de suas viagens, publicou um diário *Quatro pedaços do planeta no tempo do Zeppelin*. Cecília Meireles, poeta, jornalista e professora, também realizou inúmeras viagens, a partir desta década, especialmente a Portugal e à India. Consultar MIGNOT, Ana Chrystina Venancio. *Baú de memórias, bastidores de histórias: o legado pioneiro de Armanda Álvaro Alberto*: Bragança Paulista: EDUSF, 2002, e, verbetes no *Dicionário dos Educadores no Brasil*, op.cit., de autoria de Yolanda Lima Lobo.

não se limitava ao das salas de aula: havia sessões de "Amicale"!, excursões ao Salève e outros.[8]

Viajar significou para estas mulheres a possibilidade de conhecer e se fazer reconhecer. Tudo o que haviam visto e vivido merecia ser divulgado na imprensa, inclusive na imprensa escolar, como no *Traço de União* editado pelo Colégio Jacobina, que referiu-se algumas vezes tanto à viagem que Laura iria realizar para "estudar nas escolas modernas do velho mundo novos métodos de ensino e educação, o que será de grande utilidade para o Curso Jacobina" (1924, n. 4, p. 1), quanto às expectativas depositadas no regresso, quando eram imaginadas "grandes vantagens para o nosso estabelecimento" (1924, n. 4, p. 3). A aplicação dos novos conhecimentos adquiridos, também, foi exaltada: "Trouxe-nos D. Laura, da Europa, algumas novidades e entre elas, um novo sistema afim de manter a disciplina, muito bem aceito por quase todas as classes. Consiste ele no seguinte: cada classe, elege (uma vez por mês) uma menina para presidente, e outras que têm cargos diferentes como sejam: oficial de limpeza, de ordem, religião, secretária, bibliotecária etc." (1925, n. 2, p. 1). Esperava-se que, da viagem de estudos, houvesse desdobramentos concretos para a educação e, o contato com o que se passava em outros países, com outros povos, conferia credibilidade às opiniões emitidas e visibilidade às causas pelas quais a viajante se empenhava.

A dimensão pedagógica das viagens não passava despercebida aos educadores reunidos em torno da ABE. Francisco Venâncio Filho, que em mais de um livro se dedicou a divulgar experiências educacionais e atividades educativas que poderiam ser objeto de interesse de professores em suas visitas a outros países considerava que, diferentemente de outras épocas na qual viajar envolvia "desafiar o tempo, recursos e coragem", naquele momento, os homens sonhavam cada vez mais em "transpor os espaços interplanetários" (1941: 118). Apesar de sempre ter existido curiosidade sobre

8. Este texto está em uma pasta por ela organizada e entregue à ABE que contém fotos, prospectos, trechos da correspondência trocada com o educador por ocasião da morte de seu filho, com a sua viúva e com Pierre Bovet, além de comentários sobre a visita de Claparède ao Brasil, em 1930 — Laura Jacobina Lacombe. *Claparède, mestre e amigo*, Rio de Janeiro, 1973, p. 1 (mimeo.).

o estranho e o exótico, considerava que o gosto pelas viagens era moderno, quando tornava-se possível viajar pelo livro, pela revista ilustrada e também pelo cinema. De todos os gêneros e espécies, para ele, as viagens podiam ser de negócio, de saúde, de luxo, de recreio e de cultura, e cada uma exigia um cuidado especial: "Aos poucos vai-se criando uma técnica de viajar e, à medida que a civilização se vai complicando e acelerando, aquela se simplifica. O turismo é esta técnica admirável que nos transporta, ao alcance de todas as bolsas e gostos, aos pontos mais remotos" (idem: 119). Como Paul Morand que havia descrito em *Le Voyage (notes et maximes)*, "toda a encantadora psicologia da viagem" (idem: 120), observava que viajar envolvia um projeto com previsão de custos e itinerários, o que implicava em reunir mapas, guias, horários, prospectos e o conhecimento de uma literatura especializada, na qual se destacavam *Journal de Voyages* e *American Traveler's Gazette* e guias de viagem como o *Baedecker*, o *Joanne*, o *Muray* e o *Guide-Blue*, que continham informações preciosas e precisas.

No seu delineamento de uma certa pedagogia da viagem, Venâncio Filho lembrava da necessidade de viajar com pouca bagagem devidamente identificada para que não se perdesse, comprar o menos possível, conhecer pelo menos cem palavras do país visitado para ter acesso a números, moedas, passagens e alimentação, além de recomendações pessoais ou de associações para serem usadas com discrição, quando absolutamente necessárias. Alertava ainda: "A preparação cultural da viagem torna-se condição para que se aproveite o mais possível. Quem viaja no espaço há-de caminhar necessariamente no tempo. Mas para isto é preciso que saiba caminhar..." (idem: 123).

Para Antonia, planejar cuidadosamente a viagem era algo indispensável. Ao longo do tempo, reuniu informações que lhe propiciaram economizar para realizar o seu sonho. Um documento de seu arquivo pessoal permite supor que, muito antes de partir, cada detalhe tinha sido cuidadosamente examinado. Sem data e sem assinatura, contém indicações de roteiro e, especialmente, de locais de hospedagem mais em conta. É provavelmente o rascunho de carta que escrevia para alguma professora interessada em fazer o mesmo percurso. Nestas "Indicações de viagem à Europa", conforme anotação a lápis, no verso, iniciava assim o relato: "Parti do Rio, no Bagé, navio do Lloyde Brasileiro a 15 de abril de 1930 e regressei em 30 de outubro, tomando o Almirante Alexandrino, navio da mesma Companhia, no Havres. Comprei passagem de ida e volta, válida por um ano — 3.330$000, porém consegui abatimento como professora em viagem de estudo. Paga-se ainda um imposto brasileiro de 90$000 e na volta, imposto francês de 100 francos. O bilhete é do Rio a Hamburgo, até Lisboa há uma redução mas não vale a pena".

Neste rascunho de sua missiva, quando chama a atenção para as publicações especializadas existentes, evidencia, mais uma vez, seu cuidado em obter informações sobre o roteiro a seguir: "Creio que no Rio, no Collegio Immaculada Conceição, Praia de Botafogo, 266, a Snrª poderá conseguir um *Guide des Jeunnes Filles et indications pratiques pour leurs voyages* da Association Catholique Internationale des Ouvres de Protection de la Jeunne Fille (...) O Bureau International d'Education pode lhe arranjar um *Guide du voyageur. s'interessant aux écoles*". Seguindo provavelmente as indicações destas publicações, hospedou-se em pensões e hotéis baratos em Genebra, Bruxelas, Burgos, Auvers, Lausanne, Berna, Lucerna, Nuremberg, Berlim, Veneza, Milão, Roma, Florença e Paris. À frente de alguns destes endereços, uma breve observação "boa", "religiosa", "cathólica", "protestante", ou "estive nos dois primeiros", por exemplo.

Inteirada da literatura de viagem disponível até então, Antonia Ribeiro de Castro Lopes não descuidou nem da parte financeira nem da preparação cultural no planejamento de sua viagem, quando iria verificar *in loco* aquilo que conhecia por meio de leituras, conferências e cursos, conhecimento este que sistematizou, desde 1915, em discursos, artigos e conferências: "Caligrafia Vertical em prol do ensino primário", "Coeducação dos sexos", "A criança e o lápis", "A criança e a escola", "O ensino das taboadas", "Da observação e da experiência", "O ensino e o seu início", entre outros.[9]

9. Seguindo anotações da agenda, estes estudos foram respectivamente: artigo publicado no *Jornal do Commercio*, do Rio de Janeiro, em 1915; conferência realizada no Teatro Trianon, em Campos, em benefício dos vários órfãos do Prof. Benedito Hermógenes e da Escola Maçônica, em 1918; artigo publicado pelo *Rio de Janeiro*, em Campos, e transcrito na *Revista Feminina* de São Paulo, em 1922; trabalho apresentado no I Congresso de Proteção à Infância, em Niterói, em agosto de 1922; artigo publicado na *Revista*, em Niterói, em 1923; trabalho com o qual concorreu ao Prêmio Francisco Alves instituído pela Academia de Letras, em 1923, e conferência realizada em Niterói, a convite do então Diretor da Instrução Pública — Dr. Armando Gonçalves, em 1923, entre outros.

Antes mesmo de partir para a Europa, já havia publicado alguns livros — *Como se ensinam lições de cousas, O ensino de numeração pelo contador mecânico* (1921), *Promptuario das professoras fluminenses* (1923), *Exercícios de Linguagem* (s.d) e *Synopse de Pedagogia e Methologia Didactica* (1927) — que demonstravam ter pesquisado sobre métodos de ensino que vinham sendo desenvolvidos em diferentes países e o domínio de várias línguas como fica subtendido na apresentação do último. Dirigindo-se "Aos que me lerem", justificava o objetivo da obra: suprir a necessidade de alunas que "não familiarizadas com o francês, espanhol e italiano, possam ler o que nesses idiomas se escreve" (Lopes, 1927, s/p.). Sem a pretensão de ser um trabalho original, mas fruto de compilação, da observação e da experiência, como assinalou, o livro contemplava o que havia de inovador em educação em diversos países de diferentes continentes.

Dos educadores e cientistas europeus que haviam contribuído para a construção da pedagogia moderna com seus estudos e experiências sobre o desenvolvimento infantil, além de Alfred Binet e Edouard Claparède, assinalou Maria Montessori, cuja centralidade, neste estudo, se expressou nas várias páginas do livro, amplamente ilustradas com fotografias, e nas quais era dado realce à criação da Casa dei Bambini, na Itália, em 1907, inspiradora da construção de outras escolas em variados aspectos: arquitetura, mobiliário, utensílios e método de ensino baseado na liberdade da criança, revolucionando assim a pedagogia tradicional e verbalística, fundada na disciplina imposta e no distanciamento entre alunos e professores.

Considerando a política de intercâmbio como uma das mais importantes iniciativas dos governos para o desenvolvimento da educação, destacava na América Latina — onde comparativamente tudo ainda caminhava "a passo lento" — os esforços feitos no Uruguai por José Pedro Varella para adotar os métodos e a organização escolar americana, a fundação de Escolas Normais, além de escrever livros e enciclopédias e por Abel Perez, que quando exerceu o cargo de Inspetor Nacional, havia procurado melhorar a escola, criando o Museu e a Biblioteca Pedagógica e mandado "professores especializarem-se na Europa; um delles foi seguir na Suécia o curso de Sloj, outro, estudar a organização e funccionamento dos Jardins de Infancia" (Idem, p. 140). Na Argentina, Sarmiento era a referência pelo empenho em fundar jornais sobre educação, asilos para os mestres, bibliotecas e editoras, edificar escolas, adotar novos métodos de ensino que tomavam como modelo "a América do Norte e Europa, dando nova orientação ao ensino primário" (idem). Para ela, o Chile era o país onde a educação estava mais desenvolvida, pois a própria Constituição preceituava a educação pública como a principal preocupação e os partidos políticos — Radical e Liberal — trabalhavam com o objetivo de difundir a instrução. Desde o presidente Santa Maria a educação primária havia sido modernizada, com a colaboração de uma grande missão de professores alemães, que ajudaram a reformar as Escolas Normais, e de professores suecos que haviam introduzido os trabalhos manuais. No governo de Balmacedo, por sua vez, a reforma do ensino secundário, a criação de Liceus e do Instituto Pedagógico devia-se à colaboração de professores alemães; agrônomos franceses haviam atuado na reformulação do ensino agrícola; e as escolas industriais femininas, por sua vez, haviam contado com a presença de professores belgas e holandeses. A Escola de Medicina tinha um corpo docente que, em grande parte, havia aperfeiçoado os estudos na Alemanha e na França. Os alunos que mais se distinguiam, eram mandados pelo governo para instituições européias e norte-americanas. Considerando ser este "um exemplo majestoso", digno de ser imitado, observou ainda que o "desenvolvimento da instrucção do Chile é resultado dos esforços do governo e do elemento estrangeiro" (idem: 242).

O desenvolvimento do ensino primário no Brasil, a seu ver, era dificultado pela grande extensão territorial, embora reconhecesse que muitas iniciativas recentes evidenciavam que o quadro poderia ser modificado, especialmente pela experiência de São Paulo, que estava sendo seguida pelas escolas do Distrito Federal, Minas Gerais, Espírito Santo, Ceará e Paraná "que solicitaram do Governo daquelle Estado uma missão de professores como remodeladores do ensino".[10] A compreensão de que o conhecimento do que se desenvolvia no exterior em termos educacionais era condição indispensável para reverter a situação do ensino no país parece ter per-

10. Idem. Antonia Ribeiro de Castro Lopes considerava que "Se bem que lentamente, o Brasil caminha, entretanto, para uma nova era, graças aos impulsos que os novos Governos vão imprimindo à instrucção, e muito elle espera da nova geração de professoras, pois della depende a base do ensino; de professoras que orientadas pelos methodos modernos, certo não pouparão esforços para erguê-lo e collocá-lo, condignamente, entre seus irmãos americanos". Idem, p. 244.

passado os preparativos da viagem que lhe permitiria desfrutar das novidades educacionais observadas no velho mundo, modelo para os educadores brasileiros.

O Instituto Jean-Jacques Rousseau como destino

O desejo de Antonia Ribeiro de Castro Lopes de viajar para a Suíça devia-se provavelmente ao fato de que o Instituto Jean-Jacques Rousseau exercia um fascínio todo especial sobre os educadores brasileiros, nas décadas de 1920 e 1930, graças a uma estratégia de difusão por ele adotada para se fazer reconhecido como o principal centro de estudos sobre a infância e os novos métodos de ensino, baseados no desenvolvimento psicológico infantil.

As atividades promovidas em Genebra eram encaminhadas por intermédio de ofícios para as entidades de educação de diferentes países para que fossem divulgadas. No âmbito da Associação Brasileira de Educação — ABE, situada no Rio de Janeiro, então capital da República, os impressos davam conta, em 1927, da programação do Bureau International d'Education Nouvelle, com sede em Genebra. Assinado por Pierre Bovet e M. Butts, respectivamente diretor e secretário, um ofício instava os correspondentes a desenvolverem esforços para tornar o trabalho do Bureau conhecido e, para tanto, sugeria-se a divulgação de artigos em jornais e revistas pedagógicas, envio de sugestões acerca do trabalho realizado e informações sobre iniciativas pedagógicas interessantes, entre outros. Junto a este ofício, veio a programação da conferência que seria realizada em Praga, dedicada ao tema "A paz na escola", para a qual se pedia divulgação. Dirigida aos professores primários e secundários em especial, dividia-se em três partes, que encerravam as preocupações pacifistas, cientificistas e reformistas que amalgamavam as propostas.[11]

---

11. *1. Relatórios sobre o que já se haja feito, por intermédio da Escola, para a aproximação dos povos; 2. Estudos scientificos sobre os obstáculos que esse esforço de aproximação encontra e sobre a origem pysichologica ou social desses obstáculos; 3. Discussão de proposições praticas para a intensificação da correspondencia interescolar, das viagens, permuta de alumnos e professores, para desenvolver o sentimento de solidariedade internacional.* (Educação, 1927, p. 10)

Notícias dessa natureza encontravam espaço na revista da ABE que, visando disseminar idéias e práticas educacionais mais modernas, procurava chamar a atenção do magistério e da sociedade para a grande causa da educação nacional, promovendo e divulgando inúmeras atividades realizadas na sede da entidade com a presença de visitantes estrangeiros. Entre as ações educativas desenvolvidas nos primeiros anos da entidade, ocorreram conferências de Juan Mackay, da Universidade de Lima e Secretário da Associação Cristã de Moços na América do Sul, em 1926; Alfredo Ferrera, da Universidade de La Plata, em 1927; John Swiggett, da World Federation of Educations Associations que pretendia discutir a constituição de uma federação das associações de educação da América e a organização anual de uma semana da educação, em 1928; e, Nieto Caballero, Diretor do Ginásio Nacional de Bogotá, em 1929 (Venâncio Filho, 1931). Integrar-se no movimento de renovação educacional, que inspirava educadores de diferentes países, era crucial para legitimar as propostas de políticas educacionais e de reformas do ensino que vinham sendo formuladas.

Transformar o Instituto Jean-Jacques Rousseau em centro de referência internacional exigiu que seus idealizadores também empreendessem viagens a diferentes países para estreitar o intercâmbio, divulgar experiências, estabelecer novos contatos. Visitar outros países fazia parte das atividades intrínsecas de uma instituição desta natureza, tal como Claparède o compreendia. O seu papel deveria ser "como uma escola" que teria como finalidade não aprender o que já se sabe, mas, segundo suas próprias palavras, o que não se sabe ainda, método que impediria, a seu ver, o "dogmatismo e o pedantismo, doenças profissionais que espreitam, de certo modo, o futuro educador e o impedem de cumprir sua bela missão" (1959: 198); como "um centro de pesquisa", isto é, um lugar de investigações que exigiria reunir documentos diversos que seriam criticados, coordenados e comparados (idem: 198-199); como um "centro de informações", na medida em que congregasse um número grande de profissionais, com experiência psicopedagógica, capaz de disseminar o conhecimento científico e, encarregar-se, eventualmente, de missões técnicas para orientar sobre métodos ou vantagens e desvantagens de certos sistemas de ensino; e, finalmente, como "centro de propaganda", por entender que grande parte do sucesso de uma reforma educacional dependia da educação da opinião pública, o que implicaria em atrair, convencer, propor (idem: 200).

Tal compreensão deve ter inspirado Claparède, por exemplo, quando participou de um plano de reformas das escolas e das escolas normais, a convite do governo egípcio, como lembrou em sua autobiografia:[12]

> Assim, fui para o Cairo, no inverno de 1928, onde com a colaboração de Mlle. Bieneman, antiga aluna do Instituto Rousseau, empreendi amplo questionário, empregando diversos testes, acerca do desenvolvimento mental dos escolares egípicios. A necessidade existente de descobrir soluções práticas mostrou-me mais imperiosamente do que nunca, como se faz sentir a urgência de uma ciência da criança e de uma pedagogia experimental, sobre as quais nos possamos apoiar (1959: 46).

A mesma perspectiva orientou Adolphe Ferrière que, em 1930, visitou a América do Sul, percorrendo o Equador, Peru, Chile, Argentina, Paraguai e Uruguai, onde manteve encontros com pedagogos, professores, autoridades políticas e educacionais, conheceu experiências pedagógicas, reuniu documentação para o Bureau Internacional d'Education Nouvelle, proferiu inúmeras conferências nas quais deu visibilidade às principais preocupações de sua obra: tomar a criança como centro do processo ensino-aprendizagem, o que exigia um professor que não só entendesse dos conteúdos de ensino, mas um profissional que compreendesse o desenvolvimento infantil, transformando a escola em espaço de autonomia, atividade espontânea e autogoverno dos educandos (Peres, 2003).

Visando divulgar o trabalho desenvolvido em Genebra, Claparède esteve no Rio de Janeiro, em 1930, a convite da Associação Brasileira de Educação, quando discorreu sobre "O sentimento de inferioridade na criança", enfatizando que tal sentimento se fazia sentir na idade adulta, tanto pela timidez como pela falta de coragem para enfrentar a vida. Para evitar a depressão dele resultante, propôs a adoção de um novo método de educação. Matéria publicada no *Diário de Notícias* registra que o psicólogo e peda-

---

12. A autobiografia de Claparède foi publicada em *Archives de Psychologie*, 1941, t. XXVII, n. 111, pp. 145-148, traduzida para o inglês, integrando *A History of Psycologt in Autobiografy*, editado por Carl Murhison, Clarck University Press, Worcester Mass, 1930, v. I, pp. 63-97 e, introduzida na última edição de *Psychologie de l'enfant et pedagogie experimentale I — Le developpement mental*, 10. ed. Delachaux e Niestlé, 1951, Neuchâtel, Suisse, quando incorporada à edição brasileira de *A escola sob medida*, em 1959. A este respeito, consultar as notas presentes nesta publicação.

gogo suíço defendeu que o trabalho seria um método capaz de sanar o problema, falando do "papel da escola nesse movimento pro-labore, e diz que desconhece ainda o que se tem feito na América, mas que na Europa o que as escolas têm feito é inspirar à creança um horror physico e uma repugnância intelectual pelo trabalho..." (18 de setembro de 1930, p. 4).

Sua presença tinha sido esperada e festejada. Cecília Meireles, na "Página de Educação" do *Diário de Notícias*, da qual foi editora, comentou em "A visita de um pedagogo notável", a importância de acolher aquele em cuja figura se concentrava "uma expressão personalíssima da psychologia; aplicada, em toda a sua transcendencia, ao conhecimento da criança". Por isso,

> Vamos receber a um estrangeiro como se o não fosse, não pelo nosso proverbial espírito de hospitalidade; mas porque os que se unificam nesta confraternização ideológica de tornar o mundo melhor por um respeito elevado e consciente da criança, orientando-a para uma visão total e superior da vida, perdem os contornos nacionais; integram-se na aspiração conjunta da humanidade, passam a ser effectivamente, cidadãos do mundo.
>
> Para os que, no Brasil, se agitam, com fervor, pela Reforma Educacional, os que vêem no problema da escola a solução do problema humano, Claparède é um compatriota que apparece reproduzindo, apenas, a forma physica da sua existência no campo da admiração e do respeito em que já se nos installará a sua figura espiritual.
>
> Não poderia chegar em momento mais oportuno. Vem quando os nossos interesses pedagógicos estão no ponto adequado de receber o definitivo retoque de uma prestigiosa presença.
>
> Parece que elle mesmo é uma mensagem que, de longe, nos vem trazer suas palavras de estímulo e esperança.
>
> Parece que chega para nos dizer: "A Nova Educação não é um sonho de natureza ephemera. Seus apologistas não são poetas nem loucos, mas homens, apenas, com toda a intensidade moral que a palavra 'homem' possa conter: com toda a significação de fraternidade que se lhe possa atribuir, com todo o poder de respeito e amor pela própria vida humana que, dentro della, o nosso desejo de ser melhor seja capaz de fazer existir" (Diário de Notícias, 5 de setembro de 1930, p. 6).

Em "O prestígio de Claparède na Nova Educação", artigo publicado no mesmo jornal, Gerardo Seguel, após uma breve biografia do visitante, na qual enfatizava o seu percurso de formação como psicólogo, destacou que graças à fundação do Instituto

> "acompanhado de Bovet, Ferriére e principalmente de seu célebre discípulo Jean Piaget, não só se estabelece o typo do novo educador, como também se pode dizer que, neste Instituto, surge em parte a atmosphera que impregna a actividade da Nova Escola. O Instituto Jean-Jacques Rousseau revela claramente o sentido da moderna pedagogia na divisa que o define 'Aprenda o mestre com a criança'" (14 de setembro de 1930, p. 4).

Considerava ainda que sem o prestígio de Claparède, a pedagogia moderna talvez contasse com pesquisas de grande valor que permaneceriam esparsas e desorganizadas. Com uma vida inteiramente dedicada à investigação, em suas sucessivas publicações, ele conseguira despertar "no magistério universal o mesmo interesse que as questões da educação, como parte que são, dellas mesmas, encerrando o seu significado, a sua comprehensão e explicação" (idem). Por isto, concluía Seguel, suas investigações tinham relevo para as reformas de ensino:

> Claparède não se satisfaz com attingir profundos limites da vida infantil. Tem palavras de estímulo para os mestres. Aspira ao desenvolvimento da escola sob a vigilância atenta dos educadores. Bem sabe que as leis que reformam o ensino são manifestações ephemeras e vazias de qualquer significado transcendental se não as acompanha o fervor collectivo do magistério (idem).

Claparède chegava ao Brasil com alguns livros publicados que exerciam uma profunda influência na cultura pedagógica, encerrando uma inquietação de fundo com a evolução da Psicologia e de suas relações com a educação: *Psychologia da criança e Pedagogia experimental; A orientação profissional; Como diagnosticar as aptidões dos collegiaes; A psychologia experimental e a escola activa; A associação dos ideais; Rousseau e a concepção funcional da infância;* e, *A escola sob medida.*[13] Tendo a criança, em suas diferentes fases, como centro da atividade pedagógica, dizia o autor, Claparède, defendia, neste

13. Nassif e Campos (2005) chamam a atenção para as publicações de Edouard Claparède afirmando que as suas principais obras foram traduzidas em diversos idiomas, o que repercutiu na formação de psicólogos e educadores, e na elaboração das perspectivas teóricas com claras implicações na Pedagogia e na Psicologia contemporâneas.

último, a importância da escola se submeter às necessidades, interesses, afetividade e inteligência da criança: "Não são as velhas medidas dos testes, tão exploradas, e de tão reduzidos horizontes, mas a intenção attenta do educador submettida ao serviço das diversas formas do espírito infantil, que sempre se esta modificando. Vemos, pois, que, longe de um critério estático, Claparede quer uma escola dynamica, flexível, capaz de comprehender e servir a criança" (Idem).

Edouard Claparède em visita ao Corcovado, sozinho e com grupo de educadores da Associação Brasileira de Educação. Álbum organizado por Laura Jacobina Lacombe..

Arquivo da ABE.

Para além das viagens empreendidas, o envio de prospectos de divulgação de cursos que seriam realizados no ano seguinte, para aqueles que já haviam freqüentado os cursos, fazia parte também das estratégias para tornar conhecido o trabalho desenvolvido no Instituto Jean-Jacques Rousseau. Em meio à documentação de Antonia Ribeiro de Castro Lopes, encontra-se um documento amarelado pelo tempo — a tradução de um material desta natureza sobre curso promovido pelo Bureau International d'Education, em Genebra, em 1931 —, contendo as finalidade, caráter, período de realização, bolsas, inscrição, hospedagem, programa e informações gerais, indicando também que a origem datava de agosto de 1927, quando o Bureau International d'Education recomendou que associações particulares e governos tomassem medidas de modo a "habituar os espíritos a considerarem a cooperação internacional como methodo normal de tratar das occupações do mundo". Em 1934, ela recebeu, mais uma vez, o prospecto da programação do Instituto, que teria por temática a Educação Funcional.

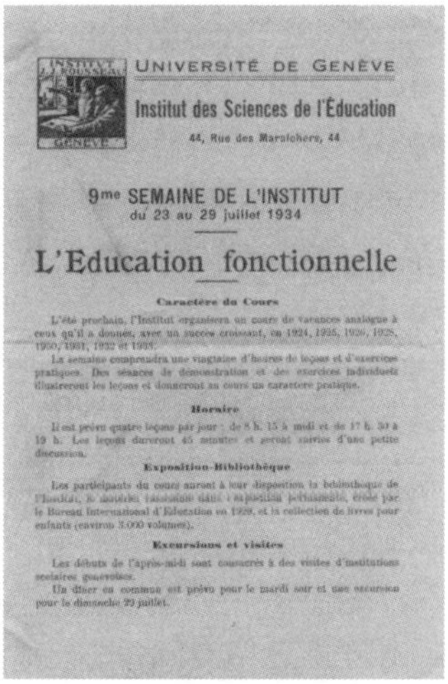
UNIVERSITÉ DE GENÈVE

Institut des Sciences de l'Éducation

44, Rue des Maraichers, 44

9me SEMAINE DE L'INSTITUT

du 23 au 29 juillet 1934

L'Education fonctionnelle

Caractère du Cours

Horaire

Prospecto de curso do Instituto Jean-Jacques Rousseau, de 1934.
Arquivo pessoal de Antonia Ribeiro de Castro Lopes.

Lançando mão destas estratégias, o Instituto Jean-Jacques Rousseau ajudou a construir uma rede de educadores interessados em modificar o panorama educacional, legitimando-se como a mais importante instituição internacional de pesquisa sobre o desenvolvimento infantil e novos métodos de ensino. Atenta ao que ali vinha sendo produzido, Antonia partiu procurando encontrar soluções que pudessem contribuir para retirar o país do atraso em que julgava se encontrar:

> Basta que lancemos de relance a vista para a América do Norte, a Inglaterra, a Suissa, donde nos chegam continuamente as noticias do Instituto J. J. Rousseau, estabelecimento em que professores de diversos países vão aperfeiçoar os estudos; basta que lancemos as vistas para a grande Allemanha, a Itália e o Velho Portugal, para observarmos o que vae de progresso na Peda-

gogia; aqui mesmo no Brasil o ensino já vai perdendo os moldes antiquados, graças aos esforços de dirigentes de intelligencia e de servidores patrióticos (Lopes, 1927, p. 61).

O percurso pelo velho mundo

Em um relato autobiográfico de Antonia — "Resumo de minha vida profissional" —, texto de duas páginas datilografado, escrito no Rio de Janeiro, em 11 de novembro de 1965, no qual descreveu brevemente dados pessoais, formação e produção bibliográfica, a viagem mereceu um certo destaque:

> Fui à Suissa, em comissão do Governo, sem ônus para o Estado, fazer um Curso de Aperfeiçoamento, apresentei relatório, que deve estar na Secretaria de Educação. Visitei escolas na Alemanha, Bélgica, França e Suissa (onde freqüentei o Instituto J. J. Rousseau e a Universidade), nesses países assisti às aulas e colhi dados interessantes que as apliquei em minha cátedra. Fundei, em Campos, numa praça cedida pela Prefeitura, com donativos e produto de minhas jóias que vendi, o Instituto Claparède, hoje Escola Alzira Vargas, aí apliquei os métodos observados na Suissa.

O relatório perdeu-se.[14] Restam apenas comprovantes de embarque no navio, bilhetes de trem, fotografias e cartões postais que entrecruzados com entrevistas concedidas à imprensa campista, após seu retorno, permitem compreender o itinerário percorrido, durante o período de estudo e observação das experiências pedagógicas inovadoras. Em uma caderneta de anotações na qual registrava a contabilidade doméstica, livros a comprar, balanço de vendas de livros de sua autoria e planos de cursos, entre outros, escreveu observações feitas durante uma viagem de estudo, feita no ano anterior a que realizou à Europa, quando visitou, em São Paulo, a Escola Normal e o Grupo Escolar do Braz, realçando a importância do material didático, como mapas, desenhos, jogos e cadernos no desenvolvimento das aulas. Da viagem à Europa, nela, há apenas uma lista de presentes que

14. O relatório de viagem encaminhado ao governo estadual não foi localizado em vários arquivos públicos do Rio de Janeiro, Niterói e Campos.

traria para familiares e amigos: uma caixa de desenho, uma moeda de cada país, selos do Vaticano, cartões-postais com paisagens e monumentos históricos e um livro ou revista sobre ginástica.

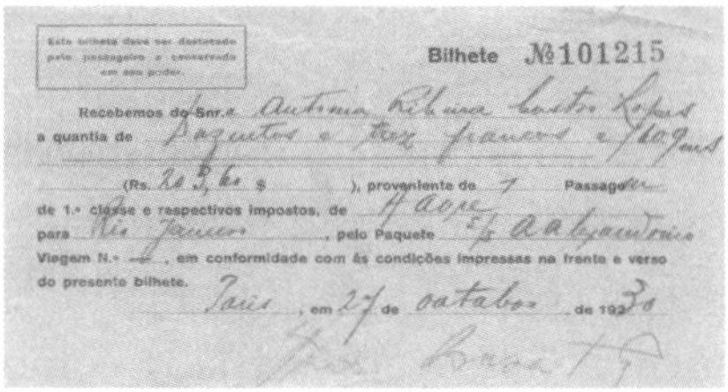

Passagem de navio e etiqueta de bagagem

Arquivo pessoal de Antonia Ribeiro de Castro Lopes.

Seguindo os indícios deixados em meio às suas anotações dispersas, é possível concluir que participou do curso do Instituto Jean-Jacques Rousseau destinado a diretores e professores primários, secundários e de escolas normais, inspetores escolares e aos profissionais que ocupavam funções extraclasse, que teve entre seus conferencistas no início da década de 1930, Jean Piaget, à época diretor do Bureau International d'Education; Mlle M. Butts, secretária-geral do Bureau; Salvador de Madariaga, professor da Universidade de Oxford; P. Rossello, diretor adjunto do Bureau; Gonzaga de Reynold, membro suíço da Comissão de Cooperação Internacional; Pierre Bovet, diretor do Instituto Universitário de Ciências da Educação; Willian Rappard, Diretor do Instituto de Altos Estudos Internacionais; Adolpho Ferrière, diretor adjunto do Bureau International d'Education; e G. Callavres, membro do Comitê d'Experts para o Ensino da Sociedade das Nações, entre outros. Talvez tenha participado, também, das visitas comentadas ao Secretariado da Sociedade das Nações, ao Bureau Internacional do Trabalho, à Sala Alabama, aos monumentos históricos da cidade velha, bem como à exposição na Biblioteca do Bureau sobre o Ensino da Sociedade das Nações e a Colaboração Internacional, que reunia obras de interesse dos professores e uma coleção de livros com mais de três mil volumes para crianças, atividades estas para as quais havia pagamento à parte dos vinte francos suíços cobrados pela inscrição.[15]

É pela repercussão da viagem na imprensa campista que se pode ter melhor acesso ao que Antonia Ribeiro de Castro Lopes conheceu. Em 1932, matéria no *Monitor Campista*, informa que ela havia solicitado exoneração do Conselho de Educação do Estado do Rio de Janeiro, que funcionava na capital — Niterói, por excesso de trabalho, visto que além de professora catedrática da Escola Normal de Campos, dava aulas particulares gratuitas e remuneradas e dirigia a Escola Doméstica que havia criado recentemente, com a intenção de dar instrução primária e noções de trabalhos manuais às empregadas domésticas, no período noturno. Nela, é apresentada como eminente educadora que não se cansava de contar o que vira na Europa:

> E máxime depois que esteve longos mezes na Europa, onde foi estudar, aprender, receber sabias lições dos eminentes pedagogos da Bélgica, França, Itália e especialmente da Alemanha e da Suissa, a professora ficou dona absoluta de uma sólida cultura sobre todas as questões do ensino, porque no Velho Mundo, tudo viu e observou detidamente, tendo-se matriculado na Universidade Jean Jacques Rousseau, dirigida pelo insigne mestre Claparède. (...) A professora Antonia Lopes não se cança de affirmar que os estabelecimentos de ensino por ella visitados e percorridos na Europa, são todos de uma simplicidade encantadora (Monitor Campista, 9 de junho de 1932, p. 1).

Do percurso realizado, a matéria destacava que ficou o desejo de fundar uma instituição nos moldes das escolas alemãs que visitara nas florestas de Walddschule, em Charlottemburger, quando se maravilhara com o que vira:

> Nada de luxo, nada de ostentação, nada de mobiliários ricos. Há sim, muito espaço domiciliar e ao ar livre, muita luz, muita comodidade e interna liber-

15. De acordo com a tradução do prospecto de divulgação das atividades em 1931, estes conferencistas discorreriam sobre "Introdução psicológica à educação internacional", "As exigências da cooperação internacional e a atitude dos professores", "A obra de organização internacional do trabalho", "A obra do Bureau Internacional de Educação em 1930", "A obra da Comissão de Cooperação Intellectual da Sociedade das Nações", "A idéia nacional e a idéia de sociedade das nações", "Os instintos da criança e a educação de espírito internacional", "A Corte da Justiça Internacional" e "Escola ativa, méthodos ativos e educação internacional".

> dade. O aluno sente-se bem e à vontade ali. Não tem logar obrigatório. Estuda onde quer, onde lhe convem, mudando o seu banco leve, a sua carteira commoda para o logar que mais o apraz (Idem).

Os cartões-postais que trouxe permitem afirmar que não só se deslumbrou com as experiências apontadas em sua entrevista. Ela privilegiou visitar instituições já conhecidas por intermédio de leituras: além das escolas ao ar livre, os jardins de infância, que também comentara em seu livro *Synopse de Pedagogia e Methodologia Didactica*, num discurso marcado pelas preocupações higienistas e cívico-patrióticas presentes no debate educacional.

Nestas visitas, o olhar atento da viajante voltou-se, possivelmente, para questões que a mobilizavam antes mesmo de partir: a organização, a arquitetura e o mobiliário escolares. Fundadora do primeiro jardim de infância de Campos — "anexo à Escola Modelo, num pequeno pavilhão coberto de lona, no terreno da Escola para que os alunos pudessem praticar e não terem apenas conhecimentos teóricos", como observou em seu relato autobiográfico (op. cit.: 2) —, baseava o ensino em princípios da Escola Moderna, na qual "não mais o mestre é o espantalho da criança, fazendo da escola casa de supplicio; elle é seu companheiro de estudo e de brinquedos" (Lopes, 1927: 61), e, por isto, costumava visitar escolas voltadas para este nível de ensino, em suas viagens pelo próprio país, quando anotava em sua agenda o desenvolvimento das aulas, a metodologia empregada e o material didático utilizado.[16] O trabalho de Fröebel com a criação dos jardins de infância — dizendo que "o jardim seria a escola, as flores as crianças, e os jardineiros os professores" (Idem: 219) —, era admirado, fundamentalmente porque o seu método, uma combinação do "methodo intuitivo com o socratico" (Idem) dava bom resultado na formação do raciocínio.

As escolas ao ar livre, por sua vez, mereceram ser conhecidas, por entender que muito havia por ser feito, pois só existiam no Brasil duas escolas deste gênero: uma em Campos, a Escola Wenceslau Braz, "a primeira criada no país e a 'Arthur Bernardes', em Nicteroy; em Bello Horizonte constróe-se actualmente uma" (op. cit.: 67). O interesse em visitar tais escolas devia-

---

16. Fotografias publicadas no livro *Synopse de Pedagogia e Methodologia Didactica* permitem observar que, no Jardim de Infância da Escola Modelo, as crianças praticavam ginástica, embaixo de árvores, mesmo local onde as professoras faziam exercícios de acuidade visual e exame de localização de som.

Cartão-postal do Pestalozzi-Fröbelhaus I. Berlim.
Arquivo pessoal de Antonia Ribeiro de Castro Lopes.

se, provavelmente, também a razões de ordem pessoal, pois tanto seu marido como uma de suas três filhas, a única que viveu até os 18 anos, haviam morrido de tuberculose.

Elas haviam surgido para atender "crianças débeis, rachiticas, anemiadas e aos pré-tuberculosos que precisam de ar e sol como remédio ao lymphatismo e a seu estado ganglionar" (1927: 66). Criadas por Grancher, deveriam ser situados no campo, onde as crianças poderiam receber tratamento e boa alimentação, trabalho, recreio e exercícios físicos, funcionando também em florestas e praias no regime de internato ou externato. Na Alemanha e na Inglaterra, enfatizava, eram sempre afastadas dos centros das cidades, e as crianças, eram levadas todas as manhãs de ônibus até "a escola preventiva", onde passavam horas entre "bosques de pinheiros e eucalyptos ou nas proximidades deles" (idem: 68). As alemãs mereciam um destaque especial:

> Nos arredores de Berlim, em Charlottemburgo, foi fundada em 1904, uma escola florestal, typo modelo. Ahi as crianças fazem quatro refeições nutritivas, sendo a primeira, ao chegarem às 8 horas da manhã, constante de arroz, sopa de pão; só regressam às 20 horas, sendo transportadas pelo auto-omnibus que as leva pela manhã. As aulas são dadas ahi, ao ar livre, sob arvores, servindo os abrigos previamente construídos, às aulas nos dias chuvosos; o en-

> sino é ministrado por três professores e uma professora, sendo a matricula de 120 alumnos. A escola florestal de Charlottemburgo deu origem às escolas typo internato, sendo criada a primeira em Zurich, em 1908. Há também nesse gênero uma, modelar em Lyão, na França.
>
> Como medida de economia, empregam na installação dessas escolas 'edificações provisórias, facilmente desmontaveis' (idem).

Assim como as colônias de férias, as escolas ao ar livre, se constituíam em iniciativas adotadas em países que não viam apenas na alfabetização o único problema a ser combatido pelos governos. Eram uma "forma de amparo aos filhos dos menos favorecidos da fortuna", um estabelecimento que emergia de "uma necessidade e a Pátria o exige para sua segurança e integridade". No Brasil, onde não haviam escolas para as crianças "anormaes", "débeis e deficientes mentaes", elas se misturavam nas classes e eram prejudicadas física e psiquicamente pelos mestres que "natural, e muitas vezes involuntariamente, os abandonam dedicando-se aos mais intelligentes e aproveitaveis" (Lopes, 1927, p. 68).

Cartões postais de escolas ao ar livre, na Alemanha, cercada de eucaliptos, com as crianças tomando banho de sol. Charlottenburger Gem. Waldschule.

Arquivo pessoal de Antonia Ribeiro de Castro Lopes.

Além das escolas alemãs, uma carta do embaixador brasileiro na Bélgica, apresentando-a às autoridades educacionais do país, solicitando permissão para que pudesse observar as escolas primárias, indica que também teve a intenção de conhecer o que ali se desenvolvia, também, de mais novo no ensino.

Com a viagem à Europa, Antonia Ribeiro de Castro Lopes tornou-se uma referência para os professores, pois era vista como profunda conhecedora das mais inovadoras e avançadas experiências pedagógicas que se desenvolviam em todo o mundo, legitimando-se na cena educacional de sua terra. Apresentada como uma "apaixonada pelas viagens", sempre que entrevistada, fazia figurar nas primeiras páginas dos jornais, uma alusão ao percurso pelo velho mundo. Chegada de uma temporada em Pernambuco e na Bahia, observou:

> Pernambuco está com sua instrucção organisada e tem efficiente serviço de saúde publica. Em Recife observei os processos racionais, práticos, os modernos methodos de ensino que eu via na Europa. Visitei uma Escola de Experimentação e fiquei encantada... (Monitor Campista, 1º de abril de 1933, p. 1).

Uma viagem inspiradora

O regresso a Campos, após vários meses por países europeus, deixou marcas em Antonia Ribeiro de Castro Lopes. Tomando por base as observações feitas nas escolas visitadas e no Instituto Jean-Jacques Rousseau, ela não se limitou a divulgar a experiência em artigos, entrevistas e conferências. Viajara para conhecer, observar e intervir. Em 1932, já começava a imaginar a criação de um centro recreativo e infantil para as crianças, para o qual solicitou do Rotary Club de Campos uma biblioteca, destinado às crianças que fariam apenas uma módica contribuição para as despesas. O *Monitor Campista*, em 17 de julho de 1932, informava que era seu objetivo desenvolver o hábito de leitura, educar o gosto artístico através de aulas de música, canto, representação, exercitar as crianças nas maneiras sociais, por intermédio de recepções aos coleguinhas, festas, reuniões e jogos educativos.

Não foi este o único desdobramento da viagem. Em 1932, participaria da criação do Instituto Fluminense de Sciencias Educacionais, semelhante a iniciativas existentes em outros estados, inspiradas "pelo grande movimento de renovação educacional que agita o mundo inteiro, à frente do qual se encontra o Instituto Jean Jacques Rousseau" (*Monitor Campista*, 16 de agosto de 1932, p. 1). Tratava-se de uma iniciativa de "estudiosos idealistas" que pretendia criar um "curso de alta cultura pedagógica, destinado ao aperfeiçoamento technico dos nossos professores primários" (idem), ministrado ao longo de três semestres em período noturno. Dividido em

Curso Fundamental e Curso de Aperfeiçoamento, voltava-se para atender a candidatos diplomados pelas Escolas Normais ou equiparadas, pelas Escolas Profissionais, e também para os inspetores escolares, bacharéis em Ciências e Letras, professores de qualquer estabelecimento de ensino profissional, primário ou secundário e os diplomados pelas escolas superiores do país (*Monitor Campista*, 25 de agosto de 1932, p. 1). A ênfase do curso recaía na Psicologia, disciplina esta, segundo um de seus organizadores, "fundamental para a compreensão, organisação e applicação das novas técnicas de ensino" (Santos, *Monitor Campista*, 21 de agosto de 1932, p. 1).

Vista como uma mulher independente, culta e viajada, apesar de suas posições moderadas,[17] ela aceitou, neste mesmo ano, o convite para presidir a Associação Campista para o Progresso Feminino ligado à Federação Brasileira para o Progresso Feminino que teve, nesta época, suas lutas intensificadas na campanha pelo voto feminino. Estar à frente da entidade que tinha por objetivo coordenar os esforços das mulheres para elevar seu nível cultural, favorecendo uma eficiente atuação social na esfera doméstica, intelectual e política,[18] trouxe novas exigências: além de opinar sobre questões relativas ao ensino, era constantemente instada a tecer considerações sobre as questões feministas. Mesmo depois de deixar a presidência da associação, continuou participando do Conselho Social da entidade nacional, na qualidade de representante das mulheres do Estado do Rio de Janeiro, com Henriqueta Lisboa, Gilka Machado, Maria Eugênia Celso, Guiomar Noves Pinto e Margarida Lopes de Almeida, entre outras.

Para aquela que era reconhecida na cidade como a maior especialista em questões de ensino, criar uma instituição voltada para a formação superior do magistério se constituía também em ocasião para colocar em prática um sonho há muito acalentado. Em diversas oportunidades demonstrara estar convencida desta necessidade e reiterava que gostaria de dedicar os últimos anos de sua vida profissional a fazer

> "desapparecer os processos de ensino rotineiros que tanto impedem o progresso; e, da educação esses preceitos que a vida actual não comporta mais. Precisamos refundir as idéias, viver com a época. Os filhos não podem ser

17. Depoimento da sobrinha Maria Amélia Ribeiro de Castro, em 27 de abril de 2001.

18. Ver art. 5º do Estatuto da Federação Brasileira para o Progresso Feminino. Arquivo Nacional, AP 46/Caixa 6).

educados como foram os pais, as exigências sociais são outras hoje..." (*Monitor Campista*, 6 de setembro de 1932, p. 1.).

Com a fundação deste Instituto, ela colocava em prática algo que vinha delineando antes mesmo de viajar, quando via com confiança a possibilidade do Estado do Rio de Janeiro, com as novas professoras "remodelar o ensino primário, dando-lhe feição moderna e orientação proveitosa, desenvolvendo os cérebros em vez de só accumular nelles, insipidamente, conhecimentos inaproveitáveis" (Lopes, 1927, p. 244).

Theobaldo de Miranda Santos, que veio a dirigir tanto a Seção de Psicologia como a própria instituição, defendia a importância da fundação de um centro de formação do magistério, argumentando que para resolver os cruciais problemas da nação era urgente enfrentar o "impressionante coeficiente de analfabetismo" e, sobretudo, compreender que o êxito do ensino primário dependia intimamente do valor profissional dos professores, o que exigia "preparação cuidadosa dos mestres". Para que a educação renovada pudesse ser aplicada, lembrava ele, não era suficiente uma preparação técnica. Urgia dotar os profissionais de "sólida cultura geral e ardente idealismo", a exemplo do que vinha sendo realizado em outros recantos do país que investiam nesta direção:

> Nesta espécie de instituição escolar, é digna de nota a Escola de Aperfeiçoamento de Belo-Horizonte, installada em Minas Gerais pelo presidente Antonio Carlos que, constitue, no genero, o estabelecimento mais perfeito da América do Sul e um dos mais notáveis do mundo, segundo a afirmação autorisada do grande Claparède.(...)
>
> O Instituto Fluminense de Sciencias Educacionais não deseja ser sómente um curso de aperfeiçoamento técnico. Seu ideal é ser um centro de estudos experimentais da pedagogia, um foco de irradiação cultural, uma escola de civismo e de brasilidade. Sua aspiração suprema é de se bater, com o inquebrantável idealismo, pela educação nacional e pela grandeza do Brasil (Monitor Campista, 6 de setembro de 1932, p. 1)

A idéia de criar um centro de recreação infantil, por sua vez, ganhou forma em 1933, quando foi instalado numa praça pública da cidade, em terreno doado pela Prefeitura, tendo merecido destaque no relatório anual do governo estadual fluminense, uma prestação de contas do interventor Ary Parreiras. A cidade de Campos que tinha quarenta e cinco escolas primárias na zona rural mantidas pela municipalidade, subvencionando mais quatro, com freqüência média anual de quase dois mil alunos, contava com uma nova instituição: "A Prefeitura cedeu parte da área da praça Almirante Porto e auxiliou com 5 contos de réis, a criação do 'Instituto Claparède', sociedade privada, de fins educacionais, dirigida pela conhecida professora, d. Antonia de Castro Lopes" (1934: 231).

A importância do Instituto Claparède expressou-se na publicação de fotografia no relatório e, em mais dois cartões postais que foram produzidos, em momentos distintos. Com linhas arquitetônicas muito simples, o prédio bem ventilado, em meio às árvores e à luz do sol, ela pretendera edificar, usando como recursos as jóias que herdara de sua família, uma escola ao ar livre nos moldes das que visitara na Europa, para que pudesse empregar os métodos de ensino mais avançados, nas turmas do jardim de infância e das classes de alfabetização, com equipamentos especiais, pequenos, adequados ao desenvolvimento físico e intelectual das crianças.

Cartões postais do Instituto Claparède, em dois momentos distintos: quando de sua inauguração e depois de obras que o transformaram em Parque Infantil Alzira Vargas Amaral Peixoto, em Campos. *Arquivo pessoal de Antonia Ribeiro de Castro Lopes.*

Era uma escola sob medida. Uma escola na medida da criança, como defendia Edouard Claparède, que acolhera Antonia Ribeiro de Castro Lopes e que ela tanto admirava. Conseguira, assim, pouco antes de se afastar do magistério, criar a escola que sonhara, homenageando-o. Ele agradeceu a honra que lhe fora concedida, em afetuosa carta escrita em 28 de julho de 1934, que se fez acompanhar de um exemplar de *Causeries psicologiques*, publicado em Genebra, em 1933, com uma breve dedicatória, e do prospecto com a programação do Instituto Jean-Jacques Rousseau daquele ano, desejando sucesso:

> A senhora teria a gentileza de me enviar mais brochuras dos Estatutos do Instituto? Eu gostaria de deixar um exemplar no Instituto Rousseau, um outro para o meu Laboratório (...) Já estou muito orgulhoso do meu afilhado. (...) Se a senhora fizer por acaso uma fotografia do "meu" Instituto, eu lhe ficarei muito grato de me envia-la. Pemito-me remeter-lhe junto a esta alguns artigos de jornais, reunidos sob a forma de conversações psicológicas. São pequeninas coisas!

Referências bibliográficas

ALMEIDA, Nilton Manhães (Nonô) e SOARES, Orávio de Campos. *História do Liceu de Humanidades de Campos 1880/1980*. Campos: Editora Planície, 1981(?).

BALBI, Denise e LIMA, Maria Cristina Torres (orgs.). *Poesia e prosa para uma homenagem II*. Campos: Liceu de Humanidades de Campos, 2005.

CANEN, Ana e XAVIER, Libania Nacif. Multiculturalismo, Memória e História da Educação Brasileira: reflexões a partir do olhar de uma educadora alemã no Brasil Imperial. In: MIGNOT, Ana Chrystina Venancio; BASTOS, Maria Helena Camara e CUNHA, Maria Teresa Santos (orgs.). *Refúgios do eu: educação, história e escrita autobiográfica*. Florianópolis: Editora Mulheres, 2000, pp. 63-79.

CASTILLO GÒMEZ, Antonio e MIGNOT, Ana Chrystina Venancio. *Memória da escrita cotidiana*. Rio de Janeiro: UERJ (folder de exposição), 2002.

CLAPERÈDE, Edouard. *A escola sob medida e estudos complementares sobre Claparède e sua doutrina, por Jean Piaget, Louis Meylan e Pierre Bovet*. Rio de Janeiro: Editora Fundo de Cultura, 1959.

FARIA, Sheila de Castro. *A colônia em movimento: fortuna e família no cotidiano colonial*. Rio de Janeiro: Nova Fronteira, 1998.

LEITE, Mirian Lifchitz Moreira. *Livros de viagem (1803-1900)*. Rio de Janeiro: Editora UFRJ, 1997.

LOBO, Yolanda Lima. Bertha Lutz. In: FÁVERO, Maria de Lourdes de Albuquerque e BRITTO, Jader Medeiros de. *Dicionário dos educadores no Brasil: da colônia aos dias atuais*. Rio de Janeiro: Editora UFRJ e INEP, 2002, pp. 193-200.

______. Cecília Benevides de Carvalho Meireles. In: FÁVERO, Maria de Lourdes de Albuquerque e BRITTO, Jader Medeiros de. *Dicionário dos educadores no*

Brasil: da colônia aos dias atuais. Rio de Janeiro: Editora UFRJ e INEP, 2002, pp. 237-247.

LACOMBE, Laura Jacobina. *Claparède, mestre e amigo*. Rio de Janeiro, 1973, (dat.).

LOPES, Antonia Ribeiro de Castro. *Synopse de Pedagogia e Methodologia Didacta*. Campos: Typ. Penna de Bronze, 1927.

______. A criação das Escolas Normais Superiores em diferentes pontos do país, para o preparo pedagógico. In: COSTA, Maria José Franco Ferreira da; SHENA, Denílson Roberto e SCHMIDT, Maria Auxiliadora (orgs.). *I Conferência Nacional de Educação*. Brasília: INEP, 1997, pp. 540-542.

MARTINEZ, Silvia Alicia. Acerca da cultura escolar de uma instituição de formação para o magistério primário: percurso metodológico da pesquisa sobre a Escola Normal de Campos (1895-1954). In: *História & Ensino:* publicação da Coordenação do Curso de História da FAFIC. Campos, 2005, pp. 135-150.

MEIRELES, Cecília. A visita de um pedagogo notável. *Diário de Notícias*, 5 de setembro de 1930, p. 6.

MIGNOT, Ana Chrystina Venancio e MARTINEZ, Silvia Alicia. Antonia Ribeiro de Castro Lopes. In: FÁVERO, Maria de Lourdes de Albuquerque e BRITTO, Jader Medeiros de. *Dicionário dos educadores no Brasil: da colônia aos dias atuais*. Rio de Janeiro: Editora UFRJ e INEP, 2002, pp. 89-96.

MIGNOT, Ana Chrystina Venancio. *Baú de memórias, bastidores de histórias: o legado pioneiro de Armanda Álvaro Alberto*. Bragança Paulista: EDUSF, 2002.

NASSIF, Lílian Erichsen e CAMPOS, Regina Helena de Freitas. Edouard Claparède (1873-1940): interesse, afetividade e inteligência na concepção da psicologia funcional. In: *Memorandum*, Belo Horizonte, MG, v. 9, pp. 91-104, 2005.

O Governo do Estado do Rio de Janeiro e de suas municipalidades durante o curso de 1933. Imprensa Oficial: Nicteroy, 1934.

PERES, Eliane Therezinha. O diabo inventou a escola? A escola ativa na visão de Adolphe Ferrière. In: *25ª Reunião Anual da Associação Nacional de Pesquisa e Pós-Graduação em Educação (ANPEd)*. Caxambu, Rio de Janeiro: ANPED, 2002.cdrom.

SEGUEL, Gerardo. O prestígio de Claparède na Nova Educação. *Diário de Notícias*, 14 de setembro de 1930, p. 4.

SANTOS, Theobaldo de Miranda. Instituto de Ciências Educacionais. *Monitor Campista*, 21 de agosto de 1932, p. 1.

VASCONCELLOS, Maria Celi Chaves. *A casa e seus mestres: a educação doméstica como uma prática das elites no Brasil de oitocentos*. Pontifícia Universidade Católica do Rio de Janeiro: Tese de Doutorado em Educação, 2004.

VENÂNCIO FILHO, Francisco. *A educação e seu aparelhamento moderno*. Rio de Janeiro: Companhia Editora Nacional, Coleção Atualidades Pedagógicas, Biblioteca Pedagógica Brasileira, v. 38, 1941.

______. Educar-se para educar. Rio de Janeiro: Ariel, 1931.

VENANCIO, Maria Thereza (org.). *Poesia e prosa para uma homenagem*. Campos, s/ ed., 1982.

VIÑAO, Antonio. Las autobiografias, memórias y diários como fuente histórico-educativa: tipologia e usos. *Teias: Revista da Faculdade de Educação da UERJ*, 2000, n· 1, pp. 82-97.

Outras Revistas e Jornais

A instrução do norte, segundo uma professora campista. *Monitor Campista*, 11 de abril de 1933.

A paz pela escola. *Educação*, ABE, 1927, p. 10.

A primeira conferência do professor Claparède. *Diário de Notícias*, 18 de setembro de 1930, p. 4.

A separação da Escola Normal do Lyceu. *Monitor Campista*. 6 de setembro de 1932, p. 1.

Bureau International d'Education — Genebra. *Educação*, ABE, 1927, p. 10.

Centro recreativo e educativo para crianças. *Monitor Campista*, 17 de julho de 1932.

Em tôrno dos problemas do ensino. *Monitor Campista*, 9 de agosto de 1932, p. 1.

Instituto Fluminense de Sciencias Educacionaes: informações aos interessados. *Monitor Campista*, 25 de agosto de 1932, p. 1.

Pelo aperfeiçoamento do magistério. *Monitor Campista*, 16 de agosto de 1932.

Traço de União, Rio de Janeiro, 1925.

Arquivos consultados

ARQUIVO DA ASSOCIAÇÃO BRASILEIRA DE EDUCAÇÃO.

ARQUIVO PESSOAL DE ANTONIA RIBEIRO DE CASTRO LOPES.

ARQUIVO NACIONAL.

ARQUIVO DO *MONITOR CAMPISTA*.

ARQUIVO PÚBLICO DE CAMPOS.

ARQUIVO PÚBLICO DO ESTADO DO RIO DE JANEIRO.

A bordo do navio, lendo notícias do Brasil: o relato de viagem de Adolphe Ferrière

Marta Maria Chagas de Carvalho

Este artigo tematiza uma modalidade específica de relato de viagem em que viajar, relatar a viagem feita e dar publicidade ao relato são práticas indissociáveis do ponto de vista dos objetivos que lhes conferem sentido. De certo modo, pode-se pensar que, nessa modalidade discursiva, é o objetivo de relatar e dar publicidade ao relato que determina não somente a iniciativa de viajar, mas também o roteiro da viagem e seu conseqüente registro. Isso porque viajar, no caso em questão, é prática de propaganda de uma causa e de arregimentação de adeptos para batalhar por ela. Falo aqui, portanto, de um tipo de viagem específico, a viagem de propaganda de uma causa, destinada a expandir e fortalecer um movimento e a conquistar apoio para a causa que ele defende, prática recorrente nos anos 1920 e 1930. E falo, portanto, de uma modalidade de relato de viagem específica, em que o caráter de propaganda da viagem relatada se expande e se duplica no ato de relatar e dar publicidade ao relato.

Em geral, esquecemo-nos de pensar o processo mundial de difusão do escolanovismo no período entre guerras como movimento de propaganda das novas idéias pedagógicas que ganha especificidade como movimento pacifista. Pelo menos no caso dos estudos historiográficos brasileiros, o movimento internacional de difusão do escolanovismo não vem sendo devidamente compreendido como movimento pacifista que apostava no poder de uma nova educação na formação de um novo homem e na construção de uma nova sociedade e que, por isso, implicava um forte investimento no trabalho de propaganda e difusão internacional das idéias que defendia. É no âmbito de um movimento com essas características que viajar, relatar a viagem e dar publicidade ao relato são práticas indissociáveis na realização de objetivos que lhes são comuns: propagar idéias, promover aproximações, difundir iniciativas, ganhar novos adeptos, fortalecer o movimento.

É de uma modalidade de relato de viagem deste gênero que este artigo tratará. Ele traz à cena uma viagem empreendida no âmbito do movimento patrocinado pela *Ligue Internationale pour l'Éducation Nouvelle* no período entre guerras. Trata-se da viagem empreendida por Adolphe Ferrière à América Latina nos anos finais da década de 1920 e iniciais da década de 1930. É como dirigente da *Ligue Internationale pour l'Éducation Nouvelle* que Adolphe Ferrière viaja, com o objetivo de difundir os ideais da Liga e dar a conhecer internacionalmente a difusão que as novas idéias pedagógicas iam alcançando no continente sul-americano. Suas impressões de viagem são publicadas na forma de artigos na revista *Pour l''Ere Nouvelle*, órgão francofônico da Liga.

É segundo o padrão do relato de impressões de viagem cujo objetivo era fortalecer internacionalmente o movimento por uma nova escola, que o relato de Ferrière sobre sua viagem ao Brasil é publicado no número 67 da revista, em abril de 1931. Nesse número, estão reunidas três matérias sobre o Brasil: o artigo em que Ferrière relata sua viagem ao país ocupa as seis primeiras páginas do volume. Em seguida, nas oito páginas seguintes, estão publicados um texto de Fernando de Azevedo sobre a Reforma, *"L'École Nouvelle et la reforme. Introduction aux programmes des écoles primaires du Brésil"*; e um artigo de Deodato de Moraes, *"L'école active brésilienne d'Espirito Santo"*, extraído da *Revista Brasileira de Educação.*

Quando chega ao Brasil, a Revolução de 1930 acaba de eclodir e Ferrière não pode desembarcar. É ele quem informa, nas linhas finais de seu relato, que, não lhe tendo sido possível desembarcar no Rio de Janeiro, pôde ler, a bordo do navio ancorado no porto, algumas revistas brasileiras, tendo sido a partir dessa leitura que elaborou suas impressões de viagem.

Este texto pretende fazer algumas considerações sobre essas impressões de viagem e sobre o que elas parecem sugerir a respeito das vinculações de Ferrière e do movimento internacional pela escola nova com o movimento educacional brasileiro. Para isso, analisará algumas das estratégias textuais que estruturam o relato de Ferrière sobre sua viagem ao Brasil, compreendendo-o como relato inscrito em uma revista de divulgação do movimento escolanovista. Com esse objetivo, trará, inicialmente, algumas informações sobre a *Liga Internacional pela Educação Nova* e sobre a revista *Pour l'Ère Nouvelle*, para, em seguida, descrever o relato de viagem de Ferrière.

1. A Liga Internacional pela Educacão Nova e a revista Pour l'Ère Nouvelle

O programa de reforma da sociedade pela reforma do homem que se disseminou mundialmente no período entre guerras, sob a designação genérica de "*pedagogia da educação nova*", teve um de seus principais eixos de difusão na *Ligue Internationale pour l'Éducation Nouvelle.* A Liga foi fundada por ocasião do I Congresso Internacional de Educação Nova, realizado em Calais, de 30 de julho a 12 de agosto de 1921, por instigação da *New Educational Fellowship* inglesa, representada por Beatrice Ensor e por seu presidente, Baillir Weawer, e do *Bureau International des Écoles Nouvelles*, representado por seu diretor, Adolphe Ferrière.

A criação da Liga é noticiada em matéria assinada por Beatriz Ensor, originalmente publicada na revista *The New Era* (outubro de 1921, p. 217) e depois vertida para o francês no primeiro número da revista *Pour L'Ère Nouvelle* (PEN, 1922, n. 1, p. 7). Nesta se lê que, reunidos no Congresso de Calais, um grupo de educadores teria compreendido que havia chegado a hora de unir todos aqueles que, percebendo o raiar de uma nova era, quisessem contribuir para a "renovação do mundo desmoralizado", convictos da possibilidade de construir uma humanidade melhor transformando a escola. Segundo seus organizadores, a Liga criada dispensava regulamentos, estatutos e reuniões de comitê.[1] Bastava-lhe o trabalho de propaganda

1. O crescimento do número de sócios (sociedades e indivíduos) e de países representados nos Congressos, a multiplicação dos contatos com outros organismos; e "o número, a importância e a

e divulgação de suas iniciativas e dos princípios norteadores de uma nova educação. Afirmando-se isenta de qualquer filiação política ou confessional, a Liga propunha-se a difundir diferentes soluções pedagógicas, incentivando sua adaptação às necessidades de diferentes países ou escolas, sem defender nenhum método de educação em particular. Para a vitória de sua causa, a Liga contava com o trabalho de todos os seus membros. Animados pelo espírito da Liga, esses educadores militantes deveriam ser os artífices de uma nova era. Formar "crianças fortes, livres, senhoras de si mesmas", garantindo um mundo melhor deveria ser o seu maior objetivo. (*Pour l'Ère Nouvelle* (PEN), 1922, n. 1).

É assim que, sob o impacto da Primeira Grande Guerra, a *Ligue Internationale pour L'Éducation Nouvelle* nasce imbuída de um ímpeto pacifista e de uma forte crença na possibilidade de construir uma humanidade melhor por meio de uma educação capaz de liberar as "potencialidades inatas da criança". É esse espiritualismo pacifista, feito de crença na ciência, nas potencialidades inatas da criança e no advento de uma Nova Era, que predomina no movimento pela escola nova que a Liga propagou nos anos 1920.

Abrindo o 1º número da revista *Pour L'Ère Nouvelle*, órgão francofônico da Liga, um texto assinado por Ferrière propõe-se como espécie de Manifesto do movimento. É interessante aqui retomá-lo com algum detalhe, na medida em que Ferrière é, sem dúvida, ao lado de Beatriz Ensor, o grande animador da Liga.

Com o título *Pour L'Ère Nouvelle*, o texto propõe-se a justificar a criação e o nome dado à Liga e à Revista. Firmando profissão de fé espiritualista, Ferrière considerava justificado o título e a existência da revista e do movimento de que era a expressão. Perguntava se seria exagero falar em uma Nova Era da educação. Não seria essa Nova Era uma aspiração amplamente partilhada? (PEN, 1922, n. 1, p. 3). Contra os céticos e os conformistas de

---

urgência das questões que se colocaram para a Liga sobretudo nos países perturbados pela guerra" (PEN, n. 135) determinaram providências de reorganização da entidade. Assim, a partir do Congresso de Elsenor, realizado em 1929, foi criado um Comitê Internacional, cujo escritório central foi sediado em Londres. O Congresso também estabeleceu que cada país no qual funcionasse um agrupamento nacional designaria um representante para ter assento no Comitê, tendo sido determinado que a Liga reconheceria apenas um grupo por país.

todo tipo, Ferrière reafirmava a sua crença: era possível contar com um fato novo em seu favor: a ciência, a psicologia da criança. O advento da Nova Era dependia, assim, da ciência, "chave que abre espaços novos ao impulso da vida espiritual." Essa profissão de fé espiritualista no poder da ciência conferia ao movimento uma dimensão especial de luta cujo objetivo era "liberar o impulso vital em proveito das atividades superiores do espírito" (PEN, n. 1, p. 4). Nessa luta, os educadores seriam missionários, preparando uma Nova Era

A Liga é organizada tendo como seus porta-vozes três revistas: *The New Era*, *Das Werdenda Zeitalter* e *Pour l'Ère Nouvelle*. São redatores responsáveis pela publicação, Beatriz Ensor, pelo periódico em lingua inglesa; Adolphe Ferrière, pelo órgão francofônico da Liga; e Elizabeth Rotten, pela revista alemã. Dispositivos de difusão e de propaganda dos ideais da Liga, essas três revistas funcionam também como instrumentos de articulação interna do movimento, difundindo doutrinas e iniciativas de renovação escolar e conquistando, em escala mundial, novos adeptos para o movimento. Com o crescimento internacional da Liga, outros periódicos passam também a figurar, de modo interrupto, como porta-vozes do movimento, sendo elencados na sua contracapa.[2] A partir de 1932, o órgão alemão da Liga, *Das Werdenda Zeitalter*, não é mais editado.

Apresentando-se como órgãos oficiais da Liga, essas revistas funcionaram como veículos de difusão do movimento, e, nessa medida, forneceram aos seus leitores um alargado repertório de informação sobre o movimento educacional. Sua leitura fornecia informação detalhada sobre congressos internacionais, com especial relevo àqueles organizados pela Liga,

2. Não me foi possível reconstituir a informação com precisão, pois a encadernação das revistas que manuseei não preservou muitas das capas. A título de exemplo: da contracapa do número 40 da revista, publicado em julho-agosto de 1928, constam as seguintes publicações: *Revista de Pedagogia*, na Espanha; *L'Educazione Nazionale*, na Itália; *La Nueva Era*, no Chile; *La Obra*, na Argentina; *Svobodno Vaspitanie* (*A Educação Livre*), na Bulgária; *A Jovö Utjain* (*A Via do Futuro*), na Hungria; *Pentra Inima Copiilor, Strada Mana Banta*, na Romênia; *Pedagogiska Spornormal*, na Suécia; *Nové Skoly*, na Tchecoslováquia; *Radna Schola* (*Escola Ativa*), na Iugoslávia; *Het Schoolblad de Aktieve School* (*Revista Escolar A Escola Ativa*), na Bélgica flamenga. Já na contra-capa do número 106, publicado em março-abril de 1935, as publicações da Itália, da Argentina, do Chile e da Bélgica flamenga deixam de figurar. Mas outras publicações são incorporadas: A *Escola Primária*, de Portugal; *Progressive Education*, dos Estados Unidos; *Fikirler*, da Turquia; *Den Frie Skole*, da Dinamarca; *La Nueva Enseñanza*, do Paraguai; *Nueva Era*, da Argentina; *Vers l'école active*, da Bélgica; *Escuela Activa*, do Uruguai.

publicando versões resumidas das Conferências neles realizadas e fazendo a crônica das atividades desses eventos. Ao lado desse trabalho de divulgação, as revistas se propunham a propagandear os princípios básicos do movimento e a difundir iniciativas de sociedades congêneres, de grupos e de instituições, prescrevendo critérios para o seu ajuizamento.

É com essas características e com esses objetivos que as revistas trazem em suas páginas inúmeros relatos de viagens. Tratava-se de dar a conhecer aos integrantes da Liga as iniciativas de criação e de reforma escolar em curso, fossem elas fruto de iniciativas particulares ou o resultado de políticas estatais. A simples descrição dessas iniciativas, efetuadas no âmbito do relato de viagens realizadas por figuras reconhecidas do movimento, trazia consigo a chancela da Liga. Em contrapartida, sua divulgação nas páginas da revista produzia o efeito de fortalecer o movimento, na medida em que evidenciava, pela força do relato, a propagação mundial das novas idéias que o movimento difundia.

Nos seus primeiros números, a revista *Pour L'Ère Nouvelle* se apresenta como órgão trimestral da Liga e do *Bureau International des Écoles Nouvelles*. Dirigido por Adolphe Ferrière, o *Bureau* havia sido fundado em 1899, com o objetivo de estabelecer relações de cooperação científica entre diferentes Escolas Novas e de centralizar documentação. De 1924 a 1929, o número de assinantes passa de 75 a 700. A partir do n. 26, de março de 1927, a revista passa a ser mensal e deixa de se apresentar como órgão do *Bureau International des Écoles Nouvelles*, apresentando-se como órgão da Liga e como crônica do *Bureau International d'Éducation*. Com a criação deste *Bureau* como departamento internacional do Institut J. J. Rousseau, em janeiro de 1926, o setor de relações internacionais do *Bureau International des Ecoles Nouvelles* é absorvido pela nova instituição. De janeiro a novembro de 1926, a revista publica em suas páginas o Boletim internacional daquele Instituto, apresentando-se também, nas informações de capa, como *Bulletin International de L'Institut J. J. Rousseau*. A partir de outubro de 1929, passa a ser somente órgão da Liga, mas o Boletim do B. I. E. é publicado em suas páginas. Durante vários anos, cobrindo um período que vai, pelo menos, de março de 1927 a janeiro de 1933, os editores inscrevem em destaque, na capa da revista, os dizeres: "'*Pour L'Ère Nouvelle' est la revue des pionniers de l'éducation*".

A revista *Pour l'Ère Nouvelle* era órgão do setor responsável pelos contatos do movimento com a América Latina. Até 1925, Adolphe Ferrière responde, sozinho, pelo controle da linha editorial da revista. A partir de 1925, sua administração passa ao Grupo Francês de Educação Nova e a revista começa a ter, além de um redator chefe, Ferrière, um redator para a França e outro para a Bélgica, postos esses ocupados, respectivamente, entre 1925 e 1931, por Paul Fauconnet, presidente do G. F. E. N., pela França; e Ovide Decroly, pela Bélgica. Com a mudança de administração, a marca espiritualista, que caracteriza inicialmente a revista, começa a ser gradativamente mitigada, mesclando-se com outras orientações, mais voltadas para questões relativas ao papel da escola em políticas de transformação social encampadas pelo Estado e para o papel da experimentação científica no processo de renovação escolar. É assim que começam a ser cada vez mais freqüentes os relatos de viagem que falam sobre a reorganização dos sistemas públicos de ensino que vinham ocorrendo em países como a Áustria, a Itália fascista e a Rússia comunista. No caso do relato sobre a Rússia, por exemplo, ressaltam as descrições de uma obra educacional sem precedentes em que a educação, entendida como fator de transformação social, era privilegiada em uma política escolar de larga escala. Esses relatos têm um lugar especial: são eloqüentes a respeito do poder de transformação social que pode ter a escola; mas, justapostos nas páginas de uma iniciativa editorial cujos objetivos eram propagar e evidenciar a extraordinária expansão internacional da Educação Nova, de certo modo tornam equivalentes as iniciativas relatadas.

Com a mudança de administração da revista, Ferrière vê reduzida a sua participação na definição do perfil do periódico. Mas ele permanece sendo figura extremamente atuante, publicando artigos, divulgando seus livros, resenhando uma enorme quantidade de publicações e reaparecendo nas páginas da revista através das inúmeras associações internacionais de que foi o mentor e o presidente. Ferrière permanece redigindo também a crônica dos Congressos realizados pela Liga, ocupando, desse modo, um lugar editorial privilegiado, o que lhe possibilitava dar maior visibilidade a suas convicções espiritualistas, reiterando-as como princípios norteadores da Liga. É a partir desse lugar editorial privilegiado que publica na revista, na forma de artigos, os relatos da viagem que realizou a vários países da

América Latina, no intuito de estabelecer contatos, divulgar a Liga e propagar os princípios norteadores da Educação Nova.

2. O relato da viagem ao Brasil nas páginas da revista Pour l'Ère Nouvelle

Entre 1929 e 1930, enquanto Beatriz Ensor viaja aos Estados Unidos, Ferrière empreende uma longa excursão pela América Latina e a revista *Pour L'Ère Nouvelle* publica seus artigos sobre os países visitados. Como já disse, esses artigos inscrevem-se na revista segundo o padrão do relato de impressões de viagem cujo objetivo era conhecer, avaliar, legitimar e divulgar iniciativas de renovação escolar no continente sul-americano, expandindo o âmbito de atuação da Liga e fazendo propaganda dos valores pedagógicos que a animavam.

O relato de Ferrière é iniciado exclamativamente: "Que surpresa encontrar no Brasil uma das formas mais completas de educação nova! Ainda ontem o país era, do ponto de vista pedagógico, um dos mais atrasados do mundo." (Ferrière, 1931, 85).

Depois de atribuir o milagre da transformação a Fernando de Azevedo e de observar que certamente o número de escolas tradicionais ainda deveria ser imenso, ponderava não ser possível esperar que a transformação da escola se processasse de um só golpe. O que lhe importava registrar é que, não se reduzindo à aprovação e publicação de um regulamento, reformar a escola era tarefa que demandava o entusiasmo e a dedicação dos professores. No Brasil — exultava — "os mestres haviam encontrado o seu Mestre" na figura de Fernando de Azevedo, o "chefe ideal que deve conduzi-los ao sucesso, e, com eles, as crianças, a própria nação". Prova disso era, a seu ver, a criação da *Cruzada pela Escola Nova*, "cruzada pela escola ativa brasileira de que se espera a renovação do país, de que se esperam todos os benefícios imagináveis..." (Ferrière, 1931, 85).

O contraste entre o avanço alcançado pelo país com a Reforma Fernando de Azevedo e seu atraso recente em matéria educacional é tópica recorrente que estrutura o relato de Ferrière. A tese de que poucos países apresentariam, como o Brasil, "um contraste tão grande entre a escola de ontem e a de amanhã" (Ferrière, 1931, 85) é o mote para o relato introduzir a avaliação de Deodato de Morais sobre as limitações teóricas e doutrinárias que vinham dificultando a transformação da escola brasileira. Ferrière referenda essa avaliação, elogiando, exclamativamente, a "riqueza de postulados ultra-modernos" da crítica de Deodato à psicologia das faculdades mentais. Reproduz um longo trecho extraído de artigo publicado em 1929 na *Revista Brasileira de Educação*[3] em que Deodato formula essa crítica e comenta: "Não se poderia dizer melhor! E as conseqüências que o autor tira desses princípios para criticar a escola tradicional são de uma eloqüência tão convincente quanto um teorema de geometria." (PEN, n. 67, abril de 1931, p. 86). A mesma ênfase no contraste entre escola nova e escola tradicional perpassa os elogios que tece, em seguida, ao modo como Francisco Viana condena a escola livresca. A comparação que este educador constrói entre escola nova e escola tradicional mereceria, a seu juízo, ser amplamente divulgada. O tratamento gráfico dado a essa comparação, na forma de um paralelo em duas colunas, mereceria, segundo Ferrière, "ser afixado nas escolas de professores de todas as escolas do mundo".[4] (PEN, n. 67, abril de 1931, p. 86).

Como disse acima, o relato de Ferrière reveste-se de uma característica peculiar: quando ele chega ao Brasil, a Revolução de 1930 acaba de eclodir e ele não pode desembarcar. Não lhe tendo sido possível desembarcar no Rio, Ferrière constrói o seu relato a partir do que pôde ler sobre o movimento educacional brasileiro, a bordo do navio ancorado no porto, em publicações que lhe chegam às mãos. No entanto, essa informação sobre as condições de produção do relato só aparecem no último parágrafo do artigo. Comentando a insólita situação, finalizando o relato, Ferrière confessa que redigia em alto-mar, na costa brasileira, sem conseguir pôr os pés em terra firme. Lastima que o programa que traçara três meses antes e que deveria, em um mês, conduzi-lo a cinco cidades do Sul e do Centro do país, havia sido sabotado pela Revolução que eclodira no Rio Grande do Sul. No Rio, ele seria recebido pelo Ministério das Relações Exteriores. Mas essa recepção não ocorreu e Ferrière teve que se contentar com a leitura dos materiais

3. Ferrière refere a revista mas não fornece outras indicações bibliográficas, salvo a indicação das páginas de que extrai as citações.

4. Ferrière afirma extrair a informação do Boletim da Educação Pública n. 3, julho-setembro de 1930. Não há indicação de página nem de título de artigo.

impressos que lhe chegaram às mãos. Referindo-se à situação, lastimava a deplorável recepção: ninguém viera recepcioná-lo a bordo; suas mensagens por avião haviam sido interceptadas. Recorrendo ao telefone, obtém resposta: "Reembarcai, a Revolução vai eclodir aqui." No dia seguinte, recebe por rádio, no navio, a confirmação de que o governo havia sido deposto. Comenta: estava-se sujeito a esse tipo de coisa sempre que se viajasse pela América Latina. Assim foi que, aguardando uma autorização para desembarcar que não chegou a obter, Ferrière teve muito tempo para ler as revistas sobre a educação nova no Brasil que tinha em seu poder. E foi essa "viagem" pelos materiais lidos que relatou nas páginas da revista *Pour L'Ère Nouvelle*.

A circunstância não impede, entretanto, Ferrière de tecer longas considerações sobre o ensino no Brasil, marcando o seu relato com a autoridade de quem pode falar do assunto porque viu de perto e porque sabe quem são, no Brasil, os "missionários" da Nova Era ou os "pioneiros" da nova Educação. Depois de ter lastimado a impossibilidade de desembarque no Rio e ridicularizado a situação como infortúnio usual nas Américas, Ferrière ressalva, em adendo: a recente nomeação de Lourenço Filho como diretor da Instrução Pública do Estado de São Paulo desautoriza o receio de um retrocesso no país, já que esse educador era "o mais antigo e o mais competente dos defensores da educação nova no Brasil". Sua nomeação marcaria, para Ferrière, a orientação inequívoca do Brasil em direção à educação moderna (PEN, n. 67, abril 1931, p. 67).

As revistas que Ferrière tem à mão são os números 1, 2 e 3 do *Boletim de Educação Pública*, publicados em 1930, pela Diretoria da Instrução Pública do Distrito Federal; e o número 5, de novembro de 1929, da *Revista Brasileira de Educação*, periódico que se apresenta como "publicação mensal dedicada à Instrução no Brasil", dirigida por José Augusto Bezerra de Menezes, político envolvido com muitas iniciativas no campo educacional, entre elas a fundação da *Associação Brasileira de Educação* em 1924 e a da *Federação Nacional das Sociedades de Educação*.[5] Dessas revistas, Ferrière retirou as informações de que se valeu para creditar à Reforma Fernando de Azevedo um papel ímpar no movimento de renovação educacional brasileiro: a par-

5. Sobre a questão, consultar Carvalho, 1998, cap. 2.

tir da capital do país, ela iria propagar-se para os outros Estados da Federação, "tal era o seu alcance e de tal modo se impunha a sua lógica imanente e o seu valor social". Mais do que um regulamento impresso e aprovado pelas autoridades, a Reforma ganhara a aprovação entusiástica do corpo docente. Os professores teriam encontrado o seu Mestre, "o chefe ideal que deve conduzi-los ao sucesso, e com eles, as crianças, a própria nação. (PEN, n. 67, abril de 1931, p. 85).

O lugar de destaque que o relato de Ferrière confere à Reforma Fernando de Azevedo deve ser assinalado, assim como o espaço que a revista concede à sua divulgação. A *Revista* não somente reserva a sua primeira página para o relato de Ferrière, como publica, na seqüência desse relato, texto de Fernando de Azevedo extraído da Introdução que acompanhou os programas para a escola primária baixados pela referida Reforma. Como se viu, no relato de Ferrière, a Reforma é descrita como iniciativa que, segundo o ponto de vista do autor, teria feito com que o país, até então um dos mais atrasados do mundo do ponto de vista pedagógico, passasse a "rivalizar com o Chile e o México, na América, com Viena, na Europa e com a Turquia, na Ásia" Na visão de Ferrière, bastante impregnada pelas palavras com que o próprio Azevedo descrevera a Reforma, esta se destaca por ter-se implantado a partir de "um verdadeiro código escolar, compreendendo, coordenando e articulando com uma lógica vigorosa, todos os aspectos técnicos, econômicos, administrativos, disciplinares, morais e sociais do ensino desde o jardim da infância até a escola técnica e profissional...". A apreciação de Ferrière é quase uma colagem de textos de Azevedo sobre a Reforma. Além disso, seu relato historia o tumultuado processo de tramitação na Câmara do Distrito Federal que precedeu a aprovação da Reforma. Posicionando-se claramente a favor de Azevedo, reproduz, literalmente, trecho de sua autoria em que são firmados os três principios norteadores da Reforma: a "escola única", a "escola do trabalho" e a "escola comunidade". Apresentando-os, conclui: "Assim é esta lei, certamente uma das mais notáveis de nosso tempo". (PEN, n. 67, abril de 1931, pp. 85-90).

Não são somente Lourenço Filho, Deodato de Morais, Francisco Viana e Fernando de Azevedo que merecem a atenção de Ferrière. Sempre baseado nas publicações que tem em mãos, Ferrière faz o elogio de outros escolanovistas brasileiros, como Carneiro Leão e João Simplício, apontando-lhes a "riqueza dos postulados ultramodernos" expressos nas críticas que fazem à escola tradicional, ou o acerto de suas iniciativas. Com isso, credenciava esses educadores, incorporando-os ao movimento internacional pela escola nova e incluindo o Brasil no movimento de expansão da Liga. Nessa operação, referendava um conjunto de práticas como, por exemplo, as desenvolvidas por Lourenço Filho em São Paulo, como tradutor e editor de obras suas, de Dewey e Kerschesteiner, e como tradutor e estudioso de trabalhos relativos ao uso dos testes em educação. Mas não é apenas de elogios e incorporações que o seu relato é tecido. Sempre baseado no que lê, Ferrière não se furta à polêmica, criticando as manifestações contrárias ou reticentes à difusão do escolanovismo no Brasil registradas nas revistas que tem em mãos.

Relatando a viagem ao Brasil a partir das leituras que fez, a bordo do navio, das publicações que lhe chegaram às mãos, Ferrière é bastante seletivo. Em primeiro lugar pelo modo como privilegia Fernando de Azevedo e Deodato de Morais, concedendo (especialmente no caso de Azevedo) espaço no relato que faz na revista, para a transcrição de textos produzidos por esses educadores. Além disso, as iniciativas que registra e elogia estão geograficamente circunscritas aos Estados do Rio de Janeiro, Espírito Santo, São Paulo, Rio Grande do Sul, Bahia e Pernambuco e ao Distrito Federal. É curiosa a ausência de referências a Minas Gerais, já que, muito provavelmente, Ferrière não ignorava que a presença, nesse Estado, de Helena Antipoff estava associada à propagação das idéias escolanovistas no âmbito das iniciativas de reforma escolar em curso naquele Estado. É interessante também que, diferentemente de artigo publicado um ano antes de sua viagem, em 1929, na revista *Progressive Education*, sobre a influência do movimento escolanovista na América Latina, Ferrière não tenha feito nenhuma alusão à penetração, no Brasil, das propostas metodológicas de Décroly.[6] Assim, a questão que se impõe para tamanha seletividade diz respeito aos contatos de Ferrière no meio educacional brasileiro, contatos es-

---

6. Trata-se de artigo de autoria de Heloise Brainerd (1929). Nesse artigo, a autora reserva dois parágrafos para falar da penetração da pedagogia da escola nova no Brasil. Neles registra que o método de Decroly, baseado nos Centros de Interesse, teriam atraído muita atenção no país. Relata visita a uma escola do Rio de Janeiro na qual o método vinha produzindo bons resultados. Refere-se também à utilização do método em Minas Gerais, onde ele teria sido introduzido em duas escolas públicas. (Brinerd, 1929, 54, 55)

ses capazes de fazer chegar às suas mãos as publicações de que se valeu para compor o seu artigo. A primeira observação que se impõe a esse respeito tem também a forma de uma questão: por que essas e não outras publicações, como, por exemplo, a revista *Educação* ou a *Revista do Ensino*?[7]

Poderíamos responder dizendo que, chegado ao Rio, Ferrière teve acesso apenas a publicações editadas na região. Mas, nesse caso, há uma outra publicação que deveria ter estado em suas mãos: a revista *Schola*, órgão da *Associação Brasileira de Educação*. A participação de Laura Lacombe, no Congresso de Locarno, em 1927, e sua viagem à Suíça, onde fez cursos no Institut Jean-Jacques Rousseau, excluem a possibilidade de que faltasse a Ferrière uma via de contato com a ABE. Membro muito ativo da Associação Brasileira de Educação, Laura Lacombe havia mesmo atuado como emissária do BIE na Primeira Conferência Nacional de Educação promovida pela ABE, em 1927, apresentando, no evento, uma memória sobre o *Bureau* que foi lida em Sessão Plenária. A leitura dessa memória teria mesmo ensejado a oportunidade de inúmeras novas adesões à instituição suíça, por intermédio de seu então correspondente brasileiro, Lourenço Filho. (*Bulletin* do *Bureau International d'Éducation* n. 7, in PEN n. 37, abril de 1928, p. 91).[8]

É uma informação adicional, extraída de Editorial assinado por Ferrière em um número anterior da revista, que nos pode dar uma pista importante. Nele consta que estavam em andamento contatos com vistas à filiação da *Federação Nacional das Sociedades de Educação* à Liga. Diz Ferrière: "Quanto ao Brasil, eu pedi a Mme. Celina Padilha, secretária-geral da Federação Nacional das Sociedades de Educação, que se ocupasse da afiliação desse poderoso agrupamento inovador à nossa Liga.". (PEN n. 64, jan. 1931, p. 2).

---

7. Alude-se aqui à revista *Educação*, órgão da Diretoria Geral da Instrução Pública e da Sociedade de Educação de São Paulo e à *Revista do Ensino*, da Diretoria Geral da Instrução Pública de Minas Gerais.

8. O *Boletim* dá notícia da realização da I Conferência Nacional de Educação: "A sessão inaugural foi presidida por autoridades civis, militares e educativas. Dezessete Estados do Brasil estavam representados e o nome dos congressistas chegou a 200". Depois de nomear essas seções, a notícia destaca a participação de Laura Lacombe, diretora do Colégio Jacobina do Rio de Janeiro, na Conferencia, falando da tese que apresentou sobre a educação e a paz e de uma memória do BIE por ela enviada ao evento. Essa memória, lida em Sessão Geral, teria permitido, prossegue a notícia, que "nosso correspondente, Lourenço Filho nos ganhasse numerosas adesões" (*Bulletin do Bureau International d'Éducation* n. 7, in PEN n. 37, abril de 1928, p. 91).

A *Federação Nacional das Sociedades de Educação* aparece também referida no relato de Ferrière sobre a viagem ao Brasil publicado no número 67 da revista *Pour l'Ère Nouvelle*. Perguntando-se sobre o impacto efetivo da Reforma Fernando de Azevedo, e já de posse da informação de que Azevedo havia sido afastado do cargo de Diretor Geral da Instrução Pública pela Revolução de 1930, Ferrière reafirma sua crença na continuidade do movimento de renovação educacional no Brasil: é que, do entusiasmo do professorado com a Reforma, já teriam surgido alguns frutos. Entre eles, a criação da *Federação Nacional das Sociedades de Educação*, entidade que congregava cerca de vinte sociedades pedagógicas de diversos Estados do Brasil.

Essa informação de Ferrière leva-nos a perguntar por que, até então, nenhuma sociedade educacional brasileira tinha-se vinculado à Liga. Teria sido devido à inexistência de uma associação de caráter nacional? Até 1932, a *Associação Brasileira de Educação* (ABE) era, apenas, estatutariamente, o departamento carioca da entidade. Por outro lado, é também possível supor que o grupo católico que deteve o controle da ABE entre 1929 e 1931 não estivesse, por motivos religiosos, interessado em vincular-se à Liga. A hipótese não é descabida, uma vez que, no Congresso de Locarno, em 1927, houve mesmo um bispo que proibiu a participação de seus fiéis no evento.

A *Federação Nacional das Sociedades de Educação* (FNSE) é uma referência ausente na memória do movimento educacional brasileiro. Mas é oportuno reconstituir um pouco de sua história, pois, entre 1929 e 1931, e, portanto, no período em que Ferrière viajou ao Brasil, ela aglutinou figuras expressivas do movimento educacional brasileiro. Fundada por iniciativa de Vicente Licínio Cardoso e presidida por José Augusto Bezerra de Menezes, o editor, como se viu, de uma das publicações que chegou às mãos de Ferrière, a FNSE foi fruto de uma dissensão na *Associação Brasileira de Educação* (ABE). Com a morte de 2 dos seus presidentes e de 3 membros de seu Conselho Diretor em um desastre de avião, em dezembro de 1928, a ABE passou a ser controlada por um grupo de educadores católicos. Tendo consolidado o seu domínio na entidade, esse grupo não via com bons olhos a organização de uma Federação. Outro era o ponto de vista de Vicente Licínio Cardoso, um dos presidentes da ABE, que, em 1928, planejara promovê-la. Inicialmente, ele contara com o apoio de outros dois presidentes, Fernando Labouriau e Tobias Moscoso. Com a morte de ambos, no referido desastre,

Licínio fica isolado. Mas não abandona o projeto de criar a Federação. Tratava-se, então, de promover a criação dos departamentos estaduais previstos estatutariamente, articulando-os ao departamento carioca. Como presidente da ABE, Vicente Licínio viaja por todo o Brasil, fazendo propaganda da "causa cívico-educacional". Seu projeto era o de fazer do departamento carioca o elo de união entre os outros departamentos, alguns deles formados a partir de sociedades já existentes, como era o caso da Sociedade de Educação paulista, e de outros em processo de criação. Solapado pelo Conselho Diretor da ABE, Licínio é, no entanto, muito bem sucedido em seus *raids* cívicos pelo país, encontrando largo apoio de educadores de vários Estados e sendo mesmo saudado por Anísio Teixeira, em 1930, como o "líder e a voz de mais autoridade e de maior prestígio" do movimento educacional brasileiro. Entre os apoios recebidos por Licínio, vale destacar o da *Sociedade de Educação* paulista, que passa a ser a grande promotora da Federação, quando o Conselho Diretor da ABE desautoriza Licínio a falar em seu nome. Aglutinados em torno de Licínio e da Federação estão, entre outros, Fernando de Azevedo, Lourenço Filho e Deodato de Moraes.

Um dos eixos em que se articulou a aliança que se expressou e se fortaleceu na FNSE parece ter sido a aproximação resultante do trabalho comum de alguns desses educadores com outros membros da ABE, na implantação da Reforma Fernando de Azevedo, no Rio de Janeiro. A propaganda desta era mesmo um dos objetivos dos *raids* cívicos promovidos por Vicente Licínio, para quem a Reforma havia tornado "a capital do carnaval o centro pedagógico pioneiro de nossa terra"[9]. Assim, em um momento em que, na ABE, fortalecia-se um movimento de reação contra os rumos que vinha tomando o movimento educacional no país, a FNSE apresentava-se como alternativa institucional. Os entendimentos com vistas à filiação da Federação à *Ligue Internationale pour l'École Nouvelle* noticiados no número

---

9. A afirmação faz parte de entrevista concedida por Vicente Licínio Cardoso para o jornal *O Globo*. Na mesma entrevista, Licínio diz que durante sua viagem de propaganda fez tanto quanto possível, no tocante ao ensino primário, pela difusão das idéias fundamentais da grande reforma Fernando de Azevedo no Distrito Federal. O objetivo de suas viagens não era somente organizar a Federação, mas também promover o próprio movimento educacional. Cf, recorte do jornal *O Globo*, sem data, Coleção Fernando de Azevedo do Instituto de Estudos Brasileiros da Universidade de São Paulo.

de janeiro de 1931 da revista *Pour L'Ère Nouvelle* podem ter sido conseqüência de uma das muitas viagens de Vicente Licínio Cardoso ao exterior. Dando continuidade aos *raids* cívicos em que percorreu o país de norte a sul, em viagem de propaganda da "causa educacional", Licínio parte para a Europa em janeiro de 1930, regressando espetacularmente a bordo do Zeppellin, em maio. Na sua partida, em entrevista aos jornais *A Ordem* e *O Jornal*, fala de seu interesse em lá "observar alguma coisa do grande movimento educacional contemporâneo":

> O depois da guerra está mostrando mais do que a própria guerra que os povos valem pelos seus sistemas estruturais de educação. Aí o próprio segredo da intensidade da atuação educacional que lavra nos países de cultura mais avançada, interessados na organização da escola do século XX — desde a primária até a universitária — cujas diretivas e características já a definem como bem diversa da escola criada e ampliada no século XIX. Levo pois um programa de visitas e paradas forçadas, acreditando poder iniciar, além disto, um contato oportuno entre as associações educacionais européias e a Federação Nacional das Sociedades de Educação.[10]

O provável contato de Licínio com a Liga no sentido de promover a sua articulação com a FNSE aponta para um possível elo de ligação entre o movimento educacional brasileiro e o movimento europeu pela escola nova. De qualquer modo, tenha ou não ocorrido esse contato, as informações de que estavam em andamento entendimentos para promover a filiação da FNSE à Liga são suficientes para evidenciar a existência de canais de contatos que se estruturam em torno de figuras atuantes na Federação. Através desses canais é que parece ter sido construída a rede de relações responsável por fazer chegar as mãos de Ferrière as publicações onde colheu as informações com que construiu o seu relato de viagem ao Brasil. Mas os empáticos e efusivos elogios de Ferrière aos acertos dos escolanovistas brasileiros e ao vanguardismo de suas iniciativas não devem iludir, superdimensionando a importância desses educadores no cenário internacional.

---

10. Em setembro de 1930, às vésperas da Revolução de Outubro, a Federação realiza, com sucesso, o seu primeiro Congresso. Em julho de 1931, Vicente Licínio Cardoso se suicida, convencido de que havia sido vítima da moléstia de Chagas, contraída em uma de suas viagens pelo interior do Brasil e descrente das possibilidades de progresso para o país.

Esses elogios não fogem ao padrão dos comentários que Ferrière fez nos relatos de viagem a outros países sul-americanos. Por um lado, tratava-se, nesses relatos, de ungir, pelo mundo afora, novos missionários da causa escolanovista, incorporando-os ao movimento e legitimando-os perante a Liga. Por outro, tratava-se de controlar os rumos do movimento, avalizando ou desautorizando iniciativas. Nos dois casos, tratava-se de expandir e consolidar a Liga, objetivo que a revista, a viagem e o relato de viagem difundido na revista perseguiam.

Referências bibliográficas

AZEVEDO, Fernando de. "L'École nouvelle et la réforme. Introduction aux programmes des écoles primaires du Brésil." In *Pour L'Ère Nouvelle,* abril de 1931, n. 67, pp. 90 a 95.

BRAINERD, H. The influence of the new school in Latin America. In: *Progressive Education,* v 1, january, march, 1929.

CARVALHO, Marta Maria Chagas de. *Molde Nacional e Fôrma Cívica. Higiene, Moral e Trabalho no Projeto da Associação Brasileira de Educação (1924-1931).* Bragança Paulista, EDUSF, 1998.

FERRIÈRE, A. "L'Éducation Nouvelle au Brésil". In: *Pour L'Ère Nouvelle,* (Revue Mensuel d'Éducation Nouvelle). Organe de la Ligue Internationale pour l'Éducation Nouvelle. Administration Groupe français d'Éducation Nouvelle. Paris. Musée Pédagogique. pp. 85-90.

MORAES, D. L'École active brésilienne d'Espirito Santo. In: *Pour L'Ère Nouvelle,* (Revue Mensuel d' Éducation Nouvelle). Organe de la Ligue Internationale pour l'Éducation Nouvelle. Administration Groupe français d'Éducation Nouvelle. Paris, Musée Pédagogique, pp. 96-98.

POUR L'ÈRE NOUVELLE (Revue Mensuel d'Éducation Nouvelle). Organe de la Ligue Internationale pour l'Éducation Nouvelle. Administration Groupe français d'Éducation Nouvelle. Paris, Musée Pédagogique.

Pedagogias: importação-exportação

Jean Houssaye
Tradução: Anne-Marie Milon Oliveira

Tornou-se um hábito confinar os pedagogos dentro de movimentos, considerando as diferentes ramificações destes movimentos, sob o ângulo dos países atingidos pelas sucessivas ondas pedagógicas (na maioria das vezes, aliás, essas ramificações são vistas como oriundas de uma mesma cepa-mãe). Mas estudou-se muito pouco, enquanto tal, o movimento que se dá entre os pedagogos e as pedagogias (mesmo quando se procurou identificar as influências e as oposições existentes entre esses mesmos pedagogos). Ora, uma reflexão sobre o movimento de importação-exportação que não deixa de afetar as pedagogias e a própria pedagogia poderia ser salutar, nem que fosse para enriquecer a história das idéias pedagógicas. É claro que nenhum pedagogo e, com mais razão, nenhum especialista dos pedagogos nos esperou para reconhecer as dívidas que ele sente serem suas nem para apontar os benefícios dos quais alguns outros lhe são devedores. É claro que ninguém deve esperar de nós a elaboração de um tratado sobre o movimento que afeta as pedagogias. É claro que seria mais do que presunçoso querer propor uma teoria do movimento no que se refere às pedagogias. Por isso, contentar-nos-emos em apresentar interrogações que só poderão levar a adivinhar e aquilatar o interesse, a complexidade e a insuficiência dos saberes sobre a questão. Afinal, foi uma sorte que Joseph Jacotot (1770-1840), na sua tentativa de exportar para outro país sua ignorância e de fazer desta a condição do saber, tenha fracassado em impor sua teoria do modo universal de aprendizagem acobertada pelo elogio do mestre ignorante. Caso contrário, ter-se-ia tornado impossível pretender — pedagogicamente — não saber.

1. Uma multiplicidade de questões?

A fim de fazermos uma primeira aproximação, comecemos por evocar a nossa questão através de pequenas pinceladas, sem querer encontrar algum tipo de coerência entre os diferentes aspectos. A partir do momento em que sentimos, por pouco que seja, interesse pelos pedagogos, a questão da filiação, das influências e das rejeições se impõe. Encontrar-se-á, então, invariavelmente, numerosos trabalhos que tentarão desvendar, por entre as malhas das relações e das redes, a originalidade deste ou daquele pedagogo. Isto é obvio. Afinal, um pedagogo só é um usurpador se esconder o que deve. Montessori, por exemplo, quando começa, como jovem médica, a cuidar de crianças internadas em asilos, diz tudo o que deve aos doutores Itard e Seguin. Seria, aliás, necessário acrescentar-lhes Bourneville. O método educativo desenvolvido por estes médicos franceses abre, assim, um horizonte de possibilidades para remediar as dificuldades das crianças romanas em situação de exclusão. Isto não impede que, da mesma forma que Montessori é hoje reconhecida, particularmente na França, seus inspiradores permaneçam desconhecidos fora das rodas de especialistas. A imagem de Montessori se impôs de tal forma na França que ela aparece como a referência do que se apresenta como a fina flor da nossa educação nacional, ou seja a educação infantil. Ora, não é ela que deve ser considerada como a "criadora" da educação infantil francesa e sim Pauline de Kergomard, uma inspetora republicana dos serviços de atenção à infância (sem falar de toda a linhagem dos criadores da educação infantil na qual iremos reconhecer Oberlin, Fröbel e muitos outros). Mas é isso: uma "estrangeira" os apagou! Temos aqui um movimento perfeitamente bem sucedido que funciona tanto melhor quanto consegue apagar.

Vejamos outro exemplo de importação pedagógica. De que forma Meirieu tornou-se pedagogo, ao ponto de chegar a constituir-se, talvez, num emblema dos pedagogos franceses? Pela ultrapassagem de duas ondas sucessivas vindas dos Estados-Unidos. Continuando Hameline (1977, 1979), Meirieu começou por recusar suas experiências não diretivas para adotar, num primeiro tempo, a pedagogia por objetivos e a pedagogia de mestria. Mas, num segundo tempo, ele salienta suas insuficiências e rigidez, para desembocar, num terceiro tempo, na pedagogia diferenciada, da qual tornou-se o símbolo. Um símbolo que apagou as importações norte-americanas, sejam elas oriundas de Rogers ou de Bloom. A implantação foi um sucesso a tal ponto que ela chegou a dar a impressão de se opor às suas correntes iniciais. Como se a originalidade implicasse no apagamento das origens. E quando Crahay, por sua vez (2000), tenta renovar a pedagogia de mestria, pode-se ter a impressão de que redescobre a pedagogia diferenciada, quando na verdade está voltando amplamente às fontes norte-americanas.

Mas então surge uma indagação: para implantar-se e parecer nova (o que é essencial ao seu desenvolvimento), uma onda pedagógica não teria interesse em passar a borracha em toda uma série de movimentos dos quais poderia ser devedora? Estamos pensando aqui no enorme prestígio que tem atualmente na América do Norte o que se chama de sócio-construtivismo. A título de exemplo, vejamos a apresentação que fazem dele Browne e Campione (1995). O que pode parecer curioso, aos nossos olhos de europeus ocidentais, é o esquecimento de um importante elo histórico que nos serve constantemente de referência no campo pedagógico. Como estes autores podem justificar seu discurso pedagógico, sua "nova" teoria da aprendizagem? Mediante referencias que incluem, por um lado, antepassados do início do século XX (Binet, Vygostky, Dewey) que eles reencontram e superam e, por outro lado, contemporâneos americanos dos anos 80 e 90 (entre os quais o inevitável Bruner). De que se trata afinal? Da reinvenção, em nome da psicologia cognitiva, da tutoria, da autonomia, da pedagogia da descoberta, da diferenciação e da individualização. Ou seja, de tudo o que Freinet, Decroly, Ferrière, Lietz e tantos outros puseram em prática ao longo da experiência "européia" de Educação Nova. Tudo indica então que a preocupação em aparecer, num determinado lugar, como inovador, pressupõe o esquecimento do que, dentro da mesma ordem de idéias, tinha desabrochado com muita força num passado recente em outro lugar. Caso contrário, o sujeito é herdeiro e não mais criador.

É possível então que, para se tornar crível, toda nova onda pedagógica deva mentir sobre suas origens ou, pelo menos, sobre suas oposições. Para não se tornar, ela própria, objeto de indiferença, ela precisa "inventar-se" uma origem, apelando para a diferença. Um exemplo disso pode ser encontrado na pesquisa que Hameline realizou escrupulosamente sobre as origens da "Escola Ativa" (1995). Eis um tema emblemático, que serviu de slogan para conclamar milhares de pedagogos identificados com a educação nova (principalmente entre 1919 e 1928). Ora, este termo apareceu sub-repticiamente e de forma anônima em Genebra, provavelmente escrito por Bovet, em 1917. Ele não vem de expoentes famosos como Claparède ou Ferrière (mesmo se este último fez dele sua marca registrada). Ele vai tomar o lugar da *Arbeitsschule* alemã de Kerchensteiner e do seu *trabalho produtivo* (1895-1920). O que há de certo, é que a escola ativa vai funcionar como mote de uma ruptura com a chamada "escola atual tradicional". Apesar de que, segundo Hameline, é entre estes "tradicionais" que poderíamos encontrar as suas concepções iniciais (colocar no centro a atividade do aluno e não mais a do mestre). O alemão Herbart (1824) e o francês Marion (1888) podem muito bem ser reabilitados como os iniciadores desconhecidos da escola ativa suíça. Isto funciona como um paradoxo na medida em que os pais desta noção fizeram, no seu tempo, uma oposição veemente a tudo o que estes autores representam no plano pedagógico, indo até fazer deles seus inimigos privilegiados. Podemos então deduzir que, nos movimentos que regem as pedagogias, o contrabando desempenha um papel de honra?

À primeira vista, no entanto, o contrabando não parece ser a regra. Constata-se, é verdade, e com toda evidência, uma internacionalização da educação e da formação. Algumas instâncias internacionais (Banco Mundial etc.) estão inclusive encarregadas de transmitir o "verdadeiro saber pedagógico", ainda que sob o pretexto de favorecer a organização e o desenvolvimento. Seria interessante estudar bem de perto o modelo pedagógico que elas promovem. Há grandes chances para tudo que se relaciona com os objetivos, as competências e os referenciais constituem atualmente o aspecto dominante. Podemos até fazer uma hipótese: há um circuito privilegiado em funcionamento. Dito de outra maneira, o movimento pedagógico tende a seguir um caminho do tipo: EUA → Canadá → Québec → Bélgica/Suíça → França. Naturalmente, este é o ponto de vista francês. A cada momento, o movimento atinge muitos outros países. O que queremos sublinhar, é que para entrar no movimento de difusão de uma onda pedagógica, as temporalidades diferem mas seguem um percurso bastante idêntico. Existiriam, então, ondas de fundo na importação-exportação das pedagogias.

Sem dúvida, não é mais possível estudar as condições e as possibilidades de implantação e de desenvolvimento das pedagogias entre um país e outro, entre um continente e outro. Como se exportam os pedagogos? Já que se exportam. E é aliás isto que torna particularmente difícil fazer a história da pedagogia. Da mesma forma que pode parecer legítimo produzir uma história da instituição escolar de cada país a partir de uma visão autocentrada (que só será moderadamente falsa), da mesma forma é impossível produzir uma história dos pedagogos de cada país sem fazer referência aos pedagogos dos outros países. Assim, a obra maior de Compayré, *História crítica das doutrinas da educação na França desde o século XVI* (1885) não poderia ser encarada como factível hoje em dia (a não ser que fosse para ser logo desqualificada). Ferrière, o grande propagador e o difusor da escola ativa, já tinha ressaltado, desde 1922, a internacionalização do movimento da Educação Nova. Chateau, por sua vez, ao coordenar *Os grandes pedagogos* (1956), desconhece as fronteiras. Mais recentemente, em *Teorias contemporâneas da educação* (1990), Bertrand adere sem hesitação a uma visão internacional. E não nos restou outra possibilidade a não ser trilhar o mesmo caminho quando dirigimos obras sobre os pedagogos (*Quinze pedagogos* — 1994 e 1995, *Pedagogos contemporâneos* — 1996). Não é mais possível conceber a pedagogia a não ser sob o ângulo internacional. Será isto realmente uma novidade? É claro que não. Podemos até considerar que os pedagogos sempre foram grandes viajantes, fisicamente, intelectualmente, coletivamente. Chalmel (1996, 2004) tornou-se especialista em decriptar as redes que irrigaram a educação no século XVIII. Os outros séculos não escapam à regra.

Ao mesmo tempo em que reconhecemos que há circulação de idéias, precisamos sublinhar os limites desses intercâmbios e considerá-los, tanto quanto, constitutivos da pedagogia. Para implantar-se e desabrochar, cada pedagogo se enraíza num dado lugar, numa dada época, numa dada situação. Este é o preço do enraizamento e a difusão pressupõe a especificação. Necessários num primeiro tempo, os terrenos específicos constituem entrave depois. Ilustrar este aspecto é relativamente simples, tão numerosos são os exemplos. A comparação entre a França e a Alemanha é elucidativa. Lindenberg (1972) e Dietrich (1973) mostraram bem como os socialistas franceses nunca chegaram, ao contrário dos alemães, a desejar fazer a revolução na escola e pela escola. O seu republicanismo e seu apego à escola de Jules Ferry são os obstáculos.[1] Da mesma forma, os franceses não conseguem entender a *Bildung* alemã; esta noção não constitui para eles uma referência, enquanto ela é estrutural do outro lado do Reno. De vez em quando, eles espreitam com inveja o sistema dual alemão sem poder adotá-lo em nome da sua concepção da igualdade das chances (na falta de poder realizar a igualdade dos resultados). Poderíamos também evocar os limites das relações entre os Estados Unidos e a França no que toca a pedagogia. Apesar de receberem e promoverem a pedagogia por objetivos, de obediência americana, os pedagogos franceses se esforçaram, na maioria das vezes, em rejeitar seus limites, isto é, em denunciar seu behaviorismo. De Bloom (1969) e Mager (1969) à Hameline (1979), passou-se do behaviorismo ao humanismo. Alguma coisa, que é da ordem de um fundo cultural, não cessou de resistir, mesmo se o intermediário belga serviu de correia de transmissão (De Landsheere — 1975, D'Hainaut — 1979). Isto significa que os veiculadores pedagógicos franceses vão tentar permanentemente distinguir-se das importações americanas que eles que eles põem em prática e sobre as quais exercem influências... Ilustremos mais uma vez esta tendência através da disputa dos anos 1970-1980 em torno das noções de trabalho independente e de trabalho autônomo. Briga de terminologia? Sim, na medida em que os pedagogos franceses que pregavam esta forma de pedagogia

1. Após a Primeira Guerra Mundial, tomou força, em vários países da Europa, um movimento político e sindical revolucionário, minoritário, porém de grande ímpeto. Com a fundação da Terceira Internacional, após a Revolução Russa, o movimento sindical francês, inclusive o docente, se cindiu, dando origem a duas correntes (reformista e revolucionária). É bem verdade que a maioria dos docentes aderiu então à corrente reformista e pacifista, mas não é menos verdade que a minoria que fundou um novo sindicato, a Federação Unitária do Ensino, teve um impacto forte e uma participação decisiva na criação da *Internacional dos Trabalhadores do Ensino (ITE)* em 1924. Seu boletim, "L'Ecole Emancipée" ("A Escola Emancipada"), teve bastante repercussão entre os docentes, principalmente os do ensino primário. Célestin Freinet, a quem o autor se refere em diversos trechos deste texto, foi um dos seus membros mais atuantes, publicou numerosos artigos na "École Émancipée" e na revista por ele fundada ("O Educador Proletário"), onde fez críticas contundentes aos limites da "Escola Republicana". Ele se inspira, em particular, da Escola do Trabalho russa (que conheceu pessoalmente em 1922), cujos objetivos (o trabalho como princípio educativo) procura traduzir em prática concreta na sua turma multisseriada de interior. O projeto que Freinet formula inscreve a escola pública numa perspectiva explicitamente revolucionária. Ele está na origem de um movimento pedagógico internacionalista que vai rapidamente congregar centenas de educadores franceses e estrangeiros." (N. T.)

(Delorme, Petit, Moyne — cf. Houssaye, 1988) sempre tentaram demonstrar como o trabalho autônomo, que eles preconizavam, se diferenciava do trabalho independente, que eles criticavam (apesar de reconhecerem sua dívida para com ele). Não, na medida em que se tratava, de fato, para eles, de se dissociarem da origem taylorista americana do trabalho independente (o Plano de Dalton e o sistema de Winnetka de Parkhust e Washburne que tinham surgido bem no início do século XX).

2. Um quadro de referência?

Acabamos de zigzaguear no seio deste movimento de importação-exportação que caracteriza a pedagogia e de descobrir suas facetas. Isto posto, a questão essencial permanece: A que se deve isto? Talvez à própria natureza da pedagogia. De fato, como o observamos freqüentemente (1994), todo pedagogo pode ser definido por quatro características: a ação, o enraizamento, a ruptura e a mediocridade. Aqui só reteremos dois elementos: o enraizamento e a ruptura. Como já vimos, para existir, uma pedagogia precisa se opor — isto vale para a ruptura. Ela precisa, se necessário, apagar, silenciar, diabolizar. Caso contrário, é ela quem fica apagada. Como o afirmou Hameline, todo pedagogo é um sublevado. Em outras palavras, ele só pode recusar e denunciar, provavelmente de forma injusta. Mesmo que os analistas o critiquem e salientem seus amálgamas e seus silêncios, a dinâmica permanecerá a mesma: para se engajar e agir diferente é preciso começar por recusar, por não suportar mais. Na pedagogia, o movimento indispensável, essencial, constitutivo da importação-exportação é refém deste mecanismo; ele nele se reflete e para ele contribui.

Mas isso não é tudo. A ação pedagógica só tem sentido na medida em que é testemunha do enraizamento. Este pertence a várias ordens que mostram que um pedagogo é um ser histórico situado numa dada época, portador das questões da sua época. Fica assim possível observar toda uma seqüência no que se refere às influências pedagógicas, às influências filosóficas ou científicas, às influências políticas, às influências psicológicas e pessoais. Todas aquelas influências são constitutivas deste ou daquele pedagogo. Elas se inscrevem e o inscrevem no movimento de importação-exportação da pedagogia. Elas autorizam e facilitam da mesma forma as passagens e as retenções. As passagens são o que fazem com que cada um se reconheça em certos outros e os faz seus. As retenções são o que fazem com que cada um se defina em função da sua inserção própria, a qual funcionará às vezes como eco e às vezes como corte. Seja lá o que for, todo enraizamento é específico; é isto que faz a força e a fraqueza de toda pedagogia. A força é o que contribui para forjar sua identidade e sua especificidade. A fraqueza é o que a torna imprópria a certas exportações. Falando, por exemplo, de Makarenko, podemos dizer que sua pedagogia foi muito bem-sucedida (ou poderia ter sido muito bem sucedida...) no mundo socialista, mas que isso a tornou mais difícil de ser exportada. Da mesma forma, podemos dizer de Decroly que seu sucesso na Bélgica é inegável, mas que isto freou sua generalização. Da mesma forma, podemos dizer que Neil correspondeu a uma cultura própria dos anos 60, mas que ele se ressentiu da mudança das condições econômicas, políticas e culturais. Etc. etc... Em resumo, no que se refere à importação-exportação, toda vantagem alimenta seus próprios inconvenientes. O mecanismo do movimento pedagógico se ressente disso. Sem falarmos de outro efeito deste mecanismo: uma pedagogia excessivamente bem sucedida, bem implantada, fica condenada à banalização: quanto mais ela está em moda, mais ela acaba deixando de ser.

Mas uma vez reconhecido, isto não pode nos satisfazer. Tentemos ir um pouco mais longe, acompanhando a análise forte e desmistificadora que Nóvoa faz da educação comparada (1995). É bem verdade que o movimento pedagógico tende a tomar o ocidente pelo resto do mundo. Quantos pedagogos conhecemos além dos "nossos"? E aqueles que reconhecemos, o que são além de cauções exóticas? Sem falarmos de um continente próximo, mas tão ausente: o das pedagogas. Este questionamento é certamente cada vez mais facilitado pelo paradigma da pós-modernidade. Em outras palavras, relativizamos nossos saberes, tanto nas certezas que carregam como no seu alcance. A partir disso, os movimentos pedagógicos tendem a se construir na base de um movimento de relativização e de incerteza. Nossas referências pedagógicas devem ser consideradas, em primeiro lugar, como construções sociais impregnadas pelo passado. Isto talvez explique nossa tendência a "reescrever" o que vem de outro lugar, fazendo com ele e com nossa própria história um amálgama que nem sequer percebemos. Podemos, por exemplo, nos perguntar se a pedagogia diferenciada não é uma confluência da pedagogia por objetivos e da Educação Nova. Legrand

(1995) e Meirieu (1987) dão a impressão de procurar fazer um transplante do método dos objetivos nas finalidades da Escola Nova. Mas, como a cultura da Educação Nova lhes era consubstancial, ao contrário do behaviorismo americano dos objetivos, eles procuraram mostrar em que eles se distinguiam deste, ao mesmo tempo em que o adaptavam, sem se dar verdadeiramente ao trabalho de re-interrogar suas finalidades (de tão "naturais" que estas lhes eram). Isto significa que quanto mais estrangeiro é o universo de onde se importa uma dada pedagogia mais ela terá necessidade de se inscrever em evidências para poder ser aceita e repassada. Se esta junção não ocorre, o descarte corre o risco de ser rápido e global. O outro precisa do mesmo para traçar seu caminho.

Seja lá o que for, o movimento de importação-exportação tornou-se irreversível, sob a ação conjugada de três elementos: a existência de problemáticas educativas comuns aos diferentes países (devido aos efeitos da globalização econômica, cultural e educativa); a crise do Estado-Nação e a construção de novos espaços culturais (como a União Européia); a internacionalização do mundo universitário e da pesquisa científica. Mas, ao mesmo tempo, este movimento global se constrói sobre correntes dominantes. No começo do século XX, um certo modelo de escola, nascido e consolidado no mundo europeu, adquiriu características "universais" e se impôs como fator decisivo das regulações culturais e econômicas presentes na cena internacional. No plano pedagógico, quem correspondeu, sem dúvida, a esta dominação é a Educação Nova e não é sem razão que ela é essencialmente européia. A partir dos anos 1960 vai ocorrer uma mudança de referências em direção aos Estados Unidos, de início progressiva e em seguida brutal, por intermédio da psicologia e logo depois do *managment*: a corrente pedagógica passa então a fazer parte do movimento econômico e político. A importação deste modelo dominante pode também ser observado, de modo bastante preciso (mas não exaustivo), através dos "importadores": Mialaret e Forquin na França, para o período mais recente, De Landsheere e Crahay para a Bélgica, Huberman para a Suíça (ele próprio "importado" dos EUA)... É preciso admitir que, cada vez mais, o movimento é de mão única: se é verdade que os filósofos europeus (Ricoeur, Habermas, Foucault, Derrida) são exportados para a América do Norte, os pedagogos europeus não atravessam mais o Atlântico. Pode até acontecer que, sob os efeitos da internacionalização da reflexão em educação, assistamos a um refluxo da riqueza dos intercâmbios internacionais entre os pedagogos. De fato, é a partir dos anos cinqüenta que a educação é pensada de forma cada vez mais naturalizante ao nível internacional. Ora, os pedagogos dos séculos XVIII, XIX e do início do século XX nunca deixaram de cultivar esta dimensão internacional. É de se perguntar se o modelo dominante não esteriliza cada vez mais a força destes intercâmbios.

Na sua tentativa de analisar o campo da educação comparada, Nóvoa (1995) consegue construir sete configurações que dão conta dos modos comuns de conceber o trabalho comparativo. Ele nos dá assim a possibilidade de dispor de uma "teoria" da educação comparada. Estamos muito longe de possuir o mesmo instrumento de compreensão para a importação-exportação das pedagogias. Mas algumas destas categorias podem iluminar o funcionamento das justificações atribuídas pelos pedagogos para suas escolhas, em relação com este movimento de importação-exportação. Fica muito claro, por exemplo, que um bom número de pedagogos utilizam a perspectiva historicista, isto é, se posicionam em função dos aportes educativos estrangeiros para compará-los, na maioria das vezes de forma negativa, com sua própria proposta. Os exemplos são aqui numerosos ao longo dos séculos: o ensino simultâneo da escola francesa contra o ensino mútuo julgado um pouco inglês demais; a renovação dos asilos da pequena infância na França por Kergomard contra a influência germânica de Fröbel; o trabalho autônomo à francesa contra o trabalho independente à americana. Em resumo, o historicismo nutre facilmente um nacionalismo barato, que serve, aliás, certamente, para atenuar a visibilidade de um movimento de importação. Ao oposto disso, quando o objetivo é exportar, os pedagogos adotam a perspectiva positivista, ou seja aquela que se apóia na formulação de leis gerais, objetivas e científicas (inter-nacionais). Neste caso, os pedagogos vão basear e justificar suas escolhas numa referência universalizante fundada "na ciência" (da criança, do saber, dos conceitos). Neste caso ainda, as referências se atropelam e cada um poderá acrescentar as suas: o lugar da "natureza" da criança na Educação Nova; o domínio fino e hierarquizado de todas as dimensões do homem na pedagogia por objetivos; o apoio numa base de conceitos fundamentais (obstáculo epistemológico, conflito sócio-cognitivo, transposição didática etc.) na renovação das didáticas. Quando se pretende fornecer "o" bom método "comprovado", não há mais razão, é claro, para apoiar-se numa especificidade nacional ou local. Ao contrário disso, o que é particular só pode desvalorizar. Notar-se-á, finalmente, a presença da perspectiva crítica entre um certo número de pedagogos que privilegiam uma ruptura ideológica e teórica com as orientações anteriores cujo projeto pedagógico faz questão de permanecer na proximidade dos atores educativos para colocar em suas mãos os instrumentos de conscientização e de emancipação. Tal enunciado não deixa de evocar, por sua vez, algumas grandes figuras da pedagogia: Jacotot e seu modo universal; Freinet e sua Escola Moderna, Illich e sua desinstitucionalização; Freire e sua emancipação. Nem nacional, nem internacional, esta abordagem poderia ser considerada como transnacional.

Como vemos, não é impossível pensar numa teoria da importação-exportação em pedagogias. Mas não a temos... ainda que tentemos abrir pistas de reflexão e de pesquisa que podem servir de referências. Nóvoa fornece umas. Outros podem fazê-lo. Boltanski e Thévenot, por exemplo. Sua obra *Economias da grandeza* (1987) pode, ao menos, interrogar aquilo que nos permite considerar uma pedagogia como "bem sucedida". O que faz com que uma pedagogia se exporte? Será devido a um lobby ancorado nas circunstâncias? Pensamos aqui em Freinet, Montessori, Steiner, Korczak ou na Pedagogia Institucional cujos "movimentos" tentam assegurar uma perenidade. Será fruto de uma reflexão teórica "reconhecida"? Pensamos então na psicologia cognitiva, no caso de Bruner ou à referência piagetiana, para Feuerstein (e, *a contrário*, na psicologia de Burloud, para de La Garanderie). Será devido a uma sintonia com "o espírito do tempo"? Neill, Rogers, Meirieu seriam, então, testemunhas privilegiadas... para além disso, será que há, entre as seis formas da grandeza que Boltanski e Thévenot distinguem, tipos de grandeza que se exportam mais facilmente?

Trata-se da grandeza do renome, daqueles pedagogos que procuram antes de tudo fazer com que se fale deles, tornar-se conhecidos e ocupar os espaços de informação educacional? Trata-se da grandeza útil, daqueles que devem sua notoriedade aos serviços que prestam, mediante suas instituições, suas técnicas, seus materiais ou seus dispositivos? Trata-se da grandeza da inspiração, a dos pedagogos que sabem aliar o sopro de gênio, à novidade, à inspiração à ingenuidade? Trata-se da grandeza doméstica dos que souberam ser reconhecidos como mestres incontestes nos seus empreendimentos e nas suas instituições ao mesmo tempo em que entravam para a história? Trata-se da grandeza cívica daqueles que conseguiram moldar-se às prioridades, às demandas, aos pedidos do serviço comum, do interesse geral, a ponto de identificar sua causa com A Causa (e vice-versa)? Trata-se da grandeza mercantil que vê no sucesso comercial um critério do sucesso educativo? Responder a todas essas perguntas mereceria, pelo menos, um estudo...

3. Uma análise?

Seria divertido considerar Marc-Antoine Jullien, de Paris, inventor da educação comparada, como o protótipo do representante em importação-exportação pedagógica. Não é que ele pregue a mesma educação internacional para todos no seu *Esboço e vistas preliminares de uma obra sobre a educação comparada nos diferentes Estados da Europa* (1817)? Não é que ele quer promover o progresso e a moral no mundo pela difusão dos "bons" exemplos pedagógicos (Pestalozzi, Escola Politécnica, Ensino Mútuo etc.)? Aos olhos de Jullien é a Suíça que parece ser o lugar ideal para seu estudo e o modelo das perspectivas educativas. Ainda é a Suíça, porém reduzida a Genebra, que será considerada, um século depois, como a Meca da pedagogia. De fato, o imenso movimento da Educação Nova terá seu epicentro no Instituo Jean-Jacques Rousseau de Genebra. Os anais de um colóquio genebrense dedicado à *Educação nova e o que está em jogo em sua história*, publicados por Hameline, Helmchen e Oelkers em 1995, servirão aqui de referência. É bem verdade que o objeto deste colóquio não foi o movimento de importação-exportação que sustenta a pedagogia, mas podemos procurar, na fala dos diferentes atores deste colóquio o que se dizia sobre o assunto. Reteremos particularmente quatro aspectos que tornam mais nítidos os pontos anteriores.

Em primeiro lugar, existe inegavelmente uma Internacional dos pedagogos (Soëtard). A pedagogia foi, freqüentemente, uma obra de solidariedade que transpunha constantemente as fronteiras: podemos evocar os laços que uniam Freinet e Petersen, Ferrière e a Escola Nova portuguesa, Key, Reddie, Lietz e Demolins. Voltando a Petersen, ele visa se situar na encruzilhada das múltiplas influências presentes na Educação Nova (Mitzenheim): ele toma e dá; pelas suas viagens, conferências e publicações, ele faz a sua síntese em contato com esta internacionalidade que vai se transformar, progressivamente, em método permanente na prática dos pedagogos. Ao mesmo tempo, toda síntese deve ser considerada como uma recomposição (Helmchen). É assim que Claparède pretende apoiar-se em trabalhos pedagógicos alemães. Ora, a maioria deles foram construídos em bases diferentes das do genebrense. O que equivale dizer que este inventou para si uma "falsa" linhagem. O corte é forte demais entre o campo francês e o campo alemão. É claro que sempre existem os intermediários que passam adiante, esquecem, filtram. Assim, em matéria de Educação Nova, Ferrière fará "a ponte" entre os países de língua germânica e os de língua francesa: ele arruma as coisas ao seu modo e permite que os outros, de alguma forma, fechem os olhos. As diferenças de terreno são, de fato, essenciais entre esses dois campos: a Educação Nova francófona é cientista, enquanto a germanófona é naturalista e filosófica. Ainda que se possa vislumbrar um fundo comum do lado da ação a ser empreendida, no que se refere à natureza da criança. Ainda que as duas tradições continuem a professar a crença na educabilidade, que o século XVIII enalteceu tanto e a ter por referência o Estado-educador, que as Luzes tinham evidenciado. Em outras palavras, será possível falar em campo comum à condição de que as diferenças de campo sejam atenuadas em torno de um fundo comum que, por sua vez, não para de evoluir. Assim, a Educação Nova, nos seus diferentes ramos, foi inventada tendo como pano de fundo o século XVIII, carregando um pressuposto que lhe parece óbvio, isto é, que a ciência é neutra e que ela não depende das culturas singulares. É precisamente este pano de fundo comum que hoje desapareceu: a idéia-mãe do progresso pela educação não é mais óbvia. Será que passamos de uma perspectiva que focaliza o progresso pela educação para uma perspectiva que focaliza o progresso em educação? Ou será que nem esta idéia se sustenta mais? Se for verdade, estamos então bem longe das Luzes e também da Educação Nova.

Deixemos de lado estas considerações que ultrapassam nosso objeto e fixemo-nos no segundo aspecto que se depreende do colóquio genebrense: a construção e a difusão de uma pedagogia. Uma pedagogia se constrói pela adesão, pela captação (Oelkers). Os pedagogos operam um amálgama entre o bom, a prática e a teoria. Eles não fazem uso da distância e sim da captação. Adere-se a uma pedagogia, tanto pela aderência como pela adesão. Por isso é que esses atores-inovadores que são os pedagogos constroem para si uma tradição legitimadora; neste movimento de reconhecimento, eles precisam construir e esquecer ao mesmo tempo. Mas, para serem, por sua vez, ouvidos, eles devem conseguir conjugar a continuidade com a descontinuidade, o pertencimento a uma história e a originalidade frente às condições específicas de uma dada época. Eles só podem repetir os eternos discursos sobre a necessidade da renovação. Estes discursos não são novos nem podem sê-lo. E no entanto, os pedagogos precisam torná-los críveis, o que exige bastante carisma e circunstâncias favoráveis. Terão que construir "imagens" capazes de encontrar um eco, para que a mensagem passe e seja difundida. Sem "pedagogia tradicional", sem "pedagogia retrógrada", sem "pedagogia totalitária" não existiria Educação Nova, a qual pode ser considerada, aliás, nem como nova, nem educativa. Isto não impede que, se os pedagogos não tivessem aderido aos milhares a estas imagens, necessariamente construídas, o movimento de Educação Nova não teria existido.

Existem portanto mecanismos de difusão para as pedagogias. Existe até um paradoxo (Avanzini): ou bem o enfraquecimento ou bem a marginalização. A difusão passa pela diluição; a proteção passa pelo isolamento. Quanto mais turvos ou moles são os conceitos portadores de uma dada pedagogia, mais a atitude de vigilância será vencedora. Não se sabe muito bem qual desses dois males escolher... Mas isso não é tudo. Toda idéia, todo homem sempre devem ser situados dentro da correlação de forças presente numa dada época (Testanière); a evolução da consideração da qual goza depende então da evolução deste campo ao qual pertence. Assim, Freinet teve sucesso porque era "popular" no sentido político e delimitado reivindicado por ele. Sua pedagogia tornou-se "popular" na medida em que ela se tornou um fator de identificação para muitos atores no campo educacional. Mas isto teve um preço; muitos esqueceram depois as raízes políticas e sociais da Escola Moderna, deram primazia aos métodos sobre os valores, à forma sobre a causa.. Foi isso que permitiu a muitos membros do Movimento Freinet terem práticas freqüentemente desprovidas das referências políticas originais. Os valores políticos, que eram o fundamento desta pedagogia, viraram retórica, mas foi também isso que tornou possível a sua difusão mais ampla no campo pedagógico, social e político (de contrário, ela ter-se-ia tornado "sectária").

Logo, o sucesso de uma pedagogia depende muito fortemente do contexto. Este será o terceiro aspecto no qual queremos insistir ao fazermos esta travessia do colóquio de Genebra. O seu sucesso requer que seja apropriada pelos que estão na prática. Isto implica, ao mesmo tempo, numa simplificação e numa globalização (Hameline). O crédito que se lhe atribui aumenta na mesma medida em que a rejeição diminui. O crédito é fruto da adesão às concepções educativas veiculadas pelo movimento em curso. A rejeição aumenta quando a melhoria real das práticas implícitas nesta pedagogia permanecem muito exteriores à práticas correntes ou então, quando não estão à altura das transformações exigidas. O que risca de ficar, neste caso, é um slogan, uma idéia vaga que todos podem reconhecer como sua, sem modificar por isso suas práticas. Foi assim que a Escola Ativa de Ferrière tornou-se um lugar-comum, uma evidência, uma banalidade, que não assusta mais ninguém. De sinônima de Ferrière na origem, a Escola Ativa acabou tornando-se anônima. Ela perdeu Ferrière e ninguém mais sabe que ele foi seu porta-bandeira Ela levou à perdição o movimento pedagógico, que incorporou dela o bem-falar, na falta de poder efetivar uma mudança das práticas efetivas. Fica, então, claro que o sucesso de uma pedagogia depende, em grande parte, do contexto no qual ela se apresenta. Podemos até sustentar que, frente à comparação histórica, a originalidade de uma pedagogia é sempre mais questionável quando as idéias que ela defende já foram enunciadas (é isso que dá um tom afinado às "linhagens" pedagógicas). Isto não impede, mais uma vez, que uma pedagogia, e não outra, vai tomar amplitude num dado momento. O que faz com que tenha sucesso ou, ao contrário, fracasse, precisamente naquele momento? O contexto, quente ou frio (Hohendorf). Um contexto frio é um contexto política e culturalmente fechado. A Alemanha de Guilherme II se ressentiu de sujeições frente a programas e métodos. A Revolução soviética preferiu finalmente Makarenko a Pistrak por causa da sua conformidade comunista e da sua distância com a Educação Nova. Nos anos 50, a antiga RDA tornou impossível qualquer adoção da Reformpädagogik e impôs, de forma autoritária, programas, manuais e métodos. Num período frio, gélido, somente permanecem os resistentes, os que mantêm acesa a chama de uma pedagogia outra, aliás mais freqüentemente no plano teórico do que prático. Mas que isso não nos engane: um contexto quente, isto é aberto e incerto, não pode ser o que basta para fazer a fortuna de um movimento pedagógico. A condição não é da mesma ordem que a causa. É preciso, ainda, que o substrato de um movimento seja disponível. Isto pressupõe que o estado da pesquisa o permita e o nutra (Peshke). Neste caso, um desencadeador fica disponível, sobretudo se ele teve a boa idéia de se apresentar como continuador dos "antigos" pedagogos, e procurou aliar a pesquisa fundamental à experimentação prática.

Temos que insistir por fim, em última instância, num quarto aspecto. O sucesso de uma pedagogia não se deve unicamente aos seus iniciadores, ele se deve, também, aos seus difusores. É necessário que estes acertem no movimento de difusão (Gautherin). Assim (voltando ao nosso apóstolo da internacionalização), Pestalozzi deve muito a Jullien. Ele popularizou e transmitiu Pestalozzi, isso é inegável. Como? Despersonalizando-o. Omitiu o contexto de fundo de Pestalozzi, isto é sua fé e seu amor filial. De certa forma, ele pôs ordem na vida, no jorrar da vida e nas intuições de Pestalozzi para, a partir disso, fazer emergir a razão e a organização. Como tornar apresentáveis e transponíveis os iniciadores. Este é o trabalho a ser assumido pelos difusores. Em caso contrário, a generalização não é possível. Se Pestalozzi, Montessori, Steiner, Freinet tiveram sucesso em pedagogia, no plano do movimento de importação-exportação, eles o devem à qualidade dos seus múltiplos transmissores. Estes assumem uma dupla tarefa: fazer esquecer o contexto ideológico de uma dada pedagogia e apresentar as suas intuições sob forma de um sistema, o que equivale a dissociar o sistema da figura. Significa colocar o sistema para além da figura, manter a figura na ilustração do sistema. A figura torna-se a flor, ela continua dando sua cor à planta; o sistema torna-se as raízes, ele assegura a generalização e a renovação. É, pois, preciso despersonalizar um pedagogo para poder estender sua influência, para que o movimento se torne vultuoso e se amplifique. Mas quanto mais se está no centro do movimento, mais a despersonalização é coroada de sucesso. Este é o caso da Educação Nova: seus mais característicos atores se tornaram anônimos ao longo do tempo. O mesmo não ocorreu com aqueles que se projetavam na margem (Ulrich). Às vezes, o fato de estar fora de um movimento salva um ou outro pedagogo e assegura seu sucesso posterior, mantendo, ao mesmo tempo, uma coloração ideológica mais forte. Este é, sem dúvida, o caso de Steiner, na Alemanha e de Freinet, na França. Haveria ali uma figura paradoxal do sucesso, tanto no caso dos iniciadores como no dos difusores. Um pedagogo pode ter maiores chances de sucesso, na medida em que consegue adentrar a corrente geral que despersonalizará os outros e em que ele se nutre das idéias presentes ao seu redor, ao mesmo tempo em que se mantém na sua ordem específica, notadamente no plano teórico.isto pressupõe, sem dúvida, que ele consiga resistir, por pouco que seja, à ordem teórica dominante, sem deixar de poder referir-se a ela. Fora disso, o saber pedagógico deste ou daquele pedagogo se dilui no movimento pedagógico global no que se refere à criança e à educação. A ciência é um solvente e a maioria dos pedagogos da Educação Nova, se não perderam com ela a sua alma, perderam, pelo menos, sua figura.

* * *

Ao concluir este percurso caótico, fica claro que não dispomos de uma teoria da importação-exportação no que se refere às pedagogias. A partir da localização de algumas questões, procuramos um quadro de referência para desembocar na análise de um colóquio. Quais são os aportes desta deriva? O que nos resta dela? Talvez um certo número de proposições que podemos organizar em torno de três pólos:

A — A construção do movimento de importação-exportação e suas condições:

- A pedagogia só pode ser concebida no âmbito internacional e os pedagogos sempre foram grandes viajantes que funcionaram em rede.
- Um movimento de importação-exportação em pedagogia obtém sucesso e funciona melhor quando consegue apagar, pelo menos em parte, suas próprias filiações, suas próprias origens.
- Para aparecer como nova e implantar-se, uma onda pedagógica apaga toda uma parte dos movimentos aos quais poderia declarar-se filiada, mente sobre suas origens e suas oposições, amplifica o seu aspecto inovador, tudo isso para não aparecer como herdeira.
- Existe, sim, uma internacional da pedagogia; os empréstimos que tornam as linhagens possíveis são recomposições que arrumam e filtram um fundo comum educativo, o qual se apresenta como óbvio mas é, no entanto, ele próprio, objeto de rupturas freqüentemente retrospectivas.

- Ondas de fundo aparecem na importação-exportação dos pedagogos: cada vez mais, os países entram no movimento de difusão das ondas pedagógicas, segundo temporalidades que diferem entre si, porém com percursos bastante idênticos.
- O movimento global de importação-exportação tornou-se, com certeza, irreversível (globalização, internacionalização), mas ele se constrói na base de correntes dominantes (européias de início, e depois norte-americanas) que dão origem a transmissores e que tendem a esgotar a riqueza assim como a diversidade das trocas.

B — A construção de uma pedagogia

- O movimento de importação-exportação fica preso de um duplo mecanismo pedagógico: a ruptura e o enraizamento (influências, transmissões, retenções, filtros, recusas); ele fica portanto submetido à própria natureza da pedagogia.
- Quanto mais uma pedagogia é fruto de uma implantação, mais ela necessita, para poder ser aceita e propagada, inserir-se em evidências próprias da sua nova implantação.
- Paralelamente, os limites que se colocam aos intercâmbios são constitutivos da pedagogia pois, para implantar-se, cada pedagogia está na dependência dos seus enraizamentos. Terrenos específicos são necessários, mas eles atravancam ao mesmo tempo em que favorecem o processo de oposição que, por sua vez, contribui para a implantação.
- Para alimentar e justificar suas escolhas pedagógicas, os pedagogos tendem a adotar posturas diferentes: historicista quando querem se distanciar da imposição de modelos estrangeiros; positivista quando seu objetivo é exportar um modelo que eles concebem como universal e científico; crítico quando buscam estabelecer uma ruptura forte com as orientações anteriores, em prol da emancipação dos atores educativos.
- Um pedagogo se constrói na adesão, na captação; ele precisa criar imagens sobre um discurso de renovação que é, por sua vez, muito antigo; ele se difunde na opacidade, fora do campo que o carrega.

C — A difusão de uma pedagogia

- O sucesso de uma pedagogia depende da concepção de grandeza que a move; é possível que certas formas de grandeza sejam mais propícias à recepção de uma pedagogia.
- O sucesso de uma pedagogia pressupõe sua simplificação e sua globalização; mas este sucesso depende também do seu contexto, seja ele quente ou frio; se o contexto for frio, somente os resistentes testemunham; se o contexto for quente, os resistentes dão origem a promotores e a difusão pode ser implementada, principalmente se o estado da pesquisa for favorável e alimentar a chama pedagógica.
- A difusão de uma pedagogia depende de transmissores-difusores que a popularizam e, ao mesmo tempo, a despersonalizam pois dão precedência ao sistema com relação à figura; mas o fato de não estar no coração de um movimento pode assegurar um sucesso adiado, baseado numa especificidade que se beneficia do movimento como um todo.

Só desejamos uma coisa: que este conjunto de proposições sirva de trama, provisória e restrita, à compreensão deste objeto da história das idéias pedagógicas que são os movimentos entre os pedagogos e as pedagogias.

Referências bibliográficas

BERTRAND, Y. *Théories contemporaines de l'éducation.* Montréal: Les éditions Agence d'ARC inc., 1990.

BLOOM, B. *Taxonomie des objectifs pédagogiques.* Montréal: Education Nouvelle. Direction, 1969.

______. *Caractéristiques individuelles et apprentissages scolaires.* Bruxelles et Paris: Labor et Nathan, 1979.

BOLTANSKI, L. et Thévenot, R. *De la justification. Economies de la grandeur.* Paris: Gallimard, 1987.

BROWN, A. L. e CAMPIONE, J. C. Concevoir une communauté de jeunes élèves: leçons théoriques et pratiques. *Revue Française de Pédagogie.* Paris: INRP. *111*, 1995.

CHALMEL, L. *La petite école dans l'école. Origine piétiste-morave de l'école maternelle française*. Berne: Peter Lang, 1996.

______. *Réseaux philtanthropinistes et pédagogie au 18 ème siècle*. Berne: Peter Lang, 2004.

CHÂTEAU, J. *Les grands pédagogues*. Paris: PUF Direction, 1956.

COMPAYRÉ, G. *Histoire critique des doctrines de l'éducation en France depuis le seizième siècle*. Paris: Librairie Hachette et Cie. 2 tomes, 1885.

DE LANDSHEERE, V. et G. *Définir les objectifs de l'éducation*. Paris: PUF, 1975.

D'HAINAUT, L. *Des fins aux objectifs de l'éducation*. Bruxelles et Paris: Labor et Nathan, 1977.

DIETRICH, T. *La pédagogie socialiste*. Paris: Maspéro, 1973.

FERRIÈRE, Ad. *L'école active*. Neuchâtel et Genève: Editions Forum. 2 tomes, 1922.

GARCIA, J.-F., *Jacotot*. Paris: PUF, 1997.

HAMELINE, D. *La liberté d'apprendre — situation II*. Paris: Editions Ouvrières, 1977.

______. *Les objectifs pédagogiques en formation initiale et continue*. Paris: ESF, 1979.

HAMELINE, D., HELMCHEN, J. e OELKERS, J. *L'Education nouvelle et les enjeux de son histoire. Actes du colloque international des Archives Institut Jean-Jacques Rousseau*. Berne: Peter Lang, 1995.

HAMELINE, D., JORNOD, A. e BELKAÏD, M. *L'école active. Textes fondateurs*. Paris: PUF, 1995.

HOUSSAYE, J. *Ecole et vie active*. Neuchâtel et Paris: Delachaux et Niestlé, 1987.

______. *Le triangle pédagogique*. Berne: Peter Lang, 1988.

______. *Quinze pédagogues. Leur influence aujourd'hui*. Paris: Armand Colin. Direction, 1994.

______. *Quinze pédagogues. Textes choisis*. Paris: Armand Colin. Direction, 1995.

______. *Pédagogues contemporains*. Paris: Armand Colin. Direction, 1996.

______. *Premiers pédagogues: de l'Antiquité à la Renaissance*. Issy-les-Moulineaux: ESF. Direction, 2003.

JACOTOT, J. *Sommaire des leçons publiques de M. Jacotot sur les principes de l'enseignement universel*. Bruxelles: J. S. Van de Weyer, 1822.

JULIEN, M.-A. *Esquisse et vues préliminaires d'un ouvrage sur l'éducation comparée dans les différents états de l'Europe*. Paris: L. Colas, Delaunay, J.-J. Paschoud, Bossange et Masson, Firmin Didot, Brunot-Labbé, 1817.

LEGRAND, L. *Les différenciations de la pédagogie*. Paris: PUF, 1995.

LINDENBERG, D. *L'internationale communiste et l'école de classe.* Paris: Maspéro, 1972.

MAGER, R. F. *Vers une définition des objectifs dans l'enseignement.* Paris: Gauthier-Villars, 1969.

MEIRIEU, P. *Apprendre en groupe.* Lyon: Chronique Sociale, 1984.

______. *Apprendre... oui, mais comment.* Paris: ESF, 1987.

______. *La pédagogie entre le dire et le faire.* Paris: ESF, 1995.

NOVOA, A. "Modèles d'analyse en éducation comparée: le champ et la carte". *Les sciences de l'éducation pour l'ère nouvelle.* Caen: CERSE. 2-3, 1995.

RANCIÈRE, J. *Le maître ignorant. Cinq leçons sur l'émancipation intellectuelle.* Paris: Fayard, 1987.

ROGERS, C. *Liberté pour apprendre.* Paris: Dunod, 1972.

Sobre os autores

Os organizadores

ANA CHRYSTINA VENANCIO MIGNOT é doutora em Ciências Humanas — Educação, pela Pontifícia Universidade Católica do Rio de Janeiro. Professora do Programa de Pós-Graduação em Educação da Universidade do Estado do Rio de Janeiro. Pesquisadora bolsista do CNPq e do Prociência UERJ/FAPERJ. Tem se dedicado aos estudos de História da Educação, particularmente, à presença das mulheres nas mudanças educacionais e às práticas de escrita na escola e sobre a escola. Tem participado de eventos nacionais e internacionais e promovido exposições sobre a escrita ordinária. É autora do livro *Baú de memórias, bastidores de histórias: o legado pioneiro de Armanda Álvaro Alberto*. Bragança Paulista: EDUSF, 2002. Participou das organização das seguintes coletâneas MIGNOT, A. C. V. e CUNHA, M. T. S. (org.). *Práticas de memória docente*. São Paulo: Cortez Editora, 2003; BASTOS, M. H. C , CUNHA, M. T. S. e MIGNOT, A. C. V. *Destinos das Letra: história, educação, escrita epistolar*. Passo Fundo (RS): EDIUPF, 2002 e MIGNOT, A. C. V., BASTOS, M. H. C. e CUNHA, M. T. S. *Refúgios do eu: educação, história, escrita autobiográfica*. Florianópolis: Mulheres, 2000.

JOSÉ GONÇALVES GONDRA concluiu o doutorado em Educação pela Universidade de São Paulo em 2000. Atualmente é Professor Adjunto na Universidade do Estado do Rio de Janeiro. Publicou vários artigos em periódicos especializados e em anais de eventos. Possui 14 capítulos de livros e 7 livros publicados. Atua na área de Educação, com ênfase em História da Educação. Em suas atividades profissionais, interagiu com 64 colaboradores em co-autorias de trabalhos científicos. Bolsista do CNPq e do Prociência UERJ/FAPERJ. Foi coordenador do GT de História da Educação da ANPEd nos biênios 2002-03 e 2004-05. Publicou *Artes de Civilizar: medicina, higiene e educação escolar na Corte Imperial*, pela EDUERJ, em 2004. Participou como organizador de ALVES e GONDRA e MAGALDI. *Educação no Brasil: história, cultura e política*. Bragança Paulista, EDUSF, 2003; MAGALDI e GONDRA. *A reorganização do campo educacional no Brasil*. Rio de Janeiro: 7 Letras, 2003. GONDRA, J. G. *História, infância e escolarização*. Rio de Janeiro: 7 Letras, 2002 e GONDRA, J. G. *Dos arquivos à escrita da história — a educação brasileira entre o Império e a República*. 2ª ed. Bragança Paulista: EDUSF, 2002, entre outras.

Os Autores

ALESSANDRA FROTA MARTINEZ DE SCHUELER é doutora em Educação (UFF), Mestre em História (UFF), graduada em História (UFF). Professora adjunta da Faculdade de Educação da Universidade do Estado do Rio de Janeiro. Dedica-se, nos últimos anos, à pesquisa nas áreas de História da Educação e História da Infância. Dentre suas principais publicações, destacam-se: "A instrução primária no Rio de Janeiro imperial: esboço das escolas públicas nas últimas décadas do século XIX". *Cadernos de Educação*. Faculdade de Educação de Pelotas. Ano 10, 17, jul.-dez. 2001, p. 93-124; "A associação protetora da infância desvalida e as escolas de São Sebastião e São José: educação e instrução no Rio de Janeiro do século XIX". MONARCHA, Carlos (org.) *Educação da Infância Brasileira. 1875-1983*. Campinas, Autores Associados, 2001, pp. 157-184; "A 'infância desamparada' no asilo agrícola de Santa Isabel: instrução rural e educação infantil (1880-1886). *Educação e Pesquisa. Revista da Faculdade de Educação da Universidade de São Paulo*. Jan/jun. 2001, Volume 26, São Paulo, FEUSP, pp. 119-134; "Crianças e escolas na passagem do Império para a República". In: *Infância e Adolescência. Revista Brasileira de História*. ANPUH/Humanitas Publicações, v. 19, n. 37, 1999.

ANTONIO VIÑAO é doutor em Direito e catedrático de Teoría e Historia de la Educación de la Universidad de Murcia (España), onde foi decano das Facultades de Filosofía, Psicología y Pedagogía y de Filosofía y Pedagogía e Diretor do Departamento de Teoría e Historia de la Educación. Entre 1996 e 2000, participou como membro efetivo do Comité Executivo da International Standing Conference for the History of Education. Atualmente é presidente da Sociedad Española de Historia de la Educación. Seus campos de investigação prioritários são a história da alfabetização, da escolarização e do ensino secundário secundaria, assim como a história do curriculum (espaços e tempos escolares, livros de texto) e a relação entre as culturas escolares y as reformas educativas. Seus três últimos livros publicados são: *Leer y escribir. Historia de dos prácticas culturales*, Naucapaln de Juárez (México), Fundación Educación, Voces y Vuelos, 1999; *Sistemas educativos, culturas escolares y reformas: continuidades y cambios*, Madrid, Morata Ediciones, 2002 e *Escuela para todos. Educación y modernidad en la España del siglo XX*, Madrid, Marcial Pons Historia, 2004.

CARLA SIMONE CHAMON é Doutora em Educação pela Faculdade de Educação da Universidade Federal de Minas Gerais. Professora do Centro Federal de Educação Tecnológica de Minas Gerais (CEFET-MG). Pesquisadora do Grupo de Estudos e Pesquisa em História da Educação (GEPHE) da Faculdade de Educação da UFMG no projeto "Escolarização e culturas escolares em Minas Gerais: 1820-1950", coordenado pelo prof. dr. Luciano Mendes de Faria Filho. Suas principais publicações são *Festejos Imperiais: festas cívicas em Minas Gerais — 1815-1845*, Bragança Paulista: Editora da Universidade de São Francisco, 2002 e "O Tejuco faz a festa. Festa cívica no arraial do Tejuco em 1815". In: JANCSÓ, István; KANTOR, Iris (org.). *Festa: cultura e sociabilidade na América Portuguesa*. 1ª ed. São Paulo, 2001, v. 2, pp. 585-599.

CLARICE NUNES é doutora em Ciências Humanas/Educação pela PUC-Rio. Professora Titular de História da Educação da Faculdade de Educação da UFF (aposentada). Pesquisadora do CNPq Associada ao Programa de Pós-Graduação em Educação da UFF e Professora visitante da Faculdade de Formação de Professores da Universidade do Estado do Rio de Janeiro. Autora de livros e artigos de História da Educação em revistas pedagógicas nacionais e internacionais, dentre os quais: *À la recherche de Gramsci, Cahiers du Brésil Contemporain* (1991). *Anísio Teixeira: a poesia da ação* (2000). Organizadora de livros e revistas, dentre as quais o número especial da *Revista Brasileira de Educação*, 500 anos: Imagens e Vozes da Educação (2000). Dedica-se atualmente à pesquisa da memória e história da formação docente no estado do Rio de Janeiro.

JEAN HOUSSAYE é professor de Ciências da Educação e diretor do Laboratório CIVIIC na Université de Rouen. É também professor de Filosofia, formação de professores e diretor de colônias de férias. Com inúmeros artigos publicados na França e em outros países, ele é também coordenador científico da Revista Penser l'Education, publicada por sua universidade e dedicada à Filosofia da Educação e à História das Idéias Pedagógicas. Suas últimas publicações são: *Premiers pédagogues. De l'Antiquité à la Renaissance*, Issy les Moulineaux, ESF, 2003; *C'est beau comme une colo. La socialisation en centre de vacances*, Vigneux sur Seine, Matrice, 2005 e *Nouveaux pédagogues*, Paris, Fabert, 2005.

JOAQUIM PINTASSILGO é doutor em História da Educação pela Faculdade de Educação da Universidade de Salamanca (1996), Mestre em História Cultural pela Faculdade de Ciências Sociais e Humanas da Universidade Nova de Lisboa (1987) e Licenciado em História pela Faculdade de Letras da Universidade de Lisboa (1982). Atualmente é professor no Departamento de Educação e Centro de Investigação em Educação da Faculdade de Ciências da Universidade de Lisboa. Investiga História do Currículo, História da Profissão Docente e História das Idéias Pedagógicas. Publicou *República e Formação de Cidadãos. A Educação Cívica nas escolas primárias da Primeira Republica portuguesa*. Lisboa: Edições Colibri, 1998. FERNANDES, R. e PINTASSILGO, J. (orgs.) *A modernização pedagógica e a Escola para Todos na Europa do Sul no século XX*. Lisboa: SPICAE, 2003 e VIEIRA, M. M., PINTASSILGO, J. e MELO, B. P. (orgs.). *Democratização escolar: intenções e apropriações*. Lisboa: Centro de Investigação em Educação, 2003.

JUSSARA SANTOS PIMENTA é doutoranda do Programa de Pós-Graduação em Educação da UERJ — Universidade Estadual do Rio de Janeiro. Grupo de pesquisa: Instituições, Práticas Educativas e História. Orientadora: Profa.

Dra. Ana Chrystina Venancio Mignot. Bolsista CNPq/Faperj Nota 10/Capes PDEE-Programa de Doutorado no País com Estágio no Exterior — Universidade de Lisboa, sob a orientação do Prof. Dr. Rogério Fernandes.

LUCIANO MENDES DE FARIA FILHO é doutor em Educação, professor do Programa de Pós-Graduação em Educação da Universidade Federal de Minas Gerais. Pesquisador do CNPq. Coordenou o GT de História da Educação da ANPEd e, atualmente é o vice-presidente da Sociedade Brasileira de História da Educação. Entre as suas principais publicações, destacam-se: *Dos pardieiros aos palácios*. Passo Fundo: Editora da Universidade de Passo Fundo, 2000 e *República, Trabalho e Educação*. Bragança Paulista: Ed. da Universidade de São Francisco, 2001 e as coletâneas VIDAL, Diana G. e FARIA FILHO, L. M. *As lentes da história: estudos de história e historiografia da educação no Brasil*. Campinas/SP: Autores Associados, 2005; FARIA FILHO, L. M. (org.). *Pensadores sociais e história da educação*. Belo Horizonte: Autêntica, 2005, entre outras.

MARTA CHAGAS DE CARVALHO é doutora em História e Filosofia da Educação pela Faculdade de Educação da Universidade de São Paulo. Professora e orientadora credenciada no Programa de Estudos Pós-Graduados em Educação: História, Política, Sociedade, da Pontifícia Universidade Católica de São Paulo, Orientadora credenciada no Programa de Pós-Graduação em Educação da Faculdade de Educação da Universidade de São Paulo, Professora e orientadora credenciada no Programa de Mestrado em Educação Escolar da Universidade de Sorocaba, Pesquisadora do CNPq, Coordenadora do Centro de Memória da Educação da Faculdade de Educação da Universidade de São Paulo. Exerceu a presidência da Sociedade Brasileira de História da Educação, quando de sua criação. Tem publicado em revistas brasileiras e estrangeiras, coordenado inúmeras coletâneas e seus livros são reconhecidos na área de história da educação: *A Escola e A República e outros ensaios*. Bragança Paulista: EDUSF, 2003; *Molde Nacional e Fôrma Cívica: Higiene, Moral e Trabalho no Projeto da Associação Brasileira de Educação (1924-1931)*, Bragança Paulista: EDUSF, 2000.

PEDRO L. MORENO é doutor em Filosofía y Ciencias de la Educación (Sección Pedagogía). Profesor Titular da Universidad de Teoría e Historia de la Educación da Universidad de Murcia, onde exerceu os seguintes cargos acadêmicos: Vicedecano de da Facultad de Filosofía y Ciencias de la Educación y la de Filosofía, Psicología y Ciencias de la Educación; Coordenador dos Cursos de Formación del Centro de Orientación e Información de Empleo; Secretário del Departamento de Teoría e Historia de la Educación, do qual atualmente é diretor. Dirigiu e participou de diferentes projetos de pesquisa promovidos pela Fundación Séneca, Fundación para la Formación Continua (FORCEM), Dirección General de Enseñanza Superior e Investigación Científica del Ministerio de Educación y Cultura e Dirección General de Investigación del Ministerio de Educación y Ciencia. Tem se voltado, em suas análises, para a educação de adultos e a história da educação. Podem ser assinaladas suas seguintes publicações: *Educación, salud y protección a la infancia. Las colonias escolares de vacaciones en Cartagena (1907-1936)*, Cartagena, Áglaya, 2000; "El discurso higienista sobre el cuerpo y la escuela". In: *La presencia del cuerpo en la escuela*, Madrid, Servicio de Publicaciones de la Universidad de Alcalá, 2002, pp. 127-153; (en colaboración con A. Sebastián) "Un siglo de Universidades Populares en España (1903-2000)", en *Historia de la Educación*, 20, 2003, pp. 159-188.

ROGÉRIO FERNANDES é Professor Catedrático Jubilado da Faculdade de Psicologia e de Ciências da Educação da Universidade de Lisboa, orientador de teses de mestrado, doutoramento e pós-doutoramento, conferencista em várias instituições universitárias públicas e privadas, em seus país e no exterior, com importante participação na promoção de intercâmbio entre historiadores da educação brasileiros e portugueses. Tem tido uma presença constante em eventos internacionais da área como os Congressos Luso-Brasileiros de História da Educação e no International Standing Conference for the History of Education. Tem inúmeros artigos publicados em revistas européias e brasileiras. Obras mais importantes: *João de Barros, educador republicano*. Lisboa: Livros Horizonte, 1971; *Os Caminhos do ABC. Sociedade portuguesa e ensino das Primeiras Letras*. Porto: Porto Editora, 1994.